BECK'SCHE SONDERAUSGABEN

GORDON A. CRAIG

Geschichte Europas
im 19. und 20. Jahrhundert

Band 2

Vom Ersten Weltkrieg
bis zur Gegenwart 1914–1975

VERLAG C. H. BECK MÜNCHEN

Der Übersetzung liegt folgende Ausgabe zugrunde:
Gordon A[lexander] Craig, Europe since 1815.
Alternate Edition. New York 1974
© The Dryden Press, New York 1974
Lizenzausgabe mit freundlicher Genehmigung des Verlages
Holt, Rinehart and Winston, Inc., New York
Aus dem Amerikanischen übersetzt von Marianne Hopmann

Mit 62 Abbildungen auf 32 Tafeln.

CIP-Kurztitelaufnahme der Deutschen Bibliothek

Craig, Gordon A.:
Geschichte Europas im 19. [neunzehnten] und 20.
[zwanzigsten] Jahrhundert / Gordon A. Craig.
[Aus d. Amerikan. übers. von Marianne Hop-
mann].
– München: Beck.
  Einheitssacht.: Europe since eighteen hundred
  and fifteen ⟨dt.⟩
Bd. 2. Vom Ersten Weltkrieg bis zur Gegenwart
1914–1975. – 1979.
  (Beck'sche Sonderausgaben)
  ISBN 3 406 07215 1

ISBN 3 406 07215 1
Für die deutsche Ausgabe:
© C. H. Beck'sche Verlagsbuchhandlung (Oscar Beck) München 1979
Satz und Druck: Georg Appl, Wemding
Printed in Germany

Inhalt

Zweiter Teil: Nach 1945

Erster Teil

1914–1945

Allgemeine Bemerkungen

Als der Krieg im August 1914 über die Welt hereinbrach, tröstete sich eine Vielzahl von Menschen in allen Ländern Europas mit zwei Gedanken: daß ihr Land in sehr kurzer Zeit und unter sehr geringem Aufwand siegreich und das Leben sehr bald wieder normal sein würde; daß der Krieg durch irgendeinen magischen Prozeß alle ausstehenden politischen, wirtschaftlichen, gesellschaftlichen und selbst moralischen Probleme lösen und Europa von seinen sich häufenden Mißständen befreien würde. Wie einer der Charaktere in Ernst Gläsers Kriegsroman „Jahrgang 1902" sagte:

„... endlich habe das Leben wieder einen idealen Sinn. Die großen Tugenden der Menschheit, die in Deutschland ihren letzten Hort hätten – Treue, Vaterlandsliebe, Todesbereitschaft für eine Idee – triumphierten jetzt über den Händler- und Krämergeist. Der Krieg sei der rettende Blitz, der die Atmosphäre reinige, aus ihr entstiege ein neues deutsches Volk ... Er sähe eine neue Welt, den Adelsmenschen herrschen und gebieten, der alle Degeneration ausrotte und die Menschheit wieder in die Firnhöhe ewiger Ideale zurückführe ... Der Krieg säubere die Menschheit von schlechten Stoffen."

Dies war, wie der englische Schriftsteller C. E. Montague sardonisch kommentierte, eine „freudige Vision, ein schöner Traum! – wie Thackerays Träumerei von einer sehr alten, reichen Tante. Aber der Träumer erwacht im Schnee des Mont Cenis bei abscheulichem Geruch im Korridor und defekten Warmwasserrohren." Solch unsanftes Erwachen erwartete alle Beteiligten des Ersten Weltkrieges. Es war weder ein kurzer Konflikt, noch wurde der Feind leicht und ohne großen Aufwand geschlagen. Nach fünfjährigem verzweifeltem Kampf, in dem eine Generation junger Männer ums Leben kam, war es sehr schwierig, wesentliche Unterschiede zwischen der Lage des Siegers und der des Besiegten ausfindig zu machen.

Überdies schien der Krieg weitaus mehr Probleme aufzuwerfen, als zu lösen. Nach 1919 waren die Spannungen zwischen den Nationen so ausgeprägt, daß die Frauen, die aus der ersten weltweiten Massenvernichtung als Witwen zurückgeblieben waren, bald die furchtbare Möglichkeit voraussahen, daß nun auch noch ihre Söhne fallen würden. Unterdessen nahm der Konflikt zwischen Parteien und sozialen Schichten so gewalttätige Formen an, wie man es vor 1914 nicht gekannt hatte. Selbst in einem Land wie England, mit einer starken Tradition von geordnetem Wandel und Achtung vor dem Gesetz, stellen wir mit Überraschung fest, daß Regierungsbeamte, Vertreter von Arbeitgebergruppen und Arbeiterführer sowie Zeitungsberichte und Leitartikel während der 20er Jahre des 20. Jahrhunderts offen die

Erkenntnis aussprachen, die Arbeitgeber-Arbeitnehmerbeziehungen hätten sich zu einem ununterbrochenen Klassenkampf entwickelt. In England nahm die Virulenz dieses gesellschaftlichen Kampfes deutlich ab, nachdem der Generalstreik von 1926 (s. S. 131) das Land zur Vernunft gebracht hatte. In anderen Ländern nahm das Schicksal keine so günstige Wendung. In vielen Staaten machte der innere Konflikt ein geordnetes Regieren unmöglich und führte schließlich zur Auflösung der gesellschaftlichen Struktur.

Die Einzelheiten dieser Unruhen sind Gegenstand der folgenden Kapitel. Wir werden sehen, wie sie alle auf die eine oder andere Art und Weise von den Kriegsverlusten und den Entscheidungen der Friedenskonferenz herrührten, wie die Lähmung oder gänzliche Zerstörung der alten politischen Hierarchien auf sie einwirkte, wie sie beeinflußt waren von wirtschaftlichen Erschütterungen, die während des langen Konflikts eingesetzt hatten und durch die anschließenden Wirtschaftskrisen sowie Europas schwindende Rolle in der Weltwirtschaft verschlimmert wurden, und schließlich, wie sie durch das Aufkommen totalitärer Ideologien mit starker nationaler Prägung verschärft wurden.

Da auf den folgenden Seiten soviel über die gewaltsameren Aspekte dieses Vierteljahrhunderts gesagt wird, muß gleich zu Anfang festgestellt werden, daß sich in diesen Jahren neben dem äußeren und inneren Krieg auch andere Dinge abspielten. Der Erfindungsgeist der Europäer richtete sich nicht ausschließlich auf die Ersinnung noch diabolischerer Waffen oder neuer Wege, Regime zu stürzen, und es wäre falsch – selbst in einer Darstellung, die sich vorwiegend mit der politischen und gesellschaftlichen Geschichte befaßt – die Leistungen der Wissenschaftler und Ingenieure Europas, seiner Gelehrten und Künstler, seiner Schriftsteller und Musiker zu übergehen. War dies auch – wie es oft bezeichnet wird – ein Zeitalter des Konflikts, so war es dennoch auch ein Zeitalter der schöpferischen Leistung. Wie sehr das zutrifft, wird deutlich, wenn wir daran denken, wie stark sich unser Weltbild und unsere Sicht des Universums gewandelt hat infolge der Relativitätstheorie und der Entwicklung der Atomforschung – beides im wesentlichen Produkte dieser Epoche; oder wenn wir daran denken, welch gewaltige Fortschritte in der Medizin, der Physiologie und der Chirurgie ermöglicht wurden durch die Beiträge der Biophysik und der Biochemie zur Genetik, zur Keimzell- und Drüsenforschung und besonders durch die Entdeckung der Vitamine, des Insulins (1922) und Kortisons (1936) und solcher Bekämpfungsmittel von Viruskrankheiten wie Penizillin (1929), Sulfopyridin (im Jahre 1938 zur Behandlung von Lungenentzündung angewandt) und der jetzt wohlbekannten und leicht erhältlichen Antibiotika, Streptomycin und Aureomycin; oder daran, wie die Behandlung von Geisteskrankheiten oder bestimmten Formen abnormen Verhaltens durch die Entwicklung und Vervollkommnung der klinischen Neurologie und der Psychiatrie verbessert worden ist; wie die Fortschritte in der Psychologie und der Soziologie unseren Schulen und

Gefängnissen zugute gekommen sind; wie viele Seiten des Lebens, einschließlich des politischen Lebens, durch die Erfindung des Kraftfahrzeugs, Flugzeugs, Films, Radios und Fernsehens revolutioniert worden sind.

Genau genommen waren nicht alle diese Erfindungen und Erkenntnisse europäischen Ursprungs, aber die Rolle, die europäische Köpfe und europäische Energie bei diesen Errungenschaften der reinen und der angewandten Wissenschaft gespielt haben, war sehr groß. Die neue Physik, die sich von der Auffassung des 19. Jahrhunderts von Energie und Masse wesentlich unterschied, erhielt ihren ersten Impuls durch die Quantentheorie, die der Deutsche Max Planck im Jahre 1900 aufstellte. Ihren deutlichsten Ausdruck fand sie in der Speziellen und Allgemeinen Relativitätstheorie seines Landsmannes Albert Einstein aus den Jahren 1905 und 1915, der die scheinbaren Widersprüche zwischen den Newtonschen Axiomen und der Theorie der elektromagnetischen Erscheinungen von James Clerk Maxwell (1873) in einer neuen Form von Feldphysik miteinander in Einklang brachte. Die Entwicklung der Atomforschung begann im wesentlichen im Jahre 1911, als der Neuseeländer Ernest Rutherford aus seinen Studien über die Radioaktivität die Erkenntnis gewann, daß das Atom keineswegs eine feste Masse, wie seit jeher geglaubt, sondern im großen und ganzen ein hohles Gebilde sei, das einen winzigen positiv geladenen Kern (oder Proton) enthalte und von einer Hülle negativ geladener Elektronen umgeben sei: eine Art Miniatur-Sonnensystem. Mit Hilfe dieser Erklärung und Plancks Quantentheorie stellte der Däne Niels Bohr im Jahre 1913 seine allgemeine Theorie vom Aufbau der Atome auf, und auf dieser Grundlage erzielten so hervorragende europäische Physiker wie der Deutsche Werner Heisenberg und der Österreicher Erwin Schrödinger, der Italiener Enrico Fermi und die Engländer Cockcroft, Walton und Chadwick ihre späteren Ergebnisse.

In anderen wissenschaftlichen Bereichen, sowohl in den reinen Wissenschaften als auch in den Verhaltenswissenschaften, waren die europäischen Beiträge von entsprechender Bedeutung. In der klinischen und in der Sozialpsychiatrie machten sich z. B. der Österreicher Sigmund Freud und der Schweizer Carl Jung einen Namen. In der Soziologie ersannen die Deutschen Max Weber und Karl Mannheim und die Italiener Vilfredo Pareto und Gaetano Mosca Diagnosemethoden, die die Techniken der älteren Soziologie völlig verdrängten. Ihre Studien über Dinge wie das Verhalten in der Bürokratie und die Rolle der Elite in der Geschichte ermöglichten eine realistischere Einschätzung der Art und Weise, wie die Gesellschaft funktioniert.

Alles in allem muß man sagen, daß Europa zu einer Zeit, als seine finanzielle und industrielle Überlegenheit auf die Neue Welt überging, als amerikanische, indische und japanische Waren auf Märkte drangen, die einstmals Reservate europäischer Geschäftsleute gewesen waren, und als allem Anschein zum Trotz die politische Vorrangstellung Europas bereits der Vergangenheit angehörte, seine wissenschaftliche Führungsposition in der Welt beinahe während des gesamten Zeitabschnitts hindurch beibehielt. Erst nach 1933, als Hitlers Judenverfolgung und sein Kampf gegen die Gedankenfreiheit viele der besten Wissenschaftler Europas veranlaßten, ins Exil zu gehen, verschob sich das Gleichgewicht zugunsten der Vereinigten Staaten und Rußlands – eine Entwicklung, die der Zweite Weltkrieg beschleunigte, da diese beiden Länder in finanzieller und anderer Hinsicht den Krieg am besten überstanden hatten und daher in der Lage waren, die wissenschaftliche Forschung und Entwicklung voranzutreiben.

In der Kunst waren die gleiche Vitalität und großartige Leistungen anzutreffen; dennoch sollten diese Eigenschaften vielleicht weniger betont werden als vielmehr der Geist der Rebellion gegen die Formen und Werte der Vergangenheit, der für die Kunst dieser Zeit charakteristisch ist. In der Architektur wurde der Bruch mit der Tradition erkennbar in einer deutlichen Hervorhebung des Funktionalismus – d. h. in der Verwendung neuer Materialien und Konstruktionstechniken, die das Äußere der Gebäude ihrer Nutzung entsprechend gestalten sollten. Für Augen, die daran gewöhnt waren, Gediegenheit und Außendekoration als Kennzeichen architektonischen Stils zu betrachten, brachte der neue Stil in großen Städten wie Berlin, Wien, Stockholm und Helsinki vielleicht erschreckende Gebäude hervor; sie verbanden aber Schönheit mit einer auf die städtische Industriegesellschaft einzigartig zugeschnittenen Reinheit und Geradlinigkeit des Stils. Ein ausgesprochen schönes Beispiel war das berühmte, im Jahre 1925 von Deutschlands führendem Vertreter der neuen Architektur, Walter Gropius, errichtete Bauhaus in Dessau. Ein anderer Pionier der modernen Bewegung war der französisch-schweizerische Architekt Le Corbusier (Charles Edouard Jeanneret-Gris, 1887–1965), ein Visionär, der in der Wiederbelebung der Städteplanung die einzige Hoffnung für das künftige Wohlergehen des Menschen der westlichen Welt erblickte und der die umweltzerstörende Ausdehnung der Städte bekämpfte, indem er predigte, Städte müßten in die Höhe gebaut werden anstatt in die Breite. Le Corbusiers Meisterwerke aus Stahlbeton stehen heute in Rio de Janeiro, Berlin, Marseille und Tschandigarh im Pandschab. Sie alle bringen seine Überzeugung zum Ausdruck, daß die Materialien der Städteplanung Himmel, Raum, Bäume, Stahl und Zement seien, und zwar in dieser Reihen- und Rangfolge.

Schwieriger war es, sich an Werken der Malerei und der Bildhauerei dieser Epoche zu erfreuen oder gar sie zu verstehen; denn hier nahm der Bruch mit der Vergangenheit die Form einer bewußten Ablehnung jeder Art von Naturalismus an. Arnold Hauser schrieb, die Vorstellung, daß die Kunst naturgetreu sein müsse, sei im Prinzip seit dem Mittelalter nicht ernstlich in Frage gestellt worden und sie sei eine Glaubensangelegenheit der impressionistischen Schule geblieben. Die nachimpressionistische Kunst verzichtete jedoch auf jede Illusion von Wirklichkeit und begann, ihre Sicht des Lebens durch die bewußte Deformierung des natürlichen Gegenstandes auszudrücken. Die

1. Otto Dix, „Streichholzverkäufer", 1920
2. Max Schulze-Sölde, „Das Zeitalter der Technik", 1925
3. George Grosz, „Stützen der Gesellschaft", 1926

4. Albert Einstein, Schweizer Physiker (1879–1955)

5. James Joyce, Irischer Schriftsteller (1882–1941)

6. Sigmund Freud, Österreichischer Neurologe und Begründer der modernen Psychoanalyse (1856–1939)

expressionistischen Gemälde von Chagall, Picassos Werke aus seiner kubistischen Zeit, die surrealistische Malerei von Chirico, Delvaux und Dali, die Skulpturen von Epstein und Henry Moore besaßen eine unbestreitbare Ausstrahlungskraft. Doch in den meisten Fällen stellten sie Welten oder Ausschnitte von Welten dar, die für den Betrachter nicht leicht erkennbar oder zugänglich waren. In der Tat schien der Künstler in manchen Fällen nicht daran interessiert zu sein, sich einem Publikum außerhalb seiner selbst mitzuteilen. Er weigerte sich, anerkannte Kommunikationsmethoden anzuwenden, und erfand seine eigene Sprache. Diese Tendenz beschränkte sich nicht auf die Malerei und die Bildhauerei, doch zeigte sie sich auf diesen Gebieten vielleicht am deutlichsten. Sie trat auch in vielen Musikwerken dieser Zeit und in einigen Werken der Literatur in Erscheinung. Den Weg von Strawinski zu Schönberg fanden geübte Musiker und Mathematiker am leichtesten; der Dickens-Liebhaber konnte sich in den komplizierteren Passagen in „Finnegans Wake" nur anhand eines Reiseführers zurechtfinden.

Es war eine Epoche von großer literarischer Bedeutung. Wollte man eine Liste ihrer berühmtesten Vertreter aufstellen, so würde diese Epoche den Vergleich mit den vorangegangenen, in diesem Buch behandelten Zeitabschnitten durchaus bestehen. An Romanschriftstellern würde sie enthalten Thomas Mann, Hermann Hesse, Alfred Döblin, Marcel Proust, André Gide, André Malraux, Franz Kafka, D. H. Lawrence und James Joyce; an Dichtern A. E. Housman, William Butler Yeats, T. S. Eliot, W. H. Auden, Paul Valéry und Georg Trakl; an Dramatikern George Bernard Shaw, Paul Claudel, Luigi Pirandello und Bertold Brecht; an Filmregisseuren Sergeij Eisenstein, René Clair und Fritz Lang.

Genau wie die Maler und Bildhauer lehnten sich diese Männer gegen die Vergangenheit auf. Sie zeigten dies manchmal durch die Wahl eines radikal unkonventionellen Stils oder Aufbaus – wie im Falle der expressionistischen Dramen und Filme der ersten Nachkriegsjahre (der deutsche Film „Das Kabinett des Dr. Caligari" ist ein gutes Beispiel) und in Werken wie „Ulysses" (1922) und „Finnegans Wake" (1939) von James Joyce – sowie manchmal durch eine bewußte Ablehnung allgemein anerkannter Werte und Institutionen. Letztere Tendenz nahm verschiedene Formen an und fand sich in den fabianischen Frivolitäten von Shaw, dem militanten Reformismus von Schauspielen wie „Masse Mensch" (1920) und „Die Maschinenstürmer" (1922) von Ernst Toller und in Georg Kaisers „Gas" (1917–1920), im Zynismus von Brechts „Dreigroschenoper" (1928) sowie im betonten Pessimismus der Dichtung von Housman und in Romanen wie „Die Schlafwandler" (1929) von Hermann Broch und „Der Prozeß" (1920) und „Das Schloß" (1926) von Kafka. Ebenso wie die Maler waren auch die Schriftsteller in einigen Fällen bestrebt, sich von den Realitäten des Zeitalters völlig zurückzuziehen, und suchten neue Inspiration oder neue Werte in nichteuropäischen Gefilden und Kulturen. Gide suchte Inspiration in Afrika, und Hesse wandte sich dem Osten zu in der Überzeugung, die europäische Gesellschaft sei endgültig einer tiefen geistigen Verwüstung anheimgefallen, „sie sei im Innern faul und alt und dem Zusammenbruch nah" („Demian", 1919). „Bei uns im alten Europa ist alles das gestorben, was bei uns gut und unser eigen war; unsere schöne Vernunft ist Unsinn geworden, unser Geld ist Papier, unsere Maschinen können bloß noch schießen und explodieren, unsre Kunst ist Selbstmord. Wir gehen unter, Freunde . . ." („Klingors letzter Sommer", 1920).

In einem Großteil der Literatur dieser Jahre lag die Betonung entweder auf der Unzulänglichkeit der Vernunft, das Leben zu steuern, oder auf der Notwendigkeit, die Grenzen der Vernunft zu transzendieren, um größere Freiheit zu erlangen. Die letztere, von der Freudschen Theorie beeinflußte Vorstellung, daß der Mensch frei sein könne, wenn er sich selbst von alten Gewissensbelastungen und Verdrängungen freimache, wurde in vielen Werken der expressionistischen Schule deutlich, und sie spiegelte sich wider in der unter der europäischen Nachkriegsjugend überaus großen Beliebtheit von Schriftstellern wie Dostojewskij und dem Theologen Sören Kierkegaard, die das Irrationale als regenerative Kraft hervorgehoben und den Glauben über die Logik gestellt hatten. Auf der anderen Seite prägte die Überzeugung, daß das Leben des Menschen durch äußere Zwänge bestimmt werde, über die er keine Kontrolle habe, die Werke von Proust, Joyce, Thomas Mann (besonders solche wie „Tod in Venedig" und „Der Zauberberg") und Alfred Döblin (vornehmlich seinen großen Roman „Berlin Alexanderplatz", der 1930 erschien).

Die bleibende Beliebtheit Bergsons, das Interesse an Ludwig Wittgensteins systematischer Leugnung, daß eine rationale Metaphysik möglich sei, und die Entwicklung eines immer radikaler werdenden Empirismus zeigten, daß unter den Philosophen dieser Epoche die gleiche Reaktion gegen den Rationalismus vorherrschend war. Während und nach dem Zweiten Weltkrieg trug die Verbreitung des im wesentlichen von Kierkegaard und Nietzsche herrührenden und in Martin Heideggers „Sein und Zeit" (1927) weitergeführten Existentialismus zur Verstärkung dieser Tendenz bei. Einen gewissen Ausgleich schuf das starke Wiederaufleben des Aquinischen Rationalismus; unter dem Einfluß von Etienne Gilson und Jacques Maritain konvertierten in diesem Zeitabschnitt viele zur Philosophie der Scholastik. Auf dem Gebiet der Geschichtsphilosophie erregte das Werk Oswald Spenglers „Der Untergang des Abendlandes" (1918) die größte Aufmerksamkeit, ein umfangreiches, pedantisches Buch, in dem der Autor einerseits aufzuzeigen versuchte, daß Kulturen – analog der biologischen Entwicklung – von ihrer Entstehung bis zu ihrem Ende Stadien durchmachen wie lebende Organismen, andererseits aber schien er ernstlich bestrebt, der westlichen Zivilisation einen Weg zu weisen, wie sie ihrem unausweichlichen Schicksal entgehen könnte. „Der Untergang des Abendlandes" wurde von mehr Menschen zitiert als gelesen und hatte im großen und ganzen wahrscheinlich geringeren Einfluß als Spenglers viel kürzerer Essay „Preußentum und Sozialismus" (1919), der mit der Behauptung, die Ideale Friedrichs des Großen seien die eigentliche Alternative zum Marxismus, eine tiefgreifende Wirkung auf das Wiederaufleben des Neokonservativismus in Deutschland ausübte.

Die fortschreitende Verstädterung, der Erfolg weltlicher Religionen und in einigen Ländern – insbesondere der Sowjetunion – der Sieg von Regierungen, die die organisierte Religion prinzipiell ablehnten, warfen für die etablierten Kirchen ernste Probleme auf, regten aber gleichzeitig Religionsphilosophen an, sich der Herausforderung der Zeit zu stellen. Die Tendenz führender Kirchenvertreter, sich dem vorherrschenden Materialismus anzupassen und mit den populären wissenschaftlichen Philosophien Kompromisse zu schließen, die sich vor 1914 in der Verbreitung von Reformismus und in der Umgehung des Dogmas in der protestantischen Kirche und im Judentum widergespiegelt hatte, wurde nun von einer unnachgiebigeren und überzeugenderen Verteidigung der Elemente des religiösen Glaubens abgelöst. Die römisch-katholische Kirche – schon immer weniger empfänglich für beschwichtigende Kräfte als andere Religionen – besaß in diesen Jahren zwei entschlossene und sprachgewaltige Führungspersönlichkeiten, Papst Pius XI. (1922–1939) und seinen Nachfolger Eugenio Pacelli, der den Namen Papst Pius XII. annahm (1939–1958). Die protestantische Kirche fand in der Person Karl Barths ihren überzeugendsten Gegner einer verwässerten, rationalistischen Theologie. Unter seiner Führung und unter dem Einfluß von Schriftstellern wie Albert Schweitzer und Emil Brunner erfuhren die in der Lehre des Apostels Paulus begründeten Elemente des Christentums eine deutliche Wiederbelebung.

Die flüchtige Skizzierung der geistigen und künstlerischen Strömungen dieses Vierteljahrhunderts vermag – wenn sie nichts anderes bewirkt – zumindest einen Eindruck von der Vitalität und der Vielfalt des europäischen Denkens zu vermitteln. Die Jahre nach 1919 waren schwierig und verwirrend, und es lag viel Wahres in den Worten, die Paul Valéry kurz nach dem Krieg an ein französisches Publikum richtete: „Man kann sagen, alle wesentlichen Dinge dieser Welt sind durch den Krieg oder genauer durch die Umstände des Krieges berührt worden: Es ist etwas Tieferes als die ersetzbaren Dinge des Daseins verschlissen worden. Sie kennen die Unordnung, in die die allgemeine Wirtschaft, die Politik der Staaten und selbst das Leben der einzelnen geraten sind: das Unbehagen, die Unschlüssigkeit, die allgemeine Besorgnis. Doch unter den Dingen, die verletzt worden sind, befindet sich der Geist. Der Geist hat wahrlich grausame Erschütterungen erfahren; er klagt im Herzen intelligenter Menschen und fällt ein betrübtes Urteil über sich. Er hegt tiefe Zweifel an sich selbst."

Es stimmt zwar, daß die Zuversicht, die das europäische Denken im 19. Jahrhundert charakterisiert hatte, durch den Krieg geschwunden war und daß sich dieser Verlust bemerkbar machte, als die Gefahr eines neuen Konflikts in den späten dreißiger Jahren konkret wurde. Wenn wir aber den Zeitraum als Ganzes betrachten, so sind wir geneigt, uns weniger von dem Defätismus (der sehr spät einsetzte) beeindrucken zu lassen als vielmehr von den Zeugnissen einer kritischen Überprüfung der alten Werte und einer ernstlichen Suche nach neuen. Auch in dieser Periode, in der die Rolle Europas in der Welt schnell dahinschwand, war der europäische Geist lebendig und sein Beitrag zur Zivilisation der westlichen Welt sehr groß.

Erstes Kapitel

Der Krieg und die europäische Gesellschaft 1914–1918

Der Ausbruch der Feindseligkeiten im August 1914 wurde in vielen Großstädten der größeren Länder mit nahezu karnevalistischer Fröhlichkeit begrüßt. In England herrschte eine Stimmung von Aufregung und Begeisterung. In deutschen Städten wurden die Reservisten auf dem Weg zu den
Sammlungsstellen mit Blumen beworfen. In Wien promenierten Menschenmengen über die Ringstraße und riefen ganz offenkundig beglückt: „Nieder
mit Serbien!" Diese Ekstase resultierte natürlich aus der Unwissenheit. Niemand hatte im Jahre 1914 auch nur die geringste Vorstellung davon, wie der
Krieg sein würde. Die Operationspläne der Generalstäbe zeigten, daß die
Soldaten an einen schnell zu beendenden Krieg glaubten, der sich im wesentlichen nicht von den kurzen Konflikten der 60er Jahre des 19. Jahrhunderts
unterscheiden würde, und daß ihre Regierungen mit ihnen übereinstimmten,
wurde deutlich in dem nahezu vollständigen Mangel an Planung für einen
langen Krieg. Es kam niemandem in den Sinn, daß der Krieg länger als vier
Jahre dauern und zwei Millionen junge Deutsche, über eine Million Franzosen, nahezu ebenso viele Engländer und Österreicher, eine halbe Million
Italiener und eine nicht bekannte Anzahl von Russen töten würde. Auch
wußte niemand von denen, die 1914 schreiend durch die Straßen zogen, daß
der Krieg, den sie so leichten Herzens begrüßten, das Europa, das sie kannten, zerstören und sie unter völliger Erschöpfung ihrer physischen und psy-
chischen Reserven mit einer erschreckenden Zukunft konfrontieren würde.

Der Verlauf des Krieges 1914–1916

Die westliche Front von Lüttich bis zur Marne. Gleich zu Anfang enttäuschte der
Krieg die Erwartungen. Die Deutschen beispielsweise, deren Kriegspläne
seit der Zeit Schlieffens jährlich revidiert und ergänzt worden waren, hatten
darauf vertraut, daß sie durch Ergreifen der Initiative einen schnellen und
entscheidenden Sieg im Westen erringen könnten, der ihnen anschließend
ermöglichen würde, ihre gesamte Energie auf den längere Zeit in Anspruch
nehmenden Kampf gegen Rußland zu konzentrieren. Wie sich herausstellte,
errangen sie ihre durchschlagendsten Siege in den ersten Monaten des Krieges im Osten, während ihr Plan im Westen scheiterte.

Der Plan verlangte den Durchmarsch durch Belgien, bei dem sie keinen Widerstand erwarteten, da der Kriegsausbruch die belgische Armee inmitten einer fundamentalen Reorganisation überrascht hatte. Doch die Belgier widersetzten sich so erfolgreich, daß die deutschen Kolonnen durch den Festungsring um Lüttich vier Tage lang aufgehalten wurden. Nachdem dieser erste Widerstand gebrochen war, beschleunigten die Deutschen ihren Vorstoß und begannen ihre große Truppenbewegung, mit der sie die jetzt ungedeckte linke Flanke der 5. französischen Armee von General Lanrezac umstellen wollten, die verbissen am Sambre kämpfte. Die Deutschen wußten jedoch nicht, daß die Briten bereits fünf Divisionen gelandet hatten. Diese eilten nun nach Mons, wo sie sich am 21. August dem französischen linken Flügel anschlossen und verhinderten, daß die Deutschen in die Flanke fallen und die französische Armee überrollen konnten.

Die Schlacht am Sambre und der hartnäckige Widerstand der britischen und der französischen Armee auf ihrem Rückzug nach Paris schwächte die Stoßkraft der deutschen Truppen. Die schweren Verluste in der Schlacht und die Erschöpfung ließen bei den kommandierenden Generälen der 1. und der 2. deutschen Armee, Kluck und Bülow, Zweifel daran aufkommen, daß eine Umzingelung von Paris gemäß dem Schlieffen-Plan durchführbar sei. Nach einem weiteren schweren Kampf gegen die Briten bei Le Cateau (26. August) entschied Kluck, seine Streitkräfte östlich von Paris zu verlegen anstatt westlich, in der Hoffnung, daß er Lanrezacs Armee, die jetzt in der Nähe von Guise erbittert gegen Bülows Streitkräfte kämpfte, zerschlagen könne. Es war ein verhängnisvolles Manöver. Der französische Oberbefehlshaber Joffre hatte seine Reserven in Paris zurückgehalten, und als Kluck seine Truppen umdirigierte, warf er alle ihm verfügbaren Streitkräfte gegen die deutsche Flanke und den Nachtrab. So begann die Marneschlacht, die die Deutschen zum ersten Mal in die Defensive drängte. Die Situation hätte vielleicht gerettet werden können, wenn Moltke nicht in diesem kritischen Augenblick den Fehler begangen hätte, seinen linken Flügel in eine Offensive gegen Nancy zu verwickeln. Das Ergebnis war, daß sich die Deutschen in zwei schweren, unkoordinierten Schlachten befanden, an der Marne und in Lothringen – eine Situation, der Moltke nicht gewachsen war. Sie verleitete ihn dazu, eine der kritischsten Kriegsentscheidungen einem Untergebenen zu überlassen, der Kluck befahl, sich hinter die Aisne zurückzuziehen. Der Rückzug hatte eine psychologische Wirkung, von der sich die deutschen Truppen nie wieder vollständig erholten.

Der Krieg in den Schützengräben. Diese Niederlage kennzeichnete das endgültige Scheitern des Schlieffen-Plans und verwandelte den Krieg im Westen in einen Kampf, auf den das in der Tradition des Bewegungskrieges ausgebildete deutsche Offizierkorps nicht vorbereitet war. Auch nachdem Moltke durch einen zuversichtlicheren und energischeren Befehlshaber, Erich von

Falkenhayn, ersetzt worden war, erwies sich eine Wiederaufnahme der Offensive als unmöglich. Die Deutschen verschanzten sich auf der Strecke Noyon-Reims-Verdun, und ihre Gegner folgten diesem Beispiel. Die beiden großen Armeen standen sich in einer Doppellinie von Schützengräben gegenüber, jeweils gedeckt durch dichte Stacheldrahtverhaue, Maschinengewehr- und Minenwerferstellungen und durch eine Reservestellung und schwere Artillerie unterstützt. Es sollte vier Jahre dauern, bis der so bewirkte Stillstand aufgehoben wurde und die Mobilität für Operationen wieder hergestellt war. Unterdessen wurde die Jugend Englands, Frankreichs und Deutschlands in unnützen Angriffen auf feste Positionen verschwendet.

Bei dieser grotesken neuen Art der Kriegführung lebten die Männer in Erdlöchern, die manchmal nur wenige Meter von denen ihrer Gegner entfernt lagen. Tagsüber tauschten sie planlose Geschützfeuer über die Brustwehr hinweg aus oder warfen Granaten in die feindlichen Schützengräben. Bei Nacht krochen kleine Gruppen ins Niemandsland zwischen den Linien und bahnten sich, den Stacheldraht durchschneidend, den Weg auf der Suche nach Gefangenen, die Informationen über die Pläne des Feindes verraten könnten. Mit einem Enthusiasmus und einem Optimismus, die niemals nachzulassen schienen, ordneten die Oberkommandos periodisch allgemeine Offensiven auf diesem oder jenem Frontabschnitt an. Diesen großen Vorstößen gingen längere Sperrfeuer der Artillerie voraus, die den Stacheldrahtverhau des Feindes einebnen, viele seiner Stützpunkte zerstören und seine Truppen in Panik versetzen sollten. Vor dem Sperrfeuer erfolgten häufig Operationen von Pioniertrupps, die Minen unter die feindlichen Schützengräben legten, und manchmal wurde gleichzeitig mit dem Sperrfeuer Chlorgas verbreitet – eine der schrecklichsten Neuerfindungen dieses Krieges. Wenn diese Vorbereitungsmaßnahmen ausgeführt waren, begann die Infanterie sich schubweise über ihre Brustwehr zu bewegen. Allzuoft stellte man dann fest, daß das Sperrfeuer nicht lange genug gedauert hatte, um die erwartete Wirkung zu haben, oder daß der Feind sich von den verminten Linien zurückgezogen hatte und jetzt aus ungefährdeten Stellungen zurückfeuerte, daß die Bombardierung das Schlachtfeld in einen unbegehbaren Sumpf verwandelt oder der Wind sich gedreht hatte und das Gas in die falsche Richtung wehte. Folglich waren die Gewinne immer äußerst gering und die Verluste gewaltig.

Das ganze Jahr 1915 hindurch gewannen die Briten und Franzosen trotz wiederholter Angriffe an keiner Stelle mehr als drei Meilen, doch die Franzosen verzeichneten 1 430 000 Todesopfer. 1916 kämpfte Falkenhayn zehn Monate lang unermüdlich bei Verdun und konnte es nicht einnehmen, verlor aber 336 000 Soldaten. In der Schlacht an der Somme im selben Jahr verloren die Alliierten 614 000 Mann und die Deutschen 650 000, jeweils ohne nennenswerte Gewinne.

Die Ostfront. Im Gegensatz zur Situation im Westen war der Krieg im Osten durch große Mobilität und beträchtliche Gebietsgewinne und -verluste gekennzeichnet. Im August 1914 wurde das Tempo dort von den Russen bestimmt, die sowohl die Deutschen als auch die Österreicher überraschten, indem sie ihre Mobilmachung schnell vorantrieben und zwei Armeen nach Ostpreußen und vier gegen die österreichischen Stellungen in Galizien entsandten.

Mit dem Vorstoß in Ostpreußen reagierten sie auf die dringende Bitte ihres Verbündeten Frankreich, und die Kampagne litt unter überstürzter Vorbereitung, schweren Mängeln in der logistischen Reserve und fehlender Koordination auf Befehlsebene. Ihre Absicht war, die Deutschen in Panik zu versetzen. Innerhalb weniger Tage hatten diese jedoch Pläne entwickelt, wie sie eine große, zum Angriff herausfordernde Lücke zwischen den beiden russischen Armeen ausnutzen konnten. Während eine einzige Kavalleriedivision zurückblieb, um sich der 1. russischen Armee entgegenzustellen, wurde ein deutsches Corps per Bahn von Königsberg um die Flanke der 2. Armee herum nach Tannenberg verlegt, wo es diese Armee aufhielt, bis zwei weitere deutsche Corps sie von hinten umstellten. Die verwirrten Russen liefen in die Falle, und 90000 Soldaten ergaben sich, bevor der Kampf am 30. August beendet war. Diesem verblüffenden Erfolg der Deutschen folgte die Vernichtung der jetzt isolierten 1. russischen Armee in der Schlacht an den Masurischen Seen. Am 15. September war Ostpreußen von den Russen befreit, und es war ein Mythos geboren, der tiefgreifende Auswirkungen auf die deutsche Innenpolitik haben sollte: der vom militärischen Genie und der Unbesiegbarkeit der beiden Befehlshaber der deutschen Streitkräfte in Ostpreußen, General Paul von Hindenburg und Generalmajor Erich Ludendorff.

Der Schlacht von Tannenberg und der an den Masurischen Seen eine zu starke Bedeutung beizumessen, würde heißen, den wichtigen Beitrag, den die Russen für die Sache der Alliierten im ersten Kriegsabschnitt leisteten, nicht entsprechend zu würdigen. Während des Debakels in Ostpreußen hatten die vier Armeen in Galizien den Großteil der österreichischen Armee, die zu Beginn der Feindseligkeiten unter Leitung Conrad von Hötzendorfs die Offensive in Galizien geführt hatte, elendig zugerichtet. Die russische Gewohnheit, Operationsbefehle per Funk zu übermitteln, ohne sie zu verschlüsseln, warnte den österreichischen Stabschef rechtzeitig genug, um seine Streitkräfte aus einer starken Umstellung zu befreien, doch mußte er sich auf eine Linie 140 Meilen westlich von Lemberg zurückziehen und Galizien dem Feind überlassen.

Unterdessen gerieten die Österreicher in Serbien in Schwierigkeiten. Sie hatten erwartet, daß die Strafaktion gegen die Serben schnell und einfach vonstatten gehen würde. Doch der russische Vorstoß nach Galizien hatte Conrad gezwungen, die Hälfte der 2. österreichischen Armee, die sich westlich von Belgrad aufhielt, abzuziehen, wodurch eine größere Änderung der Pläne für den serbischen Feldzug notwendig wurde. Der österreichische Angriff am 12. August erfolgte daher durch zwei kleinere Armeen, die von den aufgebrachten Serben prompt auf die andere Seite der Donau zurückgeschlagen wurden. In den dann folgenden verbissenen wechselseitigen Angriffen marschierten beide Armeen buchstäblich bis zur Erschöpfung vor und zurück. Im Dezember zogen sich die Österreicher kraftlos über den Fluß zurück, nachdem sie dem Feind Verluste von 170000 Mann zugefügt, selbst aber aus einer gesamten Streitmacht von 450000 Soldaten 227000 verloren hatten.

Das österreichische Oberkommando war geneigt, seine Verluste den Deutschen anzulasten. Auf der Grundlage recht vager Versprechungen Moltkes ihm gegenüber im Jahre 1909 hatte Conrad erwartet, daß die Deutschen seine Offensive in Galizien durch eine Bedrohung Warschaus von Ostpreußen aus unterstützen würden. Dem Argument, daß die Lage im Westen und die russische Offensive in Ostpreußen eine Offensive in Polen unmöglich gemacht habe, verschloß er sich völlig. Die Deutschen ihrerseits kritisierten die Durchführung der Offensive durch ihre Verbündeten, obgleich sie selbst die Österreicher dazu ermutigt hatten, die Offensive in Serbien und in Galizien gleichzeitig durchzuführen – eine Aufgabe, die über deren Kräfte hinausging. Tatsache war, daß die Mittelmächte einen großen Krieg angefangen hatten ohne gemeinsamen Kriegsplan und selbst ohne ausreichende Kenntnis von Stärke, Organisation, technischer Ausrüstung und Kapazität der Streitkräfte des anderen.

Hinzu kam, daß man nie eine befriedigende Lösung für das Problem des Oberbefehls fand, das akut wurde, als die Deutschen es für notwendig erachteten, die demoralisierten österreichischen Armeen durch deutsche Einheiten zu stärken. Dies verhinderte eine wirksame Zusammenarbeit nicht vollständig. Der gemeinsame österreichisch-deutsche Vorstoß in Galizien im Mai 1915 – die Offensive von Gorlice, die die Russen 300000 Soldaten und 3000 Geschütze kostete und beinahe ihren völligen Zusammenbruch herbeiführte – beruhte auf einem von Conrad aufgestellten strategischen Plan und fand unter der Leitung des deutschen Stabschefs Falkenhayn statt. Doch diese Art von Harmonie bot sich selten, und gegenseitige Unzufriedenheit und Ressentiments waren vorherrschend.

Die Intervention Japans, der Türkei und Italiens. Während diese Feldzüge ausgefochten wurden, unternahmen die kriegführenden Koalitionen alle Anstrengungen, um neue Verbündete zu gewinnen. Gleich zu Beginn verbuchte die Triple-Entente einen Erfolg: die japanische Regierung erklärte Deutschland den Krieg. Das brachte den Alliierten jedoch nur geringe reale Vorteile, da die Japaner in erster Linie daran interessiert waren, den Deutschen ihre Besitzungen in Gebieten wie der Halbinsel Schantung und den Inseln im mittleren

Pazifik abzunehmen. Wichtiger für die Kriegführung in Europa war die Haltung der Türkei und Italiens. Angesichts der engen Beziehungen zwischen der Türkei und Deutschland in den letzten Vorkriegsjahren war die türkische Entscheidung eigentlich schon im vornhinein festgelegt. Nach einem diplomatischen Vorspiel entsandte die türkische Regierung im Oktober eine Flotte ins Schwarze Meer, um den russischen Küstenhandel zu belästigen, und Anfang November reagierten die Ententemächte mit einer Kriegserklärung.

Die Klärung der Position Italiens dauerte etwas länger. Als der Krieg ausbrach, erklärte die von Antonio Salandra geführte Regierung, da Österreichs Vorgehen gegen Serbien keinen Defensivcharakter habe, könne sich Italien nicht an die Bestimmungen des Dreibunds gebunden betrachten; es bleibe neutral. Diese Entscheidung war ursprünglich populär. (Sie wurde von der parlamentarischen Mitte und der Mehrheit der Sozialisten getragen).

Es gab aber eine starke Gegenbewegung, die eine Intervention auf seiten der Entente befürwortete. Diese umfaßte liberale Idealisten, die in der Sache des Westens alle Hoffnungen für die Zivilisation erblickten, die nationalistische Partei und opportunistische Demagogen wie den Dichter Gabriele d'Annunzio und den abtrünnigen Sozialisten Benito Mussolini. Die Regierung Salandra gab diesem Druck schließlich nach, nicht zuletzt aufgrund eines (im Geheimvertrag von London vom April 1915 enthaltenen) Versprechens der Entente, Italien werde als Gegenleistung für eine Intervention das österreichische Tirol bis zum Brennerpaß, Triest, einen Teil von Albanien und anderes Territorium am Kopf des Adriatischen Meeres, einen Teil der Türkei und einen Anteil an der allgemeinen Kriegsentschädigung, die dem besiegten Gegner auferlegt würde, erhalten. Im Mai trat Italien in den Krieg ein.

Die Diplomatie und der Krieg auf dem Balkan. Die Ententemächte hatten einen wichtigen Sieg errungen. Das Eintreten Italiens für ihre Sache verstärkte den Druck auf Österreich ganz erheblich. Weniger Erfolg verbuchten sie, als es um die Durchsetzung ihrer diplomatischen Ziele auf dem Balkan ging.

In diesem Gebiet zwang sie der Kriegseintritt der Türkei auf deutscher Seite zu versuchen, deren direkte Kontaktaufnahme mit den Mittelmächten zu verhindern. Der beste Weg, dies zu erreichen, war, die Unterstützung der dazwischenliegenden Balkanstaaten zu erlangen. Der Schlüssel zu diesem Ziel hieß Bulgarien. Zu Beginn des Jahres 1915 versuchten Diplomaten der Entente, die Serben dazu zu bewegen, die Bulgaren durch Rückerstattung eines Teils des in den Balkankriegen eroberten Landes zu beschwichtigen. Die Serben, die bereits erbost waren über das, was sie im Hinblick auf die Zugeständnisse der Alliierten an Italien in Erfahrung gebracht hatten, weigerten sich.

Wohl wissend, daß die Mittelmächte bereit waren, den Bulgaren Zugewinne in Thrakien und Makedonien zu versprechen, falls sie in den Krieg einträten, suchten die Regierungen der Entente als nächstes ein Bündnis mit Griechenland und Rumänien zu schließen, in der Hoffnung, dies würde die Bulgaren aus Angst zur Wahrung der Neutralität veranlassen. Doch auch die Rumänen wollten Territorium, das ihnen die Entente nicht versprechen konnte, weil es ebenfalls den Serben gehörte; und in Athen hatten sich deutsche Unterhändler bei König Konstantin eingeschmeichelt.

Schließlich wurde der komplexe politische Kampf auf dem Balkan großenteils durch die ehrgeizigste und erfolgloseste der britischen Militäroperationen im Jahre 1915 entschieden: den Gallipoli-Feldzug.

Im Januar 1915 baten die Russen die Briten, eine Machtdemonstration an den Dardanellen zu inszenieren, damit türkische Streitkräfte vom Kaukasus abgezogen würden, wo sie die russischen Stellungen bedrängten. In London wurde die Idee vom First Lord of the Admiralty, Winston Churchill, der ein Gegner des Einfrontenkrieges war, begeistert aufgenommen; doch die Kampagne, die er veranlaßte, stellte eine lange Kette verpaßter Gelegenheiten dar. Im März 1915 waren die Dardanellen durch gemischte anglo-französische Streitkräfte nahezu bezwungen; doch in einem unentdeckten Minengebiet versanken drei alte Schlachtschiffe, und drei Kreuzer wurden kampfunfähig. Der kommandierende Admiral blies den Angriff ab. Die nächste Entscheidung war, das ANZAC-Corps (Australier und Neuseeländer) mit zusätzlichen französischen und britischen Divisionen an zwei Stellen der Halbinsel Gallipoli zu landen und auf dem Landwege zu Positionen vorstoßen zu lassen, von denen aus die Straße der Dardanellen eingenommen werden konnte. Der Mangel an Einschätzung dessen, was eine erfolgreiche amphibische Operation nach sich ziehen würde, verworrene Beziehungen auf Befehlsebene und ein schlechtes Nachrichtenwesen vereitelten diese Pläne bei der ersten Landung im April und erneut im August bei einem weiteren Versuch in der Suvla-Bucht. Beide Male gelang es den Briten nach erfolgreicher Landung nicht, von der Küste fortzukommen und den kostbaren Boden dahinter einzunehmen, solange er ihnen offenstand. Nach monatelanger Beschießung durch türkische Geschütze und nach dem Verlust von 252000 Mann zogen sie ihre Streitkräfte im Dezember 1915 und im Januar 1916 ab.

Schon vor der endgültigen Räumung hatten die Balkanländer erkannt, daß das Unternehmen zum Scheitern verurteilt war, und die Griechen sowie die Rumänen waren in ihrer Neutralität bestärkt worden. Die Bulgaren freilich brauchten nun nicht mehr zu zögern. Im Oktober 1915 traten sie auf seiten der Mittelmächte in den Krieg ein, drangen gemeinsam mit österreichischen Divisionen nach Serbien ein und überrollten es trotz zähen Widerstands. Ende 1915 beherrschten daher die Mittelmächte den Balkan und schlossen an ihrer südlichen Flanke die Front mit den Türken. Dies aber hinderte die Diplomaten der Alliierten nicht daran, ihre Bemühungen in diesem Gebiet fortzusetzen.

Mesopotamien, die arabischen Länder und Afrika. In diesen Jahren kam es nicht nur an der Straße der Dardanellen zu Zusammenstößen zwischen den Briten und den Türken. 1915 marschierten britische Streitkräfte vom Kopf des Persischen Golfs den Tigris aufwärts nach Bagdad, wurden aber bei Ktesiphon aufgehalten und zurückgedrängt bis Kut el-Amara, wo sie umzingelt und schließlich im April 1916 zur Kapitulation gezwungen wurden. Dieser Sieg und die Anstrengungen auf Gallipoli schienen jedoch die türkischen Reserven überfordert zu haben, und von diesem Zeitpunkt an häuften sich ihre Schwierigkeiten. Während die Russen in den ersten Monaten des Jahres 1916 große Gebiete des türkischen Armenien eroberten, nahmen die Briten ihre Offensivoperationen in Mesopotamien wieder auf und gewannen schließlich im Februar 1917 Kut zurück.

In Afrika drangen südafrikanische Streitkräfte unter Anwendung von Taktiken, die sie im Burenkrieg gelernt hatten, in Deutsch-Südwestafrika ein und eroberten es im späten Frühjahr 1916 in einem energischen Feldzug. Im Jahr darauf fiel der Kamerun an französische und britische Truppen. Die Schlacht um Deutsch-Ostafrika erwies sich als weitaus schwieriger. Eine Armee aus südafrikanischen, indischen, britischen, belgisch-kongolesischen und portugiesischen Abordnungen kämpfte bis zum Kriegsende unter starken Verlusten gegen die dortige deutsche Position.

Der Krieg zur See. Entscheidender als der Krieg zu Lande waren die Operationen auf hoher See, wo jede Seite ihren Gegner durch Zerstörung seiner Schiffe zu schwächen suchte. In diesem Kampf waren die Briten im ersten Kriegsjahr überlegen. Im Frühjahr 1915 sah man weit und breit keine deutschen Flotteneinheiten oder Handelsschiffe. Die Hochseeflotte, auf die Wilhelm II. so stolz war, stieß im Januar 1915 auf der Doggerbank mit den Briten zusammen und blieb danach bis zum Mai des folgenden Jahres an ihrem heimatlichen Stützpunkt. Dann tauchte sie wieder auf, um am Skagerrak in einer unentschiedenen Schlacht zu kämpfen. Angesichts der relativen Verluste hätte diese Schlacht als deutscher Sieg bezeichnet werden können. Einen Monat später aber beriet der Flottenkommandeur den Kaiser, England könne nicht durch Schlachten auf hoher See geschlagen werden, sondern nur durch Druckausübung auf sein Wirtschaftsleben mittels Unterseebooten.

In Ermanglung einer eigenen Seeschiffahrt mußten die Deutschen ihre Importe auf neutralen Schiffen befördern lassen, und dies wiederum veranlaßte die Briten und Franzosen, das Recht für sich zu beanspruchen, jeglichen Warenverkehr, von dem denkbar war, daß er die deutschen Kriegsanstrengungen unterstützen könnte, zu inspizieren und umzuleiten. Diese Blockade löste starke Proteste auf seiten neutraler Länder aus. Trotz seiner persönlichen Sympathien für die Sache der Alliierten betrachtete Präsident Woodrow Wilson das britische Vorgehen als außerordentlich anmaßend und protestierte bei Gelegenheit so energisch, daß man befürchtete, die Beziehungen zwischen der britischen und der amerikanischen Regierung könnten abgebrochen werden. Daß es nicht soweit kam, lag großenteils daran, daß sich die Deutschen eines Verhaltens schuldig machten, das den amerikanischen Empfindungen noch stärker zuwider war. Die öffentliche Meinung in Amerika empörte sich vor allem über das Vorgehen von U-Boot-Kommandeuren, Schiffe ohne Vorwarnung und ohne den geringsten Versuch, Überlebenden zu helfen, zu torpedieren.

Als die deutsche Regierung im Februar 1915 in einer Note an die Regierung der Vereinigten Staaten ankündigte, ihre U-Boote würden innerhalb einer bestimmten, Teile der britischen und der französischen Küste einschließenden Kriegszone Schiffe der Alliierten und alle Schiffe, die unter neutraler Flagge segelten, von denen jedoch angenommen werden könne, daß es sich um Schiffe der Alliierten handele, versenken, reagierte Präsident Wilson mit einer ernsten Warnung, er werde für den Verlust amerikanischer Schiffe und amerikanischer Menschenleben von den Deutschen „strenge Rechenschaft" verlangen. Die dann folgende Versenkung mehrerer britischer Schiffe mit amerikanischen Passagieren oder Mannschaften an Bord und besonders der Torpedoangriff auf das Cunard-Linienschiff „Lusitania" am 7. Mai 1915, bei dem 1198 Menschen starben, einschließlich 128 Amerikanern, löste in den Vereinigten Staaten einen Sturm der Empörung aus, und die ersten ernstzunehmenden Regungen eines Interventionsgeistes wurden erkennbar. Die heftigen Gefühlsäußerungen der Amerikaner beeindruckten die Deutschen; und die Tatsache, daß sie nicht genügend Unterseeboote besaßen, um wirklich Erfolg zu haben, veranlaßte sie zu Konzessionen. Der deutsche Botschafter teilte dem amerikanischen Außenminister mit, es würden keine weiteren Angriffe auf Schiffe wie die „Lusitania" stattfinden. Diese Versicherung und der rasche Rückgang aller U-Boot-Angriffe im Herbst 1915 verringerten die Spannungen.

Im Laufe des Jahres 1916 jedoch bauten die Deutschen ihre U-Boot-Streitmacht rasch weiter aus. Im Januar 1917 zeigte sich der Marinestab zuversichtlich, daß man Britannien innerhalb von fünf Monaten durch Aushungerung in die Knie zwingen könne. Auf einer Kronratssitzung in Pless im Januar 1917 überstimmten die Marine und die Oberste Heeresleitung den zweifelnden Kaiser und seinen Kanzler Bethmann. Sie argumentierten, daß man sich über dieses „desorganisierte und undisziplinierte [Land jenseits der Meere], das von einem gelehrten Spinner präsidiert werde", keine Sorgen zu machen brauche. Selbst wenn die Vereinigten Staaten bestrebt sein sollten, in den Krieg einzugreifen, so sagte der Flottenstabschef entschieden, gebe er Seiner Majestät sein Wort als Offizier, daß kein Amerikaner das Festland betreten werde. Angesichts dieses militärischen Selbstvertrauens wurde die Entscheidung getroffen, die unbeschränkte U-Boot-Kriegführung wieder aufzunehmen. Am 1. Februar wurde sie in die Tat umgesetzt, und am 6. April erklärten die Vereinigten Staaten Deutschland den Krieg.

Die Heimatfront

Der totale Krieg. Am 10. Februar 1916 brach aufgrund eines Gerüchts, daß ein deutscher Zeppelin über dem Seebad Scarborough aufgetaucht sei, an der englischen Küste eine Panik aus, und die Empörung der Öffentlichkeit veranlaßte die Regierung, zehn Heimwehreinheiten des „Royal Flying Corps" aufzustellen. Der Vorfall ist erwähnenswert, weil er deutlich macht, daß der Erste Weltkrieg der erste totale Krieg in der neueren Geschichte war, d. h. daß alle Bürger der beteiligten Mächte betroffen werden konnten, wie weit sie auch immer von der Kampfzone entfernt waren. Die Bürger der Nordostküste Frankreichs, Belgiens oder Polens, deren Wohnungen als Quartiere beschlagnahmt waren und deren Bekannte und Verwandte manchmal von den Besatzungsmächten als Geisel genommen wurden, um die Aufrechterhaltung der Ordnung am Ort sicherzustellen, kannten den Krieg ebenso genau wie die Truppen, die durch ihre Straßen marschierten. Kleinbauern auf dem schottischen Hochland, Geschäftsleute in Leipzig und russische Bauern im Wolgaland waren alle vom Krieg berührt, selbst wenn sie nicht von einem Zeppelin heimgesucht wurden oder sich weit genug außer Reichweite von Geschützen wie der notorischen Dicken Berta befanden, die die Deutschen zur Bombardierung von Paris einsetzten. Das Schicksal des Krieges beeinflußte oder bestimmte ihre Handlungsfreiheit, ihre Arbeit, ihre Ernährung und selbst, was sie denken und sagen durften. Es unterwarf alle ihre Lebensbereiche einem zunehmenden Maß an Kontrolle und Reglementierung und hatte Auswirkungen, die über das Kriegsende hinausgingen.

Wir brauchen uns hier nur mit drei Aspekten dieses totalen Krieges zu befassen: der fortschreitenden Zentralisierung der politischen Autorität, der wirtschaftlichen Reglementierung, die von allen Regierungen praktiziert wurde, und der Tendenz zur Gesinnungskontrolle und Einschränkung der bürgerlichen Freiheiten.

Die politische Zentralisierung. In allen kriegsteilnehmenden Ländern erregte der Kampfausbruch eine Welle des Patriotismus und bewirkte geschlossene Reihen. Selbst die politischen Parteien und Organisationen, die ein halbes Jahr vorher erbittertste Gegner der Regierung gewesen waren, traten im August 1914 für die Sache der Nation ein. Diese Erkenntnis der alles überragenden Bedeutung des nationalen Interesses entließ die Regierungen aus der Kritik, der sie normalerweise durch eine wachsame Opposition ausgesetzt waren, und versetzte sie in die Lage, Praktiken anzuwenden und eine Autorität für sich zu beanspruchen, die in Friedenszeiten niemals geduldet worden wären. Die Folge war eine zunehmende Zentralisierung der Macht, die in mehr als einem der großen Länder Europas die Erscheinungsform einer Regierungsdiktatur annahm.

Es überrascht nicht, daß dies in Rußland, Österreich und Deutschland geschah, wo die Tradition der parlamentarischen Regierung noch nicht gefestigt war. Natürlich zeigte sich die Tendenz in diesen Ländern am deutlichsten und zeitigte dort ihre verheerendsten Folgen. Die „Duma" und die „Zemstvos" hatten energische und nützliche Kritik an den Schwächen der russischen Kriegsmaschinerie geübt. Doch im September 1915 suspendierte der Zar die „Duma". Danach lag die Politik eines großen Landes in den Händen der Zarin, ihres Günstlings Rasputin und aller möglichen Bürokraten, die bereit waren, ihre gefügigen Werkzeuge zu sein.

In Österreich und Deutschland war die Zentralisierung gekennzeichnet durch eine Schwächung der Rolle des Parlaments und eine Stärkung derjenigen des Militärs. Schon bevor Kaiser Franz Joseph im November 1916 starb, hatten sich die Militärs und die Bürokraten in Österreich eine Vorrangstellung im Entscheidungsprozeß gesichert. In Deutschland waren Stellvertretende Kommandierende Generäle berechtigt, in bestimmte Bereiche der Regionalregierung einzugreifen und – in einigen Fällen – die Zivilbehörden ganz abzusetzen. Auf nationaler Ebene war der militärische Einfluß von der Ernennung Hindenburgs zum Stabschef Ende August 1916 an bis zum Kriegsende vorherrschend. Die 3. Oberste Heeresleitung Hindenburg und Ludendorff und die politische Abteilung des Generalstabs trafen nicht nur militärische Entscheidungen, sondern legten auch die Grundzüge der Wirtschaftspolitik und der Diplomatie fest. Bestärkt durch schmeichelnde Unterstützung im Volke, maßten sie sich eine Autorität an, die eigentlich Kaiser und Kanzler zustand, und wenn diese sich entgegenstellten, setzten sich die Oberbefehlshaber durch, indem sie mit ihrem Rücktritt drohten. Sie zeichneten verantwortlich für die Entscheidung, den U-Boot-Krieg wieder aufzunehmen, und für die Bedingungen des Vertrages von Brest-Litowsk, mit dem sie ihrem Land einen so schlechten Dienst erwiesen.

Dieser Grad an Zentralisation wurde in den westlichen Ländern nie erreicht. Es ist jedoch bemerkenswert, daß selbst England weder von einer Machtkonzentration in wenigen Händen noch von einem Anwachsen übertriebenen militärischen Einflusses verschont blieb. England begann den Krieg unter einer lockeren Koalitionsregierung und beendete ihn unter einem kleinen, straff geführten Kriegskabinett unter der Leitung von Lloyd George, dessen Vollmachten weitaus größer waren als die einer jeden Friedensregierung.

In Frankreich begann die Regierung den Krieg unter Ausrufung des Belagerungszustands, und während des ersten Jahres der Feindseligkeiten wurden Entscheidungen vom Oberkommando getroffen und durch Präsidialerlasse ausgeführt. Angesichts der Bedrohung Frankreichs in den ersten Kriegsmonaten war dies verständlich; doch auch nachdem die Gefahr der Niederlage gebannt war, zögerte das Oberkommando, die errungene Position wieder aufzugeben. Erst im November 1917, mit der Ernennung von Clemenceau

zum Ministerpräsidenten, wurde es auf die ihm angemessene Rolle zurückgedrängt. Es muß jedoch erwähnt werden, daß die Regierung Clemenceau,
auch wenn sie die zivile Autorität wiederhergestellt hat, an normalen Maß-
stäben gemessen diktatorisch war und nach eigenen Rechtsvorstellungen
regierte.

Weder in England noch in Frankreich dankte das Parlament in irgendeiner
Hinsicht ab. Aus Sicherheitsgründen oder aus Gründen der Leistungsfähigkeit wurden bestimmte Dinge, die normalerweise einer Parlamentsentschei-
dung oder einer parlamentarischen Überprüfung unterlagen, nun durch Ver-
waltungs- oder Regierungsbehörden gehandhabt. Doch gingen die Macht-
befugnisse der Exekutive und die Erweiterung der Regierungsvollmachten
auf Bereiche, die früher als Privatsphäre angesehen worden waren, nicht so
weit wie in den Ländern Osteuropas.

Wirtschaftliche Reglementierung. Zur Veranschaulichung der naiven Haltung
europäischer Regierungen gegenüber wirtschaftlichen Angelegenheiten zu
Beginn des Krieges werden häufig zwei Anekdoten erzählt. Die erste ist die,
daß die französische Regierung den Renault-Werken die Produktionsnieder-
legung gestattete, weil sie keinerlei militärische Verwendung für ihre Erzeugnisse voraussehen konnte. Die zweite ist die, daß der deutsche Publizist
Arthur Dix auf ein Memorandum, in dem er die Notwendigkeit eines Generalstabs für die Wirtschaft darlegte, von Stabschef Moltke die Antwort erhielt, man solle ihn nicht mit wirtschaftlichen Dingen belästigen, er sei mit
der Kriegführung beschäftigt.

Ein höchst unsanftes Erwachen bedeutete für alle kriegführenden Länder
die Feststellung, daß nicht genügend Munition vorhanden war, um den
Krieg fortzusetzen. Im September 1914 informierte Joffre die französische
Regierung, daß er mindestens 70000 Granaten pro Tag benötige und daß
seine Munitionsbatterien nicht einmal über eine Reserve für einen Monat
verfügten. In Rußland produzierten die Fabriken im Jahre 1914 nur ein Drittel der Munition, die an der Front benötigt wurde, und die Infanterie war
gezwungen, sich lediglich auf nächtliche Bajonettangriffe zu verlassen, da die
Truppen weder Artilleriegeschosse noch Gewehrmunition besaßen. In
Deutschland, wo die Armee zuversichtlich gewesen war, daß sie perfekte
Kriegsvorbereitungen getroffen habe, waren die Experten entsetzt darüber,
wie schnell die Munitionsvorräte im modernen Krieg dahinschmolzen.

In Frankreich rührte die Munitionsknappheit daher, daß das Land durch
den schnellen Vorstoß des Feindes seiner reichsten Industriegebiete beraubt
worden war. In anderen Ländern war sie die Folge einer unfähigen Mobil-
machungspolitik: Facharbeiter aus Industriezweigen, die sich bald als entscheidend herausstellen sollten, wurden an die Front geschickt. Die Krise
war zu ernst, als daß sie mit normalen Methoden hätte bewältigt werden
können. Daher ernannten die Regierungen Männer, die man als Rüstungs-

7. Sturm der roten Arbeiterbrigaden auf den Kreml in den ersten Novembertagen 1917 (Gemälde)

8. Gründung der Komintern: Dokumentarfoto der Gründungssitzung im März 1919

9. Unterzeichnung des Versailler Vertrages. 28. Juni 1919

10. Waffenstillstandsabkommen von Brest-Litowsk (1917/1918). Empfang der russischen Delegation am Bahnhof durch eine Abordnung der Siegermächte

zare bezeichnen könnte und die mit ausgedehnten Kontrollbefugnissen über alle Produktionszweige von Munition und verwandten Artikeln ausgestattet wurden. Das war für die europäischen Regierungen der Beginn, ihre Macht allmählich auf alle Bereiche der wirtschaftlichen Tätigkeit ihres Landes auszudehnen.

In Deutschland errichtete Walther Rathenau beispielsweise eine Kriegsrohstoffabteilung, die eine umfassende Überprüfung vornahm und ermittelte, daß die deutschen Vorräte an wesentlichen Rohstoffen nicht einmal für ein Jahr ausreichten; sie überzeugte Moltkes Nachfolger Falkenhayn von der Notwendigkeit, die vorhandenen Vorräte unter Verschluß zu nehmen und zu kontrollieren, die Produktion von Luxusgütern einzustellen, strategisch wichtige Rohstoffe in besetzten Gebieten zu beschlagnahmen und von nahe gelegenen neutralen Staaten zu kaufen, neue Produktionstechniken zu entwickeln und die Einführung von Ersatz- und Kunststoffen zu fördern. Die Abteilung begann mit verschwindend wenig Personal und entwickelte sich zu einer Mammutorganisation mit der Befugnis, Fabrikanten, die Verträge für die Kriegsproduktion besaßen, Rohstoffe zuzuteilen.

Gleichzeitig richtete die deutsche Regierung Ämter zur Kontrolle des Import- und Exporthandels ein. Das bedeutendste darunter war die zentrale Beschaffungsstelle, die ein Monopol über alle Einkäufe im Ausland besaß. Es wurde ein Kriegsernährungsamt mit Nebenstellen errichtet, das die Lebensmittelversorgung kontrollierte, die Rationierung regelte und die Verwendung von Ersatzstoffen förderte. Zur Lösung der Probleme, die sich aus dem zunehmenden Mangel an Arbeitskräften ergaben, richtete man im November 1916 ein Kriegsamt ein mit umfassenden Rechtsprechungsbefugnissen zwischen Unternehmensleitung und Arbeitnehmern. Einen Monat später trat mit der Einführung des sogenannten Hindenburg-Programms das Gesetz über den „Vaterländischen Hilfsdienst" in Kraft, nach dem alle nicht eingezogenen Deutschen zwischen 17 und 61 zwangsweise beschäftigt werden konnten, Schiedsgerichtsverfahren bei Arbeitsstreitigkeiten zur Pflicht gemacht und Arbeitsplatzwechsel der Zustimmung eines Gremiums unter Vorsitz eines Vertreters der örtlichen Heeresleitung unterworfen wurden.

In den anderen kriegführenden Nationen wurden ähnliche Schritte zur Mobilisierung der wirtschaftlichen Reserven unternommen. Effizient geschah dies in Britannien und Frankreich, weniger effizient in Österreich, Italien und Rußland. In den meisten Fällen wurden Arbeitsgesetze erlassen und die üblichen Aktivitäten der Arbeiterschaft eingeschränkt. Mit dem Fortgang des Krieges verstärkte sich in den Reihen der Arbeiter der Verdacht, daß sie mit ihren Zugeständnissen einen Fehler begangen hätten und daß von der arbeitenden Bevölkerung Opfer verlangt würden, die die Unternehmer oder andere Gesellschaftsschichten nicht brachten. Dieses Empfinden schlug sich in einer erhöhten Streiktätigkeit nieder.

Gesinnungskontrolle. Mit der Reglementierung des Wirtschaftslebens wurde die Freiheit der Bürger eingeschränkt, ihre Arbeitskraft und Dienstleistungen nach eigenem Belieben zu verkaufen und ihren Lohn wie gewohnt auszugeben. Doch der Krieg setzte sie noch ernsteren Freiheitsbeschränkungen aus. Er beschnitt ihre Versammlungs- und Redefreiheit und selbst ihre Gedankenfreiheit. In allen kriegführenden Ländern wurden Sondergesetze erlassen zur Internierung von Menschen, die als Spione des Feindes oder als dessen Sympathisanten verdächtigt wurden, um die Weitergabe von eventuell nützlichen Informationen an den Feind zu verhindern und um Aktivitäten zu verhüten, die unter der Bevölkerung Defätismus zu verbreiten drohten. Die demokratischen Nationen waren in dieser Beziehung nicht aufgeklärter als die absoluten Monarchien.

Überall unterlagen die Zeitungen einer strengen Zensur. Artikel, die dem Feind Vorschub leisten, ihm Genugtuung verschaffen oder die Entschlossenheit der Bevölkerung, bis zum totalen Sieg zu kämpfen, beeinträchtigen konnten, wurden gestrichen. Es gab auch die private Zensur (als Lord Lansdowne im Jahre 1917 einen Leserbrief an „The Times" schickte, in dem er auf die Notwendigkeit drängte, den Frieden durch Verhandlung zu suchen, verweigerte der Herausgeber die Veröffentlichung), doch im allgemeinen übte die Regierung die Zensur aus und fügte in die durch ihre Streichungen entstandenen Lücken Propaganda ein, die die Tatsachen häufig falsch wiedergab, nationale Erfolge größer darstellte, als sie waren, die des Feindes aber abwertete und Greueltaten detailliert schilderte, um den Haß auf den Feind zu schüren.

In einigen Fällen erweckte die offizielle Propaganda eine verhängnisvolle Siegeszuversicht. Die Entdeckung, daß es den Krieg schließlich doch nicht gewinnen würde, bedeutete einen solchen Schock für das deutsche Volk, daß es verzweifelte und die Welle der Revolution über sich hinwegrollen ließ.

Der Verlauf des Krieges 1917–1918

Rückschläge für den Westen. Für die Westmächte begann das Jahr 1917 mit zwei ermutigenden Ereignissen. Das erste war der Umsturz der Autokratie in Rußland und die Machtergreifung durch eine demokratische Regierung, die entschlossen war, den Krieg energisch und effizient fortzuführen. Das zweite war der Kriegseintritt der Vereinigten Staaten.

Es dauerte jedoch nicht lange, bis erkannt wurde, daß das letztere Ereignis nicht die baldige Landung starker amerikanischer Armeen in Europa bedeutete. Bis die Vereinigten Staaten ein Expeditionskorps rekrutiert und ausgebildet hatten, mußte die Hauptlast des Kampfes immer noch von Großbritannien, Frankreich und Italien getragen werden. Überdies wurde bald deutlich, daß die Ereignisse in Rußland keine Regeneration ankündigten, sondern den Zusammenbruch.

In der Tat standen den Alliierten größere Schwierigkeiten bevor, als sie selbst in ihren pessimistischsten Augenblicken befürchtet hatten. Das Jahr 1917 bedeutete eine lange Kette von Niederlagen. Eine französische Offensive in Lothringen führte zu einer vollkommenen Katastrophe, in der ungefähr 200000 Mann geopfert wurden. Daraufhin erfolgte eine Welle der Meuterei in der französischen Armee, die monatelang jede Offensive unmöglich machte. Im Juli startete der britische Kommandeur Haig seinen lange geplanten Feldzug in Flandern, entgegen dem einsichtigeren Urteil Lloyd Georges, der ihn als „wilde militärische Spekulation" und „wahnsinniges Unternehmen" bezeichnete. Haig setzte seinen Vorstoß bis zum 20. November fort, mußte aber in einem Gebiet, das aus 50 Quadratmeilen Stacheldraht und Morast bestand, den Verlust von 150000 Soldaten durch Tod und nahezu 300000 Verwundeten und Gefangenen hinnehmen. Ein glänzender Erfolg der Briten bei Cambrai im November 1917, als erstmalig Panzer zum vollen Einsatz kamen, zeigte, daß es eine Alternative zu dieser schrecklichen Zermürbungsstrategie gab. Doch waren die Militärs noch nicht bereit, sie in Betracht zu ziehen.

Im Oktober war Italien an der Reihe. In einem sorgfältig geplanten Vorstoß schickten die Mittelmächte sechs deutsche und neun österreichische Divisionen gegen Caporetto am Isonzo und machten die gesamte italienische Position zunichte. Britische und französische Divisionen eilten an die italienische Front, um einen völligen Zusammenbruch zu verhindern. Tatsächlich wurden sie dann nicht gebraucht; denn die Italiener sammelten sich wieder. Doch einige Monate lang war die Situation kritisch.

Schließlich, um das düstere Bild komplett zu machen, brachte der November die Nachricht von der zweiten Revolution in Rußland, der Machtergreifung durch die Soldaten-, Bauern- und Arbeiterräte, dem Aufstieg der bolschewistischen Führer Lenin und Trotzki zur Exekutive, ihrem Aufruf an die kriegführenden Länder, sofort Frieden zu schließen ohne Annexionen und Kriegsentschädigungen. Und im Dezember kam die Nachricht von ihrem Waffenstillstandsabkommen mit den Deutschen in Brest-Litowsk.

Die Schwächung der deutschen Kriegskoalition. Jedoch war auch in Deutschland und bei seinen Verbündeten nicht alles in Ordnung. Ende des Jahres 1917 war die Kraft der Türken weitgehend erlahmt. Im Laufe dieses Jahres stürmte das ägyptische Expeditionsheer Jerusalem, nachdem es die 7. türkische Armee unter Mustafa Kemal zermürbt hatte. In den türkischen Armeen und dem Volk als ganzem schwand die Begeisterung für die deutsche Sache. Bulgarien, jenseits der Straße der Dardanellen, war wirtschaftlich am Ende seiner Kräfte; dort hatte es schlechte Ernten gegeben. Sowohl die Armee als auch die große Masse des Volkes kamen dem Zustand der Demoralisation bald nahe.

Noch ernster war die Situation in Österreich-Ungarn, wo selbst jeder

Anschein von Zusammenarbeit zwischen den madjarischen Oligarchen und der Regierung in Wien gewichen war und wo ernstliche Treuebrüche auf seiten der abhängigen Nationalitäten offenkundig wurden. In den ersten Monaten des Jahres 1918 regten zwei Dinge die jähe Intensivierung der Subversion an. Das erste war eine Reihe von Ansprachen des Präsidenten Wilson, die in einer Kongreß-Rede vom 8. Januar 1918 gipfelte, in der er – mit den bald berühmten 14 Punkten – die Prinzipien darlegte, von denen, wie er meinte, eine Friedensregelung geleitet sein müsse. Darunter befand sich das Versprechen, daß den Völkern Österreich-Ungarns eine autonome Entwicklung zugesichert würde. Das zweite – ganz im Gegensatz zu dem Angebot Wilsons – war der Charakter der Verträge der Mittelmächte mit Rußland in Brest-Litowsk und mit Rumänien in Bukarest (März bis Mai 1918). Diese Verträge, die den besiegten Staaten gewaltige territoriale und finanzielle Zugeständnisse abverlangten, stellten klar, daß ein Sieg der Mittelmächte eine fortwährende teutonische Vorherrschaft in Osteuropa ohne jegliche autonome Entwicklung der abhängigen Völker bedeuten würde. Nichts trug so sehr zur Stärkung des Wunsches nach einer Niederlage Deutschlands und Österreichs bei wie diese strafenden Abkommen.

Deutschland selbst fühlte sich Ende 1917 trotz aller offenkundigen Erfolge weiter vom Sieg entfernt als je zuvor. Die Voraussagungen des Marinestabs, Großbritannien sei durch die U-Boote bald am Ende, hatten sich nicht erfüllt. Die Briten retteten sich durch eine Neuerfindung des Ersten Weltkrieges, deren Bedeutung nur vom Panzer übertroffen wurde: das Konvoi-System, bei dem sich eine große Anzahl von Versorgungsschiffen unter dem Schutz von U-Booten, Kriegsschiffen und Flugzeugen vorwärts bewegte. Der Konvoi machte alle deutschen Kalkulationen zunichte, und zwar zu einem Zeitpunkt, als sich die britische Blockade immer stärker auf die deutsche Wirtschaft auswirkte und als erste Regungen von Unzufriedenheit und einige wilde Streiks der Solidarität der Nation die ersten Risse zufügten. Die Verabschiedung einer Resolution durch das Parlament im Juli 1917, mit der die Regierung aufgefordert wurde, einen Verhandlungsfrieden in Erwägung zu ziehen, bedeutete für viele Deutsche eine Vorwarnung dafür, daß der Wille zum Widerstand stark nachließ. Die Oberste Heeresleitung erwiderte diese Anzeichen der Schwäche jedoch mit dem Aufruf zu einer Großoffensive, die den Krieg im Frühjahr 1918 siegreich beenden sollte.

Der Zusammenbruch. Nach Kriegsende wurde viel über Hindenburgs sträfliche Dummheit geschrieben und darüber, daß Ludendorff die gesamte Sicherheit der Nation als Pfand eingesetzt habe für ein gefährliches Glücksspiel, während sie ihre offenkundig starke Position hätten ausnutzen können, um durch Verhandlung gemäßigte Bedingungen zu erreichen. Abgesehen davon, daß es keine Gewähr dafür gibt, daß die Alliierten auf ein Verhandlungsangebot eingegangen wären, wird bei diesem Argument die Tatsache übersehen, daß weder die Oberste Heeresleitung noch die sie stützenden Wirtschaftskreise imstande waren, gemäßigte Bedingungen zu akzeptieren. Ihre größte Befürchtung war, daß die Demokratie in Deutschland stärker würde, und sie waren überzeugt, daß nur ein totaler Sieg mit reichlichen Annexionen in Ost- und Westeuropa das deutsche Volk von seinem Wunsch nach Selbstregierung ablenken könne. Die Oberste Heeresleitung unterdrückte daher jede Diskussion über Verhandlungen, plante ihre Großoffensive und setzte all ihre Propagandamittel ein, um die Deutschen zu versichern, daß sie nicht scheitern könne.

Am 21. März 1918 wurde Ludendorffs Frühjahrsoffensive mit einem Geschützfeuer eröffnet, und die gesamte deutsche Armee wurde an die britische Front zwischen Saint-Quentin und Arras geworfen. Doch aufgrund von Treibstoffknappheit bei den motorisierten Einheiten und anderen logistischen Mängeln ließ ihre Schwungkraft nach einem beeindruckenden Start nach, und es waren keine Reserven vorhanden, um den Druck gegen den Feind aufrechtzuerhalten. Als die deutsche Armee die erwartete Lücke zwischen den Alliierten nicht entdeckte (dieses Mal verringerten die Briten, Franzosen und Amerikaner die Wahrscheinlichkeit, daß sie aufklaffen würde, indem sie den lange hinausgezögerten Schritt taten, dem französischen Marschall Foch das Oberkommando zur Koordinierung ihrer Operationen zu übertragen), ließ Ludendorff sich von seinem Schlüsselziel abbringen und verlagerte seinen Angriff auf Punkte, wo der Durchbruch leichter erschien. Doch seine Vorstöße wurden jetzt schwächer und immer planloser. Im Juli, als er sich in Sichtweite der im September 1914 gehaltenen Stellung befand, begann die Großoffensive ins Stocken zu geraten.

Dann, am 8. August, zerfetzte ein Meer von alliierten Panzern die deutschen Stellungen. Dies war der „schwarze Tag des deutschen Heeres". Anfang September stürmten die alliierten Armeen in alle Gebiete. Die Amerikaner, für deren Fernbleiben von Europa sich die deutsche Marine verbürgt hatte, gewannen ihre erste Schlacht bei Saint-Mihiel und marschierten an der Maas in die Argonnen ein.

Jetzt setzte am anderen Ende Europas der Auflösungsprozeß ein. Mitte September zerschlugen die Franzosen die bulgarischen Stellungen und stießen ungestüm nach Serbien vor. Die Bulgaren ersuchten unverzüglich um Waffenstillstandsbedingungen und unterzeichneten sie am 29. September. Die Türkei war den aufeinander zulaufenden alliierten Armeen ausgeliefert, und ihre Regierung folgte dem Beispiel der Bulgaren. Schon vor Beginn dieser Ereignisse hatten die Österreicher ihrem Verbündeten mitgeteilt, daß sie nicht länger durchhalten könnten, und waren in diplomatische Verhandlungen mit den Alliierten eingetreten.

Selbst der unbesiegbare Ludendorff konnte den schnellen Gang der Ereignisse nicht aufhalten. Am 3. Oktober setzte er fassungslos seine Regierung davon in Kenntnis, daß er um Frieden ersuchen müsse. Prinz Max von

Baden, der gerade zum Reichskanzler ernannt worden war, konnte diese Nachricht nicht glauben. Er war, wie die meisten Deutschen, noch im September überzeugt gewesen, daß der Sieg sicher sei.

Der amerikanische Präsident lehnte die Bitte um Friedensbedingungen rundweg ab, indem er dem Kanzler mitteilte, er würde sich nicht einmal mit seinen Alliierten beraten, solange er nicht die Gewißheit habe, daß die Deutschen bereit seien, ihre Waffen niederzulegen und die vierzehn Punkte als Basis für den Frieden zu akzeptieren, und ferner, solange er nicht sicher sei, daß die deutsche Regierung wirklich das deutsche Volk repräsentiere. Prinz Max von Baden tat sein Bestes, um Wilson durch Erfüllung seiner Wünsche deutscherseits zufriedenzustellen. Wilson leitete das Gesuch an seine Alliierten weiter, und die Waffenstillstandsverhandlungen begannen. Bis die Bedingungen ausgearbeitet waren, hatte die Revolution Berlin und andere Großstädte erfaßt, und der Kaiser war nach Holland geflohen. Als die deutschen Vertreter am 11. November 1918 die Waffenstillstandsbedingungen unterzeichneten, lag ihr stolzes Kaiserreich in Trümmern.

Schlußbemerkung

Einige gesellschaftliche Auswirkungen. In Anbetracht dessen, was über das Verhalten der Regierungen während des Krieges gesagt worden ist, sind hier zwei Bemerkungen angebracht. Erstens, es besteht kein Zweifel, daß der Untergang des Liberalismus und der Schwund der liberalen Haltung in Politik und Wirtschaft durch den Krieg stark vorangetrieben wurden. Das Volk hatte sich so sehr daran gewöhnt, daß die Regierung Funktionen übernahm, die vorher private Unternehmen ausgeführt hatten, daß es nicht sehr vernehmlich protestierte, als die Regierung sie nach dem Krieg beibehielt. Der Verzicht der Regierung auf Vollmachten oder die Rückgabe von Funktionen nach Wiederherstellung des Friedens fand nicht immer die allgemeine Zustimmung. Es nimmt kaum wunder, daß sich viele europäische Geschäftsleute in den 20er Jahren, als wirtschaftliche Stürme aufzogen, nach der Sicherheit der Kriegsjahre sehnten, in denen sie Partner der Regierung gewesen waren, abgeschirmt gegen Bankrott, wenn sie sich übernommen hatten, hoher Profite sicher und mit einer gefügigen Arbeiterschaft versorgt. Teilweise liegt der Grund dafür, daß so viele Industrielle Männer wie Mussolini und Hitler unterstützten, darin, daß jene politischen Diktatoren die Wiederherstellung der wirtschaftlichen Beziehungen der Kriegszeit versprachen.

Zweitens muß bemerkt werden, daß der Krieg die Regierungen daran gewöhnte, in einer Krisenatmosphäre zu arbeiten, und ihnen die gefährliche Auffassung vermittelte, bei einem Zusammenbruch der Ordnung sei es immer wichtiger zu handeln, als nachzudenken. Im Nachkriegseuropa richtete diese Haltung großen Schaden an.

Verlorene Generationen. Die Nachkriegspolitik hätte möglicherweise andere Züge getragen, und die Führung vor allem der demokratischen Länder wäre vielleicht stärker gewesen, wenn nicht alle Nationen während des Krieges von 1914–18 entsetzliche Verluste erlitten hätten. Europa mußte für die Generation junger Männer, die in Flandern und Polen, in Griechenland und in Palästina gestorben war, teuer bezahlen.

Doch der Krieg hatte eine weitere verlorene Generation hervorgebracht, bestehend aus all den Veteranen, die sich nach dem Krieg nicht mehr an die zivile Gesellschaft gewöhnen konnten. Manchmal war diese Haltung auf die Ernüchterung von Männern zurückzuführen, die in den Krieg gezogen waren in der Hoffnung, eine bessere Welt zu schaffen, und die zurückgekommen waren, um festzustellen, daß diejenigen, die zu Hause geblieben waren, ihre Träume nicht geteilt hatten.

Diejenigen, die so empfanden, begannen den Krieg zu idealisieren und zu glauben, daß der Soldat – der wirkliche Soldat, nicht die „hohen Tiere", der Bürogeneral oder der Stabsoffizier im Hintergrund, sondern der Frontkämpfer, der Mann in den Schützengräben – Europa den Weg zur Regeneration weisen müsse. Ernst Jünger, selbst Frontsoldat, schrieb im Jahre 1920 in einem vielgelesenen Buch unter dem Titel „Der Kampf als inneres Erlebnis": „Dieser Krieg ist nicht das Ende, sondern der Auftakt der Gewalt. Er ist die Hammerschmiede, in der die Welt in neue Grenzen und neue Gemeinschaften zerschlagen wird. Neue Formen wollen mit Blut erfüllt werden, und die Macht will gepackt werden mit harter Faust. Der Krieg ist eine große Schule, und der neue Mensch wird von unserem Schlage sein."

Dies ist die authentische Stimme der Revolution auf der Rechten – von Mussolinis „squadristi" und von Hitlers Braunhemden, die aus den Reihen jener hervorgingen, die der Erste Weltkrieg enttäuscht und entfremdet hatte und denen der Krieg noch anhaftete.

Zweites Kapitel

Die Friedensverträge und die Suche nach kollektiver Sicherheit

Der Erste Weltkrieg endete im November 1918 so abrupt, daß die Siegermächte keine konkrete Vorstellung darüber hatten, wie eine Friedensregelung zu bewerkstelligen sei. Es dauerte vier Monate, bis ernsthafte Verhandlungen in Gang kamen, und erst im Januar 1919 waren die Bedingungen für einen Frieden mit Deutschland ausgearbeitet, die dem ehemaligen Feind vorgelegt und in Versailles angenommen wurden. Es folgten weitere mühselige Verhandlungen und weitere Friedensverträge: der Vertrag von Saint-Germain-en-Laye mit Österreich, 10. September 1919, der Vertrag von Neuilly mit Bulgarien, 27. November 1919, der Vertrag von Trianon mit Ungarn, 4. Juni 1920, und der Vertrag von Sèvres mit der Türkei, 10. August 1920.

Schon lange vor diesem letzten Datum hatten die Staatsmänner und die Völker Europas begriffen, daß der Übergang vom Krieg zum Frieden nicht leicht sein würde. Schon in der ersten Phase der Friedensverhandlungen (Januar–Juni 1919) wurde die Möglichkeit neuer Kriege deutlich: durch Übergriffe Polens auf das Territorium seiner Nachbarstaaten, durch die Aktivitäten deutscher Freikorps in den baltischen Ländern, durch die Errichtung einer Räteregierung in Budapest und durch ernste Differenzen zwischen Italien und Jugoslawien über den Besitz des Hafens Fiume. Überdies wurden verschiedene Friedensverträge, kaum daß sie fertiggestellt waren, von Staaten, die sich ungerecht behandelt fühlten, insgesamt oder teilweise angefochten. Schließlich begann die Organisation, die zur Bewältigung von Problemen dieser Art errichtet worden war, der Völkerbund, ihre Existenz ohne das Land, unter dessen Ägide sie gegründet worden war.

Die Friedensverhandlungen

Die Pariser Friedenskonferenz. Die Versammlung der Nationen, die sich im Januar 1919 in Paris konstituierte, um sich der Aufgabe einer allgemeinen Friedensregelung zu widmen, war das größte Treffen dieser Art seit dem Wiener Kongreß und spiegelte alle Veränderungen des dazwischenliegenden Jahrhunderts im territorialen Gleichgewicht Europas und der Welt wider. Von den fünf Großmächten, die das Vorgehen in Wien bestimmt hatten, waren hier nur zwei anwesend: Großbritannien und Frankreich. Von den anderen Wiener Mächten blieben zwei von den Verhandlungen ausgeschlossen, weil sie – als besiegte Mächte – die Adressaten der zu treffenden Entscheidungen waren. Rußland fehlte, weil es in Brest-Litowsk einen Separatfrieden mit Deutschland geschlossen hatte und natürlich auch wegen der ideologischen Überzeugungen seiner neuen Regierung.

Die Zahl der Konferenzmitglieder schwoll aufgrund der Teilnahme von Staaten, denen im Jahre 1815 die Selbständigkeit noch nicht zuerkannt war oder denen man das Potential zur Erlangung politischer Bedeutung zu der Zeit noch absprach. Die wichtigsten darunter waren: Italien, dessen Ministerpräsident, Vittorio Orlando, einen Platz im Direktorium der Konferenz einnahm; Belgien, dem für seine Leiden während des Krieges allgemeine Achtung gezollt wurde; Griechenland, das sich dank der prowestlichen Sympathien seines Ministerpräsidenten, Eleutherios Venizelos, während des Krieges bei der französischen und der britischen Regierung einschmeicheln konnte; Polen, das jetzt nach mehr als einem Jahrhundert der Unterdrückung die Unabhängigkeit wiedererlangte; und der neue tschechoslowakische Staat, der zur Zeit des Konferenzbeginns noch mehr ein Konzept war als eine Realität.

Der alarmierendste Unterschied zum Wiener Kongreß lag darin, daß nichteuropäische Staaten in Paris eine so bedeutende Rolle spielten – ein Anzeichen dafür, daß die Zeit gekommen war, in der Europa nicht einmal mehr seine eigenen Probleme ohne Hilfe von außen lösen konnte. Die britischen Dominions waren vertreten. Marquis Saionji von Japan war Mitglied des Rates der Zehn, der die Konferenz in der ersten Phase leitete – eine Ehre, die Japan in Anerkennung seines durch Seeoperationen im Pazifik und im Mittelmeer geleisteten Beitrags zum Sieg erwiesen wurde. Den Mittelpunkt aller Aufmerksamkeit schließlich bildete Woodrow Wilson.

Verfahrensfragen. Im Hinblick auf ihre geistige Kapazität und ihre allgemeinen Fähigkeiten standen die führenden Staatsmänner in Paris ihren Vorgängern von Wien keineswegs nach. Sie zeigten jedoch bald, daß sie in Organisations- und Verfahrensfragen weniger kompetent waren.

Als der Krieg zu Ende ging, waren die alliierten und assoziierten Mächte noch zu keiner Verständigung über ihre Kriegsziele oder die Verfahrensweise, wie sie durchzusetzen seien, gekommen. Sie alle hatten den Fehler begangen, der ihnen auch im Zweiten Weltkrieg wieder unterlaufen sollte, nämlich zu glauben, daß man mit den politischen Plänen warten könne und müsse, bis die Kämpfe vorüber seien. Präsident Wilson konnte sie dazu bewegen, die Vierzehn Punkte als Grundlage für ihre Beratungen zu akzeptieren. (Seine Kongreß-Rede vom 8. Januar 1918 enthielt ein Friedensprogramm, das sich auf die folgenden Vierzehn Punkte gründete: 1. Offene Friedensverträge, die offen zustande gekommen sind; 2. Vollkommene Freiheit der Schiffahrt auf den Meeren außerhalb der Küstengewässer, sowohl im Frieden als auch im Kriege, außer insoweit, als die Meere ganz oder teilweise durch internationale Maßnahmen zur Erzwingung internationaler Abmachungen geschlossen werden mögen; 3. Beseitigung aller wirtschaftlichen Schranken; 4. Austausch ausreichender Garantien dafür, daß die nationalen Rüstungen auf das niedrigste, mit der inneren Sicherheit zu vereinbarende Maß herabgesetzt werden; 5. Eine freie, weitherzige und unbedingt unparteiische Schlichtung aller kolonialen Ansprüche; 6. Räumung des ganzen russischen Gebiets; 7. Räumung und Wiederherstellung Belgiens; 8. Befreiung und Wiederherstellung allen französischen Gebiets; 9. Berichtigung der Grenzen Italiens; 10. Gelegenheit zu autonomer Entwicklung für die Völker Österreich-Ungarns; 11. Räumung und Wiederherstellung rumänischen, serbischen und montenegrischen Gebiets und Zugang zum Meer für Serbien; 12. Souveränität der türkischen Teile des Osmanischen Reiches, Gelegenheit für autonome Entwicklung für die anderen Nationalitäten und internationale Garantien für die Öffnung der Dardanellen als ein freier Durchgang für die Schiffe aller Nationen; 13. Ein unabhängiges Polen, das die von unbestritten polnischer Bevölkerung bewohnten Gebiete einschließen sollte, mit freiem und sicherem Zugang zum Meer; 14. Eine allgemeine Gesellschaft von Nationen, die zum Zwecke wechselseitiger Garantieleistung für politische Unabhängigkeit und territoriale Unverletzlichkeit der großen wie der kleinen Staaten gebildet werden muß.) Doch dieses Programm war kaum eine ausreichende Vorbereitung auf die Aufgaben, die vor ihnen lagen.

Vielleicht mit Ausnahme Frankreichs maßen die Staatschefs der alliierten Nationen Verfahrensfragen keine Bedeutung bei. Sie ließen es zu, daß alle Konferenzteilnehmer zusammentraten, noch bevor die Hauptalliierten ihre Standpunkte zum allgemeinen Charakter der zu erzielenden Regelung geklärt oder koordiniert hatten, bevor sie überhaupt einen systematischen Gedanken an den Verhandlungsmechanismus verschwendet oder auch nur eine provisorische Tagesordnung aufgestellt hatten. Es herrschte die vage Vorstellung, daß das gegenwärtige Treffen nur eine vorläufige Konferenz sein sollte, der eine endgültige folgen sollte, in der die Feindstaaten eingeladen würden. Doch wurde dies nie ausdrücklich deutlich gemacht.

Im Laufe der Zeit fand die Konferenz – nach einigen Versuchen und Fehlschlägen – ein Verfahren und einen funktionsfähigen Verhandlungsmechanismus. Das ursprüngliche Direktorium, der Rat der Zehn, bestehend aus jeweils zwei Vertretern der Hauptalliierten (der Vereinigten Staaten, Großbritanniens, Frankreichs, Italiens und Japans), wurde ersetzt durch ein flexibleres System mit zwei Hauptorganen: dem Rat der Vier (Wilson, Lloyd George, Georges Clemenceau und Orlando), dem die Gesamtleitung und letzte Entscheidungsgewalt oblag, und dem Rat der Fünf (zusammengesetzt aus den Außenministern der fünf hauptalliierten Mächte), der sich mit besonderen Problemen und den Berichten der Ausschüsse befassen sollte, die zur

Festlegung der Grenzen neuer Staaten wie Polen und der Tschechoslowakei eingesetzt wurden. Schließlich gab es eine Vollsitzung, in der die kleineren Staaten vertreten waren. (Sie befaßte sich mit Fragen der Kriegsschuld, der Reparationen, des Völkerbunds, einer internationalen Arbeitergesetzgebung sowie mit Problemen bezüglich der Regelung hinsichtlich Häfen, Wasserwegen und Eisenbahnen.

Nachdem dieser Organisationsplan einmal aufgestellt (Mitte März) und Übereinstimmung darüber erzielt worden war, daß mit allen ehemaligen Feindmächten Einzelverträge geschlossen werden sollten, hatte sich ein Großteil der Verwirrung der ersten Wochen gelegt. Unglücklicherweise war inzwischen eine solche Verzögerung eingetreten, daß man jeden Gedanken daran aufgab, mit Deutschland nur eine vorläufige Regelung als Vorbereitung auf umfassendere Verhandlungen zu einem späteren Zeitpunkt zu treffen. Das hatte bedauerliche Auswirkungen. Entscheidungen der Territorialausschüsse, in dem Glauben gefällt, sie seien provisorisch, wurden in die Verträge aufgenommen und hatten viele Ungerechtigkeiten zur Folge.

An dieser Stelle mag ein weiterer Verfahrensfehler erwähnt werden. Die Alliierten machten keinerlei Versuch, ausreichende militärische Reserven zurückzuhalten, um im Notfall in der Lage zu sein, widerspenstigen Feinden oder Freunden ihren Willen aufzuzwingen. Dieses Versäumnis, für Eventualfälle, die den Einsatz von Waffengewalt erforderlich machen konnten, vorzusorgen, in Verbindung mit der durch die oben genannten Verfahrensfehler herbeigeführten Verzögerung trug zum fortschreitenden politischen und wirtschaftlichen Zerfall Mittel- und Osteuropas bei.

Die Regelung für Deutschland. In den Vorverhandlungen für den Waffenstillstand wurde den Deutschen zu verstehen gegeben, daß der künftige Friede auf der Grundlage der Vierzehn Punkte von Präsident Wilson geschlossen würde unter zwei Vorbehalten: 1. daß die Alliierten hinsichtlich der Freiheit der Meere nach ihrem Belieben verfahren würden; 2.: „Deutschland verpflichtet sich dazu, daß alle Schäden wieder gutgemacht werden, die der Zivilbevölkerung jeder der alliierten und assoziierten Mächte und in ihrem Gut während der Zeit, in der sich die beteiligte Macht mit Deutschland im Kriegszustand befand, durch diesen Angriff zu Lande, zur See und in der Luft zugefügt worden sind ...". Leider wurden die Deutschen über andere Zugeständnisse der Amerikaner gegenüber den Alliierten, um deren Einwände gegen die Vierzehn Punkte auszuräumen, nicht in Kenntnis gesetzt, und dieses Versehen gab den Deutschen Anlaß, den Alliierten später Unehrlichkeit vorzuwerfen.

Man muß zugeben, daß die Deutschen einen Grund zur Beschwerde hatten. Da sie von den Verhandlungen in Paris ausgeschlossen blieben, wurde Präsident Wilsons erster Punkt, der „offene Friedensverträge, die offen zustande gekommen sind", verlangte, im Hinblick auf die Deutschen bedeutungslos. Punkt 2, der die Freiheit der Meere forderte, war durch vorherige Übereinkunft ausgeschaltet worden. Punkt 5, in dem von einer „freien, weitherzigen und unbedingt unparteiischen Schlichtung aller kolonialen Ansprüche" die Rede war, überging man in Paris stillschweigend, und alle ehemaligen deutschen Kolonien wurden als Mandatsgebiete an Japan, Großbritannien und die Dominions sowie Frankreich verteilt. Punkt 13 wurde so ausgelegt, daß eine große Anzahl Deutscher unter polnische Herrschaft gerieten. Damit aber erschöpfte sich die Liste der Entscheidungen, die als flagrante Verletzung der Prinzipien von Wilsons Charta bezeichnet werden konnten, noch nicht.

Allerdings kann man in dieser Angelegenheit keine Schwarzweißmalerei betreiben. Die Kolonialfrage wurde zwar in einer Weise geregelt, die den Prinzipien Wilsons widersprach. Hier, wie in vielen anderen Streitpunkten in Paris, meinte Wilson, den territorialen Wünschen Japans und der britischen Dominions nachkommen zu müssen, um ihre Unterstützung des Völkerbunds sicherzustellen (s. S. 51). Andere Abweichungen von seinen Grundsätzen waren jedoch unumgänglich. Es war beispielsweise so gut wie unmöglich, dem neuen Staat Polen einen Zugang zum Meer zu verschaffen, ohne daß einige Deutsche in dem errichteten Korridor verblieben.

Was die territoriale Regelung betrifft, so kann der endgültige Vertrag – abgesehen von den Kolonialklauseln – den Deutschen kaum Überraschungen bereitet haben. Nachdem der Krieg einmal verloren war, wußten sie, daß sie auf ihre grandiosen Pläne für die baltischen Gebiete und die Ukraine, die Gebietsgewinne, die sie in Brest-Litowsk den Russen und in Bukarest den Rumänen abverlangt hatten (s. S. 36 und 65), und auf Polen als ihr Einflußgebiet verzichten mußten. Und es kann kein Geheimnis für sie gewesen sein, daß sie auch das nach dem französisch-preußischen Krieg eingenommene Elsaß-Lothringen verlieren würden. Diese territorialen Veränderungen wurden im Vertrag festgelegt. Außerdem mußte Deutschland die Städte Eupen und Malmedy an Belgien abtreten, den Alliierten den baltischen Memelhafen zu deren weiterer Verfügung übergeben (1923 wurde er von Litauen übernommen), die Provinz Posen und einen durch Westpreußen verlaufenden Gebietsstreifen an Polen abtreten sowie Volksabstimmungen zulassen, um eine Entscheidung über den Verbleib Schleswigs und ostpreußischer sowie schlesischer Gebiete mit hohen polnischen Bevölkerungsanteilen herbeizuführen. Diese Bedingungen ließen sich alle mit dem Prinzip der nationalen Selbstbestimmung vereinbaren; es gab aber zwei endgültige Territorialklauseln, die nicht so einfach gerechtfertigt werden konnten. Die erste war die Umwandlung des deutschen Ostseehafens Danzig in eine internationale freie Stadt. Die zweite war, daß das kohlenreiche Saargebiet für fünfzehn Jahre der Verwaltung des Völkerbunds und der wirtschaftlichen Kontrolle Frankreichs unterstellt wurde und daß anschließend eine Volksabstimmung über seine Zukunft entscheiden sollte.

Diese letzte Bestimmung war unter anderen eine, die Deutschlands Probleme mit den Reparationsklauseln des Vertrages noch verschärfte; sie bedeutete den härtesten und unrealistischsten Teil des Abkommens mit Deutschland. Man hatte nicht vorausgesehen, daß Deutschlands Zahlungsmöglichkeiten durch seine erzwungenen Abtretungen von Territorium, Bevölkerung, Kolonien und Bodenschätzen und durch die Beschlagnahmung seiner Handelsflotte ernstlich beeinträchtigt würden. Selbst während der Friedenskonferenz waren sich diejenigen, die mit der Ausarbeitung der Reparationsklauseln betraut waren, über diesen letzten Punkt nicht im klaren; denn – und hier kommen wir auf die Verfahrensschwächen der Konferenz zurück – sie erledigten ihre Aufgabe, ohne Kenntnis zu haben über die gleichzeitigen Entscheidungen bezüglich der Abtretung von Territorium und Bodenschätzen.

Die Sieger beschlossen, die Gesamtsumme der Reparationen erst zu einem späteren Zeitpunkt festzusetzen. Daher mußte das deutsche Volk bis 1921 warten, um zu erfahren, daß man außer der im Vertrag vorgesehenen Anzahlung von fünf Milliarden Dollar, der Abtretung von Schiffen und Territorium sowie den Kohlelieferungen an Nachbarländer die Zahlung von 32 Milliarden Dollar an seine früheren Feinde von ihm forderte.

Doch schon lange vor 1921 war die gesamte Vorstellung von Reparationszahlungen in Deutschland ein Anathema, weil den Reparationsklauseln im Vertrag ein Artikel (Artikel 231) vorausgeschickt worden war, der besagte: „Die Alliierten und assoziierten Regierungen erklären, und Deutschland erkennt an, daß Deutschland und seine Verbündeten als Urheber für alle Verluste und Schäden verantwortlich sind, die die alliierten und assoziierten Regierungen und ihre Staatsangehörigen infolge des ihnen durch den Angriff Deutschlands und seiner Verbündeten aufgezwungenen Krieges erlitten haben." Die Klausel war als Zugeständnis an die Briten und Franzosen gedacht, die sich von den Amerikanern davon hatten abbringen lassen, noch höhere Reparationsforderungen zu stellen, aber auf einer ausdrücklichen Erklärung bestanden, daß es ihr *Recht* sei, mehr zu verlangen, auch wenn sie keinen Gebrauch davon machten. Unglücklicherweise legten die Deutschen diese Klausel als Versuch aus, ihnen allein die Verantwortung für den Krieg anzulasten. John Foster Dulles, der die Klausel entworfen hatte, schrieb später: „. . . es war in allererster Linie die heftige Reaktion des deutschen Volkes auf diesen Artikel des Vertrages, die den Grundstein für Hitler-Deutschland gelegt hat."

Wie zu erwarten, verwendeten die Alliierten viel Zeit und Mühe auf den Entwurf derjenigen Artikel des Versailler Vertrages, die sich auf das Militär bezogen und erlegten den deutschen Streitkräften künftig harte Beschränkungen auf hinsichtlich ihrer Form, Größe und Waffenausstattung. Bis zur Ausführung der militärischen Bestimmungen sollte das Rheinland von alliierten Truppen besetzt bleiben, und es sollte einschließlich eines fünfzig Kilometer breiten Streifens östlich des Rheins dauerhaft entmilitarisiert werden. Wenn man von den praktischen Schwierigkeiten bei der Durchsetzung dieser Bestimmungen einmal absieht, so wiesen sie zwei Schwächen auf. Die erste lag in der beharrlichen Forderung der Alliierten, daß sich die deutsche Armee hinfort ausschließlich aus Freiwilligen zusammensetzen müsse, die sich auf lange Zeit verpflichten sollten. Dies bedeutete, daß die deutsche Armee durch ihre Wehrdienstbedingungen vom zivilen Leben und von zivilen Wertvorstellungen abgeschnitten war und wahrscheinlich jene Elemente ansprach, die dem Deutschland der Vergangenheit am stärksten verpflichtet waren. Zweitens stellten die Alliierten – ein weiteres Beispiel für die Schwerfälligkeit des Vertragstextes – den militärischen Klauseln eine Erklärung voran, in der die Hoffnung zum Ausdruck gebracht wurde, daß der deutschen Abrüstung die allgemeine Abrüstung folgen werde. Diese unnötige Klausel sollte von Adolf Hitler und anderen als Abrüstungsversprechen der Alliierten interpretiert werden, dessen Nichterfüllung die Verletzung der Vertragsbedingungen durch die Deutschen rechtfertigte.

Der Versailler Vertrag, der alle Bedingungen der Deutschland betreffenden Regelung enthielt, wäre vielleicht noch härter ausgefallen, wenn Woodrow Wilson den französischen Wünschen nach Abtrennung des gesamten Rheinlands nicht so leidenschaftlich entgegengetreten wäre. Dennoch war der Vertrag in seiner Gesamtheit gesehen hart genug, um bei denjenigen, die an einzelnen Abschnitten mitgearbeitet hatten, böse Vorahnungen zu erwekken. Doch die Bedingungen bildeten das Resultat so vieler heikler Kompromisse der Alliierten untereinander, daß jede ernstliche Revision unzählige Fragen aufzuwerfen und den Prozeß des Friedensschlusses ins Unendliche hinauszuzögern drohte. Als der Vertrag den Deutschen im Mai 1919 vorgelegt wurde, machten die Alliierten daher kaum Zugeständnisse gegenüber den Einwänden und Änderungsvorschlägen, die aus Berlin zurückkamen. Statt dessen machten sie deutlich, daß, falls der Vertrag nicht als Ganzes akzeptiert würde, die Feindseligkeiten wieder aufgenommen würden. Zweifellos wurde die Entschlossenheit der Alliierten durch die gelungene Versenkung der internierten deutschen Hochseeflotte in Scapa Flow am 21. Juni noch verstärkt. Erbost beorderten sie Foch, Vorbereitungen für einen Angriff am 23. Juni um 7.00 Uhr zu treffen. Die Deutschen gaben nach und unterzeichneten den Vertrag fünf Tage später im Spiegelsaal von Versailles.

Die Regelung in Osteuropa. Die Konferenzteilnehmer in Paris waren jetzt mit dem konfrontiert, was der britische Außenminister Lord Balfour „die unermeßliche Operation der Liquidation des österreichischen Kaiserreiches" nannte. Sie hatte sich bereits durch die rasche Auflösung der Reichseinheit unter der Anspannung des Krieges abgezeichnet – einen Prozeß, der beschleunigt worden war durch die Bedingungen der Verträge von Brest-Litowsk und Bukarest und durch die Vierzehn-Punkte-Rede und andere

Kriegsreden Präsident Wilsons, die zur Ermutigung der abhängigen Nationalitäten beigetragen hatten. Diese Liquidation erwies sich als eine ungeheuer schwierige Operation, die erst nach der Unterzeichnung von drei weiteren Verträgen und einer großen Anzahl territorialer, kommerzieller und militärischer Abkommen mit den von der Auflösung der Habsburger Monarchie betroffenen Staaten abgeschlossen war.

Das Abkommen mit Österreich hatte im wesentlichen Gestalt angenommen, bevor der Rat der Vier am 28. Juni 1919 zum letzten Mal zusammentrat. Der vollendete Vertrag stellte eine Anerkennung der Ereignisse dar, die sich seit Oktober 1918 innerhalb des Habsburger Reiches abgespielt hatten. In diesem Monat proklamierten Masaryk und Eduard Beneš, die sich während des Krieges unablässig um die Gunst der Alliierten für die Sache der tschechischen Unabhängigkeit bemüht hatten, die Absetzung des jungen Kaisers Karl und die Gründung einer unabhängigen tschechoslowakischen Republik. Die Polen Galiziens trennten sich vom Kaiserreich. Ein Landtag in Kroatien proklamierte die Abtrennung Kroatiens und Dalmatiens von Ungarn und ebnete damit den Weg für den einen Monat später vollzogenen Zusammenschluß dieser und anderer südslawischer Provinzen des Kaiserreiches, einschließlich Bosniens und der Herzegowina, mit dem Königreich Serbien. In Budapest hatte eine liberale Regierung unter Graf Michael Karolyi die Macht ergriffen und Ungarn zur unabhängigen Republik erklärt. Der Vertrag von Saint-Germain vom September 1919 verlangte von Österreich – das selbst durch eine Revolution und die Abdankung Kaiser Karls vom 11. November 1918 zur Republik geworden war – die Anerkennung all dieser Verluste und der Unabhängigkeit der Tschechoslowakei, Polens, Jugoslawiens und Ungarns.

Ob das restliche Österreich – ein winziges Gebiet mit einer Bevölkerung von 6,5 Millionen Einwohnern, davon die Hälfte in Wien – ein lebensfähiger Staat werden konnte, scheint die friedenschließenden Partner in Paris nicht interessiert zu haben. Als die Österreicher am 12. November 1919 ihr neues Regime errichteten, erklärten sie Österreich ausdrücklich zum Bestandteil der deutschen Republik. Die Alliierten weigerten sich, dies zuzulassen, und die österreichische Republik wurde gezwungen, wider Willen, mit der düsteren Aussicht auf ernste wirtschaftliche Probleme die Unabhängigkeit zu wählen. Noch erschreckender wurden diese Zukunftsaussichten durch den Verlust des Zugangs zum Meer, die Abtretung eines Teils des deutschsprachigen Tirol an Italien und die Vertragsbedingung, daß Österreich eine noch nicht offengelegte Summe an Reparationen zu zahlen habe.

Ungarn wurde mit noch größerer Strenge behandelt und litt besonders darunter, daß seine neuen Grenzen von einer Reihe von Ausschüssen festgelegt wurden, die nicht den geringsten Versuch unternahmen, sich über ihre voraussichtlichen Forderungen gegenseitig in Kenntnis zu setzen. Folglich verlor das ehemalige Madjarenkönigreich drei Viertel seines Territoriums:

seine südslawischen Gebiete an Jugoslawien, die Slowakei an den von Masaryk und Beneš neugegründeten Staat und Transsylvanien an Rumänien. Außerdem sah der Vertrag von Trianon strenge Beschränkungen für das ungarische Militär vor.

Bulgarien als einziger Feindstaat, dessen Dynastie den Krieg überlebt
hatte, wurde nicht besser und nicht schlechter behandelt als die Länder, die
am Ende des Krieges eine demokratische Staatsform angenommen hatten.
Die im Vertrag von Neuilly im einzelnen ausgeführte Abtretung seines thra-
kischen Zugangs zur Ägäis an Griechenland und die Übergabe seiner Besitzungen in Makedonien an Jugoslawien stellten Bulgariens größten Verlust
dar.

Was diese Länder verloren, erhielten die Staaten, die zum Sieg der Alliierten beigetragen hatten. Doch gingen diese Zugewinne nicht nur auf Kosten
ihrer Feinde. Rumänien beispielsweise, das ehemals bulgarisches und ungarisches Territorium erwarb, übernahm auch bessarabische Gebiete von seinem
früheren Verbündeten Rußland. Polen, nicht zufrieden mit dem, was es in
Paris erreichen konnte, stritt sich mit den Tschechen über das Herzogtum
Teschen und ergriff militärische Maßnahmen, um russisches Gebiet zu erobern (s. S. 67) und um Litauen die Stadt Wilna abzuringen. Jugoslawien,
das die Erfüllung der meisten Wünsche der großserbischen Bewegung darstellte, rangelte bis 1924 mit Italien um den Besitz von Fiume.

In ihrer Gesamtheit gesehen war die osteuropäische Regelung vernünfti-
ger, als ihre Kritiker zuzugeben bereit waren. 1919 war es zu spät, die Auflösung des Habsburger Reiches aufzuhalten. Der gerechteste Leitgrundsatz für
die unumgängliche territoriale Neuordnung war das Nationalitätsprinzip.
Angesichts der gemischten Bevölkerungen war es offensichtlich unmöglich,
die Landkarte so neu zu zeichnen, daß nationale Minderheiten völlig elimi-
niert würden. Solche Minderheiten gab es in all diesen neuen Ländern. Die
Tschechoslowakei setzte sich aus Völkern zusammen, die keine natürlichen
Bindungen untereinander hatten: Tschechen, Slowaken, Deutsche, Polen,
Ungarn und Ruthenen – eine Mischung, die Probleme für die Zukunft bedeutete. Wenn man aber zugesteht, daß Minderheiten unumgänglich waren,
so spricht es für die friedenschließenden Partner in Paris, daß sich die Grenzen, die sie gezogen haben, auf die Dauer bewährten.

Die Regelung für die östlichen Länder hatte zwei wesentliche Schwächen.
Die größere politische Vielfältigkeit in diesem Gebiet mußte ein hohes Maß
an wirtschaftlicher Instabilität herbeiführen. Sie wäre vielleicht vermeidbar
gewesen, wenn die Nachfolgestaaten eine Wirtschaftspolitik betrieben hätten, die die Bedingungen der gegenseitigen Abhängigkeit und Kooperation,
wie sie innerhalb des österreichisch-ungarischen Kaiserreiches bestanden hatten, wiederhergestellt hätte. Doch der Nationalismus, erzeugt durch ihre
neugewonnene Selbständigkeit, und der Argwohn derjenigen, die Territorium gewonnen hatten, gegenüber denjenigen, denen sie es weggenommen

11. Räterepublik in Bayern 1918/1919. München-Hauptbahnhof im Besitz der roten Garde

12. Räterepublik in Bayern 1918/1919. Sitzung des Arbeiter- und Soldatenrates in der Kammer der Reichsräte in München unter Vorsitz von Ernst Niekisch (Bildmitte)

13. Räterepublik in Ungarn 1919. Das Bild zeigt den ersten ungarischen Sowjetkongreß im Budapester Parlamentsgebäude

14. Mathias Rakosi, Volksbeauftragter in der kommunistischen Regierung von Bela Khun, nach seiner Verhaftung 1925

hatten, verhinderte diese Art der gegenseitigen Förderung und führte zu einem verschwenderischen Wirtschaftswettbewerb und militärischen Aufwand. Es ist schwierig, im Machtbereich der friedenschließenden Partner in Paris Möglichkeiten zu sehen, wie sie dies hätten abwenden können.

Die gesamte Regelung im Osten litt auch darunter, daß die Teilnehmer der Pariser Konferenz an der Auseinandersetzung mit dem russischen Problem scheiterten. Versuche während der ersten Phase der Konferenz, die Möglichkeiten einer Verständigung mit dem bolschewistischen Regime zu erkunden, wurden nie mit Nachdruck betrieben, großenteils deswegen nicht, weil sich das Gleichgewicht der politischen Kräfte in den Siegernationen stark nach rechts verschoben hatte. Nach dem Staatsstreich in Ungarn im März 1919, mit dem der Kommunist Béla Kun die Macht ergriff, schlugen die westlichen Mächte einen offen antibolschewistischen Kurs ein. Sie schienen zu meinen, man könne Rußland eine Rolle in der europäischen Politik vorenthalten und gleichzeitig durch vertragliche Einschränkungen und Aussperrung vom Völkerbund Deutschland aus dem europäischen System ausschließen. Rußland und Deutschland aber waren zu groß und verfügten über zu viele Machtreserven, um in die politische Bedeutungslosigkeit zu versinken. Die Ereignisse sollten beweisen, daß das Versäumnis der friedenschließenden Partner in Paris, wenigstens eine dieser beiden Mächte in das europäische System zu integrieren, all ihre Entscheidungen über Osteuropa zu einem Provisorium machte.

Die Regelung im Nahen Osten. Während des Krieges hatten die Alliierten einer Reihe von Staaten und nationalen Gruppen türkisches Gebiet als Entschädigung für die Unterstützung ihrer Sache versprochen. Nun versuchte man, unter diesen Versprechen auszuwählen und Unvereinbarkeiten auszuräumen. Der Vertrag von Sèvres erteilte Großbritannien das Mandat über Palästina, Mesopotamien sowie Transjordan und Frankreich das Mandat über Syrien, erklärte den arabischen Staat Hedschas für unabhängig, übergab Smyrna, Thrakien, Adrianopel und Gallipoli an Griechenland, gewährte Frankreich und Italien große Einflußgebiete und internationalisierte die Straße der Dardanellen. Die Ausführung dieses Vertrages wurde hinausgezögert in der Hoffnung, daß die Vereinigten Staaten bereit seien, selbst ein Mandat über Armenien oder Konstantinopel zu übernehmen. Zu dem Zeitpunkt, als sich dies als illusionär erwies, hatte sich eine revolutionäre nationalistische Bewegung unter der Führung des Helden von Gallipoli, Mustafa Kemal, erhoben, um die in seinen Augen dem Untergang geweihte Sultansherrschaft zu bekämpfen, und ihren unerbittlichen Widerstand gegen die Bedingungen von Sèvres erklärt.

Die diplomatische Anerkennung und Unterstützung durch das bolschewistische Regime ermutigten Kemal, und eine tiefe Unstimmigkeit unter den Alliierten kam ihm zu Hilfe. Die Franzosen und Italiener, verstimmt über die

Zugewinne Britanniens und Griechenlands, brachten bald ihre Überzeugung zum Ausdruck, daß der Vertrag von Sèvres revidiert werden müsse. Sie begannen auf Geheimwegen, die Nationalisten mit Waffen und Munition zu beliefern. Unter britischer Ermutigung leiteten die Griechen einen verhängnisvollen Angriff ein, um den Vertrag, durch den sie soviel gewonnen hatten, durchzusetzen. Im September 1922 wurden die griechischen Truppen in die Flucht geschlagen und bei Smyrna ins Meer getrieben; Kemals Armeen aber bedrohten die kleine alliierte Streitmacht an der asiatischen Küste der Dardanellen. In diesem Augenblick zogen sich die Franzosen und die Italiener zurück und ließen die Briten dabei allein, einen Ausweg aus dieser anscheinend hoffnungslosen Situation zu finden, in der ein falscher Schritt einen größeren Krieg bedeuten konnte. Die Briten jedoch behaupteten ihre Stellung, und Kemal entschied sich für Verhandlungen.

Die Gespräche von Mudanya im Oktober 1922 schufen die Grundlage für eine neue Konferenz in Lausanne im Sommer 1923, wo der Vertrag von Sèvres vollständig erneuert wurde. Britannien behielt die meisten seiner territorialen Gewinne von Sèvres. Griechenland verlor faktisch alles, was ihm vorher zugestanden worden war. Die Dardanellen wurden für die Schiffahrt freigegeben und zur entmilitarisierten Zone erklärt.

In den von der Türkei übernommenen Gebieten versuchte die britische Regierung geduldig, wenn auch letztlich ohne Erfolg, die Versprechungen, die sie im Krieg den Arabern und den Juden gegenüber gemacht hatte, miteinander zu vereinbaren. Ein Versprechen von 1915, die arabische Unabhängigkeit zu unterstützen, war in den Augen der Araber durch das Sykes-Picot-Abkommen von 1916 abgeschwächt worden, das zwar einen selbständigen arabischen Staat oder einen Staatenbund vorsah, aber auch klarstellte, daß Britannien und Frankreich große Einflußgebiete behalten würden und daß Palästina und den Heiligen Stätten ein Sonderstatus verliehen würde. Das Unbehagen über diese Bestimmungen ging in Empörung über, als Lord Balfour im November 1917 erklärte: „Die Regierung Seiner Majestät betrachtet die Errichtung einer nationalen Heimat für das jüdische Volk in Palästina mit Wohlwollen." Die Araber erblickten in der Erklärung Balfours eine Verletzung des Geistes, von dem die Zusagen ihnen gegenüber getragen waren, und einen Versuch, den Juden die politische Herrschaft über Palästina zu überlassen unter Mißachtung ihrer eigenen historischen Rechte und ihres Beitrags zur Sache der Alliierten.

Um den arabischen Nationalismus zu versöhnen, übertrugen die Briten ihre Mandate im Nahen Osten arabischen Herrschern, die ihr Amt unter britischer Aufsicht ausüben sollten. Nahezu unmittelbar darauf setzte in diesen Territorien die Agitation für die Selbständigkeit ein, ebenso in Syrien und im Libanon, die im Einklang mit dem Sykes-Picot-Abkommen unter französische Kontrolle gebracht wurden. Unterdessen versetzte die starke jüdische Immigration nach Palästina die Araber noch stärker in Rage und führte in der Nachkriegszeit zu häufigen blutigen Zusammenstößen zwischen den beiden streitenden Bevölkerungsgruppen.

Der Revisionsmechanismus. Jede abschließende Beurteilung der großen Friedensregelung nach dem Ersten Weltkrieg muß in Anrechnung bringen, daß die friedenschließenden Partner einen Mechanismus schufen, der dazu bestimmt war, die Friedensordnung zu vervollständigen und alle Aufgaben der Neuregelung, der Revision und des Kompromisses, die sich für die Erhaltung der internationalen Ordnung und Harmonie als notwendig herausstellen mochten, wahrzunehmen. Präsident Wilson hatte in seiner Vierzehn-Punkte-Rede erklärt: „Es muß zum Zwecke wechselseitiger Garantieleistung für politische Unabhängigkeit und territoriale Unverletzlichkeit der großen wie der kleinen Staaten unter Abschluß spezifischer Vereinbarungen eine allgemeine Gesellschaft von Nationen gebildet werden." Als er nach Paris kam, bestand er darauf, daß dies den Vorrang vor allen anderen dort zu erörternden Themen erhalten müsse. Diesem Konzept maß er eine so große Bedeutung bei, daß er keine Bedenken hatte, Entscheidungen des Rates der Vier, die er persönlich ablehnte, zuzustimmen, wenn er es für notwendig hielt, um die Errichtung der neuen Weltorganisation sicherzustellen. Er war der festen Überzeugung, die Organisation werde alle Fehler und Ungerechtigkeiten der Pariser Regelung beheben.

Weitgehend auf die beharrliche Forderung des Präsidenten hin wurde eine besondere Satzung für einen Völkerbund in die großen Friedensverträge eingefügt, dem alle alliierten und assoziierten Mächte und andere Staaten, die dazu eingeladen wurden, beitreten sollten. Die Organisation nahm unverzüglich ihre Arbeit auf. Der britische Diplomat Sir Eric Drummond wurde zum ersten Generalsekretär des Völkerbunds ernannt und mit der Einberufung der ersten Versammlungen beauftragt.

Von Versailles bis Locarno

Die Schwächen des Völkerbunds. Die erste Versammlung des Völkerbunds fand im November 1920 in Genf statt. War das Verzeichnis der ursprünglichen Mitglieder auch beeindruckend, so ließ es dennoch bemerkenswerte Lücken erkennen. Im Satzungsanhang waren 31 alliierte und assoziierte Staaten aufgeführt, die die Verträge als ursprüngliche Mitglieder unterzeichnet hatten, und 13 neutrale Staaten, die zum Beitritt aufgefordert worden waren. Es stand aber keiner der ehemaligen Feindstaaten auf der Gründungsliste. Österreich und Bulgarien wurden zwar nach der ersten Sitzung der Versammlung zugelassen, doch gehörten Ungarn bis 1922, Deutschland bis 1926 und die Türkei bis 1932 dem Völkerbund nicht an. Ebenso bedeutsam wie der Ausschluß Deutschlands war die Abwesenheit der Sowjetunion, die den

Völkerbund bis Anfang der 30er Jahre als eine Front des kapitalistischen Imperialismus attackierte und eine Gegenvereinigung von unterentwickelten oder antikolonialistischen Staaten zu gründen versuchte.

Eine noch erschütterndere Wirkung auf die Stimmung, in der der Völkerbund seine Arbeit aufnahm, hatte die Entscheidung der Regierung der Vereinigten Staaten, der Organisation, für die Woodrow Wilson so hart gekämpft hatte, nicht beizutreten. Das amerikanische Volk war in einem Geist von Idealismus und Reformeifer in den Krieg gezogen. Doch dieser Geist geriet ins Wanken und verschwand angesichts der Todesopfer und des Aufwands an Reserven, die der Kampf forderte, der unerwarteten Länge der Friedensverhandlungen, des Widerspruchs zwischen den endgültigen Friedensbedingungen und den ursprünglichen Vierzehn Punkten und vor allem angesichts der Entdeckung, daß es ständiger Anstrengungen und Opfer auf seiten der Vereinigten Staaten bedürfe, um die Welt für die Demokratie sicher zu machen. Die öffentliche Meinung in Amerika schlug um in eine feindselige Haltung gegenüber dem Beitritt zum Völkerbund, und der US-Senat blokkierte die Ratifizierung der Völkerbundssatzung bis zu den Präsidentschaftswahlen vom November 1920, in denen der Kandidat der Demokraten, der den Wahlkampf unter Wilsons Programm geführt hatte, mit überwältigender Mehrheit besiegt wurde. Danach war das Interesse für den Völkerbund in den Vereinigten Staaten erloschen. Die Regierung entschied, keinen der Verträge zu ratifizieren, und schloß im Jahre 1922 separate Friedensverträge mit den ehemaligen Feindmächten.

Welchen Einfluß die amerikanische Entscheidung auf die Autorität und die Moral des Völkerbunds in seiner Anfangszeit ausübte, muß hier nicht erörtert werden; doch eine andere Konsequenz mag hier erwähnt werden. In verschiedener Hinsicht war die schlimmste Auswirkung des amerikanischen Nichtbeitritts die, daß Großbritannien und Frankreich sich nun im Völkerbund gegenüberstanden ohne eine gleichstarke Macht, die zwischen ihnen zu vermitteln und ihre Standpunkte in Einklang zu bringen vermochte. Dies war ein unglückliches Vakuum, weil die beiden Länder höchst unterschiedliche Auffassungen über den Völkerbund vertraten.

Englisch-französische Differenzen. Als der Krieg vorüber war, vollzog sich im britischen Volk ein ähnlicher Meinungsumschwung wie in den Vereinigten Staaten: es kehrte zu seiner traditionellen Abneigung gegen kontinentale Verwicklungen zurück. Dies spiegelte sich auch im Verhalten der Regierung wider, wie ein entscheidender Schritt, den diese Ende des Jahres 1919 unternahm, deutlich macht. Während der Sitzungen des Rates der Vier in Paris hatte Woodrow Wilson Clemenceau dazu bewegen können, die französische Forderung nach Abtretung des deutschen Rheinlands fallenzulassen. Als Gegenleistung für Frankreichs Verzicht auf diese Forderung hatten die britische und die amerikanische Regierung versprochen, Frankreich gegen künftige

Angriffe Deutschlands Schutz zu garantieren. Mit der Nichtratifizierung des Versailler Vertrages zog der Senat der Vereinigten Staaten auch dieses Versprechen zurück, und die britische Regierung folgte seinem Beispiel. Diese Maßnahme warf mindestens ein Jahrzehnt lang Schatten auf die Beziehungen zwischen Großbritannien und Frankreich.

Freilich blickte die britische Regierung 1919 noch nicht in die Zukunft. Sie dachte vielmehr daran, übermäßige Risiken und Verwicklungen in Europa zu umgehen zu einem Zeitpunkt, als drängende Probleme in ihren Kolonien und auf den lebenswichtigen Verbindungswegen ihres Empire anstanden (s. S. 135). Überdies fand die Zurückhaltung, Verantwortung auf dem Kontinent zu übernehmen, die Zustimmung der Dominions, die nicht in einen weiteren europäischen Krieg verwickelt werden wollten. Da die Dominions nun bei der Festlegung der Außenpolitik des Empire eine Stimme forderten und erhielten, verfügte die Regierung des Mutterlandes in der Europa-Politik nicht mehr über die Handlungsfreiheit, die sie vor 1914 besessen hatte.

Diese Faktoren bestimmten die Haltung Großbritanniens gegenüber dem Völkerbund. Als die Organisation noch in ihren Anfängen steckte, betonte Lord Balfour nachdrücklich, daß der eigentliche Zweck des Völkerbunds die Förderung der internationalen Zusammenarbeit sei und daß er keine Aufgaben übernehmen dürfe, die über seine Kräfte hinausgingen. Anstatt als Organ für Exekutivmaßnahmen solle er besser als Treffpunkt dienen, an dem die Delegierten ihre gegenseitigen Standpunkte kennen und verstehen lernen könnten. Vor allem dürfe man ihn nicht in die Lage versetzen, die in der Satzung erwähnten militärischen und wirtschaftlichen Sanktionen gegen widerspenstige und aggressive Staaten zu verhängen.

Die Franzosen nahmen aus geographischen und historischen Gründen einen ganz anderen Standpunkt ein. Sie waren nicht durch Wasser vor einer möglichen Invasion geschützt und hatten zweimal in einem halben Jahrhundert deutsche Truppen auf ihrem Boden erlebt. Bei einer Bevölkerung, die jetzt nur zwei Drittel der Bevölkerung Deutschlands ausmachte, waren sie sich der Notwendigkeit bewußt, ihre Verteidigungsreserven durch diejenigen anderer Mächte ergänzen zu müssen. Sie hatten gedacht, eine solche Hilfe sei durch die Rheinland-Garantie der Vereinigten Staaten und Großbritanniens gewährleistet. Nachdem sich diese Garantie in Luft aufgelöst hatte, mußten sie Ersatz dafür finden. Den Völkerbund in seiner damaligen Form konnten sie nicht als wirksamen Ersatz ansehen. Gemäß ihrer Auslegung der Satzung konzentrierte sich ihr Interesse anders als das der Briten vor allem auf die kollektiven Maßnahmen gegen Aggressoren. Sie kritisierten in erster Linie, daß die in diesen Bestimmungen inbegriffenen Verpflichtungen nicht für alle Mitglieder bindend waren und daß die zur Eindämmung von Aggressionen bestimmten Maßnahmen im Falle einer Aggression nicht automatisch ergriffen würden. Ihrer Ansicht nach müßten dann sofort Schritte unternommen werden, um der Satzung des Völkerbunds Durchsetzungskraft zu verleihen, so daß sie eine Abschreckung für Rechtsbrecher darstellen würde.

In den ersten Jahren, nachdem der Völkerbund seine Tätigkeit aufgenommen hatte, hegte die französische Regierung zwei Pläne, um ihn zu stärken. Der erste war der Entwurf eines gegenseitigen Beistandspaktes von 1923, in dem vorgeschlagen wurde, daß, wenn der Rat einen Mitgliedstaat zum Opfer einer Aggression erklärt habe, alle anderen Mitglieder verpflichtet seien, ihm zur Hilfe zu kommen. Der zweite, sorgfältiger ausgearbeitete Plan war das Genfer Protokoll von 1924, das vorsah, daß alle internationalen Streitigkeiten entweder dem Internationalen Gerichtshof oder dem Völkerbundsrat unterbreitet werden sollten, und erklärte, eine Weigerung würde automatisch einen Akt der Aggression darstellen, der jedes Völkerbundsmitglied zum Widerstand verpflichte.

Beide Vorschläge fanden breite Zustimmung unter den Mitgliedern des Völkerbunds. Beide scheiterten infolge des Widerstands der britischen Regierung und der Dominions. Der Grund für die Ablehnung der Briten war ihre Abneigung, automatische Verpflichtungen in Osteuropa oder anderen Gebieten zu übernehmen, in denen sie keine vitalen Interessen vertraten – oder zu vertreten glaubten. Außerdem war das Protokoll, wie Sir Austen Chamberlain der Völkerbundsversammlung mitteilte, eine zu logische Übereinkunft. Die Briten hatten der Logik in der Politik immer schon Mißtrauen entgegengebracht und im allgemeinen damit recht behalten!

Die französische Suche nach Sicherheit. Noch bevor der Niederlage ihrer Bemühungen um eine Reform des Völkerbunds Endgültigkeit beschieden war, hatten die Franzosen andere Wege der Politik eingeschlagen, um die Sicherheit zu erlangen, die sie suchten. Zum einen hatten sie begonnen, ein Netz von Militärbündnissen außerhalb des Völkerbunds zu knüpfen. Im Jahre 1920 schlossen sie z. B. ein Defensivbündnis mit Belgien und leiteten unverzüglich Stabsgespräche ein, um gemeinsame Pläne zu entwerfen, die in Zukunft jede deutsche Invasion durch Belgien hindurch unmöglich machen sollten. Das Abkommen bedeutete für die französischen Militärs, denen der nahe Sieg der Deutschen mit Hilfe des Schlieffen-Plans im Jahre 1914 in Erinnerung war, eine Genugtuung. Doch sie meinten, Deutschland außerdem klar machen zu müssen, daß es in jedem künftigen Krieg wiederum an zwei Fronten zu kämpfen haben würde.

Frankreich wandte sich daher an Polen, das die größten Möglichkeiten zu haben schien, sich zum militärisch stärksten Staat im Osten zu entwickeln, und bei dem die Wahrscheinlichkeit am geringsten war, daß es sich mit den Deutschen anfreunden würde. Eine Gelegenheit, sich die Dankbarkeit der Polen zu sichern, fand sich im Jahre 1920, als die Polen sich in einem Versuch, die Ukraine zu erobern, übernahmen und bis an die Grenzen Warschaus zurückgeschlagen wurden. Die Franzosen halfen ihnen bei der Vorbe-

reitung der – erfolgreichen – Verteidigung der Hauptstadt und ihres anschließenden Vorstoßes, mit dem sie etwas von dem verlorenen Territorium wie-
dererlangten. Diese Zusammenarbeit führte im Februar 1921 zum Abschluß
eines offiziellen Vertrages, in dem die beiden Mächte übereinkamen, sich in
der Außenpolitik gegenseitig zu konsultieren und im Falle eines nichtprovo-
zierten Angriffs auf das Gebiet des anderen „gemeinsame Maßnahmen zur
Verteidigung ihrer Territorien zu ergreifen". Das erste Bündnis führte zu
anderen – mit Rumänien, Polens Verbündetem gegen die Sowjetunion, sowie mit der Tschechoslowakei und Jugoslawien.

Dieses Bündnissystem erschien immer stärker als es war, und die Zukunft
sollte zeigen, daß das französische Volk nicht bereit war, finanzielle und
militärische Verpflichtungen einzugehen, um es aufrechtzuerhalten, als es in
den 30er Jahren zur Verteidigung gegen Deutschland tatsächlich gebraucht
wurde. Im Rückblick erscheint es eindeutig, daß Osteuropa nur durch ein
gemeinsames englisch-französisches Engagement zu einem Bollwerk der
kollektiven Sicherheit hätte gemacht werden können. Diese Möglichkeit war
immer unwahrscheinlich, doch wurde sie noch unwahrscheinlicher durch
Frankreichs einseitige Bündnispolitik, die die Briten verärgerte und eine englisch-französische Zusammenarbeit noch schwerer machte, als sie schon war.

Abgesehen davon kann man argumentieren, daß die französische Bündnispolitik in den Entwicklungsjahren des Völkerbunds zu dessen Schwächung
sowie zur allgemeinen Unsicherheit auf dem Kontinent beigetragen hat.
Seine Bündnisverpflichtungen brachten Frankreich manches Mal in eine Situation, in der das Land es als gerechtfertigt ansah, den Völkerbund zu
umgehen. So blockierte die französische Regierung im Jahre 1923 die Vermittlung durch den Völkerbund, als Polen in einem Versuch, Wilna in seinen
Besitz zu bringen, Litauen angriff, und sorgte dafür, daß die Großmächte
dem Verbündeten Frankreichs das umstrittene Gebiet zusprachen. Ein solches Vorgehen fordert zum Nacheifern heraus. Im selben Jahr verweigerte
der neue Diktator Italiens, Mussolini, dem Völkerbund die Erlaubnis, in
seinen Streit mit Griechenland über Korfu einzugreifen, und konnte seine
Ziele durchsetzen (s. S. 89). Und dies war nicht das einzige Nachahmungs-
experiment Mussolinis. In Osteuropa trat er mit Frankreich in Konkurrenz,
um Verbündete zu gewinnen. Er richtete sein Augenmerk auf Österreich,
Ungarn und Bulgarien und verstärkte damit die allgemeine Unruhe in diesem Gebiet.

Schließlich trug die neue, von Frankreich eingeleitete Suche nach Verbündeten dazu bei, daß Artikel VIII der Völkerbundssatzung, der die Aufstellung
eines Plans für „die nationale Abrüstung ... bis zu dem Minimum, das mit
der nationalen Sicherheit ... vereinbar ist" vorsah, nicht in Kraft treten
konnte. Der einzige Fortschritt in den zehn Jahren nach dem Ersten Weltkrieg auf eine solche Abrüstung hin wurde in der Kriegsmarine erzielt, und
er war nicht beeindruckend. Was die Rüstung zu Lande betraf, so gab es viele

Diskussionen über Begrenzungen, aber keinerlei Ergebnisse. Um 1929 rüsteten alle Mächte in einem Ausmaß, das die Vorkriegszeit übertraf – mit Ausnahme der ehemaligen Feindstaaten. Es war aber bekannt, daß in Österreich und Ungarn illegale Rüstung betrieben wurde; und es existierten Geheimabkommen zwischen der Roten Armee und der Armee der deutschen Republik über die Ausbildung deutscher Soldaten an Waffen, die ihnen der Versailler Vertrag vorenthielt.

Großbritannien, Frankreich und die deutsche Frage. Unterdessen wurden die Meinungsverschiedenheiten zwischen Großbritannien und Frankreich aufgrund der französischen Deutschlandpolitik ernster. Die Franzosen beharrten auf ihrer Meinung, Deutschland müsse Reparationen zahlen und zwar in der Höhe, wie während der Friedenskonferenz geplant. Den Briten kamen sehr bald Zweifel, ob dies möglich oder überhaupt wünschenswert sei. Sie schöpften Verdacht, daß die beharrliche Forderung der Franzosen nach vollständiger Zahlung lediglich ein anderer Aspekt ihrer Sicherheitspolitik sei, die darauf abzielte, Deutschland in ständiger Armut zu halten.

Als ob es ihm peinlich gewesen wäre, daß er während der Pariser Konferenz den Leidenschaften des Volkes nachgegeben hatte, ging Lloyd George daran, die Franzosen zu überzeugen, daß es in ihrem eigenen Interesse liege, die den Deutschen auferlegten Lasten zu verringern. Seine Bemühungen blieben ohne Erfolg, weil das Volk, dem er zu helfen versuchte, sich so ungeschickt verhielt. Als der britische Premierminister die Franzosen dazu bewegt hatte, den Deutschen die Teilnahme an einer Reparationskonferenz in Spa im Juli 1920 zu erlauben, entsandte die deutsche Regierung eine Delegation, der General Hans von Seeckt – in voller Uniform, mit Eisernem Kreuz – und der Industrielle Hugo Stinnes angehörten. Letzterer hielt unzusammenhängende Reden, in denen er die Franzosen bezichtigte, sie seien von der Krankheit des Sieges befallen, und ihnen die Aussetzung aller Kohlenlieferungen androhte. Zwei Jahre später, als Lloyd George eine allgemeine Wirtschaftskonferenz in Genua einberief, wurde die deutsche Delegation nervös, weil man sie von privaten Zusammenkünften in seiner Villa ausschloß, und sie ließ sich von der sowjetischen Delegation zu einem gesonderten Freundschafts- und Kooperationsvertrag, dem Vertrag von Rapallo, überreden. Das Bekanntwerden dieses Paktes bewirkte die Auflösung der Konferenz von Genua, noch bevor überhaupt Beratungen über die wirtschaftlichen Probleme Deutschlands stattgefunden hatten.

Der Vertrag von Rapallo bestärkte die britische Regierung in ihrem Bestreben, eine Minderung der Lasten für Deutschland zu erreichen, damit es nicht völlig ins sowjetische Lager abglitt. In Frankreich festigte er den Entschluß, auf der vollständigen Erfüllung der Reparationsverpflichtungen zu bestehen. Daher bestand ein direkter ursächlicher Zusammenhang zwischen dem Vertrag und der französischen Besetzung des Ruhrgebiets im Januar

1923. Das Versäumnis der Deutschen, bestimmte Bauholzlieferungen an Frankreich in Übereinstimmung mit einem vereinbarten Sachleistungsprogramm zu erfüllen, nahm der französische Ministerpräsident Raymond Poincaré zum Anlaß, eine Erklärung der Reparationskommission zu fordern, daß die Deutschen gegen ihre Vertragsverpflichtungen verstoßen hätten. Sobald diese Erklärung abgegeben war, verkündete er, Frankreich müsse Wiedergutmachung fordern, und entsandte Truppen ins Ruhrgebiet.

Als Mittel, um Sicherheit für Frankreich zu erlangen – zweifellos betrachtete Poincaré seinen Coup als solches –, war dies ein grober Mißgriff. Zum einen verringerte er ernstlich die Aussichten auf Demokratie in Deutschland und bestärkte die Kräfte der Reaktion. Es ist kein bloßer Zufall, daß Adolf Hitler während der politischen Verwirrung im Zusammenhang mit der Ruhrbesetzung seinen ersten Griff zur Macht tat. Zum anderen aber verwandelte sich die Invasion in einen direkten Bumerang: als die bereits gefährdete deutsche Wirtschaft unter diesem neuen Schlag zusammenbrach, wurde es für die Deutschen unmöglich, überhaupt Reparationszahlungen zu leisten.

Der Dawes-Plan, Locarno und die Zeit danach. Die aus diesen Ereignissen resultierende kritische Situation löste jedoch eine wirksame Reaktion auf seiten der Westmächte aus und trug zur Beilegung der englisch-französischen Differenzen über die Deutschlandpolitik bei. Im Jahre 1924 arbeitete eine internationale Kommission unter dem Vorsitz des amerikanischen Bankiers Charles Dawes einen langfristigen Reparationsplan für Deutschland aus und schuf die Grundlage für ausländische Darlehen, die Deutschland in die Lage versetzten, die Zahlungen wiederaufzunehmen, während gleichzeitig eine Währungsreform durchgeführt wurde.

Die Entspannung der wirtschaftlichen Situation ermutigte den fähigsten deutschen Staatsmann der Zwischenkriegsjahre, Gustav Stresemann, sich um eine politische Verständigung zu bemühen, die die deutschen Beziehungen zu den Westmächten auf eine völlig neue Basis stellte. Stresemann teilte London und Paris mit, die deutsche Regierung sei bereit, im Interesse einer allgemeinen Entspannung und in der Hoffnung, daß es die Räumung deutschen Bodens von alliierten Truppen erleichtern werde, die augenblickliche deutsch-französische und die deutsch-belgische Grenze als dauerhaft anzuerkennen. Von den Briten begeistert vorangetrieben, führte dieses Angebot zu Verhandlungen zwischen den Mächten in Locarno in der Schweiz, aus denen eine Reihe von Verträgen und Abkommen hervorgingen. Deutschland, Frankreich und Belgien kamen überein, ihre gemeinsamen Grenzen zu respektieren und dem Krieg gegeneinander abzuschwören, ausgenommen er diente der Selbstverteidigung oder er erfolgte in Übereinstimmung mit der Völkerbundssatzung. Großbritannien und Italien waren bereit, diesen sogenannten Rheinland-Pakt zu garantieren. Deutschland versprach, die Zulassung zum Völkerbund zu beantragen unter der Bedingung, daß es einen ständigen Sitz im Völkerbundsrat erhalte. Weiterhin verpflichtete es sich, alle eventuellen Streitigkeiten mit seinen Nachbarstaaten der Schiedsgerichtsbarkeit oder der Vermittlung durch den Völkerbund zu unterwerfen und eine Veränderung seiner – nicht akzeptierten – Ostgrenzen nur durch friedliche Mittel zu suchen. In einem Begleitprotokoll wurde erklärt, die Mächte seien versammelt gewesen, ,,um gemeinsam die Mittel zum Schutze ihrer Völker vor der Geißel des Krieges zu suchen und für die friedliche Regelung von Streitigkeiten jeglicher Art".

Einem Europa, das der Spannungen und der Streitigkeiten der vergangenen sechs Jahre müde war, erschien Locarno als hoffnungsvolles Zeichen, daß jene Ziele erreicht werden könnten. Diese Hoffnungen waren nicht ganz unbegründet. Der Eintritt Deutschlands in den Völkerbund im Jahre 1926 brachte der Organisation neues Ansehen und neue Autorität, und dank der ernsten Bemühungen Stresemanns und des Nachfolgers von Poincaré, Aristide Briand, verbesserten sich die Beziehungen zwischen ihren Ländern so sehr, daß die Räumung deutschen Bodens durch die alliierten Truppen (im Jahre 1930 vollendet) sowie ein Herunterschrauben der Reparationslasten durch den Young-Plan im selben Jahr möglich wurden.

Dennoch können wir – unter dem Vorteil der nachträglichen Einsicht – erkennen, daß der durch Locarno hervorgerufene Enthusiasmus zu groß war und in manchen Fällen gefährlich. Er ließ in Vergessenheit geraten, daß der Durchsetzungsmechanismus des Völkerbunds und die Bestimmungen für Maßnahmen gegen Agressoren immer noch zu schwach waren, um in größeren Krisen Wirkungen zu erzielen. Die Tatsache, daß die Großmächte manches Mal ihre Angelegenheiten ohne Rücksprache mit dem größeren Gremium zu regeln versuchten – eine Gepflogenheit, die Anlaß gab zu der Bezeichnung ,,Locarno-Kabale" – trug nicht dazu bei, dieses zu korrigieren oder das Prestige des Völkerbunds zu erhöhen. Die Sicherheit, die die neuen Verträge Europa brachten, war recht einseitig und sollte solange nicht vollkommen sein, wie der Rheinland-Pakt nicht durch eine Art Ost-Locarno ergänzt war. Dies erwies sich trotz französischer Bemühungen als unerreichbar.

Schließlich gewährleistete Locarno nicht, wie einige Enthusiasten dachten, die dauerhafte Freundschaft und Zusammenarbeit zwischen seinen Unterzeichnerstaaten. Nach der Ratifikation des Rheinland-Paktes und der anderen Verträge schloß Deutschland einen neuen Freundschaftsvertrag (den Vertrag von Berlin, 1926) mit der Sowjetunion – einer Macht, die ihr Äußerstes getan hatte, um die Deutschen von Locarno abzuhalten, und die ein erklärter Gegner des Völkerbund-Systems war. Italien stürzte sich trotz seiner Zusammenarbeit in Locarno in eine neue, gefährliche Rivalität mit Frankreich im Donaugebiet. Und Großbritannien hegte weiterhin einen vagen Argwohn gegenüber den Hauptlinien der französischen Politik und stellte sich ihr im allgemeinen entgegen.

Drittes Kapitel

Die russische Revolution und der Westen
1917–1933

In einem Brief vom März 1868 sagte Fjodor Dostojewskij voraus, innerhalb von hundert Jahren werde die ganze Welt durch die russische Denkweise regeneriert. Diese Prophezeiung hat sich nicht erfüllt, aber es ist nicht zu verkennen, daß das politische, wirtschaftliche und gesellschaftliche Denken und in einigen Fällen das Regierungssystem und die Institutionen von Ländern auf dem ganzen Erdball durch russische Ideen, russisches Beispiel und russische Eroberungen tiefgreifend beeinflußt worden sind. Daß dies eingetreten wäre, wenn das zaristische Rußland überlebt hätte, ist kaum anzunehmen. Erst mit dem Sieg des Kommunismus nahm die Einwirkung der russischen Denkweise auf die übrige Welt beeindruckende Formen an.

Die russische Revolution

Das Ende des Zarentums. Es ist unmöglich zu sagen, wie lange das zaristische Regime hätte überleben können, wenn der Weltkrieg nicht eingetreten wäre. In Anbetracht der ihm anhaftenden Schwächen und seines Versagens nach 1905 (s. Bd. I, S. 318 ff.) ist kaum anzunehmen, daß seine Lebensdauer wesentlich hätte verlängert werden können. Der Krieg jedoch warf ein grelles Licht auf seine Mängel und setzte das russische Volk zugleich Leiden und Härten aus, die es seinem Los gegenüber immer unduldsamer werden ließen.

Rußland war in landwirtschaftlicher, industrieller und finanzieller Hinsicht auf einen langen Krieg nicht vorbereitet. Die russische Landwirtschaft blieb leistungsmäßig stark hinter der des Westens zurück, und als der Krieg sie schließlich der Arbeitskräfte beraubte, von denen sie mangels Maschinen abhängig war, fiel die Produktion jäh ab. Die russische Industrie war zu rückständig, um diese Situation durch eine vermehrte Herstellung landwirtschaftlicher Geräte zu beheben oder um den militärischen Bedarf des Staates zu decken. Im Laufe von drei Kriegsjahren produzierte sie kaum mehr als ein Drittel der benötigten Gewehre für die Soldaten. Diese Mängel schlugen sich in Lebensmittelknappheit nieder, die die Moral der Zivilbevölkerung untergruben, und in militärischen Schwächen, die eine höhere Anzahl an Todesopfern auf dem russischen Kampffeld zur Folge hatten, als bei genügend ausgerüsteten Truppen nötig gewesen wäre. In den Feldzügen von 1915, in denen die russischen Armeen aus Galizien und Polen vertrieben wurden

(s. S. 24), beliefen sich die russischen Verluste nach vorsichtigen Schätzungen auf mehr als zwei Millionen. Und ein größerer Vorstoß im Jahre 1916, der die Franzosen in Verdun entlasten sollte, forderte ungefähr eine Million Menschenleben und ließ die Armee in einem Zustand zurück, der der Demoralisation nahekam.

Gegen Ende des Jahres 1916 war aufgrund dieser Katastrophen selbst die Geduld der früheren Anhänger des Regimes erschöpft. Im November, als die „Duma" wieder zusammentrat, hielt Paul Miljukow, der Führer der konstitutionellen demokratischen Partei (Kadettenpartei) eine Rede, in der er die Unzulänglichkeit der Regierungspolitik heftig angriff. Diese Proteste nahmen konkretere Formen an, als eine Gruppe von Adeligen unter Führung des Prinzen Jusupov den Günstling der Zarin, Rasputin (s. Bd. I, S. 320), zu einer privaten Gesellschaft einlud, ihm Kuchen und Wein servierte, der mit einer hohen Dosis Zyankali vergiftet war, und ihn, nachdem der Wein keine merkbare Wirkung zeigte, erschoß und in das gefrierende Wasser der Newa warf. Weder diese Ereignisse noch die „Brotaufstände" in den größeren Städten seines Reiches beeindruckten Nikolaus II.

Anfang März brachen in der Landeshauptstadt Petrograd (St. Petersburg wurde während des Krieges in Petrograd umbenannt) eine Reihe von Streiks aus, und am 12. März wurde deutlich, daß die Situation nicht zu retten war. An diesem Tag nahmen die örtlichen Garnisonen, angeführt von der Wolhynischen Garde, ihre Offiziere gefangen und schlossen sich der revolutionären Sache an. Gleichzeitig traten Streikkomitees aus den Fabriken mit Vertretern der verschiedenen sozialistischen Gruppen zusammen und bildeten wie im Jahre 1905 einen Arbeiterrat. Am folgenden Morgen war der Rat von den rebellischen Garnisonen anerkannt und hatte die gesamte Stadt unter seiner Kontrolle.

Die Autorität des Arbeiterrates reichte über die städtische Politik nicht hinaus, doch seine Gründung rüttelte die „Duma" auf, weiterreichende Maßnahmen zu ergreifen. Genau genommen besaß dieses nationale Gesetzgebungsorgan keine legale Grundlage; denn der Zar hatte es am 11. März für vertagt erklärt. Die „Duma" aber trotzte dieser Anordnung und errichtete ein Komitee „um die Ordnung wiederherzustellen und sich mit Institutionen und Einzelpersonen zu befassen". Den Vorsitz über diese Gruppe führte Prinz Lwow, und es gehörten ihr sowohl Mitglieder der nichtsozialistischen Parteien an als auch ein Sozialrevolutionär, Alexander Kerenski. Am 14. März konstituierte sich das Komitee zu einer Provisorischen Regierung und entsandte Vertreter zum Zaren, um ihn zur Abdankung zu drängen. Am 15. März kam Nikolaus II. der Aufforderung zugunsten seines Bruders Michael nach, der das Amt ablehnte. Damit blieb die Thronfolge ungeklärt, und Rußland war de facto eine Republik. Es deutet nichts darauf hin, daß der Verlust seiner Macht Nikolaus II. irgendwelche Sorgen bereitet oder ihn zu einer Gewissenserforschung veranlaßt hätte. Am Tage, nach dem er seinen

Thron verloren hatte, war er imstande, in sein Tagebuch zu schreiben: „Ich habe lange und tief geschlafen, wachte über Dwinsk auf. Sonnenschein und Frost ... Ich habe viel von Julius Cäsar gelesen." Er schien völlig zufrieden mit der Aussicht, sich nun ganz seiner Familie widmen zu können. Das allerdings erlaubte man ihm nicht. Nach monatelanger Haft wurden Nikolaus und seine Familie im Juli 1918 von den Kommunisten ermordet.

Von März bis November. Mit der Abdankung verteilte sich die politische Autorität auf die Provisorische Regierung und die Arbeiterräte in Petrograd und anderen Großstädten. Diese Organe schienen natürliche Feinde zu sein, da die Provisorische Regierung – wenn überhaupt jemanden – den Mittelstand und die Schicht der Aristokraten repräsentierte, während die Arbeiterräte im Namen der hart arbeitenden und unterdrückten Massen sowie der Soldaten, die die Revolution gemacht hatten, sprach. Daß es in den ersten Monaten nicht zu einem offenen Zusammenstoß zwischen ihnen kam, war weitgehend der Tatsache zuzuschreiben, daß die Provisorische Regierung keine Klarheit darüber besaß, welche Reserven ihr zur Verfügung standen, während die Anführer der Arbeiterräte zögerten, die Macht für sich in Anspruch zu nehmen.

Das Zögern der Arbeiterratsvorsitzenden lag großenteils daran, daß die meisten von ihnen Sozialisten waren, die die Revolution mit ihren theoretischen Auffassungen in Einklang bringen wollten. In einem rückständigen Land wie Rußland, so glaubten sie, müsse unbedingt eine bürgerliche Revolution vorangehen und die Bedingungen für den Sieg des Proletariats schaffen. Diese doktrinäre Unbeweglichkeit führte zu dem Zustand, den Isaak Deutscher als Flitterwochen der Märzrepublik bezeichnete, in denen die Menschewiken, die Sozialrevolutionäre und selbst die Bolschewiken die Regierung Lwow duldeten. Aufgrund der Theorie, daß der Krieg zum revolutionären Kreuzzug geworden sei, mit dem ein demokratischer Friede ohne Annexionen und ohne Kriegsentschädigungen erreicht werden könne, gingen sie darüber hinaus in ihrer Duldsamkeit so weit, den Krieg zu unterstützen.

Lenins Rückkehr aus dem Schweizer Exil nach Rußland im April 1917 setzte den Flitterwochen und der relativen Einigkeit der sozialistischen Gruppen ein Ende. In seinen sogenannten April-Thesen hob er hervor, daß der Krieg immer noch imperialistischen Charakter habe und daß weder der Krieg noch die Gruppen, die von ihm profitierten, irgendwelche Unterstützung von seiten der Volksvertreter verdienten. Zweifellos sei die russische Revolution eine bürgerlich-demokratische, so führte er aus; sie aber würde bald in ihre nächste Phase eintreten, die sozialistische Phase, die durch die Eroberung aller politischen Macht durch die Arbeiterräte eingeleitet werde. Diese müsse das Ziel der bolschewistischen Politik sein, und um es voranzutreiben, müßten die Bolschewiken im Bereich ihrer Möglichkeiten alles daransetzen, um den imperialistischen Krieg in einen Bürgerkrieg umzuwandeln, indem sie die Bauern ermutigten, die Grundbesitzer zu enteignen, und die Arbeiter, die Macht in den Fabriken zu übernehmen.

Lenins Standpunkt wurde als neue Parteilinie akzeptiert, und die Bolschewiken starteten eine Propagandakampagne, die die Provisorische Regierung in Mißkredit bringen und ihre Autorität schwächen sollte. Diese Kampagne erzielte von Anfang an unter den städtischen Massen enorme Erfolge, zum Teil deshalb, weil die Parteiorganisation so leistungsfähig war und die bolschewistischen Führer polemisch so geschickt vorgingen, mehr noch aber vielleicht, weil sie dem Volk ein attraktives Bild des zukünftigen Rußland vor Augen führten.

Mit Lenins eigenen Worten: „Alle Macht im Staate, von der Spitze bis zur Basis, vom entferntesten Dorf bis zur letzten Straße in Petrograd, muß den Sowjets der Arbeiter-, Soldaten- und Bauerndeputierten gehören. Es darf keine Polizei, keine Bürokraten geben, die nicht dem Volke gegenüber verantwortlich sind, die über dem Volke stehen, kein stehendes Heer, nur das allgemein bewaffnete Volk, vereint in den Sowjets – sie müssen den Staat lenken."

Die Massen reagierten begeistert auf die bolschewistischen Losungen, und im Juli versuchten sie in Petrograd einen Aufstand, der von Fronttruppen niedergeschlagen wurde, die die Provisorische Regierung in die Hauptstadt beordert hatte. Dieses Organ nutzte den zum Scheitern verurteilten Aufstand aus, um seine Niederlage in Galizien den bolschewistischen Agitatoren anzulasten. Das bolschewistische Hauptquartier wurde durch Regierungspolizei und rechte Selbstschutzverbände ausgehoben. Trotzki und Kamenew wurden verhaftet, Lenin und Sinowjew mußten Unterschlupf suchen. Lenin floh nach Finnland.

Dies beeinträchtigte die stetige Zunahme der bolschewistischen Anhängerschaft in Petrograd und in Moskau keineswegs, und Kerenski fand sich vor die Tatsache gestellt, daß er ohne Hilfe der Bolschewiken nicht auskommen konnte. Diese strahlende, redegewandte Persönlichkeit war in einer Koalitionsregierung, die sich im Juli nach dem Rücktritt der Regierung Lwow konstituiert hatte, Ministerpräsident und Kriegsminister geworden. Der Oberbefehlshaber der Armee, General L. G. Kornilow, machte kein Geheimnis daraus, daß Kerenski sein Vertrauen nicht besaß. Als Riga im September an die Deutschen verloren war, entzog er der Regierung seine Unterstützung und schickte Truppen nach Petrograd, um es einzunehmen. Zur Selbstverteidigung ließ Kerenski seine bolschewistischen Gefangenen frei und bedrängte sie, ihm bei der Unterdrückung der Meuterei Beistand zu leisten. Sie kamen dieser Aufforderung nach, indem sie die Streitkräfte dazu veranlaßten, Kornilow abtrünnig zu werden. Die Niederlage des Generals brachte der Provisorischen Regierung wenig Anerkennung, und sie nahm eine neue Reorganisation vor. Die Bolschewiken hingegen gewannen an

Prestige und erzielten im Petersburger und im Moskauer Arbeiterrat sowie in denen der Provinzen eine klare Mehrheit.

Die bolschewistische Revolution. Lenin hielt sich noch in Finnland verborgen. Er erkannte aber die Bedeutung der Machtverschiebung in den Arbeiterräten und schickte eine Botschaft an das Zentralkomitee seiner Partei, in der er ausführte, die Zeit für einen bewaffneten Aufstand sei gekommen. Am 23. Oktober reiste er unbemerkt in Rußland ein, um den Aufstand persönlich voranzutreiben, und bald hatte er die meisten der Parteiführer auf seiner Seite. So kam es, daß die Bolschewiken zu einer Zeit, als Kerenski versuchte, mit erneuten Streiks in den Großstädten, einer erhöhten Gewalttätigkeit unter den Bauern und mit Massenfahnenflucht fertig zu werden, systematische Pläne für ihren Staatsstreich ausarbeiteten.

Der führende Kopf dieser Operationen war Leo Trotzki (1879–1940), der jetzt zum ersten Mal das strategische Talent und das taktische Geschick bewies, die der bolschewistischen Sache während des Bürgerkrieges so gute Dienste erweisen sollten. Als Sohn eines wohlhabenden jüdischen Bauern in der Ukraine unter dem Namen Leo Dawidowitsch Bronstein geboren, wurde der spätere Kriegskommissar Marxist und schlug als noch nicht Zwanzigjähriger die revolutionäre Linie ein. Im Jahre 1898 wurde er von der zaristischen Polizei gefangengenommen und nach zweijähriger Haft in Odessa nach Sibirien verbannt. Er konnte fliehen und mit einem gefälschten Paß, der auf den Namen des Obergefängniswärters von Odessa, Trotzki, ausgestellt war, außer Landes entkommen. Durch seine Propagandaarbeit bereits bekannt, wurde er einer von Lenins Mitarbeitern im Herausgebergremium des „Iskra" in London (s. Bd. I, S. 317). Während der Revolution von 1905 kehrte er nach Rußland zurück, und zur Zeit der Verhaftung des Exekutivkomitees des Petrograder Arbeiterrates war er darin die herausragende Persönlichkeit. Wiederum nach Sibirien verbannt, entkam er nochmals in den Westen. Nach der Abdankung Nikolaus II. kehrte er nach Rußland zurück und trat erstmalig der bolschewistischen Partei bei. Sein Ansehen innerhalb der Partei zeigt sich daran, daß er bei der Errichtung des ersten Politbüros des bolschewistischen Zentralkomitees zum Mitglied ernannt wurde.

Trotzki war es, der darauf aufmerksam machte, daß ein Aufstand gegen die Provisorische Regierung größere Erfolgschancen haben würde, wenn er unter der Leitung eines Arbeiterrates stattfände anstatt offen im Namen der bolschewistischen Partei. Über das Militärische Revolutionskomitee des Petrograder Arbeiterrates forderten die Bolschewiken Kerenski bewußt heraus, von seinem Recht Gebrauch zu machen, Truppenbewegungen in der Hauptstadt und um die Hauptstadt herum anzuordnen. Als Kerenski ihre Taktik öffentlich brandmarkte und Lenin wiederum zu verhaften suchte, beschuldigten sie ihn des Verrats an der Revolution und schlugen mit tödlicher

Effizienz zurück. In der Nacht vom 6. auf den 7. November nahmen die Roten Garden des Arbeiterrates, unterstützt durch Einheiten der regulären Streitkräfte, jeden Schlüsselpunkt der Stadt ein und umstellten das Winterpalais, den Sitz der Provisorischen Regierung. Als die Stadt erwachte, fand sie sich unter bolschewistischer Kontrolle. Der Coup war zeitlich so eingerichtet, daß er mit der Eröffnung des Zweiten Allrussischen Sowjetkongresses zusammenfiel. (Der Erste Allrussische Sowjetkongreß war im Juni zusammengetreten.)

Als der Kongreß sich am 7. November versammelte, verfügten die Bolschewiken über eine Mehrheit. Sie wurde überwältigend, als die Menschewiken und der rechte Flügel der Sozialrevolutionären Partei aus Protest gegen den Aufstand die Versammlung verließen. Diejenigen, die blieben, billigten die Errichtung einer völlig bolschewistischen Regierung – des Rates der Volkskommissare mit Lenin an der Spitze, Trotzki als Kommissar des Äußeren und Stalin als Kommissar für das Nationalitätenwesen – und wählten ein neues Zentrales Exekutivkomitee, bestehend aus 62 Bolschewiken und 29 Sozialrevolutionären des linken Flügels. Außerdem verabschiedeten sie zwei von Lenin vorgelegte Dekrete: das eine sah den sofortigen Friedensschluß ohne Annexionen und Kriegsentschädigungen vor, das andere die Abschaffung des privaten Grundbesitzes.

Unterdessen war Kerenski in die Provinz geflohen, wo er versuchte, die Armee gegen die Rebellen in Petrograd zu mobilisieren. Seine Bemühungen scheiterten kläglich, und er mußte im Ausland Zuflucht suchen. Nach einwöchigem Kampf fiel Moskau an die Bolschewiken, und innerhalb eines Monats befanden sich die meisten Großstädte Rußlands in ihren Händen. Das offenkundige Unvermögen der anderen Parteien, die Konsequenzen einer bolschewistischen Diktatur zu begreifen, erleichterte den Bolschewiken die Konsolidierung ihrer Macht. Bei den Wahlen für die Konstitutionelle Versammlung vom Ende November, die eine Verfassung für das neue Rußland erstellen sollte, griff Lenin offen in das Wahlverfahren ein, verhaftete einige der gewählten Mitglieder und erklärte die Kadettenpartei für illegal. Seine Partei erreichte in der Versammlung nur 25 Prozent der Sitze. Doch als dieses Organ schließlich im Januar zusammentrat, lösten bolschewistische Garden es nach der ersten Sitzung auf.

Erste Erlasse und der Friede von Brest-Litowsk. Die Auflösung der Verfassunggebenden Versammlung gehörte zur geplanten Taktik der Bolschewiken, alle Institutionen zu zerschlagen, die der Einigung der Opposition dienen konnten. Die Mitglieder der früheren Provisorischen Regierung wurden deportiert, die antibolschewistischen Stadträte von Petrograd und Moskau aufgelöst, der Reichssenat abgeschafft und die „Zemstvos", die vor dem Krieg Agitationszentren für eine gemäßigte Verfassungsreform gebildet hatten, durch Erlaß der Bolschewiken ausgeschaltet. Gleichzeitig sorgten eine Reihe von Dekreten, mit denen die Wahl aller Heeresoffiziere, eine Änderung des Rangsystems und die schnelle Demobilisierung angeordnet wurden, für die faktische Demontage der Armee. Im Februar 1918 verkündete man die vollständige Trennung von Kirche und Staat und schmälerte durch Enteignung ihrer Ländereien und Aufhebung der früheren Ehe- und Scheidungsgesetze ernstlich die Macht und Autorität der russisch-orthodoxen Kirche. Unterdessen führte man die Aufteilung der großen Landgüter durch – sie erwies sich als die Maßnahme, die dem neuen Regime die stärkste Anhängerschaft im Volk einbrachte – und unternahm andere Schritte, die der Umformung der nationalen Wirtschaft dienten.

Während sich dies alles abspielte, schrumpfte das nationale Reich erheblich zusammen. Polens Unabhängigkeit war von der Provisorischen Regierung vor ihrem Rücktritt anerkannt worden. Finnland forderte die Selbständigkeit, und sie wurde ihm unmittelbar nach der Machtübernahme der Bolschewiken zugestanden. Zwischen Dezember 1917 und dem folgenden Februar erklärten Litauen, Lettland und Estland ihre Unabhängigkeit.

Die Anwendung von Lenins Friedensdekret führte zu weiteren Gebietsverlusten. Trotz gewagter Improvisation und der geschickten Verzögerungstaktik Trotzkis bei den Verhandlungen in Brest-Litowsk bestanden die Deutschen auf beträchtlichen Annexionen. Das bolschewistische Regime – machtlos, den Deutschen militärisch entgegenzutreten – akzeptierte die Friedensbedingungen im März 1918. Danach mußte Rußland den Verlust Polens, der baltischen Staaten, Finnlands, großer Gebiete in Belorußland und der Ukraine und eines Teils von Transkaukasien hinnehmen – insgesamt 1,3 Millionen Quadratmeilen und 62 Millionen Menschen, wobei der Verlust Bessarabiens an Rumänien nicht mitgezählt ist, der im Vertrag zwischen Deutschland und Rumänien verfügt wurde.

Der Bürgerkrieg. Die alliierten Regierungen betrachteten den Frieden von Brest-Litowsk als einen Akt des Verrats. Er drohte eine unzählige Schar deutscher Truppen für den Einsatz gegen die müden Armeen an der Westfront freizusetzen und riesige Mengen an Vorräten und Munition, die die Alliierten nach Rußland geschickt hatten, in deutsche Hände fallen zu lassen. Um letzteres zu verhindern, landeten die Briten im März 1918 Flotteneinheiten in Murmansk. Andere Landungen und Besetzungen entsprangen zweifelhafteren Motiven. In russischen Gewässern errichteten die Alliierten eine umfassende Blockade.

Diese militärischen Bewegungen ermutigten antibolschewistische und konterrevolutionäre Kräfte und gewährten ihnen materielle Unterstützung. Die alliierten Befehlshaber zögerten nicht, aufkommende Weiße Regierungen in Gebieten, die unter ihrer Kontrolle standen, anzuerkennen und mit Vorräten zu versorgen. Es dauerte nicht lange, bis eine Reihe solcher Regierungen von Sibirien bis zur Ukraine existierten. An der südlichen Grenze entlang, zwischen dem Schwarzen und dem Kaspischen Meer, widersetzten sich die Führer der Donkosaken und der Kubankosaken dem Regime. Dieses Gebiet diente als Basis für eine Weiße Armee, die zunächst von General Kornilow und nach dessen Tod von General Anton Denikin befehligt wurde. Im südlichen Zentralrußland, von Samara an der Wolga bis Omsk und Tomsk in Mittelsibirien entstand durch die Rebellion der Tschechischen Legion eine zweite antibolschewistische Front. Diese Streitkräfte, die im letzten Kriegsjahr Seite an Seite mit den Russen gekämpft hatten, erhielten nach dem Frieden von Brest-Litowsk von der bolschewistischen Regierung die Erlaubnis, das Land mit der transsibirischen Eisenbahn zu verlassen. Sie beabsichtigten, rund um die Welt zu fahren und an der Westfront wieder aufzutauchen. Doch Auseinandersetzungen mit bolschewistischen Beamten unterwegs führten zum Bruch mit der Regierung und zur Einnahme einer Kette von Stützpunkten entlang der Eisenbahnlinie.

Der Erfolg der Tschechen gab nicht nur dem im Süden kämpfenden Denikin Auftrieb und ermutigte die Alliierten, das Ausmaß ihrer Intervention zu verstärken, sondern er führte auch zum Zusammenschluß antibolschewistischer Gruppen in Sibirien. Im September 1918 bildeten sie eine nationale Regierung, das sogenannte „Direktorium", das sein Hauptquartier in Omsk nahm. Nach der Beilegung anfänglicher Auseinandersetzungen mit ihren sozialrevolutionären Mitgliedern übertrug diese Gruppe dem ehemaligen Kommandeur der Schwarzmeerflotte, Admiral Alexander Koltschak, die oberste Gewalt.

Anfang 1919 übernahm der zaristische General E. K. Miller in Archangelsk die Macht von einer örtlichen sozialrevolutionären Gruppe und stellte sich mit seinen Streitkräften Koltschak zur Verfügung. Gleichzeitig sammelte sich eine nordwestliche Weiße Armee in Estland unter General Judenič und wurde durch deutsche Streitkräfte, die in den baltischen Ländern gekämpft hatten, ergänzt. Damit standen den Bolschewiken vier beträchtliche und anfangs recht starke Armeen gegenüber.

Hätten die Weißen im Jahre 1918 über so viele Streitkräfte verfügt wie ein Jahr später, so wäre ihnen die Vernichtung des Bolschewismus möglicherweise gelungen. Im März 1918 hatte Trotzki als Kriegskommissar erst begonnen, die Streitkräfte aufzubauen, die die Rote Armee bilden sollten. Im April 1918 wurde per Erlaß für alle Arbeiter und Bauern die Wehrpflicht eingeführt. Unter Verwerfung der ursprünglichen revolutionären Auffassung, daß eine Armee von politischen Komitees geführt werden könne, verließ sich Trotzki ganz offenkundig auf die einzigen ausgebildeten Offiziere, die er finden konnte, nämlich die früheren Kommandeure der Armee des Zaren. Während des Bürgerkriegs dienten nahezu 50000 ehemalige zaristische Offiziere in der Roten Armee, und einige von ihnen stiegen zu den höchsten Rängen auf. Dies betraf z. B. den jungen Michail N. Tuchatschewskij, der im Jahre 1917 aus einem deutschen Gefangenenlager floh, sich nach Rußland durchschlug, dort freiwillig der Roten Armee beitrat und im Jahre 1920 Oberbefehlshaber aller Roten Streitkräfte an der Westfront wurde.

Zur Überwachung der Offiziere und zur Erfüllung wesentlicher Propagandafunktionen ernannte Trotzki politische Kommissare, die aber nicht in Kommandoentscheidungen eingreifen sollten. Der Kriegskommissar selbst tauchte an jeder Front auf und drohte, reizte und spornte die Männer an, die nur wenige Monate vorher gemeint hatten, sie hätten ihre Waffen zum letzten Mal niedergelegt. Doch sie kämpften, und sie kämpften gut.

Im Jahre 1919 gab es Momente, in denen sich das Schicksal des Bolschewismus in der Schwebe befand. Die Weißen Kommandeure schlossen allmählich einen Ring um das bolschewistische Zentrum. Im Oktober befand sich Denikin in Kiew und Orel, und Judenič stand vor den Toren Petrograds. Doch am Ende scheiterten beide Vorstöße. Die Weißen litten unter Unzulänglichkeiten, die sie nicht zu beheben vermochten. Ihre militärische Führung war im großen und ganzen derjenigen der Roten Armee unterlegen, und sie erhielten nur unzureichende Hilfe von den Alliierten. Parteienstreit behinderte ihre Regierung in den Gebieten, die sie unter Kontrolle hatten. Schließlich verloren sie durch Begünstigung der um Wiedererlangung ihrer Landgüter bemühten ehemaligen Grundbesitzer die Unterstützung der Bauern, die entschlossen waren, das alte Agrarsystem nicht wieder aufleben zu lassen. Aus all diesen Gründen wurden die Weißen besiegt.

Gegen Ende des Jahres 1920 war der russische Boden bis auf das Küstengebiet, das erst im Oktober 1922 von den Japanern geräumt wurde, frei von alliierten und Weißen Truppen.

Der russisch-polnische Krieg. In den ersten Monaten des Jahres 1920, als die Bedrohung durch die Weißen im Norden und Osten nachließ, sah sich das bolschewistische Regime durch eine energische gemeinsame Offensive der Polen mit Nationalisten aus der Ukraine und der vom Süden her vorstoßenden Weißen Armee Wrangells vor eine neue Gefahr gestellt. Zunächst erzielten die Polen große Erfolge und eroberten Kiew und andere Zentren; doch bald gerieten sie in Schwierigkeiten. Ihr Angriff erregte in Rußland eine Welle aufrichtiger patriotischer Begeisterung, die dem Gegenstoß der Roten Armee enorme Kraft verlieh. Im Juli rückten sowjetische Streitkräfte unter Tuchatschewskij bis zu den Stadtmauern Warschaus vor. In diesem Augenblick jedoch entschied Oberst Aleksander Yegorov, Truppenkommandeur der linken Flanke Tuchatschewskijs, auf Lwow zu marschieren, anstatt den Hauptangriff gegen Warschau zu unterstützen. Polnische Streitkräfte attakkierten die offene Flanke, so daß die Rote Armee zusammenbrach und sich zurückzog.

Als die Bolschewiken um Frieden ersuchten, wurden in Riga Verhandlungen aufgenommen und im Oktober 1920 abgeschlossen. Den Polen kam der

Fehler von Warschau zugute: sie erhielten Territorium im Osten, das weit über die ethnische Grenze hinausging, die sogenannte Curzon-Linie, die der Oberste Rat der Alliierten im Dezember 1919 festgelegt hatte.

Der totalitäre Staat

Die Machtorgane. Die Sowjetunion oder „Union der Sozialistischen Sowjetrepubliken" wurde offiziell im Januar 1924 errichtet, als man die Verfassung vom Juli 1918 durch eine neue ersetzte, mit der dieser Name angenommen wurde anstelle der vorherigen Bezeichnung „Russische Sozialistische Föderative Sowjetrepublik" (RSFSR). Gemäß der Verfassung von 1924 gehörten sieben Republiken zur UdSSR: die RSFSR, die Ukraine, Weißrußland, die Transkaukasische Föderation (Aserbeidschan, Armenien und Georgien), Turkmenistan, Usbekistan und Tadschikistan. Mit der Verfassung von 1936 wurde die Anzahl auf elf erhöht: Aserbeidschan, Armenien und Georgien erhielten den gleichen Status wie die anderen, und Kasachstan und Kirgistan kamen hinzu.

In diesem riesigen, mannigfaltigen Reich übten vier Hauptorgane die Macht aus: die Sowjets, die Partei, die Geheimpolizei und das Militär. In allen Verfassungen erhielten die Sowjets den höchsten Rang, so als ob Lenins Forderung, alle Macht müsse den Sowjets übertragen werden, verwirklicht worden wäre. Das aber war nicht der Fall. Dennoch behielten die Sowjets eine unbestreitbare Bedeutung; denn sie waren das Bindeglied zwischen den neuen Herrschern Rußlands und den Massen.

Das Rätesystem war wie eine große Pyramide aufgebaut: die Dörfer bildeten die Basis. Jedes Dorf hatte einen Sowjet, der Delegierte für die Territorialsowjets wählte. Diese wiederum entsandten Vertreter in die Provinzialsowjets, die dann die Sowjets der Republiken wählten. Sie schließlich wählten den Gesamtkongreß der Sowjets. Der Gesamtkongreß bestand aus etwa 2000 Mitgliedern und war zu schwerfällig, um wirklich Amtsgeschäfte ausüben zu können. Er trat nur alle zwei Jahre zusammen, um die Berichte der eigentlichen Herrscher des Landes über die Fortschritte anzuhören und ein Zentrales Exekutivkomitee (nach 1946 Oberster Sowjet) zu wählen. Letzteres setzte sich aus einem die Nation als Ganzes vertretenden Unionsrat und einem die konstituierenden Republiken vertretenden Nationalitätenrat zusammen. Neun jeweils von diesen beiden Organen und neun von beiden Organen gemeinsam gewählte Mitglieder bildeten das Präsidium des Obersten Sowjet, dessen Funktionen weitgehend zeremonieller Art waren. Die eigentlichen Staatsgeschäfte lagen in den Händen eines Ministeriums unter der Bezeichnung „Rat der Volkskommissare", das vom Zentralen Exekutivkomitee ernannt wurde und dessen Vorsitz Lenin von 1917 bis 1924 innehatte.

Dieses System war sowohl logisch als auch beeindruckend; doch es verschleierte den wirklichen Ursprung der Macht im Lande, der bei einem Organ lag, das in den Verfassungen von 1918 und 1924 nicht erwähnt wurde. Es war die Partei, die im Jahre 1918 die Bezeichnung „Kommunistische Partei Rußlands (Bolschewiki)" annahm. Obschon Marx und Engels dieser in ihren Schriften eine Übergangsrolle zugeteilt hatten, war sie offenkundig als Elite gedacht, und zwar eine Elite ohne Konkurrenz, da alle anderen Parteien abgeschafft wurden. Sie war ähnlich aufgebaut wie die Sowjets. Es gab örtliche Zellen, städtische, provinzielle und republikanische Konferenzen und darüber einen 3000 Mitglieder umfassenden Kongreß, der regelmäßig in Moskau zusammentrat. Jeder Kongreß wählte ein kleines, ständig tagendes Zentralkomitee, das sich aus einem Sekretariat, einem Organisationsbüro und einem Politischen Büro oder Politbüro zusammensetzte. Von Beginn der Revolution an war letzteres das eigentliche Regierungsorgan des Landes. Die Tagesordnung des Politbüros wurde vom Sekretariat des Zentralkomitees ausgearbeitet, dessen Generalsekretär nach 1922, Stalin, es zu einer Stelle von zunehmender Bedeutung machte. Ohne auf Einzelheiten der komplizierten, sich verschiebenden Beziehungen zwischen der Struktur der Sowjets und der Partei einzugehen, kann man sagen, daß machtpolitische Entscheidungen der höheren Organe der Partei automatisch durch die obersten Gremien der Sowjets ausgeführt wurden.

Eine zunehmende Macht im Staate übte unter Leitung der Parteivorsitzenden die Geheimpolizei aus, die aus der „Außerordentlichen Kommission zum Kampf gegen Konterrevolution und Sabotage" (Tscheka) hervorgegangen war. Dieses im Dezember 1917 errichtete Organ soll bis Ende 1922 mindestens 50000 Personen getötet haben. Die Tscheka wurde im Februar 1922 abgeschafft, aber durch ein noch gewaltigeres Organ ersetzt, die GPU (später OGPU) oder „Vereinigte Staatliche Politische Verwaltung". Angeblich war diese Organisation der Leitung des Innenministeriums unterstellt; ihre Führer aber standen Stalin immer sehr nahe und befolgten seine Anordnungen. Ebenso wie die Tscheka spürte die OGPU Konterrevolutionäre auf – ein Begriff, der sich mit der Zeit als sehr dehnbar erwies.

Schließlich gab es noch die Armee. In den ersten Jahren nach dem Bürgerkrieg konnte sie sich ein hohes Maß an Unabhängigkeit von der Parteiorganisation bewahren. Diese Selbständigkeit aber schwand allmählich durch Beseitigung der meisten ehemaligen zaristischen Offiziere, durch sorgfältige Indoktrination der neuen Offiziere und Rekruten und schließlich durch eine große Säuberungsaktion Mitte der dreißiger Jahre. Auf Kosten der militärischen Leistungsfähigkeit sorgte die Partei für die politische Zuverlässigkeit der Armee und feite sie damit gegen jeden innenpolitischen Umsturz, den Flüchtlinge und Antikommunisten im Ausland sich in Rußland so sehr erhofften.

Von Lenin bis Stalin. Nachdem Lenin im Jahre 1922 zwei Schlaganfälle erlitten hatte, zeichnete sich ein Streit heroischen Ausmaßes zwischen den beiden stärksten Mitarbeitern Lenins, nämlich Stalin und Trotzki, um die Nachfolge ab. Allem Anschein nach beunruhigte Lenin die Aussicht auf einen solchen Konflikt, und er muß das Ergebnis befürchtet haben. Sein Argwohn galt dem im Jahre 1879 in Georgia geborenen Jossif Wissarionowitsch Dschugaschwili. Dieser hatte sich der sozialistischen Partei und nach ihrer Spaltung im Jahre 1903 dem bolschewistischen Flügel angeschlossen. Während der Revolution von 1905, in der er in den Ölfeldern von Baku agitierte, erwarb er sich einen Ruf von Entschlossenheit und Energie. Er zog die Untergrundarbeit in Rußland dem langen Exil im Ausland vor und focht einen Zweikampf mit der zaristischen Polizei aus, der bis zu seiner Verbannung nach Sibirien im Jahre 1913 durch häufige Inhaftierung und Flucht gekennzeichnet war. 1917 kehrte er zurück, um in der Revolution und im Bürgerkrieg eine führende Rolle zu übernehmen. Von Trotzki als „hervorstechendes Mittelmaß der Partei" verachtet, war Stalin ein Meister der bürokratischen Finesse und der politischen Manipulation, was es ihm ermöglichte, sich eine Position zu verschaffen, in der er seinem Verlangen nach ungehinderter persönlicher Macht frönen konnte.

Als Lenin durch seine Krankheit geschwächt war, ging seine Autorität an ein Triumvirat innerhalb des Politbüros über, bestehend aus Sinowjew, Kamenew und Stalin – alle drei Gegner Trotzkis. Als Lenin dann im Jahre 1924 starb, war Trotzkis Macht gebrochen. Er wurde wegen „Parteigeist" kritisiert – eine gefährliche Anklage in einer Partei, die bereits zur monolithischen Einheit tendierte. Im Januar 1925 veranlaßten seine Feinde das Zentralkomitee dazu, ihn aus dem Kriegskommissariat zu entlassen. Er war der Partei zu treu ergeben, um einen Coup gegen sie zu unternehmen, und die Hinnahme seiner Entlassung kennzeichnete das Ende seiner Macht. Innerhalb von zwei Jahren war er aus dem Zentralkomitee und der Partei ausgeschlossen. 1929 billigte das Politbüro seine Ausweisung aus der Sowjetunion, und der Begründer der Roten Armee war gezwungen, sich auf jene beschwerliche Odyssee zu begeben, von einer Zuflucht im Ausland zur anderen, die im Jahre 1940 mit seiner Ermordung in Mexiko endete.

Noch vor dem endgültigen Sturz Trotzkis hatte Stalin sich von den Fesseln des Triumvirats befreit, indem er seine Autorität als Generalsekretär nutzte, um seine Macht auf Kosten dieses Führungsgremiums auszubauen. Zu diesem Zweck verwandte er ausgeklügelte Taktiken im Politbüro und beschuldigte seine früheren Partner, sie wichen von Lenins Standpunkten ab (ein nützliches Argument, da Stalin der einzige unter den „Alten Bolschewiki" war, der Lenin niemals in einem wichtigen Punkt widersprochen hatte). Sinowjew und Kamenew wurden beide wegen Verbundenheit mit den Ideen Trotzkis im Jahre 1927 aus der Partei ausgeschlossen. Bis Ende des Jahres 1930 waren viele andere „Alte Bolschewiki" zum Austritt aus dem

Politbüro gezwungen worden, so daß dieses schließlich nur noch aus Anhängern Stalins bestand, ebenso wie die Parteiorganisationen der großen Städte und die Organe der Zentralregierung.

Wirtschaftliche Reglementierung. Sowohl der Aufstieg Stalins als auch der fortschreitende Totalitarismus in Rußland wurden durch Ereignisse im wirtschaftlichen Bereich begünstigt. Alle Ideen Lenins und seiner Mitarbeiter über die Nationalisierung des russischen Wirtschaftssystems wurden durch das Chaos des Bürgerkrieges und durch die große Dürre in den Getreideanbaugebieten der Wolga und des Don von 1920 illusorisch. Um 1921 stagnierte die Industrie, und ein Fünftel der russischen Bevölkerung litt unter Hunger und Cholera. Gegen den Widerstand von Parteiideologen setzte Lenin auf dem Parteikongreß von 1921 eine Reihe von Beschlüssen durch, die die Grundlagen für die sogenannte Neue Ökonomische Politik (NEP) schufen. Tatsächlich ermöglichte die NEP, wie Lenin zugab, eine teilweise Rückkehr zum Kapitalismus, indem sie das Wiederaufleben der Privatindustrie zuließ und den Bauern erlaubte, gewinnbringend zu produzieren und Handel zu treiben. Unter Inkaufnahme des Aufstiegs einer neuen Bourgeoisie vermochte das Sowjetregime die Verwüstungen seiner Anfangsjahre zu beheben. Um 1927 befand sich die Industrieproduktion im allgemeinen wieder auf dem Niveau von 1913, und die Landwirtschaft blühte erneut auf.

Der alte Traum der Sozialisten von der völligen Ausrottung des Kapitalismus wurde weiterhin gehegt, und Stalin machte ihn sich mit seinem Fünfjahresplan vom Jahre 1928 zu eigen. Wahrscheinlich galt sein Interesse jedoch weniger den wirtschaftlichen Aspekten seines Plans als vielmehr dem politischen Vorteil. Die erfolgreiche Nationalisierung der Wirtschaft würde dem Staatsapparat zur unumschränkten Herrschaft verhelfen, indem sie die Loyalität gegenüber allen anderen Dingen, die die Massen ablenkten – die Treue gegenüber dem Boden, der Gewerkschaft, der Familie –, schwächte und dem Staat einen Vorwand lieferte, jene zu liquidieren, die an älteren Werten festhielten.

Der erste Fünfjahresplan setzte in allen Grundindustrien Produktionsnormen fest, die eine Steigerung zwischen 200 und 400 Prozent forderten. In der Landwirtschaft wurde eine Steigerung um 150 Prozent verlangt, die durch Kollektivierung der Bauernhöfe erzielt werden sollte. Der Widerstand gegen die Kollektivierung wurde rücksichtslos unterdrückt. OGPU-Agenten und Truppeneinheiten umzingelten die Dörfer, schossen wahllos in Menschenmengen, brannten Häuser nieder und transportierten Züge voll von Männern, Frauen und Kindern nach Sibirien. Die verzweifelten Bauern kämpften dagegen an, indem sie ihr Getreide verbrannten und ihr Vieh töteten. Folglich erlangte die Gesamtproduktion erst im Jahre 1937 das Niveau von 1928 wieder. Die Anzahl der Menschen, die in dem Kampf und in der anschließenden Hungersnot von 1932–33 starben, überstieg fünf Millionen. Diesen

Verlusten stand jedoch Stalins Erfolg gegenüber. Er hatte den Willen der Bauern gebrochen und sie gegenüber dem totalitären Staat gefügig gemacht.

Auch auf industriellem Sektor förderten die Ereignisse das Abgleiten in den Totalitarismus. Um den wirtschaftlichen Aufschwung zu bekräftigen, führte man Schauprozesse gegen Personen, die als Plünderer, Saboteure oder ausländische Agenten angeklagt wurden. Mit diesen Prozessen wurde der Welt erstmalig die Wirkung der sogenannten Gehirnwäsche vor Augen geführt; denn ein hoher Prozentsatz derjenigen, denen der Prozeß gemacht wurde, bekannte sich zu einer erstaunlichen Vielzahl unwahrscheinlicher Verbrechen und zog oft andere in die zugegebenen Verschwörungen gegen den Staat mit hinein.

Der erste Fünfjahresplan wurde nicht erfüllt, teilweise deshalb, weil man die Ziele in der Industrie zu hoch gesteckt hatte. Dennoch waren die Steigerungen nicht gering. Offenkundig befand sich Rußland auf dem Wege zu einer Industriemacht ersten Ranges. Ausländische Beobachter, über die Todesopfer unzulänglich informiert, waren beeindruckt von dem, was staatliche Planung in großem Maßstab in einem relativ rückständigen Land erreichen konnte. Daher machten die Fünfjahrespläne die kapitalistischen Länder, die selbst auf ernste wirtschaftliche Schwierigkeiten stießen, indirekt für den Gedanken einer Planwirtschaft zugänglicher, als sie es vorher gewesen waren. Das wichtigste Ergebnis der russischen „Zweiten Revolution" war jedoch die straffere Herrschaft über die Völker der Sowjetunion.

Die Große Säuberung. Stalins persönliche Autokratie festigte sich Mitte der 30er Jahre, als die gegen die Massen eingesetzten Terrorinstrumente sich auch gegen die kommunistische Elite richteten. Die Gewalt und die Verluste der Jahre von 1928–33 hatten in der höheren Parteihierarchie sowie in einigen Kommandozentralen der Armee zu wachsender Opposition geführt. Es scheint mindestens eine Verschwörung gegen Stalin geplant worden zu sein. Anderes deutet darauf hin, daß Stalin, obgleich er von keinem Komplott gegen ihn wußte, den weitsichtigen Argwohn hegte, daß totalitäre Regime nur durch Terror und Angst funktionsfähig gehalten werden könnten.

Wahrscheinlich werden wir die volle Wahrheit über die Parteisäuberung von 1936–38 niemals erfahren, noch weniger etwas über das sie auslösende Ereignis: die Ermordung von Sergej Kirow im Dezember 1934, des Nachfolgers von Sinowjew als Parteivorsitzender von Leningrad und, nach Meinung einiger, Stalins erwählten Erben. Es herrscht weitgehend Einigkeit darüber, daß Stalin Kirows Tod angeordnet hat; doch die Schuld an der Ermordung wurde einer von Sinowjew und Trotzki geplanten Verschwörung zugeschoben. Die Verhaftung von Anhängern dieser ehemaligen Titanen setzte unmittelbar ein und wurde das ganze Jahr 1935 hindurch fortgeführt. Danach nahm man Sinowjew und Kamenew, führende Generäle, unter anderen Tuchatschewskij, und angesehene sozialistische Theoretiker wie Bucharin fest und leitete Prozesse gegen sie ein. Tausende starben ohne Gerichtsverfahren.

Im Laufe dieses erbarmungslosen Vorgehens wurde das durchschnittliche Parteimitglied nahezu gleichgültig und akzeptierte Verhaftung und Exekution als unausweichliches Schicksal. Es begannen morbide Witze zu kursieren wie der, den Wolfgang Leonhard in seinen Memoiren anführt: Eines Morgens um 4 Uhr – um die Tageszeit, zu der die Verhaftungen normalerweise vorgenommen wurden – klopft es ungestüm an der Tür einer Wohnung, in der fünf Familien wohnen. Alle stehen aschfahl und zitternd auf. Als das drohende Geräusch wieder ertönt, zwingt sich einer von ihnen, die Tür zu öffnen. Man hört ihn draußen mit einem Mann flüstern. Dann kehrt er zu den erschrockenen Hausgenossen zurück und sagt mit strahlendem Gesicht: „Keine Beunruhigung, Genossen, es ist nichts, das Haus brennt …!"

Diese beklagenswerte Resignation wird verständlich, wenn man die unglaublichen Verluste in den Reihen der herrschenden Elite der Sowjetunion betrachtet. Nach neueren Darstellungen wurden mindestens 800000 Parteimitglieder getötet. In der Armee wurde ungefähr das halbe Offizierkorps, etwa 35000 Soldaten insgesamt, erschossen oder verhaftet. Dies war soziale Prophylaxe großen Maßstabs, die zu einer Zeit, als die Gefahren von außen wuchsen, kühn ergriffen wurde, obwohl sie dem Staat seine Abwehrkräfte nahm.

Die sowjetische Außenpolitik 1917–1933

Die Weltrevolution als Ziel. Das bolschewistische Regime begann seine Existenz mit der Verwerfung des traditionellen Rahmens und der traditionellen Normen der internationalen Beziehungen und mit dem Gelöbnis, alle kapitalistischen Systeme umzustürzen. Während des Krieges hatte Lenin gesagt, seine Partei werde, wenn sie an die Macht gelange, systematisch beginnen, unter allen jetzt unterdrückten Völkern Rebellionen anzustiften. Im Besitz der Macht setzte er diese geniale Strategie in die Tat um, indem er mit der Friedensproklamation, der ersten offiziellen Handlung seines Regimes, die Massen überall aufrief, sich gegen ihre Herrscher zu erheben. Auf der ganzen Welt taten die Bolschewiken im Jahre 1918, was sie konnten, um die Unruhe, die der Krieg in Osteuropa, im Mittleren Osten und an anderen Stellen gestiftet hatte, auszunutzen. Und im März 1919, mit der Gründung der Komintern, institutionalisierten sie die revolutionäre Agitation als Bestandteil der sowjetischen Außenbeziehungen. Die Komintern oder Dritte (Kommunistische) Internationale diente als Organ, um die Weltrevolution auszulösen. Sie war als zentrale Leitung für die kommunistischen Parteien in anderen Ländern gedacht. Ihre Exekutive, deren Vorsitz Sinowjew innehatte und die von anderen bolschewistischen Führern beherrscht wurde, hatte die

Mission, die Führungsspitzen jener Parteien in die Taktiken der Subversion, Infiltration und Propaganda einzuweisen. Die Bolschewiken maßen der Idee der Weltrevolution eine so große Bedeutung bei, daß sie keine Veranlassung dafür sahen, eine andere Außenpolitik zu betreiben oder einen anderen diplomatischen Apparat aufzubauen als den, der mit dem Agentennetz der Komintern zur Verfügung stand.

Die Hoffnung der Bolschewiken, daß Europa der Revolution erliegen werde, wenn der Prozeß in Rußland erst einmal begonnen habe, erfüllte sich nicht. Obwohl in Deutschland und in Österreich im Jahre 1918 Revolutionen stattfanden, brachten sie lediglich gemäßigte sozialistische Parteien mit ausgesprochen bürgerlichen Neigungen an die Macht. 1918 und Anfang des Jahres 1919 wurden in Bayern und in Ungarn Räteregierungen errichtet; sie fanden aber nicht die Unterstützung der Massen und wurden bald wieder abgesetzt. Was Großbritannien und Frankreich betrifft, so gingen sie zur Offensive gegen den Bolschewismus über, indem sie in den russischen Bürgerkrieg eingriffen und dem Vorstoß der Roten Armee gegen Warschau Einhalt zu gebieten halfen. Kurz, die kapitalistischen Staaten zeigten überraschende Energiereserven, während das bolschewistische Regime durch die Härten des Krieges und die nachfolgenden wirtschaftlichen Schwierigkeiten geschwächt war. Unter diesen Umständen erkannte die bolschewistische Führung, daß für den Umgang mit den kapitalistischen Staaten und zur Verhinderung neuer Angriffe ihrerseits gegen Rußland neue Mittel der Außenpolitik gefunden werden mußten.

Der Einsatz der Diplomatie. Der Mann, der diese neuen Bemühungen leitete, war Georgej Tschitscherin, ehemaliger Archivar im zaristischen Außenministerium, vor dem Krieg Menschewik, seit 1917 Mitglied der bolschewistischen Partei und seit dem folgenden Jahr, als Trotzki vom Kommissariat für Außenpolitik zum Kriegskommissariat überwechselte, dessen Nachfolger. Vom Temperament her ein Realist, war sich Tschitscherin über die Schwäche seines Landes im klaren und hielt einen Waffenstillstand mit der kapitalistischen Welt für den besten Schutz gegen Ausbeutung durch das Ausland.

In den Jahren 1920–22 gab es im Westen große Diskussionen über die Errichtung eines internationalen Konsortiums, das das kommunistische Regime zwingen sollte, die Schulden des zaristischen Rußland zurückzuzahlen, konfisziertes europäisches Eigentum wiederzuerstatten und sogar dazu, europäischen Handel unter dem Schutz exterritorialer Rechte in Rußland zuzulassen. Diese Möglichkeit wurde am Vorabend der im Jahre 1922 von Lloyd George einberufenen europäischen Wirtschaftskonferenz in Genua eifrig erörtert.

In Genua demonstrierte Tschitscherin, was durch Diplomatie für sein Land erreicht werden konnte. Mit einer Delegation in die italienische Stadt eingeladen, machte er das Beste aus der Gelegenheit, die Gunst der kleineren Mächte auf der Konferenz zu erwerben und sich ihren Neid auf die größeren zunutze zu machen. Von der Idee eines Konsortiums lenkte er ab, indem er betonte, sein Land sei bereit, mit ausländischen Geschäftsleuten Vereinbarungen auf individueller Basis zu treffen. Darüberhinaus stellte er die Handelsvorteile unter der Neuen Ökonomischen Politik Rußlands so dar, daß der Wettbewerbsinstinkt der anderen Mächte geweckt wurde. Er schnitt Probleme an, die nicht auf der Tagesordnung standen – die Notwendigkeit einer allgemeinen Abrüstung und einer planvollen Umverteilung der natürlichen Vorkommen – und brachte damit die Diskussion durcheinander. Und schließlich beendete er mit seinem sensationellen Coup von Rapallo, wo er die Deutschen dazu bewegte, einen politische und wirtschaftliche Verbindungen anknüpfenden Vertrag mit Rußland zu schließen, die diplomatische Isolation seines Landes.

In den folgenden Jahren nutzte Tschitscherin seine Erfolge. 1923 steuerte er beispielsweise durch Getreidelieferungen an Deutschland zur Linderung der Not bei, die dort durch die Ruhrbesetzung (s. S. 56 und 101) entstanden war. Seine Tatkraft in der Diplomatie und seine freundschaftlichen Gesten gegenüber schwachen Nationen fanden in vielen Staaten Europas bei wichtigen Gruppen Anklang. 1924, als in Großbritannien und Frankreich linke Regierungen an die Macht gelangten, bemühten sie sich um normale Beziehungen zur Sowjetunion. Das Jahr 1924 bezeichnete man gar als Anerkennungsjahr, da im Verlauf dieses Jahres die Sowjetunion offiziell von Großbritannien, Frankreich, Italien, Norwegen, Schweden, Dänemark, Österreich, Ungarn, Griechenland, Mexiko und der Republik China anerkannt wurde.

Neue Rückschläge 1924–1927. Die alten Bolschewiken freilich behielten ihre Vorliebe für revolutionäre Methoden und ihre Verachtung gegenüber der traditionellen Diplomatie bei. 1923 stiftete die Komintern in Bulgarien und Deutschland erfolglose Revolutionen an, die dem Außenminister all seine Erfindungsgabe abverlangten, um den Beweis zu liefern, daß die Sowjetunion nichts damit zu tun gehabt habe. Und während des konfusen Machtkampfes nach Lenins Tod wurde die Komintern in der Außenpolitik ebenso aktiv, wie sie vor 1919 und 1920 gewesen war – was unglückliche Folgen hatte.

Im Oktober 1924 gelangte das britische Außenministerium in den Besitz eines Briefes, der angeblich von Sinowjew an die Kommunistische Partei Großbritanniens gerichtet war und auf erhöhte Agitation und die Bildung von Zellen in Armee- und Marineeinheiten drängte. Seine Veröffentlichung trug zur Niederlage der ersten Labour-Regierung bei und führte zu einer spürbaren Abkühlung der anglo-sowjetischen Beziehungen. Im Dezember 1924 regte Sinowjew eine Gruppe russischer Offiziere zum Angriff auf den estländischen Hafen Reval an, der von einigen Hundert estländischen Kommunisten unterstützt wurde. Er war ein kläglicher Fehlschlag und fügte dem sowjetischen Ruf noch größeren Schaden zu. Schließlich glaubte man im

April 1925 allgemein, die Komintern habe das revolutionäre Feuer innerhalb der Kommunistischen Partei Bulgariens wieder angefacht; als unmittelbare Folge dessen sei in der Kathedrale Sveta Nedelya in Sofia eine Zeitbombe explodiert, wodurch 128 Personen ums Leben kamen.

Auf diese drei Ereignisse kann der rasche Abstieg der Sowjetunion von ihrer durch Tschitscherin erlangten, relativ starken Position zurückgeführt werden. Hierfür gab es direkte Anzeichen. Während der Verhandlungen von Locarno (s. S. 57) im Jahre 1925 wurden der Sowjetunion keinerlei Angebote zu einer Verständigung gemacht; und diese Gespräche waren schließlich für Rußland von lebenswichtiger Bedeutung, da sie Deutschland dem Westen anzunähern und in den Völkerbund zu bringen drohten. Das alte Mißtrauen gegen die Sowjetunion war in Europa wiedererwacht und wurde nun durch das weitere Vorgehen der Sowjets, das den Bemühungen Tschitscherins zuwiderlief, verstärkt.

Seit 1923 hatten die Sowjets offizielle Beziehungen zur Kuomintang, der jetzt von Tschiang Kai-schek geführten nationalistischen Partei Chinas, die Südchina beherrschte und die Herrschaft im Norden anstrebte, unterhalten. Sie pflegten auch Beziehungen zur japanischen Regierung, die wie vor dem Krieg Interessen in der Mandschurei und in Korea vertrat. 1925 und 1926 aber wurden in allen größeren chinesischen Städten sowie in Korea und Japan Agenten der Komintern aktiv, und die Sowjetregierung versuchte zugleich, innerhalb der Kuomintang Politik zu machen, indem sie den linken Flügel gegen die Autorität Tschiang Kai-scheks unterstützte.

Diese Aktivitäten brachten die Mächte in Harnisch, und im Jahre 1927 brach von allen Seiten die Katastrophe auf Rußland herein. Im Frühjahr liquidierte Tschiang Kai-schek den linken Flügel der Kuomintang und leitete jene antikommunistische Politik ein, die er sein Leben lang verfolgen sollte. Gleichzeitig wurde in Japan die Regierung von Kräften übernommen, die eine aktive und damit antisowjetische Politik in der Mandschurei verfochten. Im Mai brachen die Briten die diplomatischen Beziehungen ab, weil sie in polizeilich beschlagnahmten Akten der sowjetischen Handelsmission in London Material über subversive Tätigkeiten gefunden hatten. Im Juni kam in Polen eine antisowjetische Stimmung auf, und der sowjetische Botschafter in Warschau wurde ermordet. Im Oktober forderte die französische Regierung den Abruf des sowjetischen Botschafters. In Deutschland führten Beweise von sowjetischer Subversion zu einer Abkühlung der diplomatischen Beziehungen. Gegen Ende des Jahres war Rußland ebenso isoliert wie im Jahre 1917.

Die Sowjets und der Westen nach 1927. Diese Rückschläge steuerten zur Diskreditierung Sinowjews und seiner Methoden bei und halfen Stalin wahrscheinlich indirekt beim Aufstieg zur uneingeschränkten Autorität. Denn sie zeigten die Gefahren der von einigen seiner Hauptrivalen gepredigten Politik der Weltrevolution und die Vorteile der von ihm betriebenen Politik des Sozialismus in einem Lande auf. Unter Stalin gerieten die Abenteuer der Komintern aus der Mode, und die russischen Diplomaten waren angewiesen, für die Sowjetunion als friedfertige und kooperative Nation zu werben. Insbesondere nach dem Aufstieg des Nationalsozialismus wurde eine Politik der Einschmeichelung im Westen verfolgt, die im Jahre 1934 im Eintritt Rußlands in den Völkerbund gipfeln sollte. Doch selbst als die Gefahr Hitlers konkreter wurde als die des Kommunismus, gedachten die westlichen Länder der Vergangenheit und taten sich schwer, mit der großen revolutionären Macht im Osten gemeinsame Sache zu machen.

Viertes Kapitel

Der Aufstieg des italienischen Faschismus

Der Sieg des Kommunismus in Rußland und der allgemein bekannte
Wunsch der russischen Führungsspitze, seine Lehren über die ganze Welt zu
verbreiten, übten eine Wirkung aus, auf die im vorhergehenden Kapitel nicht
eingegangen wurde. Besonders in Ländern, die für kommunistische Unter-
wanderung potentiell empfänglich schienen, begünstigten sie den Aufstieg
totalitärer Bewegungen auf seiten der Rechten, deren starke Anführer versprachen, ihr Land von marxistischer Infektion frei zu halten. Dennoch wäre
es falsch, das Aufkommen des Kommunismus als einzigen oder auch nur als
wichtigsten Grund für Italiens Kapitulation vor der faschistischen Diktatur
anzusehen. Der Faschismus war die Folge vieler Ereignisse und Phänomene,
unter denen die kriegsbedingten Erschütterungen, die frustrierten Ambitionen italienischer Nationalisten und das Scheitern des italienischen Parteiensystems einen ebenso wichtigen Platz einnahmen wie die Furcht vor kommunistischer Infiltration.

Der Sieg des Faschismus

Die Kriegsergebnisse. Die Resultate des Ersten Weltkrieges bestätigten in Italien alle Zweifel und Bedenken derjenigen, die im Jahre 1915 gegen eine
Intervention angegangen waren. Man konnte auf keine hervorragenden
Siege auf dem Kampffeld zurückblicken, und die plumpe Habgier der italienischen Unterhändler in Paris hatte Italiens Verbündete verärgert und seine
eigenen Liberalen beschämt. Die wertvollsten Gebiete, die es durch den
Krieg gewonnen hatte – jene am Kopf der Adria und an der Nordgrenze –,
hätte Italien wahrscheinlich auch bekommen, wenn es neutral geblieben
wäre. Abgesehen davon hatte der Krieg das Land in ein wirtschaftliches
Chaos gestürzt.

Alles in allem hatte der Krieg eine Summe gekostet, die etwa doppelt so
hoch lag wie die gesamten Regierungsausgaben zwischen 1861 und 1913,
und die Regierung war nur aufgrund der unbegrenzten Kredite von seiten
der alliierten Regierungen imstande gewesen, diese Lasten zu tragen. Unmittelbar nach Beendigung der Feindseligkeiten wurde diese Wirtschaftshilfe
ausgesetzt, und Italien sah sich vor einen erschütternden Schuldenberg, eine
stark unausgeglichene Handelsbilanz (die Importe überstiegen die Exporte
bei weitem) und eine gefährliche Inflation gestellt.

Unterdessen traten ungelöste Probleme aus der Kriegszeit auf den Plan. Um den Willen zum Sieg zu stärken, hatte die Regierung versprochen, der Friede werde eine gerechtere Verteilung des Grundbesitzes im Sinne der Bauern und eine Reihe von Vorteilen für die Massen in der Industrie mit sich bringen. Das Versagen der Regierung, diese Versprechen einzuhalten, beschwor in der Industrie unverzüglich eine Anzahl von Streiks herauf, bei denen es zu Gewaltanwendung kam, und führte in ländlichen Gebieten zu einer Reihe spontaner Aufstände. Tausende von Truppendeserteuren, die zum Brigantentum übergingen, und die Demobilmachung, die unmittelbare ernste Arbeitslosenprobleme aufwarf, verstärkten das Durcheinander und die Erschütterungen des Wirtschaftssystems noch.

Das Scheitern der Parteien. Diese Situation erforderte energisches Handeln auf seiten der Parteien. Ihre Reaktion jedoch war völlig wirkungslos. Die drei stärksten Parteien im 1919 gewählten Parlament waren die Sozialisten, die katholische Volkspartei und die Liberalen, die Giovanni Giolitti als Vorsitzenden anerkannten. Die Sozialisten waren zum einen uneinig, zum anderen verantwortungslos. Die Ereignisse in Rußland führten zur Abspaltung des linken Parteiflügels, der sich im Jahre 1920 als Kommunistische Partei Italiens konstituierte. Der katholischen Volkspartei mangelte es ebenfalls an innerem Zusammenhalt. Ihre Parteiführer bekannten sich zu einigen brauchbaren Ideen der Sozialreform, doch die Partei als Ganzes war sich nur in der Opposition gegen den Antiklerikalismus einig. Der Argwohn der Mehrheit ihrer Mitglieder gegen die Liberalen sowie gegen die Sozialisten und ihre Weigerung zur Zusammenarbeit mit ihnen bedingte eine ablehnende Haltung der „popolari". Was die Liberalen betrifft, so opponierten sie naturgemäß gegen das Vorgehen der Regierung im wirtschaftlichen Bereich.

Alle drei politischen Gruppen hatten im Jahre 1915, als Italien in den Krieg hineingezogen wurde (s. S. 26), eine vorwiegend antiinterventionistische Haltung eingenommen. Nun sehnten sie sich danach, daß ihre Voraussagungen von denjenigen anerkannt würden, die sie übertrumpft hatten. In Parlamentsdebatten verbrachten sie mehr Zeit damit, die Vergangenheit in Erinnerung zu rufen, als sich mit der Gegenwart auseinanderzusetzen. Die derzeitigen Probleme erkannten sie lediglich zu dem Zweck an, den Beweis beizubringen, daß sie das unvermeidliche Resultat des Sieges ihrer Feinde im Jahre 1915 seien. Unter diesen Umständen konnten die ersten Nachkriegsregierungen nur wenig erreichen. Es waren lockere Koalitionen verschiedener liberaler und rechter Gruppen unter gelegentlicher Beteiligung der „popolari". Geführt wurden sie zunächst von einem früheren Professor der Politikwissenschaften namens Francesco Nitti und dann von Giolitti.

Das Verhalten der Regierung stieß drei wichtige Gruppen im Lande vor den Kopf. Die wohlhabenden Grundbesitzer und Industriellen, deren wirtschaftliche Interessen durch fortwährende Streiks und Enteignungen bedroht waren, begannen sich nach einer Führung umzusehen, die etwas gegen ihre Notlage unternehmen würde. Die nationalistischen Gruppen, die im Jahre 1915 auf eine Intervention in den Krieg gedrängt hatten, glaubten immer noch, die Mission Italiens sei es, sich zu einer großen Mittelmeer- und Balkanmacht zu entwickeln. Das Argument, die Sicherheit Italiens sei nun durch die Auflösung des österreichisch-ungarischen Kaiserreiches gewährleistet, überzeugte sie nicht. Sie betrachteten die Gründung eines umfangreichen jugoslawischen Staates mit einer Küstenlinie an der Adria als Verschwörung der Alliierten gegen Italien. Sie begeisterten sich für die Expedition des Dichters Gabriele d'Annunzio gegen Fiume und dessen anschließende Errichtung eines unabhängigen Staates; und sie waren erbost, als die Regierung Giolitti im November 1920 durch den Vertrag von Rapallo mit der jugoslawischen Regierung sowie durch die Anerkennung jugoslawischer Rechte an der Küste Dalmatiens und in dem Gebiet um Fiume herum das Todesurteil für dieses Abenteuer unterzeichnete. Für die Nationalisten hatten diese Handlungsweise und die italienische Räumung Albaniens im Jahre 1920 einen Beigeschmack von Feigheit.

Schließlich gab es noch die Kriegsveteranen, die heimkehrten in der Erwartung, Zeichen der Dankbarkeit für ihre Dienste und einen Beweis dafür vorzufinden, daß ihre Opfer beigetragen hätten, ein besseres Italien aufzubauen. Sie fanden nichts von beidem. Ihre früheren Arbeitsplätze waren verschwunden, und ihr Auftritt in den Straßen in voller Uniform hieß, Mißbrauch und Übergriffe herauszufordern. Dies war nicht das Italien, für dessen Verteidigung sie gekämpft hatten; und einige von ihnen wollten es verändern. Sie begaben sich eifrig auf die Suche nach Anführern, die ihnen zeigen sollten, wie dies zu bewerkstelligen sei.

All jene, die über die vorherrschenden Tendenzen in der Politik Italiens unzufrieden waren, fanden im Faschismus und in der Führung Benito Mussolinis ein Mittel, um ihre Proteste zum Ausdruck zu bringen.

Mussolini und die faschistische Bewegung. Als der seit langem kranken Gattin Mussolinis im Oktober 1922 die Nachricht überbracht wurde, ihr Mann sei gerade zum Ministerpräsidenten von Italien ernannt worden, soll ihre erste Reaktion gewesen sein: „Was für ein Luder!" In diesen Worten lag wahrscheinlich gleichviel Erstaunen wie Bewunderung, und wenn das zutrifft, so müssen viele andere, die Mussolini ebensolange gekannt hatten wie Donna Rachele, die wußten, wie wandelbar seine Prinzipien waren und wie häufig er seine politische Haltung grundlegend geändert hatte, dieses Erstaunen geteilt haben.

Benito Mussolini wurde im Jahre 1883 als Sohn eines Schmieds – eines glühenden Sozialisten – und einer Lehrerin geboren. Eine Zeitlang unterrichtete er an der Schule, verzichtete jedoch auf diese Laufbahn, angeblich weil er Disziplinschwierigkeiten mit seinen Schülern hatte. Im Jahre 1902 ging er in

15. Ausbruch des Ersten Weltkrieges. Türkische Infanterie auf Gallipoli in ihren Stellungen (1915)

16. Marsch auf Rom am 24. 10. 1922. Faschistische Marschkolonnen passieren die Brücke von Salario

17. Mustafa Kemal Atatürk (1881–1938), Präsident der Türkei, nach Beendigung des Krieges 1925

die Schweiz, um der Einberufung in die italienische Armee zu entgehen. Nach zwei Jahren kehrte er in seine Heimat zurück, leistete seinen Militärdienst ab und wandte sich dann dem Journalismus zu – der Laufbahn, die seinen politischen Stil entscheidend prägte. Im Jahre 1909 wurde er wegen seiner leidenschaftlichen subversiven Artikel in der sozialistischen Presse aus dem österreichischen Gebiet um Trent (Trentino) ausgewiesen, und 1911 brachte ihn die italienische Regierung wegen seiner Attacken gegen ihre Nordafrikapolitik ins Gefängnis. Sein journalistisches Können brachte ihm in sozialistischen Kreisen einen beträchtlichen Ruf ein, und 1912 wurde er Herausgeber der Hauptparteizeitung, des „Avanti" von Mailand. Gleichwohl war er nie ein völlig orthodoxer Sozialist. Wahrscheinlich ging es ihm immer vorrangig um sein persönliches Fortkommen und nicht um die Ziele, für die er eintrat.

Als leidenschaftlichster Gegner des Abenteuers von Tripoli im Jahre 1911 (s. Bd. I, S. 354) änderte Mussolini seine Haltung nach Beginn des Ersten Weltkrieges vollkommen und wurde zum Interventionisten, der d'Annunzio an Beharrlichkeit kaum nachstand. Damit war seine Karriere als Sozialist zu Ende, und er stand vor einer ungewissen Zukunft. Nach dem Krieg erwog er, den Versuch zu unternehmen, der offiziellen sozialistischen Partei den Rang bei der Arbeiterklasse abzulaufen. Doch entdeckte er bald, daß die Chancen für seinen persönlichen Aufstieg zu Ruhm und Ehren auf anderen Gebieten größer waren. Er besaß die Verwegenheit zu verkünden, der Krieg sei eines der großartigsten Kapitel in der italienischen Geschichte; Italien sei um die Siege, die seine Söhne errungen hätten, betrogen worden, und die Regierenden, die den Verzichtfrieden duldeten, müßten abgesetzt werden. Er war nicht der einzige, der das sagte. Doch er brachte es redegewandt und häufig vor, und seine Schriften erlangten Popularität unter unzufriedenen Offizieren, glühenden d'Annunzianern und bei der jüngeren Generation, die sich vom verflachten Geist ihrer Zeit angewidert fühlte. Menschen wie sie schlossen sich Mussolini in der ersten „Fascio di combattimento" an, der Kampfgruppe, die im März 1919 in Mailand gegründet wurde.

Die faschistische Bewegung wuchs auf recht abenteuerliche Weise. Sie begann als lockerer Bund mit Ortsverbänden, von denen einige als Imitation der Mailänder „Fascio" gegründet wurden, während andere von ihren ursprünglichen Zielen zu denen der „Fascio" überwechselten. Der Zusammenbruch des Fiume-Abenteuers von d'Annunzio förderte die Bewegung, da die meisten Legionäre des Dichters Faschisten wurden. Die Eigenwilligkeit einiger dieser Rekruten und mancher örtlicher Anführer aber schwächte sie wiederum. Diese „ras" (wie die Anführer der örtlichen Parteigruppen nach den Stammeshäuptlingen von Abessinien genannt wurden) verübelten Mussolini nicht nur seinen Anspruch auf die Gesamtleitung, sondern sie überstimmten seine Ansichten auch gelegentlich und drohten, ihm die Anerkennung zu verweigern. Ihr Einfluß machte den Faschismus endgültig zu einer antisozialistischen Bewegung. Im November 1921 dachte Mussolini noch an die Möglichkeit eines Paktes zwischen den Faschisten und der nichtkommunistischen Linken; doch die Vorsitzenden der Ortsparteien zwangen ihn, diesen Gedanken fallenzulassen und weiterhin die konservativen Geschäftsinteressen zu fördern.

Andererseits war Mussolini für die örtlichen Parteichefs unentbehrlich. Er verfügte über eine charismatische Autorität, die keiner von ihnen besaß, und konnte auf eine Art und Weise mit dem italienischen Volk reden, die ihm schmeichelte, es unterhielt und Leidenschaften aufzurühren vermochte. Mussolini machte die faschistische Bewegung zu einer Partei, die landesweit Anklang fand.

Die Kapitulation des italienischen Liberalismus. Dennoch ist es fraglich, ob die Faschisten jemals an die Macht gelangt wären, wenn der italienische Liberalismus nicht versagt hätte. Die Weigerung der liberalen Regierung Giolitti von 1920–21, in die ernsten Unruhen in Industrie und Landwirtschaft einzugreifen, gab den Faschisten die Gelegenheit, sich als Hüter der öffentlichen Ordnung gegen kommunistische Attacken aufzuspielen. Und die Bereitschaft der berühmten liberalen Organe wie beispielsweise der großen Mailänder Zeitung „Corriere della Sera", Gewalt und terroristische Methoden einiger Ortsgruppen stillschweigend zu übergehen, umgab den Faschismus mit einer Aura von Respektabilität, verhalf ihm zu einer Position im Parlament und empfahl ihn dem Mittelstand als ihren natürlichen Beschützer.

Zur Zeit der offiziellen Gründung der faschistischen Partei im November 1921 betrug ihre Mitgliederzahl annähernd 300000, und mit ihrem zahlenmäßigen Wachstum war auch ihr Ehrgeiz angespornt worden. Während der Wahlen vom Mai 1921 hatte sie die Erfahrung gemacht, daß weder die Regierungspräfekten noch die Polizei eingriffen, wenn ihre „squadristi" Gewalt anwandten, um Wähler einzuschüchtern. Sie hatte die Erfahrung gemacht, daß die Parlamentsparteien der Mitte und der Linken sich schwertaten, in irgendwelchen Punkten zusammenzuarbeiten. Sie hatte sowohl in der Heeresleitung als auch am Königshof Sympathien für den Faschismus entdeckt. Es bestand aller Grund zur Annahme, daß ein vollkommener Griff zur Macht erfolgreich sein würde. Daß er einen solchen nun beabsichtigte, deutete Mussolini im Frühjahr 1922 dem Parlament gegenüber an, indem er erklärte, er werde einen umfassenden Aufstand in Gang setzen, falls ein Ministerpräsident ernannt werde, der für eine „antifaschistische Reaktion" eintrete.

Selbst diese Drohung veranlaßte die liberale und die sozialistische Partei nicht, gemeinsam zu handeln. Statt dessen riefen die Sozialisten im August 1922 einen Generalstreik aus. Der Streik war so schlecht organisiert, daß er scheitern mußte – was er auch tat. Aber er brachte eine Nation, die der Streiks und der Agitation müde war, an den Rand der Verzweiflung und spielte den Faschisten einen Vorwand in die Hände, dem Sozialismus offen den Krieg zu erklären, alle Hauptquartiere der Sozialisten und Gewerkschaften in Livorno, Genua und anderen Schlüsselstädten zu verwüsten, Druckereien zu zerstören, das Gebäude der Zeitung „Avanti" in Mailand, für die Mussolini ehemals gearbeitet hatte, niederzubrennen und die sozialistische Regierung dieser Stadt abzusetzen. Als die Öffentlichkeit nichts dagegen unternahm und die konservative und die liberale Presse die Aktion lobend erwähnten, fühlten sich die Faschisten ermutigt, noch weiter zu gehen. In den folgenden Wochen übernahmen sie den Stadtrat in Ferrara, Cremona, Parma, Ravenna und auch in Livorno.

Dieser letzte Schritt war eine notwendige Vorbereitungsmaßnahme für den Coup auf Landesebene, der jetzt organisiert wurde. Im September und Oktober führten die Faschisten vorsichtige Verhandlungen mit Royalisten und kirchlichen Kreisen, um mögliche Eingriffe zu verhindern. Dann, am 27. Oktober 1922, ordnete Mussolini die Mobilmachung seiner Schwarzhemden und den Beginn eines allgemeinen Vorstoßes auf Rom an. Er war nicht ganz zuversichtlich, was den Ausgang des geplanten Coup betraf, und hielt sich in der Nähe der schweizerischen Grenze auf für den Fall, daß er es für ratsam hielte, zu fliehen. Es war nicht nötig. Die einzige Möglichkeit zum Widerstand verstrich, als König Victor Emanuel III. sich weigerte, die von seinem Ministerpräsidenten geforderte Ausrufung des Kriegsrechts zu unterzeichnen. Danach überzeugte eine faschistische Delegation den König, daß Mussolini der einzig mögliche Ministerpräsident sei, und der König willigte ein, ihn zu ernennen.

Die Konsolidierung der Revolution. In seiner ersten größeren Rede in der Kammer erklärte Mussolini den neugierigen Abgeordneten, er habe sich geweigert, „den Sieg zu übertreiben".

„Mit 300000 voll bewaffneten, hart entschlossenen jungen Männern mit einer nahezu mystischen Bereitschaft, auf meinen Befehl hin zu handeln, hätte ich all jene, die den Faschismus diffamiert und zu schädigen gesucht haben, strafen können. Ich hätte aus diesem verfilzten, grauen Versammlungssaal ein Biwak für „Squadristi" machen können, ich hätte das Parlament hinauswerfen und eine Regierung allein von „Fascisti" bilden können. Ich hätte das tun können, aber ich wollte es nicht, zumindest für den Augenblick nicht."

Diese Rede beruhigte seine Zuhörer, so daß sie annahmen, der neue Ministerpräsident unterscheide sich durch nichts von den vorherigen und man könne ihn später immer wieder loswerden, falls er aufsässig werde. Mussolini machte sich diese Stimmung zunutze, um in langsamen Schritten die Herrschaft über den Staat an sich zu reißen. Im ersten Jahr seiner Macht wurden die Präfekturen, die Polizeiämter und die Schlüsselpositionen in der Bürokratie des Landes mit neuen faschistischen Beamten besetzt, und die

Ernennung einer großen Anzahl faschistischer Senatoren sorgte für die Kontrolle der Partei über den Senat. Es folgten gewagtere Zugriffe. Der erste, der vielen die Augen für Mussolinis wahre Absichten öffnete, war die Umwandlung der „squadristi" in eine vom Staat bezahlte nationale Parteimiliz. Der zweite war die Einbringung des sogenannten Acerbo-Wahlgesetzes Ende des Jahres 1923, das festlegte, daß bei Landeswahlen die Partei oder die Koalition mit dem größten Stimmenanteil, der mindestens 25 Prozent der insgesamt abgegebenen Stimmen betragen mußte, automatisch zwei Drittel der Sitze in der Kammer erhielt. Diese Vorlage stieß bei den „popolari", den reformerischen Sozialisten und den linken Liberalen auf Ablehnung. Die Mitte und die Rechte aber, einschließlich solcher Würdenträger wie Giolitti, Orlando und Salandra, stimmten dafür.

In den Wahlen vom April 1924 wurden trotz faschistischer Gewaltanwendung in den Wahllokalen 2,5 Millionen Stimmen für nichtfaschistische Parteien abgegeben. Doch Mussolinis Partei erzielte 4,5 Millionen Stimmen und erhielt zwei Drittel der Sitze in der Kammer. Das Abgleiten in den Totalitarismus wurde unmittelbar augenfällig. Das deutlichste Zeichen hierfür war die Liquidation der gefährlichsten Gegner des neuen Regimes, die im Juni 1924 mit der brutalen Ermordung von Giacomo Matteotti, einem Führer der gemäßigten Sozialisten und unerschütterlichen Kritiker der Politik Mussolinis, einsetzte.

Die Nachricht, daß dieser mutige, weithin bewunderte Mann entführt und tot in einem Graben liegengelassen worden war, erzeugte landesweit eine so heftige Reaktion, daß die gesamte faschistische Organisation in Erschütterung geriet. Doch nachdem man vergeblich auf eine disziplinarische Maßnahme des Königs gegen die Partei des neuen Ministerpräsidenten gewartet hatte, begingen die Oppositionsabgeordneten den größten taktischen Fehler. Um ihren Abscheu gegen das neue Regime zu bekunden, verließen sie demonstrativ die Abgeordnetenkammer, „bis die Herrschaft des Rechtes wieder eingekehrt" sei. Mit diesem Auszug traten sie aus der einzigen Arena ab, in der sie vor den Augen der gesamten Nation den Faschismus hätten bekämpfen können. Sie hatten dem Feind das Feld überlassen.

Mussolini erkannte dies. In einer dramatischen Rede in der Kammer im Januar 1925 erklärte er: „Ich allein übernehme die politische, moralische und historische Verantwortung für alles, was geschehen ist." Gleichzeitig ordnete er neue Angriffe auf die Opposition an, die darüber den Mut sinken ließ. Im Laufe des Jahres 1925 verloren die nichtfaschistischen Kabinettsmitglieder ihre Posten, und alle anderen Parteien wurden aufgelöst. Die Pressezensur wurde verschärft, und Verlegern von Zeitungen wie z. B. des „Corriere della Sera" legte man nahe, Redakteure mit unabhängiger Gesinnung zu entlassen. Die Übernahme der Bürokratie und der Regionalregierungen war abgeschlossen, und es wurde eine Geheimpolizei (OVRA) aufgestellt. Italien war ein totalitärer Staat geworden.

Die Institutionen des Faschismus

Der Regierungsapparat. Die Faschisten versuchten nicht sofort, den ererbten Regierungsapparat abzuschaffen. Doch Mussolini wurde die Gesetzesinitiative übertragen, und er konnte nach Belieben mittels Erlassen regieren. Ihm stand das Recht zu, alle Posten zu besetzen, und alle ernannten Beamten waren ihm gegenüber verantwortlich, einschließlich der Leiter von Ministerien und der Staatsminister.

Wie in der Sowjetunion ging die Macht im Lande von der Partei aus. Diese bestand schließlich aus etwa 10000 örtlichen „Fasci", zusammengefaßt in Provinzialverbänden. An der Spitze der Parteipyramide stand der Große Faschistische Rat, ein Organ von ungefähr zwanzig Personen, das die Partei lenken sowie in Verfassungsangelegenheiten und anderen wichtigen Punkten zu Rate gezogen werden sollte. Die eigentliche Autorität lag bei seinem Vorsitzenden (Mussolini) und dem Generalsekretär der Partei.

Die Mitgliedschaft in der Partei bildete die Voraussetzung für eine politische Karriere und brachte auch bei anderer Tätigkeit Vorteile mit sich. Sie wurde – zumindest bis zu den Jahren der Wirtschaftskrise – eifrig angestrebt, so daß die Partei Auswahlmöglichkeiten hatte und gewisse Anforderungen an die Kandidaten stellen konnte. Nach 1927 durfte z. B. niemand mehr auf seine Zulassung zur Partei hoffen, wenn er die abgestuften Jugendorganisationen der Partei nicht durchlaufen hatte: die „Balilla", die „Avanguardia", die „Giovani Fascisti". Die anderen Machtorgane im Staat kontrollierte die Partei durch Infiltration und durch ein Nebeneinander von Institutionen. D. h. es gab viele ergebene Faschisten innerhalb der Hierarchie der regulären Streitkräfte und in der nationalen und lokalen Polizei; daneben aber unterhielt die Partei eigene Polizeikräfte und – um die Kontrolle über das reguläre Militär zu ermöglichen – eine große gutausgerüstete Parteimiliz.

Die Faschisten befanden es für zweckmäßig, mit einer anderen mächtigen Institution einen Waffenstillstand zu schließen. Im Jahre 1929 setzten lange Verhandlungen zwischen Mussolini und Papst Pius XI. der althergebrachten Fehde zwischen dem Vatikan und dem Königreich Italien ein Ende (s. Bd. I, S. 258). Als Gegenleistung für die Anerkennung des Königreiches Italien durch den Papst und seinen Verzicht auf alle Ansprüche bezüglich des früheren Kirchenstaates erkannte die Regierung die Souveränität des Papstes im Vatikan und in St. Peter an. In Ergänzungsabkommen sah man eine finanzielle Regelung vor und erkannte dem Papst das Recht zu, nach Konsultation der Regierung alle Bischöfe für Italien zu ernennen. Der Staat zahlte den Geistlichen weiterhin ihre Gehälter und verlangte einen Treueeid von ihnen. Diese Lateranverträge waren wohl Mussolinis populärste Maßnahme und gewiß die wesentlichste. Sie überdauerten seinen Sturz und wurden in die Verfassung der neuen Republik Italien aufgenommen.

Der korporative Staat. Eine Seite der faschistischen Herrschaft, für die am meisten geworben wurde, stellte der Korporativismus dar, der angeblich den krassen Individualismus des liberalen Staates und den Klassenkonflikt überwinden sollte. Diesem Ziel dienten die Auflösung der Gewerkschaften sowie die Abschaffung von Streiks und Aussperrungen. Als Ersatz dafür faßte man einen Großteil der Bevölkerung in Syndikaten oder Korporationen von Unternehmern, Arbeitnehmern und Freiberuflichen zusammen, unter deren gemeinsamer Leitung Arbeitsgerichte zur Beilegung von Arbeitsstreitigkeiten entstanden. Dieses System ergänzte man durch Gesetzessammlungen über faire Praktiken, die bestimmte Arbeitsbedingungen garantierten und eine Sozialversicherung vorsahen. Mit der Zeit wurde verschiedenen Korporationen das Recht zugestanden, dem Großen Faschistischen Rat Parlamentskandidaten vorzuschlagen und Delegierte in den Nationalrat zu entsenden, der das Parlament in Wirtschaftsangelegenheiten beraten sollte.

In Wirklichkeit war der Korporativismus eine Täuschung und funktionierte in der Praxis niemals. Den Faschisten diente er in dreifacher Hinsicht. Er verschleierte die krassen Grundzüge ihres Totalitarismus und ließ Ausländer glauben, Italien errichte ein neues, gerechteres Gesellschaftssystem, in dem der Wille des Volkes voll und ganz zum Ausdruck komme. Zum zweiten stellte er die wichtigsten Anhänger der faschistischen Bewegung zufrieden, die Industriellen und die Großgrundbesitzer, indem er die Möglichkeit einer wirksamen Arbeiterorganisation ausschaltete. Drittens sorgte er für eine große Anzahl von Posten für Parteimitglieder.

Wirtschafts- und Gesellschaftspolitik. Die Institutionen des Korporativismus halfen die gesellschaftlichen Unruhen beizulegen, die die letzten Jahre vor dem Marsch auf Rom gekennzeichnet hatten; doch steuerten sie sehr wenig zum besseren Funktionieren der italienischen Wirtschaft oder zur Verbesserung der Lebensbedingungen des italienischen Volkes bei. Da Mussolini keine zusammenhängenden Vorstellungen über die Wirtschaft besaß, war er fasziniert vom Spektakulären und Unerreichbaren. Er schwächte das Finanzgefüge des Staates durch umfassende Programme für öffentliche Arbeiten und übertrieben ehrgeizige Verkehrsplanungen (die immerhin, wie seine Bewunderer betonten, dafür sorgten, daß die Züge pünktlich fuhren und daß Italien mit einigen der besten Landstraßen Europas ausgestattet wurde) und durch den Aufbau einer Armee, einer Flotte und einer Luftwaffe, die sich letztlich als Luxus erwiesen.

Noch gefährlicher war seine beharrliche Vorstellung, Italien müsse den Weg der Autarkie einschlagen – bei den Bodenschätzen und der geographischen Lage Italiens eine unsinnige Forderung. Sie veranlaßte ihn dazu, eine „Weizenschlacht" einzuleiten, die dazu führte, daß große Mengen Weizen zu unwirtschaftlichen Preisen produziert wurden, und zwar auf Kosten des Olivenanbaugebietes, des Weidelands und des Obstanbaugebietes. Die Folge war eine Störung in der Wirtschaft. Der Autarkiegedanke veranlaßte ihn, Ehestandsbegründungsdarlehen einzuführen, Medaillen und Preise für Kinderreichtum zu verleihen und zu verkünden, sein Ziel sei eine Bevölkerungszunahme auf 60 Millionen. Was es für den Lebensstandard in Italien bedeutet hätte, wenn Mussolini das erreicht hätte, ist leicht vorauszusagen. Bereits im Jahre 1930 stellte ein Bericht des Internationalen Arbeitsamtes fest, daß die Reallöhne in Italien niedriger seien als in jedem anderen westeuropäischen Land, einschließlich Spanien. Dies schien Mussolini nicht zu stören; im Jahre 1936 sagte er in der Öffentlichkeit, Ziel des Faschismus sei *nicht,* den Wohlstand wiederherzustellen; Italien bewege sich wahrscheinlich auf einen dauerhaft niedrigeren Lebensstandard hin, was immerhin moralisch und physisch für alle gesünder sei.

Auf dem Gebiet der Volkserziehung verzeichnete der Faschismus einige Fortschritte, zumindest was die Zunahme des Grundschulbesuchs und die Senkung des Analphabetentums betrifft. Der Inhalt der Grundschulerziehung allerdings ließ viel zu wünschen übrig; denn die Zeit wurde damit vertan, den Schülern die „faschistische Kultur" einzudrillen, anstatt sie für grundlegende Unterrichtsfächer zu nutzen. Schließlich bezog der Geist nicht viel Nahrung aus einer Speise wie dem folgenden Auszug, den Denis Mack Smith aus einem faschistischen Lehrbuch für Achtjährige heraussuchte: „Ein Kind, das fragt ‚warum‘, selbst wenn es den Gehorsam nicht verweigert, ist wie ein Bajonett aus Milch".

Insgesamt gesehen ist das Beeindruckende der Leistungen des faschistischen Regimes auf wirtschaftlichem und sozialem Gebiet das, was unterlassen wurde. Alle wirklich schwierigen Probleme blieben unangetastet – die gesellschaftliche und politische Rückständigkeit des Südens, das Problem des Banditentums, die Mafia, die vorherrschende Malaria, die ungleiche Einkommensverteilung und vieles andere. Luigi Barzini schrieb, Mussolini habe seine Zeit nicht darauf verwandt, konstruktive Arbeit zu leisten, sondern die Aufmerksamkeit des italienischen Volkes auf sich zu ziehen, um es zu beeindrucken, was das Volk zugegebenermaßen allem Anschein nach bis zu den Kriegsjahren genoß.

Die faschistische Doktrin. Die offizielle Doktrin der faschistischen Bewegung war ebenso betrügerisch wie das Konzept des Korporativismus und ebenso verworren wie der Geist ihres Anführers. Mussolini hob rühmend hervor, der Faschismus bedürfe keiner Grundsätze, die Faschisten seien „die Zigeuner der Politik" und Handeln sei wichtiger als eine Philosophie. Erst als ausländische Auguren über die philosophischen Grundlagen der Bewegung zu schreiben begannen, hielt er es für notwendig, ihnen mit eigenen doktrinären Erklärungen entgegenzukommen.

Da es immer für ihn mehr Dinge gab, die er ablehnte, als die er befürwortete, strotzten diese Erklärungen von Absagen. Der Faschismus wurde immer als Antithese gegen Liberalismus, Demokratie und Sozialismus erklärt. Doch wer wissen wollte, inwiefern man das als Empfehlung ansehen solle, erhielt kaum eine direkte Antwort, weder von Mussolini noch von seinem speziellen Philosophen, Giovanni Gentile. Im allgemeinen wurde die Linie vertreten, daß jene älteren Philosophien das Ideal von Gemeinschaft und Nation zugunsten einer irrigen Auffassung von Freiheit opferten und daß sie die wesenseigene Würde des Menschen verkümmern ließen, indem sie Individualität, Materialismus und Rationalismus förderten. Der Faschismus hingegen bringe Freiheit durch ein autoritäres Regierungssystem sowie Heldentum und Würde durch Disziplin und Opferbereitschaft. Dies konnte nicht bewiesen werden, man mußte es fühlen. Wie Gentile schrieb:

„Wir alle haben teil an einer Art mystischem Gefühl, [in dem] wir keine klaren und deutlichen Vorstellungen fassen … aber gerade in jenen mystischen Augenblicken, in denen unsere Seele von der Penumbra einer neu geborenen Welt umgeben ist, keimt ein kreativer Glaube in unserem Herzen … Der faschistische Geist ist Wille, nicht Intellekt."

Wo der Intellekt fehlte, war es notwendig, auf die Beschwörung zurückzugreifen. Die doktrinären Erklärungen faschistischer Anführer stellen zum größten Teil rhapsodische, unzusammenhängende Verherrlichungen des Staates dar, in denen die Worte *Kraft, Mut, Blut, Opferbereitschaft, Sieg* und vor allem *Wille* mit monotoner Regelmäßigkeit auftauchen. Italiens größter Philosoph dieser Zeit, Benedetto Croce (1866–1952), blickte mit Recht voll Verachtung auf diese Schundsammlung von Ideen. In einer Erklärung, die Dutzende antifaschistischer Intellektueller am 1. Mai 1925 unterzeichneten, sagte er, sie sei „eine zusammenhanglose, bizarre Mischung von Aufrufen … sterilem Greifen nach einer Kultur ohne Grundlage, mystischer Stumpfheit und Zynismus".

Croces Hervorhebung der letzten Eigenschaft ist keineswegs fehl am Platze. In der bemerkenswerten Darstellung faschistischer Realität in den Romanen von Alberto Moravia (insbesondere in „Die Gleichgültigen") findet sich herzlich wenig Stärke, Mut oder Heldentum; und nach dem vernichtenden Bericht über Bestechung und Korruption, den Mussolinis Polizeichef Senise der Welt in seinen Memoiren hinterlassen hat, klingt all das stolze Gerede von Opferbereitschaft und Disziplin lächerlich.

Der Kult um den „Duce". Wenn der korporative Staat und die Philosophie des Faschismus ernster genommen wurden, als sie es verdienten, so lag das weitgehend an dem Respekt und der Furcht, die Mussolini Italien und der übrigen Welt einflößte. Doch die achtunggebietende Persönlichkeit des „Duce" war großenteils eine Schöpfung der von ihm kontrollierten Presse. Dank der faschistischen Zensur wurde er seinem Volk und der Welt als der Übermensch dargestellt, auf den sie lange gewartet hatten – als Mann von unnachgiebiger Entschlossenheit, als erfahrener und genialer Soldat (er war wie Hitler Korporal gewesen, allerdings ohne Hitlers langen Dienst an der Front), als ergebener Diener der Öffentlichkeit, der Tag und Nacht für sein Volk arbeitete, als Mann von starker Leidenschaft, aber asketischer Disziplin, und als das politische Genie, dessen Voraussagen von ungeheuerlicher Genauigkeit waren. Die Landschaft war übersät von Schildern, die seine Untertanen erinnerten: „Mussolini ha sempre ragione" („Mussolini hat immer recht!"), und von gigantischen Porträts, die ihn in Kommandierpose darstellten.

Es ist vielleicht verständlich, daß die Bauern und Arbeiter Italiens, die nicht lesen und schreiben konnten, an ihn glaubten. Es ist aber immer noch unbegreiflich, daß sich so viele italienische Intellektuelle und ausländische Staatsmänner von Eigenschaften beeindrucken ließen, die der „Duce" gar nicht wirklich besaß. Daß Männer wie Austen und Neville Chamberlain die Legende über Mussolini akzeptierten und bereit waren, seine Prahlereien und seine Drohungen für bare Münze zu nehmen, hatte auf die Dauer die Wirkung, daß Mussolini selbst der Überzeugung war, er verfüge über die Eigenschaften und die Macht, von der sie glaubten, er besitze sie.

Die Außenpolitik in der ersten Zeit des Faschismus

Erste Schritte: Korfu. Während der Jahre vor dem Marsch auf Rom hatte Mussolini wiederholte Male den „Verzichtfrieden" angegriffen und beharrlich betont, daß ein Italien unter faschistischer Führung sich weigern würde, sich an diese Bedingungen gebunden zu betrachten. Immer wieder hatte er versichert, Italien müsse eine expandierende Macht sein. Soweit die Friedensverträge der italienischen Expansion im Wege ständen, müßten sie revidiert werden, und Italien lasse sich durch die Verfahren des neuen Völkerbunds nicht daran hindern. Für diese Organisation, so bekannte Mussolini, empfinde er die größte Verachtung. In seiner ersten Parlamentsrede warnte er Europa ernstlich, Italien habe nicht die Absicht, den Status quo lediglich um des Friedens willen aufrechtzuerhalten. Aber er machte deutlich, daß man ihn durch Bestechung zum Stillhalten bewegen könne.

Als niemand auf diese Andeutung reagierte, ging Mussolini daran, den Beweis zu erbringen, daß es gefährlich sei, ihn nicht zu beachten. Im August 1923 wurde ein italienischer General mit seinem Stab an der griechisch-albanischen Grenze getötet, vermutlich durch albanische Banditen. Ohne abzuwarten, bis man die Täter ermittelt oder auch nur herausgefunden hatte, auf wessen Boden der Mord begangen worden war, entsandte Mussolini ein Ultimatum an die griechische Regierung, in dem er unzählige Entschuldigungen und Entschädigungen verlangte. Als sie nicht sofort erfolgten, bombardierten italienische Truppen die griechische Insel Korfu und besetzten sie. Als Griechenland den Völkerbund anrief, reagierte der „Duce" verächtlich.

„Im Falle, daß der Völkerbund sich in dieser Angelegenheit für zuständig erklärt", sagte er hochmütig, „erhebt sich für Italien die Frage, ob es im Völkerbund bleiben oder austreten soll. Ich habe mich bereits für die zweite Möglichkeit entschieden." Die westlichen Mächte beschlossen, keine Entscheidung zu erzwingen, und übertrugen den Streitfall dem Botschafterrat in Paris, der die Rückgabe Korfus an Griechenland und als Gegenleistung eine Entschädigungszahlung an Italien beschied. Damit errang Mussolini einen billigen Sieg und ließ die ersten Zweifel an der Wirksamkeit des Systems der kollektiven Sicherheit aufkommen.

Korfu scheint jedoch seine Erfindungsgabe erschöpft zu haben. Jedenfalls wurde seine ganze Energie in den nächsten beiden Jahren von drängenden innenpolitischen Problemen beansprucht. Er begnügte sich damit, die Leitung der Außenpolitik den Berufspolitikern zu überlassen, die die Ideologie dämpften und sich um das Vertrauen der traditionellen Freunde Italiens sowie um einen Beitrag zur allgemeinen Befriedung Europas bemühten. Unter ihrer Leitung regelte Italien nicht nur seine Beziehungen zu Jugoslawien, sondern nahm auch an den Verhandlungen von Locarno teil.

Auf dem Wege zum Revisionismus und zur Weltpolitik. Mussolini war gegenüber Gelegenheiten, sich als Hüter von Ordnung und öffentlichem Recht aufzuspielen, nicht unempfänglich. Gleichwohl sagte ihm die versöhnliche Außenpolitik nicht zu. Die Genugtuung, die aus einer Diplomatie der Zusammenarbeit erwachsen konnte, schien ihm für ein faschistisches Italien, das die Welt mit eigenen spektakulären Siegen blenden sollte, nicht ausreichend zu sein.

Seine Voreingenommenheit zeigte sich Ende der 20er Jahre deutlich an seiner Politik im Donaugebiet. Mit wirklich staatsmännischem Format hätte er in diesem Gebiet vielleicht wirtschaftlichen Vorteil und persönliches Prestige gewinnen und zugleich zur allgemeinen Sicherheit Osteuropas beisteuern können. Mussolini schien diesen Dingen weniger Interesse entgegenzubringen als der Fortsetzung eines sinnlosen Wettkampfes mit Frankreich in diesem Gebiet. Zunächst versuchte er, dessen Bündnissystem zu schwächen, und dann, als das nicht gelang, einen Gegenblock unter italienischer Führung zu errichten. In Verfolgung dieses zweiten Zieles schloß er Geheimabkommen mit Österreich, Ungarn und Bulgarien und verstieß damit gegen die militärischen Klauseln des Versailler Vertrages. Im Januar 1928 wurden italienische Agenten ertappt, als sie fünf Wagenladungen von Maschinengewehren nach Ungarn beförderten, und wenig später beteiligte sich die italienische Regierung an einem Lieferprogramm über große Mengen von Handwaffen und Maschinengewehren an faschistische Elemente in Österreich. Dieses Vorgehen erweckte in den anderen Balkanländern größte Befürchtungen.

Das aber kümmerte den „Duce" wenig. Die Verschlechterung der wirtschaftlichen Bedingungen Ende der 20er Jahre und der nachfolgende Bruch in den europäischen Machtverhältnissen eröffneten ihm neue Perspektiven und machten ihn unduldsam gegenüber althergebrachten Zwängen. 1932 entließ er seinen Außenminister und übernahm dessen Aufgabenbereich. Schon vorher hatte er eine starke Erweiterung der italienischen Flotte und das Zukunftsprogramm des Imperialismus proklamiert, indem er verkündet hatte, die Italiener würden nicht Gefangene der Römischen See bleiben.

Fünftes Kapitel

Das republikanische Experiment in Deutschland

Während in Rußland und in Italien totalitäre Regime ihre Macht konsolidierten, unterzog sich Deutschland einem Experiment, um festzustellen, ob in diesem Land eine demokratische Republik funktionieren könne. Nach fünfzehn Jahren – voll von Prüfungen und Krisen – scheiterte es. Hätten die Völker Deutschlands und der europäischen Nachbarstaaten auch nur einen noch so kurzen Blick auf das werfen können, was ihnen in den 40er Jahren bevorstand, so hätten sie sicherlich jedes nur mögliche Opfer gebracht, um die Weimarer Republik gegen ihre Feinde zu schützen. Doch es mangelte der Republik stets an Freunden und Befürwortern, wenn sie sie gerade am dringendsten brauchte.

Die Gründung der Republik

Die Revolution. Die deutsche Revolution von 1918 war die Frucht der Verwirrung. Die abrupte Ankündigung, daß die Militäroperationen zusammengebrochen seien und daß die Regierung um Waffenstillstand ersuche, bestürzte die öffentliche Meinung und schuf eine Situation, in der Kriegsmüdigkeit, Angst, Hunger, Ernüchterung und gesellschaftliche Ressentiments in Gewalt ausarteten. Ende Oktober ging am Flottenstützpunkt in Kiel das Gerücht um, die deutsche Hochseeflotte solle zur See beordert werden, um den Briten zum letzten Mal Widerstand zu leisten. Die Proteste der Mannschaften gegen diese selbstmörderische Geste führten zu Verhaftungen, die weitere Demonstrationen auslösten. Schließlich wurde am 4. November in der Stadt ein Arbeiter- und Soldatenrat nach sowjetischem Muster errichtet. Dem Kieler Beispiel folgten andere Küstenstädte, und die Bewegung griff dann rasch auf Hannover, Magdeburg, Braunschweig, Oldenburg, Schwerin, Rostock, Köln, Dresden und Leipzig über.

In allen Fällen erlangten die Räte die Kontrolle über die Stadtverwaltung. Sie beschränkten sich aber darauf, die Beendigung des Krieges und die Abdankung Kaiser Wilhelms II. zu fordern. In Süddeutschland jedoch nahmen die Ereignisse eine ernstere Wendung. Am 8. November bildete sich in München ein konstituierender Soldaten-, Arbeiter- und Bauernrat unter Führung des Unabhängigen Sozialisten Kurt Eisner und proklamierte unverzüglich die Errichtung einer Bayerischen Demokratischen und Sozialen Republik. Dieses Vorgehen zwang die Nationalregierung, den republikanischen Kurs einzuschlagen.

Am Morgen des 9. November verkündete Prinz Max von Baden, der seit September Kanzler war, daß Wilhelm II. und der Kronprinz auf ihre Thronrechte in Deutschland und in Preußen verzichteten, und er selbst sein Amt Friedrich Ebert, dem Vorsitzenden der sozialistischen Mehrheitspartei, übergebe. Ebert verkündete unmittelbar darauf, die neue Regierung werde „eine Volksregierung" sein und ihr Ziel sei es, „dem deutschen Volk den Frieden schnellstens zu bringen". Er sagte nichts von einer Republik, doch war Eisners Aktion in München jetzt in Berlin bekannt. Die Wellen schienen dem Republikanismus so stark entgegenzuschlagen, daß Eberts Mitarbeiter es für notwendig hielten, dieses Anliegen zu dem ihrigen zu machen. Daher erklärte Philipp Scheidemann am 9. November 1918 um 14.00 Uhr während einer Massendemonstration vor dem Reichstag: „Die Hohenzollern haben abgedankt. Es lebe die deutsche Republik!"

Diese Ankündigung wurde überall im Lande ruhig aufgenommen. Das monarchische System und die sie stützende politische und militärische Hierarchie waren durch den Krieg so vollkommen in Mißkredit geraten, daß niemand mehr bereit war, für sie zu kämpfen. Der Übergang vom Alten zum Neuen wurde jedoch erschwert durch die Uneinigkeit der sozialistischen Partei.

Die Mehrheitssozialisten waren Revisionisten (s. Bd. I, S. 234f.), die seit langem jeden Glauben an die Notwendigkeit einer gewaltsamen Revolution aufgegeben hatten. Nun, da die Macht für sie in Reichweite schien, waren sie nicht geneigt, zuviel in Richtung einer Gesellschaftsreform zu unternehmen, solange nicht bestimmte dringende Aufgaben erledigt waren – z. B. die Wiederherstellung einer normalen Lebensmittelversorgung für die Bevölkerung. Ebert war sich im klaren darüber, daß eine übermäßige Begeisterung für die Revolution die gesellschaftliche Zersetzung fördern und das Land für separatistische Bestrebungen sowie Übergriffe Polens und anderer Länder anfällig machen könne. Sein Wunsch war es, die Ordnung wiederherzustellen und dann so schnell wie möglich Wahlen für eine Nationalversammlung anzuberaumen, die eine neue Verfassung für das Land ausarbeiten, ihm eine Regierung mit einem klaren Mandat verschaffen und einen geordneten Fortschritt ermöglichen würde.

Der Standpunkt der Mehrheitssozialisten wurde von zwei Gruppen angefochten. Die erste davon, angeführt von Karl Liebknecht, dem Sohn des Gründers der Sozialdemokratischen Partei, und von der begabten polnischen Sozialistin Rosa Luxemburg, nannte sich Spartakusbund und schließlich (ab Januar 1919) Kommunistische Partei Deutschlands. Sie war internationalistisch ausgerichtet und bestrebt, den Erfolg der Bolschewiken in Rußland auch in Deutschland herbeizuführen. Ihr direktes Ziel war die Eroberung der Macht, bevor eine Nationalversammlung einberufen werden konnte. Die

Spartakisten waren zu wenige, um dies allein zu bewerkstelligen. Doch konnten sie immer auf beträchtlichen Rückhalt in der dritten sozialistischen Gruppierung zählen, der unabhängigen sozialistischen Partei. Diese hatte sich im Jahre 1916 aus Protest gegen die weitere finanzielle Unterstützung der Kriegsanstrengungen von der Mehrheit abgespalten. Die Unabhängigen waren in ihren Ansichten nie so radikal wie die Spartakisten, in den meisten Streitpunkten mit den Mehrheitssozialisten aber hielten sie zum radikalen Flügel.

Der Aufstand des Spartakus-Bundes. Aus dieser Spaltung der sozialistischen Partei erwuchsen zwei Gefahren. Erstens drohte sie Eberts Bemühungen um die Wiederherstellung der öffentlichen Ordnung zunichte zu machen. Der Anführer der Mehrheitssozialisten hatte eine provisorische Regierung aus drei Mehrheitssozialisten und drei Unabhängigen Sozialisten gebildet. Der Erfolg dieses Organs wurde jedoch gefährdet durch Versuche der Unabhängigen und der Spartakisten, es den Arbeiter- und Soldatenräten unterzuordnen, sowie durch fortwährende Streiks, Demonstrationen und bewaffnete Putschs, zu denen die Spartakisten offen aufriefen. Zweitens führte die Spaltung Ebert in seiner berechtigten Sorge, die Spartakisten würden in naher Zukunft einen größeren Aufstand inszenieren, dazu, sich um die Hilfe von Gruppen zu bemühen, an die er sich unter anderen Bedingungen möglicherweise nicht gewandt hätte. Schon am 9. November hielt er es für notwendig, ein stillschweigendes Übereinkommen mit General Wilhelm Groener, dem Nachfolger Ludendorffs in der Obersten Heeresleitung, zu treffen, das eine Politik der gegenseitigen Unterstützung gegen den Bolschewismus vorsah. Später, als die Gefahr eines spartakistischen Aufstands konkreter wurde, bevollmächtigte er seinen Kollegen aus der MSPD, Gustav Noske, freiwillige Streitkräfte aufzustellen. Noske, der unter den Mitgliedern der sozialistischen Partei oder der Gewerkschaften kaum auf Begeisterung für einen solchen Dienst stieß, war gezwungen, auf Gruppen von Exsoldaten (Freikorps) zurückzugreifen, die sich auf den Aufruf ihrer früheren Offiziere hin gebildet hatten – einige, um örtlicher Unruhen Herr zu werden, andere, um gegen den Kommunismus zu kämpfen oder die Ostgrenzen zu schützen. Einige hatten in den baltischen Ländern gegen die Roten gekämpft (s. S. 66) und waren gerade heimgekehrt. Sie waren hartgesottene Frontkämpfer und für Noskes Zwecke geradezu ideal. Man konnte sich jedoch gut vorstellen, daß sie ebenso bereitwillig gegen die Demokratie kämpfen würden wie gegen den Bolschewismus.

Das Arrangement mit Groener und die Notwendigkeit, sich auf die Freikorps zu verlassen, raubten Ebert in Zukunft viel von seiner Handlungsfreiheit in militärischen Angelegenheiten. Doch die Befürchtungen, die ihn trieben, diese Nachteile in Kauf zu nehmen, waren wohlbegründet. Im Januar 1919 begannen die Spartakisten in Berlin tatsächlich einen bewaffneten Aufstand, und vier Tage lang waren Ebert und seine Kollegen isoliert in einer Stadt, die ganz und gar dem Kommunismus anheimgefallen war. Am 10. Januar jedoch leiteten die Freikorps ihren Vorstoß ein, trieben die Spartakisten aus den von ihnen besetzten Gebäuden und erzwangen ihre Kapitulation. Am 15. Januar hatte man Rosa Luxemburg und Liebknecht brutal ermordet, und Berlin war frei von Roten. Die Regierung hatte die Stadt fest unter Kontrolle. Die Freikorps waren nun stark genug, um Operationen gegen die Provinzialstädte einzuleiten; und in allen revolutionären Zentren setzte eine systematische Säuberung von subversiven Elementen ein. Schließlich stellte man im Juni die Ordnung in München wieder her, wo Kurt Eisner ermordet worden war und wo Agenten der Komintern aktiv gewesen waren. Die Phase der Gewalt in der deutschen Revolution war nun vorüber.

Die Nationalversammlung. Die Beseitigung der Gefahr für die Autorität der Regierung in Berlin hatte Ebert unterdessen ermöglicht, sein ersehntes Ziel zu erreichen: die Einberufung einer Nationalversammlung. Die Wahlen vom 19. Januar 1919 zeigten, daß die nichtsozialistischen Kräfte im Lande die Lähmung, von der sie im November und Dezember befallen schienen, überwunden hatten. Von den 423 gewählten Abgeordneten waren nur 187 Sozialisten (165 Mehrheits-, 22 Unabhängige Sozialisten). Das katholische Zentrum errang 91 Sitze; die neue Deutsche Demokratische Partei (die die Fortschrittspartei der Vorkriegszeit ablöste) gewann 75 Sitze; 44 Abgeordnete bezeichneten sich als Nationalisten; eine neue Volkspartei (die die Überreste des nationalliberalen Anliegens vertrat) nahm 19 Sitze ein; und es gab andere Parteien. Es war offenkundig, daß die Sozialisten in Zukunft nicht damit rechnen durften, sich durchsetzen zu können.

Als die Nationalversammlung im Februar in Weimar zusammentrat, hatte sie drei Aufgaben zu bewältigen. Sie mußte eine legale Regierung errichten, mit den Alliierten Frieden schließen und eine Verfassung für die neue Republik entwerfen. Die erste Aufgabe erledigte sie schnell. Als Friedrich Ebert der Versammlung die Regierungsgewalt übertrug, wählte sie ihn zum Reichspräsidenten und bevollmächtigte seine Partei, ein neues Kabinett zu bilden. Es mußte gezwungenermaßen ein Koalitionskabinett sein, wenn es die Unterstützung der Mehrheit finden wollte. Nachdem Scheidemann die Unabhängigen Sozialisten nicht zur Zusammenarbeit bewegen konnte, bildete er ein Kabinett, das sich zur Hälfte aus Ministern der MSPD und zur Hälfte aus Ministern des Zentrums und der Deutschen Demokratischen Partei zusammensetzte. Dies war die ursprüngliche Weimarer Koalition, und ihre Mitglieder sollten die treuesten Verfechter der Republik sein.

Die Aufgabe, Frieden zu schließen, war schwieriger. Die Mitte Mai nach Berlin übermittelten Friedensbedingungen versetzten alle Parteien in Empörung (s. S. 43). Die Alliierten machten deutlich, daß sie die Feindseligkeiten wiederaufnehmen würden, falls die Deutschen die Bedingungen nicht akzeptierten. Doch Mitte Juni berief Kriegsminister Reinhardt in Weimar eine Konferenz der führenden Generäle ein. Er unterrichtete General Groener, die Konferenz sei als Kriegsrat gedacht und falls das Kabinett beschließen sollte, dem Druck der Alliierten nachzugeben, werde er diese Entscheidung nicht anerkennen, sondern in Ostdeutschland einen Aufstand anführen. Aus diesem wahnwitzigen Plan wurde nichts. Die Begeisterung der Generäle ebbte ab, als Groener ihnen vor Augen führte, daß weder Truppen noch Munition für einen neuen Krieg vorhanden seien und daß in der Zivilbevölkerung der ostelbischen Gebiete keinerlei Rückhalt zu erwarten sei. Groener unterstützte Ebert auch, die Nationalversammlung – nach leidenschaftlichen Debatten und nach dem Rücktritt des Kabinetts Scheidemann – zu veranlassen, den bitteren Tropfen aus Paris hinzunehmen.

Die durch die Friedensbedingungen ausgelöste Krise stiftete Unheil. Sie gab einen Vorgeschmack von der Wahnwitzigkeit der Rechten, die Deutschland später peinigen sollte. Das Gedächtnis der extremen Konservativen und der Erzpatrioten war notorisch kurz. Sie hatten bereits vergessen, wie entschieden Deutschland den Krieg verloren hatte, und in diesen Tagen kam die „Dolchstoßlegende" auf – der Mythos, daß die unbesiegbaren deutschen Armeen nicht durch den Feind geschlagen worden seien, sondern durch die Pazifisten, Sozialisten und Defätisten an der Heimatfront.

Der dritte Punkt der Tagesordnung der Nationalversammlung, die Verfassung zu entwerfen, beschäftigte die Delegierten bis zum 4. August 1919. Die Verfassung stellte einen ebenso beeindruckenden Versuch dar, wie ihn auch die Mitglieder der Frankfurter Versammlung im Jahre 1848 unternommen hatten: Freiheit mit nationaler Einheit und Stärke in Einklang zu bringen.

Im ersten Artikel wurde erklärt: „Das Deutsche Reich ist eine Republik. Die Staatsgewalt geht vom Volke aus", und die Macht und die Rechte des Volkes durchzogen die gesamte Urkunde. Der Reichspräsident, mit einer umfassenden Exekutivgewalt ausgestattet, sollte durch geheimes, direktes und allgemeines Stimmrecht gewählt werden. Die Verfassung sah ein Zweikammersystem vor, doch der eigentliche Mittelpunkt der Macht lag im Reichstag, dessen Mitglieder nach den Grundsätzen der Verhältniswahl durch das Volk gewählt wurden. Alle Gesetzgebung ging von dieser Volkskammer aus, und der Kanzler und die anderen Kabinettsminister mußten ihre Politik vor deren Mitgliedern rechtfertigen.

Einer der auffallendsten Wesenszüge der Weimarer Verfassung war der Versuch, einige der Mängel des Bismarck-Reiches zu beheben. Die Zentralregierung war nicht mehr von den Finanzbeiträgen der einzelnen Länder abhängig, sondern erhielt das Recht, direkte Steuern zu erheben. Das Reich hatte die Gesetzgebung über die Außen- und Kolonialpolitik, die Staatsangehörigkeit, die Freizügigkeit, Ein- und Auswanderung, die nationale Verteidigung, das Münz- und Zollwesen, das Post-, Telegraphen- und Fernsprech-

18. Inflation in Deutschland 1922/1923. Geldscheine

19. Inflation in Deutschland 1922/1923. Kassenboten kommen mit Waschkörben, Droschken und Lastwagen, um die Papierflut fortzuschaffen

20. Locarno Pakt 1926. Londoner Schlußsitzung im Foreign Office

21. und 22. Industrialisierung in der UdSSR nach Stalins Verkundigung des Fünf-
Jahres-Plans. Elektrifizierung 1927/1928
23. „Zwangskollektivierung" der russischen Landwirtschaft 1929/1930: Bäuerinnen
eines Dorfes in der Ukraine erklären sich zur „freiwilligen" Aufnahme in den Kolchos
bereit

24. Weltwirtschaftskrise. Zusammenbruch der New Yorker Börse. „Schwarzer Freitag" 24. 10. 1929

25. New-Deal (Öffentliches Arbeitsbeschaffungsprogramm). Roosevelts Politik der Arbeitsbeschaffung bringt einen Teil der Arbeitslosen wieder in die Fabriken

wesen, und ihr gehörte die Eisenbahn. In Angelegenheiten, in denen die Einzelstaaten gleichzeitig das Recht zur Gesetzgebung besaßen – Zivil- und Strafrecht, Gerichtsverfahren, Sozialfürsorge, Pressegesetze und ähnliches – hatten die Gesetze der Zentralregierung Vorrang. Die Nationalregierung nahm auch das Recht für sich in Anspruch, Richtlinien bezüglich Religion, Erziehung und Wohnungswesen festzulegen.

Die Urheber der Verfassung hätten die Zentralisation noch weiter vorangetrieben. Doch die Versammlung gab den starken Protesten aus Süddeutschland nach und überließ den einzelnen Staaten in der Regionalregierung weitgehende Rechte. Dennoch wurde festgelegt, daß alle Länder republikanische Prinzipien anerkennen und das allgemeine Wahlrecht sowie die Verhältniswahl zulassen mußten. Die Beschneidung ihrer Macht trug stark zur Minderung der partikularistischen Kräfte im Lande bei.

Die Begeisterung für ein Höchstmaß an demokratischem Verfahren bei denen, die die Verfassung entwarfen, führte in zweifacher Hinsicht später zu Schwierigkeiten. Zweifellos stellt die Verhältniswahl die beste Methode dar, die je ersonnen worden ist, um zu garantieren, daß alle Meinungsschattierungen vertreten sind. Bei den Reichstagswahlen angewandt, erschwerte sie jedoch den Gesetzgebungsprozeß dadurch, daß sie die Anzahl der Parteien erhöhte. Dies machte Koalitionsregierungen unumgänglich und ermöglichte antirepublikanischen Splittergruppen, die sonst aus Mangel an Aufmerksamkeit möglicherweise zugrunde gegangen wären, eine parlamentarische Vertretung. Einen weiteren Beweis für die ängstliche Rücksichtnahme auf die Souveränität des Volkes lieferte die Bestimmung über die Gesetzesinitiative und den Volksentscheid. Auch diese hatte verhängnisvolle Folgen, vielleicht weil sie nicht hinreichend gegen Mißbrauch abgesichert war. Die Bedingungen für einen Volksentscheid konnte man so leicht erfüllen, daß Feinde der Republik ihn als Mittel der Obstruktion benutzten.

Schließlich sollten die Ereignisse beweisen, daß die ausgedehnten Vollmachten des Reichspräsidenten mißbraucht werden konnten. Dem Präsidenten wurde das Recht zuerkannt, die Streitkräfte zu befehligen, den Kanzler zu ernennen und zu entlassen, in bestimmten Fällen zu einem Volksentscheid aufzurufen und in Krisenzeiten die Verfassung zu suspendieren. Dieses letzte Recht, niedergelegt in Artikel 48, wurde schließlich angewandt, um die Republik zu unterminieren. Seine Urheber waren bestrebt, der Regierung die Macht an die Hand zu geben, kommunistische Unruhen bewältigen zu können; und angesichts des Zustands, in dem sich Deutschland zur Zeit der Fertigstellung der Verfassung befand, kann man ihnen vielleicht nicht verdenken, daß sie nicht vorhersahen, daß die eigentliche Gefahr von einem Präsidenten unter reaktionärem Einfluß ausgehen würde.

Antirepublikanische Kräfte. Die Weimarer Verfassung sah alles vor, was in einem Dokument berücksichtigt werden konnte, um die Bedingungen zu schaffen, unter denen eine demokratische Republik zu wachsen und zu erstarken vermochte. Was die Republik jedoch wirklich brauchte, waren Zeit und Freunde – eine krisenfreie Periode und eine große Gruppe ergebener Republikaner im Parlament, im Staatsdienst und in der Öffentlichkeit. Sie hatte nichts von beidem. Die vier Jahre nach Bekanntmachung der Weimarer Verfassung waren Jahre der fortwährenden Krise, meistens durch Ereignisse und Zwänge von außen ausgelöst. Zugleich hatte die Republik die ganze Zeit über mehr Feinde und ihr gegenüber Neutrale als ihr ergebene Freunde.

An den beiden äußersten Enden des politischen Spektrums fanden sich eingefleischte Gegner, die alles, was in ihrer Macht lag, unternahmen, um das republikanische Experiment zunichte zu machen. Auf der Linken standen die Kommunisten und der linke Flügel der Unabhängigen Sozialisten, die der Überzeugung waren, die Mehrheitssozialisten hätten die Revolution verraten. Auf der Rechten befanden sich die Nationalisten, zum größten Teil unverbesserliche Monarchisten, Großgrundbesitzer und Industrielle, die die Mehrheitssozialisten für ebenso gefährlich hielten wie die Bolschewisten; und noch weiter rechts standen Unmengen von antisemitischen, antibolschewistischen, antidemokratischen Splittergruppen, die schließlich die nationalsozialistische Partei bilden sollten. In den politischen Gruppen näher zur Mitte gab es weniger offene Republikgegner; doch gab es in der Volkspartei und auch auf dem rechten Flügel des Zentrums viele, die sich eine geflissentliche Neutralität gegenüber dem Regime bewahrten.

Überdies waren alle Zweige des öffentlichen Dienstes zum größten Teil mit dem Personal der Vorkriegszeit besetzt, das die Toleranzgrenze gegenüber dem neuen Regime oftmals überschritt, indem es latente oder offene Feindseligkeit bekundete. Dies zeigte sich in der Art und Weise, wie Lehrer die Vergangenheit verherrlichten, sowie in dem krassen Unterschied der Haltung der Polizei gegenüber nationalistischen Rüpeln – „Jungen benehmen sich wie Jungen" – zu der strengen Bestrafung, die sie sozialistischen Organisationen bei Gesetzesübertretungen zumaßen. Ähnlich augenfällig wurde es in den geringfügigen Gerichtsurteilen gegen Männer, die der Entweihung von Symbolen der Republik oder sogar der Ermordung ihrer führenden Staatsmänner angeklagt waren.

Auch konnte man die Zuverlässigkeit der Armee in der Weimarer Republik in Zweifel ziehen. Die 100 000 Mann starke Reichswehr wurde mit royalistischen Offizieren und ehemaligen Freikorpsangehörigen besetzt sowie mit auf lange Zeit verpflichteten Freiwilligen, die kaum erwarten konnten, von diesen Vorgesetzten Treue gegenüber der Republik zu lernen. Der Patriotismus der höheren Hierarchie des Heeres war über jeden Zweifel erhaben; ihre Treue aber galt mehr dem Deutschen Reich als einer speziellen Regierung oder einer Regierungsform. Die Armee wurde in weitaus stärkerem Maße als im kaiserlichen Deutschland zu einem Staat im Staate. Unter dem Anspruch, sie könnten am besten beurteilen, was gut sei für

Deutschland, zögerten ihre Befehlshaber nicht, politische Maßnahmen einzuleiten, von denen die Regierung entweder nichts wußte oder nur unzureichend in Kenntnis gesetzt wurde. So ging General Hans von Seeckt, Chef der Heeresleitung von 1920 bis 1926, Geheimabkommen mit der Roten Armee ein, die die Verwendung sowjetischer Panzer und Flugeinrichtungen für die Ausbildung deutscher Soldaten vorsahen, auch traf er andere finanzielle und administrative Übereinkommen, die den militärischen Klauseln des Versailler Vertrages entgegenstanden. Seeckts Bestreben war es, eines Tages in der Lage zu sein, Polen zu vernichten und die Ostgrenze zu revidieren.

Seeckt empfand es als gerechtfertigt – wiederum aus Gründen des nationalen Interesses – der Locarnopolitik Stresemanns im Untergrund Widerstand entgegenzusetzen. Er fand nichts Unziemliches daran, den Russen Informationen weiterzugeben, von denen er hoffte, sie würden ihnen helfen, diese Politik zu Fall zu bringen. Er verlor seinen Posten im Jahre 1926, seine Nachfolger aber leisteten den Feinden der Republik während der Endkrise der Weimarer Republik Hilfe und sprachen ihnen Mut zu.

Die Krisenjahre 1919–1923

Der Kapp-Putsch. Nichts leistete den Feinden der Republik so sehr Vorschub wie die Bemühungen ihrer führenden Staatsmänner, die Bedingungen des Versailler Vertrages zu erfüllen. Der erste ernstliche Versuch von seiten der Rechten, die Republik umzustürzen, der sogenannte Kapp-Putsch vom März 1920, ging auf die Forderung der Alliierten nach Verringerung der deutschen Armee auf 100 000 Offiziere und gemeine Soldaten zurück. Sie zwang die Regierung zur Auflösung der Freikorps. Das aber führte zu Ressentiments, Geheimkonferenzen der betroffenen Offiziere und zur Planung eines Komplotts gegen das Regime. Im März 1920, als die Regierung die Demobilisation der Marinebrigade und der Baltikumbrigade (die beide aus den baltischen Ländern zurückgekehrt und außerhalb Berlins stationiert waren) anordnete, befahl der Kommandant von Berlin, General Walther Lüttwitz, der Marinebrigade einen Angriff gegen die Hauptstadt. Am 13. März um 6.00 Uhr in der Frühe drangen die Truppen in Berlin ein und wurden von Lüttwitz, General Ludendorff und einem nicht sehr bekannten ostpreußischen Politiker namens Wolfgang Kapp in Empfang genommen. Sie proklamierten unverzüglich eine neue Regierung unter der Führung von Kapp.

Der Kapp-Putsch machte die zwiespältige Haltung der Armee gegenüber der Republik deutlich. Als sich das aufgeregte Kabinett am Abend des 12. März beriet, was gegen die Bedrohung Berlins unternommen werden sollte, plädierten Verteidigungsminister Noske und Kriegsminister Reinhardt für militärischen Widerstand. Seeckt verwies sie kühl: „Es kann doch keine Rede sein, daß man Reichswehr gegen Reichswehr kämpfen läßt." Da

Seeckts Haltung deutlich machte, daß man nicht auf die Unterstützung der örtlichen Garnison zählen konnte, floh die Regierung aus der Stadt; und die Regierung Kapp wurde nicht durch den Einsatz einer loyalen Armee zu Fall gebracht, sondern durch die lähmende Wirkung eines von der sozialistischen Partei und den Gewerkschaften ausgerufenen Generalstreiks. Am 17. März gaben Lüttwitz und Kapp ihr Unterfangen auf und verließen Berlin.

Die republikanische Regierung hätte die Armee, die ihr den Gehorsam verweigert hatte, sicherlich bestraft, wenn der Kapp-Putsch nicht ein schlimmes Nachspiel gehabt hätte. Der Generalstreik erfüllte die Kommunisten mit neuem Leben. Sie stifteten Unruhen in Berlin, Münster und an der Ruhr, wo die „Rote Armee" mehrere Industriestädte eroberte; und Ende März beherrschten sie das Gebiet um Düsseldorf. Ebert und seine Kabinettskollegen gaben alle möglicherweise vorhandenen Pläne, die Armee zu bestrafen, auf und bevollmächtigten Seeckt, die Ordnung an der Ruhr wiederherzustellen. Das tat dieser mit Strenge und unter Einsatz derselben Freikorps, deren Gehorsamsverweigerung den Kapp-Putsch ausgelöst hatte.

Die Inflation. Diese Szenen der Gewalt waren unbedeutend im Vergleich zu denen, die einsetzen sollten, als die republikanische Regierung mit dem Reparationenproblem kämpfte (s. S. 45 und 56). Die Alliierten hatten die deutsche Gesamtschuld im Mai 1921 auf die Summe von 132 Milliarden Goldmark oder ungefähr 32 Milliarden Dollar festgesetzt. Die deutsche Regierung (immer noch eine Koalition der Weimarer Parteien) kündigte an, sie werde eine „Erfüllungspolitik" betreiben. Und diese wurde bis Anfang 1923 von den nachfolgenden Regierungen treu verfolgt. Sie besaßen jedoch nicht die politische Courage, die an die Alliierten zu zahlenden Summen durch Steuern aufzubringen. Sie wußten, daß dies in allen Schichten auf Ablehnung stoßen würde, und ihre Bedenken, daß sie dadurch neue soziale und politische Unruhen heraufbeschwören könnten, führten sie dazu, Anleihen zu machen und Geld zu drucken.

Dieses Vorgehen brachte eine verheerende Inflationsspirale in Gang. Die Ausländer verloren das Vertrauen in die deutsche Währung, und die Mark, deren Kurs gegenüber dem Dollar im Jahre 1914 bei 4,2 und 1919 bei 8,9 gestanden hatte, erfuhr auf dem internationalen Devisenmarkt eine Abwertung. Diese hatte sofortige Rückwirkungen im Inland, wo man versuchte, vorhandenes Geld in Waren umzusetzen. Die Preise begannen zu steigen und stiegen bald schneller, als der Währungskurs sank, da die Besitzer von Waren zögerten, diese gegen Geld von zweifelhaftem Wert zu tauschen. Um den Tiefstand abzufangen, wurde immer mehr Geld gedruckt. Die Ruhrbesetzung durch die Franzosen im Januar 1923 verwandelte dann das stetige Absinken des Geldwertes in eine rollende Lawine. Ende 1923 erreichten die 1783 Geldpressen der 133 amtlichen Druckereien einen Spitzenausstoß. Die Mark stand gegenüber dem Dollar bei 25 Milliarden. Der Held in Remarques Roman „Drei Kameraden" beschreibt, was das bedeutete: „Zweimal am Tage gab es Geld und jedesmal eine Stunde Urlaub, damit man in die Läden rasen und etwas kaufen konnte, bevor der nächste Dollarkurs 'rauskam – dann war das Geld nur noch die Hälfte wert." Inmitten dieses Chaos machten einige Deutsche Gewinne; denn die Inflation schuf viele Gelegenheiten für talentierte Spekulanten. Exportunternehmen, deren Kosten in abgewerteter, deren Einkünfte aber in stabiler Währung gezahlt wurden, erzielten hohe Profite. Einige der größten deutschen Industrieunternehmen kauften Konkurrenten auf, deren Reserven geringer waren als ihre eigenen, und nutzten die sinkenden Arbeitslöhne, um ehrgeizige Konstruktionsprogramme einzuleiten.

Für die Arbeiterschicht hingegen bedeutete die Inflation niedrige Löhne, längere Arbeitszeiten und eine Senkung des Realeinkommens, was Hunger und Krankheit über ihre Familien brachte. Ihre Notlage verschärfte sich dadurch, daß die Inflation die Reserven der Gewerkschaften aufsog und diesen die Zahlung von Unterstützungsgeldern unmöglich machte. Millionen von Arbeitern traten aus den Gewerkschaften aus und schwächten damit eine Bewegung, die potentiell eines der stärksten Bollwerke der deutschen Demokratie dargestellt hätte.

Noch härter traf es die Angehörigen des Mittelstands mit festem Einkommen. Männer, die ihr Leben lang gespart hatten, um die Ausbildung ihrer Kinder zahlen zu können oder ihre Altersversorgung sicherzustellen, sahen das Ergebnis ihrer Sparsamkeit schwinden. Die psychologische Wirkung war erschütternd, und sie erklärt, warum sich so viele ehrbare Menschen Demagogen zuwandten, denen sie normalerweise aus dem Wege gegangen wären.

Der Höhepunkt der Gewalt. Nach Ansicht der extremen Rechten war die Annahme des Versailler Vertrages und die Einleitung der Erfüllungspolitik durch die Republik schuld an diesen wirtschaftlichen Bedingungen. Fanatische Rechtsextreme betrachteten es als Ehre, Organisationen anzugehören, deren Ziel es war, die Verantwortlichen für das, was die Rechten als Verrat am Reich ansahen, zu beseitigen. Im August 1921 wurde Matthias Erzberger, einer derjenigen, die den Waffenstillstand unterzeichnet hatten, auf einem Spaziergang im Schwarzwald ermordet; und im Juni 1922 erschoß eine Bande junger Männer Walther Rathenau, weil sie in diesem brillanten Mann – der den deutschen Kriegsplan für die Mobilisierung der Wirtschaft (s. S. 33) entworfen sowie den Vertrag von Rapallo geschlossen und damit Deutschland aus der kompletten diplomatischen Isolation befreit hatte (s. S. 56) – die Verkörperung der Erfüllungspolitik erblickten.

Das Jahr 1923 brachte nicht nur Angriffe gegen einzelne, sondern auch gegen den Staat. Eine der Auswirkungen der Ruhrbesetzung war, daß sie die Separatisten in Düsseldorf und Aachen zu dem Versuch anregte, eine unabhängige „Rheinland-Republik" zu errichten. Sie gerieten bald in Mißkredit, weil sie von den Franzosen ermutigt worden waren. Ernstere Schwierigkeiten aber traten in Sachsen und Thüringen auf, wo der Kommunismus eine deutliche Wiederbelebung erfuhr und wo Anfang Oktober eine „Einheitsfront" von Kommunisten und linken Sozialisten die Regierung übernahm. Unter Anwendung von Taktiken, die uns seither vertraut sind, versuchten die Kommunisten, die Polizei unter ihre Kontrolle zu bekommen, und als sich ihre sozialistischen Partner dagegen sträubten, inszenierten sie einen Handstreich. Er scheiterte zwar, beeinträchtigte aber die öffentliche Ordnung. Unter dem Vorwand der Intervention verhängte die Reichsregierung über Sachsen und Thüringen das Kriegsrecht, und Einheiten der Reichswehr setzten die Regierung der Einheitsfront ab.

Schwerer tat sich die Regierung, der gefährlichen Situation in Bayern Herr zu werden. Leiter der dortigen Landesregierung war seit 1920 Gustav von Kahr, ein Mann mit unerschütterlich reaktionären Ansichten. Er stellte sich an die Spitze einer antirepublikanischen Verschwörung von bayerischen Separatisten, Monarchisten, Antisemiten und Männern, die für Deutschland das erreichen wollten, was Mussolini in Italien begonnen hatte. Kahr gewann das Vertrauen des Generals Otto von Lossow, des Kommandeurs der in Bayern stationierten Reichswehreinheiten, und hatte Verbindung aufgenommen zu einem jungen Mann namens Adolf Hitler.

Im Jahre 1889 in Österreich geboren und noch Staatsbürger dieses Landes, war Hitler 1913 von Wien nach München gekommen. Während des Krieges hatte er in einer bayerischen Truppeneinheit gedient, den Rang eines Gefreiten erlangt, war zweimal verwundet worden, und man hatte ihm das Eiserne Kreuz Erster Klasse verliehen – eine Auszeichnung, die gemeinen Soldaten nur selten zuteil wird. Als der Friede wiederhergestellt war, kehrte er nach München zurück und schloß sich einer kleinen rassistischen, militaristischen Gruppe unter dem Namen Deutsche Arbeiterpartei an. Sein bemerkenswertes Rednertalent und sein Wettern gegen die Verbrechen der Republik, das Übel des Marxismus und die Juden sowie die Hervorhebung der Notwendigkeit einer nationalen Regeneration verschafften ihm eine breite Anhängerschaft in München und im ländlichen Bayern. Die Mitgliederzahlen der Partei stiegen rasch an, und der Name der Partei wurde im Jahre 1920 in „Nationalsozialistische Deutsche Arbeiterpartei" (NSDAP) umgeändert. 1921 erhielt Hitler uneingeschränkte Vollmachten als ihr „Führer". Ungefähr zur gleichen Zeit stellte Hitler eine Privatarmee auf, Sturmabteilung oder SA genannt – eine Truppe von Rüpeln, die in braunen Hemden auftrat und deren Aufgabe es war, ihn bei Versammlungen zu beschützen; später, als sie größer wurde, hatte sie – wie er selbst sagte – alle Versammlungen oder Vorträge zu verhindern, die seine Landsleute ablenken könnten. Als Kahr sich Hitler näherte, suchte er den Schutz dieser Truppe.

Kahrs Aktivitäten waren verhängnisvoll genug, um vermuten zu lassen, daß er einen größeren Anschlag gegen die Reichsregierung unternehmen könnte. Jene Regierung jedoch zeigte nichts von der Entschlossenheit, die sie bei der Bewältigung der Situation in Sachsen und Thüringen aufgebracht hatte. Teilweise lag es daran, daß es die gesamte Weimarer Zeit über schwieriger war, für ein Eingreifen gegen „nationale Elemente" Rückhalt im Volk zu finden als für Maßnahmen gegen die Bedrohung von der extremen Linken. Außerdem war die zögernde Haltung der Regierung wiederum die Folge der Stellungnahme General Seeckts. Da der Kommandeur der bayerischen Heereseinheit zu Kahrs Verbündeten gehörte, stellte sich Seeckt einer bewaffneten Intervention so sehr entgegen, daß er tatsächlich Präsident Ebert gegenüber äußerte, die Zeit für „eine Aussöhnung mit der Rechten" sei gekommen.

Für die Regierung in Berlin rettete Hitler die Situation. Am Abend des 8. November 1923, bei einem Treffen zwischen Kahr und seinen Anhängern im Bürgerbräukeller, brach der „Führer" an der Spitze einer Abordnung seiner Sturmabteilung in den Saal ein, stieg auf einen Tisch, feuerte einen Schuß in die Decke und erklärte, die Reichsregierung und die Regierung Bayerns seien abgesetzt; die Revolution habe begonnen. Er trieb Kahr, Lossow und ihre Anhänger in einen Nebenraum und drängte sie, seiner Regierung Unterstützung zu geloben. Als Gegenleistung sicherte er ihnen Posten in seinem Kabinett zu.

Dieser politische Raubzug war den führenden bayerischen Politikern zuviel. In der Nacht, in der Hitler seinen Feldzug gegen Berlin plante, erklärten sie der Öffentlichkeit, sie würden die verfassungsmäßige Ordnung gegen seinen Angriff verteidigen. Als Reaktion beschloß Hitler, die Stadt durch eine Demonstration der Stärke für seine Sache zu gewinnen. Am Morgen des 9. November marschierte die Sturmabteilung mit dem „Führer" und General Ludendorff an der Spitze vom Bürgerbräukeller über den Fluß in die Innenstadt. Am Eingang zum Odeonsplatz stieß sie auf Polizei- und Truppeneinheiten. Es erfolgten ein Befehl zum Stillstand, ein harter Feuerhagel und ein verworrenes Handgemenge. Ludendorff wurde gefangen genommen, Hitler und seine Truppe flohen (um zwei Tage später gefaßt und verhaftet zu werden), und vierzehn Mann der Sturmabteilung wurden getötet. Sie waren die ersten Nazi-Märtyrer. Von 1933 bis 1945 hing an der Wand der Feldherrnhalle, wo sie gefallen waren, eine Gedächtnisplakette, bewacht von zwei stämmigen Posten, die dafür sorgten, daß die Passanten ihren Arm zum ehrerbietigen Hitlergruß erhoben.

Der Putsch Adolf Hitlers im Bürgerbräukeller zerschlug Kahrs Verschwörung und beseitigte die letzte ernste Gefahr für die republikanische Autorität. Jetzt konnte die Regierung in Berlin ihre Pläne für den Wiederaufbau vorantreiben.

Die Ära Stresemann

Auf dem Wege zur finanziellen Sicherheit. Die ersten Schritte für eine Wiederbelebung Deutschlands waren bereits eingeleitet worden, bevor sich die Lage
in Bayern zuspitzte. Der Mann, der den Mut dazu aufbrachte, war Gustav
Stresemann, seit August 1923 Kanzler einer Koalition von gemäßigten Parteien.

Stresemann war seit seinem Eintritt in die Nationalliberale Partei im Jahre
1907 in der Politik tätig gewesen und bald zum prominentesten Sprecher
seiner Partei im Reichstag aufgestiegen. In den Jahren vor dem Krieg war er
bekannt wegen seines extremen Nationalismus und seines Eintretens für die
Welt- und Flottenpolitik. Während des Krieges trat er als entschiedener Verfechter des Militärs auf. Im Jahre 1917 hatte er in einer Rede erklärt, „Nicht
die Gespräche der Staatsmänner, nicht diplomatische Verhandlungen, keine
diplomatischen Noten, keine Reichstagsresolution, sondern Ludendorff's
Hammer, die Kraft unseres Heeres, die Kraft unserer Macht ..." würden den
Krieg siegreich beenden. Die Entdeckung, daß Deutschland nicht unbesieg-
bar war, versetzte ihm einen schmerzlichen Schlag, von dem er sich nur
schwer erholte und der ihn zu einer Neuorientierung seines Denkens zwang.

Während viele Nationalliberale nach dem Krieg der Deutschen Demokratischen Partei beitraten, setzte sich Stresemann maßgeblich für die Gründung
der Deutschen Volkspartei ein. Er hoffte, sie würde sich zur echten Partei der
Mitte entwickeln, indem sie die liberale Mittelschicht anzöge, die sich vom
Kommunismus und Sozialismus sowie vom reaktionären Nationalismus abgestoßen fühlte. Obgleich er im Innersten Monarchist blieb, brachte er seine
Partei dazu, die Republik als legitime Regierungsform zu akzeptieren.

Stresemanns Bestreben war es, Deutschland wieder einen gebührenden
Platz unter den führenden Nationen der Welt zu verschaffen. Im Gegensatz
zu den Reaktionären wußte er jedoch, daß dies nicht durch Drohungen
erreicht werden konnte, die nicht wahrzumachen waren. Er besaß genügend
Sinn für die Realitäten, um einzusehen, daß die Wiederbelebung Deutschlands Opfer verlangte. Als er sein Amt übernahm, hatte die Politik des
passiven Widerstands an der Ruhr zu einer völligen Arbeitsniederlegung in
diesem Gebiet geführt. Diese entzog der Regierung die dringend notwendigen Einkünfte und kostete sie gleichzeitig pro Woche 350 Millionen Goldmark an Unterstützung für die Widerständler. Mit der mutigsten Entscheidung seiner ganzen Laufbahn beendete Stresemann diese Politik, obwohl er
deswegen heftig angegriffen wurde. Diese Entscheidung bedeutete zweifellos eine Kapitulation gegenüber den Franzosen; doch sie stärkte die Position
derjenigen im Ausland, die die Franzosen dazu bewegen wollten, ihre
Deutschlandpolitik zu mäßigen. Und sie war der einzige Schritt, der einen
völligen wirtschaftlichen Zusammenbruch Deutschlands verhindern konnte.

Danach verlangte Stresemann vom Reichstag uneingeschränkte Vollmachten im finanziellen, wirtschaftlichen und sozialen Bereich. Dieses gegen die Einwände der Nationalisten und der extremen Linken verabschiedete Gesetz bevollmächtigte die Regierung, eine Reihe drastischer Maßnahmen einzuleiten, die die Inflation bremsen sollten. Unter anderem wurde die alte Währung eingezogen und eine neue ausgegeben. Die neue Währung beruhte nicht auf dem Goldstandard und war nicht konvertierbar. Sie wurde theoretisch gegen die Sicherheit allen Grund- und Immobilienbesitzes des Landes ausgegeben. In Wirklichkeit gründete sie sich natürlich auf das Vertrauen des deutschen Volkes in sie.

Gleichzeitig mit der Beendigung der Politik des passiven Widerstands hatte Stresemann an die Westmächte appelliert, das Reparationenproblem neu anzugehen, und war damit bei der Regierung Großbritanniens und der der Vereinigten Staaten auf Entgegenkommen gestoßen. Im Jahre 1924 erarbeitete eine internationale Kommission den Plan, der die deutschen Reparationszahlungen über die nächsten fünf Jahre regeln sollte (s. S. 57). Deutschland verpflichtete sich, jährliche Zahlungen zu leisten, zu Anfang 250 Millionen Dollar, und dieser Betrag sollte im Laufe von vier Jahren auf eine normale Jahreszahlung von 625 Millionen Dollar gesteigert werden. Danach würde man gemäß dem deutschen Konjunkturindex über Veränderungen dieser Summe entscheiden. Das Ausland gewährte Kredite, um die Wiederbelebung Deutschlands zu beschleunigen und die Zahlungsaufnahme zu ermöglichen.

Die Einführung des Dawes-Planes wurde von den Nationalisten im Reichstag als Kapitulation vor ausländischer Oberherrschaft attackiert und als Hinnahme einer Interessensklaverei, wie Hitler es nannte. Doch der Plan schuf die erforderliche Grundlage für eine Wiederbelebung und ermöglichte zwischen 1924 und 1929 bemerkenswerte Fortschritte in der deutschen Industrie und im deutschen Handel sowie einen stetigen Anstieg des Lebensstandards und der Reallöhne.

Stresemanns Außenpolitik. Stresemanns Kanzlerschaft dauerte nur hundert Tage. Er sollte niemals wieder Kanzler werden, bekleidete aber in allen Kabinetten von seinem Sturz als Kanzler bis zu seinem Tode im Jahre 1929 den Posten des Außenministers. Und hier schuf er sein größtes Werk.

Die erste Stufe seiner politischen Leistung – die Aushandlung der Locarno-Verträge und die Zulassung Deutschlands zum Völkerbund – ist bereits beschrieben worden (s. S. 57 f.). Nach den Vertragsabschlüssen von Locarno waren Stresemanns Hauptziele der Abzug der alliierten Missionen und Truppenkontingente von deutschem Boden und eine weitere Senkung der Reparationslasten. Seinen ersten Sieg errang er im Jahre 1927 mit dem Abzug der Interalliierten Kontrollkommission, die die deutsche Bewaffnung überwachte. Allerdings gelang es Stresemann trotz seiner ausgezeichneten Beziehungen zu Aristide Briand nicht, den französischen Staatsmann davon zu überzeugen, daß eine schnelle Räumung des Rheinlands beiderseitige Vorteile bringen würde. Briand beunruhigten die Privatarmeen wie Hitlers Braunhemden und andere irreguläre Streitkräfte in Deutschland, und er war völlig unzugänglich für Stresemanns Argument, daß die weitere Präsenz alliierter Truppen eine Zunahme dieser Privatarmeen fördere. Rückblickend läßt sich nicht sagen, welcher der beiden Standpunkte richtig war. Die Briten hielten Stresemanns Ansicht für die richtige und übten allen nur möglichen Druck aus, um die Franzosen dazu zu bewegen, der Räumung zuzustimmen.

Diese Frage wurde schließlich auf der Haager Konferenz von 1929 geklärt. Während dieser Zusammenkunft erstellten die Mächte den sogenannten Young-Plan, eine neue Übereinkunft, die die Belastung für die deutsche Wirtschaft durch Kürzung des fünf Jahre vorher im Dawes-Plan festgelegten Zahlungsschemas senken sollte. Daß es Stresemann gelang, die Mächte von den Vorteilen dieser neuen Regelung für die europäische Wirtschaft im allgemeinen zu überzeugen, war in sich ein großer diplomatischer Erfolg. Doch überzeugte er sie auch davon, daß jedes Abkommen über Reparationen – selbst eines, das die früheren Lasten verringerte – in Deutschland unpopulär sein würde und daß die Zustimmung des Volkes zum Young-Plan leichter zu erreichen sei, wenn man gleichzeitig ankündige, daß die Räumung des Rheinlands durch die Alliierten bis 1930 abgeschlossen sein werde. Die Franzosen gaben schließlich unter britischem Druck nach. Somit wußte Stresemann, als er im Oktober 1929 starb, daß sein Land bald von ausländischer Besatzung frei sein würde.

Zeichen anhaltender Schwäche. Die Jahre, in denen sich Stresemanns Diplomatie um die Wiederherstellung der vollen Souveränität Deutschlands und die Wiedererlangung seiner Position in der Welt bemühte, waren wirtschaftlich gute Jahre, und sie waren reich an beeindruckenden Werken deutscher Schriftsteller, Künstler und Wissenschaftler. Eine Periode, in der die besten Werke von Männern wie Thomas Mann, Kurt Tucholsky, Erich Kästner, Albert Einstein, Paul Hindemith, Oskar Kokoschka, Gottfried Benn und Friedrich Meinecke entstanden, verdient kaum das Etikett „Dekadenz", das die Nationalsozialisten ihr später anhefteten.

Doch, gab es auch viele Anzeichen von geistiger Energie, so traten nur wenige von politischer Vitalität in Erscheinung – zumindest befanden sich die vitalen Kräfte nicht auf seiten der Republik. Eines der erschreckendsten Anzeichen politischer Schwäche in der Republik war, daß die republikanischen Parteien die Nachkriegsgeneration nicht wirksam ansprachen. So schien die deutsche Jugend, als die Krise der Weimarer Demokratie herannahte, geneigt, der Aufforderung des jungen konservativen Journalisten Hans Zehrer – „Draußenbleiben!" – zu folgen.

Stresemanns beeindruckende diplomatische Leistung brachte der Republik wenig an Prestige oder innenpolitischer Stärke. Jedem diplomatischen Erfolg schloß sich zwangsläufig ein erbitterter innenpolitischer Kampf an, bevor die Parteien und die Öffentlichkeit ihn anerkannten. Dies traf beim Dawes-Plan zu und auch beim Young-Plan, der zum Gegenstand eines von Gewalt und Rowdytum begleiteten Volksentscheids wurde.

Die größte Schwäche der Republik lag in der Funktionsweise des Parteiensystems. Die Leistungsfähigkeit der Koalitionskabinette war immer dadurch behindert, daß die Reichstagsabgeordneten nach Parteilisten gewählt wurden, die die Parteiorganisationen aufstellten. Wenn der nationale Stimmenanteil einer Partei dreißig Sitze im Reichstag brachte, so wurden automatisch diejenigen Abgeordnete, deren Namen auf den ersten dreißig Plätzen ihrer Liste standen. Dieses System verhinderte, daß örtlich stark verwurzelte Abgeordnete in den Reichstag gelangten, und begünstigte die Tendenz, die Parteidisziplin zum Fetisch zu machen. Dies wirkte sich nachteilig auf die Funktionsfähigkeit der Regierung aus. Die Parteien legten ihren Vertretern im Kabinett straffe Zügel an und zögerten nicht, ihnen in Fragen von nur taktischer Bedeutung den Rücktritt oder die Rücktrittsdrohung zu gebieten. Häufig war es unmöglich, eine Koalition intakt und funktionsfähig zu halten. Das hatte zur Folge, daß es zwischen Februar 1919 und Januar 1933 21 verschiedene Reichskabinette gab.

Angesichts der Existenz und des Anwachsens extremistischer Parteien, die sich der Zerstörung des republikanischen Regimes verschrieben hatten, grenzten die parlamentarischen Gepflogenheiten der gemäßigten Parteien an Verantwortungslosigkeit. Seine ganze Laufbahn hindurch bemühte sich Stresemann, die Parteien dazu zu bewegen, den Erfordernissen einer Koalitionsregierung mehr Verständnis entgegenzubringen und eine „große Koalition" von gemäßigten Parteien zu bilden. Sie sollte Cavours „connubio" (s. Bd. I, S. 160) ähneln und dem gleichen Zweck dienen, nämlich der Eindämmung und Bekämpfung des Extremismus. Eine solche Koalition hatte während der hundert Tage Stresemanns existiert und war durch die Sozialisten aufgelöst worden. 1928 trugen Stresemanns Bemühungen dazu bei, eine neue große Koalition zusammenzubringen, die Minister der Sozialdemokratischen, der Deutschen Demokratischen, der Zentrums- und seiner eigenen Volkspartei vereinigte. Doch diese Koalition kam nur wenige Monate vor Ausbruch der Weltwirtschaftskrise zustande, und mit deren Einsetzen wurden die Meinungsverschiedenheiten zwischen den Parteien unüberbrückbar. Die Koalition brach zusammen. Diese Offenbarung der grundlegenden Schwächen des Parteiensystems war ein deutliches Zeichen für das bevorstehende Ende der deutschen Demokratie. Als die Wirtschaftskrise sich verschärfte und die extremistischen Parteien an Stärke und Militanz zunahmen, boten die republikanischen Kräfte dem Land ein wenig anregendes Bild der Verworrenheit und der Uneinigkeit.

Sechstes Kapitel

Die Demokratie in der Krise: Mittel- und Osteuropa

Die Verbreitung von Industrie und Kapitalismus hatte die Welt in wirtschaftlicher Hinsicht so eng zusammengefügt, daß der Zusammenbruch der New Yorker Börse auf dem ganzen Erdball tiefgreifende Rückwirkungen zeitigte. Dies traf insbesondere auf Europa zu, wo viele bedeutende nationale Industrien in enger Verbindung mit amerikanischen Firmen standen und wo außerdem viel amerikanisches Kapital investiert war. Die ersten Auswirkungen des Börsenkrachs in New York, der Finanzhauptstadt der Welt seit 1919, waren die Einziehung kurzfristiger Kredite und ein faktischer Darlehensstop. Diese Maßnahmen führten in den europäischen Ländern zu einer Wirtschaftskrise, und zwar vor allem in Mitteleuropa, das von amerikanischen Krediten stark abhängig gewesen war. Das gesamte Jahr 1930 hindurch unternahmen die Regierungen in diesem Gebiet alle Anstrengungen, um durch Einschränkungs- und Geldverknappungsprogramme Unheil abzuwenden. Doch Handel und Produktion gingen mit bedrohlicher Stetigkeit zurück. In den ersten sechs Monaten des Jahres 1931 gingen zwei große Banken zugrunde – in Österreich und in Deutschland. Der Schock, den diese Zusammenbrüche bewirkten, verschärfte nicht nur die Not in Mitteleuropa, sondern griff auch auf Großbritannien und Frankreich, der letzten Hochburg des Wohlstands, über.

Die Depression stellte die demokratischen Institutionen auf eine harte Probe. In einigen Ländern hielten sie der Prüfung stand und gingen in der Tat gestärkt aus ihr hervor, da die Wirtschaftskrise Mängel aufdeckte, die behoben werden konnten. Dies traf jedoch nicht auf Mittel- und Osteuropa zu, wo die Demokratie nicht tief genug verwurzelt war, um einen Sturm dieser Größenordnung zu überstehen, und wo ein Land nach dem anderen Zuflucht in der Diktatur suchte. Der vollständigste Zusammenbruch der Demokratie, der auch die tragischsten Folgen hatte, vollzog sich in Deutschland.

Der Sieg des Nationalsozialismus

Die Regierung Brüning. Ende 1929 war der Sozialdemokrat Hermann Müller Kanzler von Deutschland. Er leitete die große Koalition, bei deren Zustandekommen Stresemann mitgewirkt hatte (s. S. 107). Eine der ersten Auswirkungen der Depression war der Verlust des inneren Zusammenhalts dieser Regierung, so daß sie im März 1930 zurücktreten mußte.

Die Frage, an der die Koalition zerbrach, war, ob die Regierung bei ihrem bereits unausgeglichenen Etat die durch den raschen Anstieg der Arbeitslosigkeit bedingten hohen Ausgaben für Versicherungszahlungen aufbringen könne. Die Volkspartei verlangte eine Kürzung der Zahlungen und in einigen Fällen die völlige Streichung. Müllers Partei protestierte dagegen, weil es die Leiden der Bevölkerung nur noch vergrößern würde, und verweigerte ihre Zustimmung für jegliche Kürzung der Unterstützungszahlungen. Es war eine Streitfrage, in der ein Kompromiß hätte möglich sein müssen. Doch bestätigten sich die schlimmsten Eigenschaften des deutschen Parteiensystems, und Engstirnigkeit und Unnachgiebigkeit brachten das Kabinett zu Fall. Viele derjenigen, die zu diesem Ergebnis beisteuerten, sollten später ihre Kurzsichtigkeit verurteilen; denn ihr Verhalten öffnete der Zerstörung der Republik Tür und Tor.

Den Rest besorgte die Armee. Von diesem Zeitpunkt an spielte sie in der deutschen Politik eine unselige Rolle. Reichswehrminister im Kabinett Müller war Wilhelm Groener, der der Republik seit 1918 treu gedient hatte. Die Befürchtung, daß die Unfähigkeit der Parteien, während der Wirtschaftskrise eine leistungsfähige Regierung bereitzustellen, die nationale Sicherheit gefährden könne, machte ihn empfänglich für einen Plan seines engsten Beraters, General Kurt von Schleicher. Schleicher zielte darauf ab, ein Kabinett zu bilden, das durch keinerlei engstirnige Auffassung von Parteiloyalität behindert würde, das im Interesse der Nation regieren und sich im Falle von Auseinandersetzungen mit dem Parlament auf die Notstandsvollmachten des Reichspräsidenten gründen würde. Als Leiter eines solchen Kabinetts favorisierten Groener und Schleicher Dr. Heinrich Brüning, ein Zentrumsmitglied, dessen vernünftige Ansichten in Finanzfragen ihm, wie sie meinten, die Unterstützung der Parteien rechts von seiner eigenen garantieren würden.

Der neue Kanzler erwies sich als ein Mann von großer Energie, hoher Intelligenz und Courage. Doch standen diesen Eigenschaften seine Arroganz und sein Starrsinn gegenüber. Um der wirtschaftlichen Not der Nation zu begegnen, leitete er ein strikt deflationäres Programm ein, dessen Schwergewicht auf Sparsamkeit und Einschränkung innerhalb der Regierung lag. Er ermahnte den Reichstag, sein Kabinett stelle einen letzten Versuch dar, die drängendsten Probleme der Nation zu lösen, und warnte ihn, falls die Parteien nicht kooperationsbereit seien, werde er sich um anderweitige Unterstützung bemühen. Mit dieser Redeweise konnte er kaum Anhänger gewinnen, und der Reichstag verweigerte seine Zustimmung zu Brünings Finanz-Vorlagen. Der Kanzler wandte sich unmittelbar an den Präsidenten und erhielt die Vollmacht, sie durch Notverordnung in Kraft zu setzen. Als der Reichstag einen Mißtrauensantrag gegen seine Politik durchbrachte, löste

Brüning dieses Organ auf und ordnete für den 14. September 1930 Neuwahlen an.

Der Kanzler und seine militärischen Hintermänner waren zuversichtlich, daß dieses energische Vorgehen die Wähler beeindrucken und dem Reichstag eine funktionsfähige Mehrheit verschaffen würde. Warnungen, daß Wahlen während der Wirtschaftskrise lediglich extremistischen Parteien zugute kommen könnten, schenkten sie keinerlei Beachtung. Bei der Stimmenauszählung ergab sich, daß Brünings Partei sechs Sitze hinzugewann, während die Sozialisten, die Volkspartei und die Nationalisten an Stärke einbüßten. Die Reichstagsvertretung der Kommunisten jedoch stieg von 54 auf 77 Sitze, und – als überraschendstes Ergebnis – die Nationalsozialisten konnten ihre Vertretung von 12 auf 107 Sitze erhöhen und standen an zweiter Stelle hinter den Sozialdemokraten.

Das Anwachsen des Nationalsozialismus. Nach dem Debakel von München im Jahre 1923 hatten die Nationalsozialisten ein paar magere Jahre. Während Adolf Hitler seine Haftstrafe nach dem Putsch in der Bürgerbräuhalle verbüßte und seine Zeit damit zubrachte, Rudolf Heß sein Buch „Mein Kampf" zu diktieren, war seine Partei auseinandergebrochen. Es mußte ein neuer Anfang gemacht werden.

Im Gefängnis äußerte Hitler einem Freund gegenüber: „Statt die Macht mit Waffengewalt zu erobern, werden wir zum Verdruß der katholischen und marxistischen Abgeordneten unsere Nasen in den Reichstag stecken. Zwar mag es länger dauern, sie zu überstimmen als sie zu erschießen, am Ende aber wird uns ihre eigene Verfassung den Erfolg zuschieben. Jeder legale Vorgang ist langsam ..., doch werden wir früher oder später die Mehrheit haben – und damit Deutschland."

Nach seiner Entlassung im Jahre 1925 begann Hitler mit eiserner Energie, seine Partei wieder aufzubauen. Durch den „Völkischen Beobachter", eine Zeitung, die die Partei im Jahre 1920 erworben hatte, trug er seine antirepublikanischen, antimarxistischen und antijüdischen Ansichten an die Öffentlichkeit heran und warb neue beitragszahlenden Mitglieder. Die Anzahl der Parteimitglieder schwoll von 27 000 im Jahre 1925 auf 178 000 im Jahre 1929. Noch bedeutsamer war der Aufbau einer wirksamen und überraschend gut ausgeklügelten Parteistruktur. Hitler teilte das Land für Wahlen in Bezirke ein, die Gaue, die grob den Reichstagswahlbezirken entsprachen. Auch für Österreich, Danzig, das Saargebiet und das tschechoslowakische Sudetenland wurden Gaue gebildet – ein deutlicher Hinweis darauf, daß Hitler es mit seinen in „Mein Kampf" zum Ausdruck gebrachten Ansichten (s. S. 150) todernst meinte.

Hitler sagte später, in die Zukunft blickend habe er erkannt, daß es nicht genüge, den alten Staat umzustürzen, sondern daß der neue Staat vorher aufgebaut sein und einem praktisch fertig zur Verfügung stehen müsse. Daher umfaßte die Parteistruktur eine Anzahl von Organen, die den Ministerien der Regierung ähnelten. Sie hatte z. B. ihre eigene Abteilung für Außenpolitik und eine private Armee, die Sturmabteilung oder SA, die Ernst Röhm, ein Glückssoldat, der im Jahre 1930 ihre Leitung übernahm, erweiterte und reorganisierte. Es gab eine zweite Elitetruppe, die Schutzstaffel oder SS, ursprünglich eine persönliche Leibgarde für Hitler. Unter Führung von Heinrich Himmler sollte sie schließlich die SA verdrängen und sich zu einem gefürchteten Instrument für die Macht der Partei entwickeln.

An der Spitze der gut ausgeklügelten Parteiorganisation stand Hitler selbst als oberster Führer der Partei und der SA sowie als Vorsitzender der nationalsozialistischen Arbeiterorganisation. Seine persönliche Autorität beruhte im wesentlichen auf der zwingenden Ausstrahlungskraft seiner Persönlichkeit und auf seinem geschickten Umgang mit Untergebenen. Seine Kontrolle über die Organisation versetzte ihn in die Lage, potentielle Rivalen zu besänftigen, indem er ihnen neue Posten verschaffte oder ihre Anhänger von ihnen loslöste. Während Hitler im Gefängnis war, hatte der ehemalige Drogist Gregor Strasser die Parteiführung übernommen und bei den Reichstagswahlen von 1924 mit anderen nationalistischen Gruppen zusammengearbeitet. Strasser ordnete sich dem „Führer" nur zögernd unter. Doch Hitler zwang ihn dazu, indem er ihm zunächst in Norddeutschland freie Hand ließ, dieser Handlungsfreiheit dann aber jede Bedeutung nahm, dadurch daß er Strassers rechte Hand, Paul Joseph Goebbels, einen verkrüppelten kleinen Mann mit Klumpfuß und einem merkwürdigen Sinn für Propaganda, für sich gewann und als Gauleiter in Berlin einsetzte.

Die meisten seiner engen Mitarbeiter begegneten Hitler mit einer Haltung, die an Ehrerbietung grenzte. Die Tatsache, daß er diese oft begabten, aber egozentrischen und zynischen Männer begeistern und einschüchtern konnte, nimmt seinen späteren Erfolgen, Generäle, Industrielle, die Presse und ausländische Staatsmänner zu beeindrucken, etwas von ihrer Rätselhaftigkeit.

Die Mitgliederzahl der Partei und der Rückhalt im Volk waren nach 1929 enorm. Die Gründe hierfür lagen in der Wirtschaftskrise, die das ganze Leid von 1923 wieder aufleben ließ. Einen Indikator für die ernste Lage stellte die Arbeitslosigkeit dar, die von 1368000 im Jahre 1929 auf 3144000 im Jahre 1930 anstieg und sich dann weiterhin auf 5668000 im Jahre 1931 und 6014000 im Jahre 1932 erhöhte. Was dies für die Menschen bedeutete, ist von deutschen Schriftstellern dieses Zeitabschnitts beschrieben worden. Die Not des „white-collar worker" schildert Hans Fallada in „Kleiner Mann, was nun?" (1932) vielleicht auf die beißendste Art und Weise, und den Verfall der normalen Werte politischer und gesellschaftlicher Moral stellt Erich Kästner in „Fabian. Die Geschichte eines Moralisten" (1932) sehr plastisch dar.

Während der guten Jahre der Republik fand die NSDAP ihren stärksten Rückhalt in den überhitzten Patrioten, den fanatischen Antisemiten und gesellschaftlichen Außenseitern. Als die Wirtschaftskrise die fortschreitende Demoralisierung einmal in Gang gesetzt hatte, sprach die Partei ein viel breiteres Publikum an, und Hitler achtete sorgfältig darauf, daß gesonderte Heilsbotschaften und -versprechen an arbeitslose handwerkliche Arbeiter, Landarbeiter und kleine Bauern, Industrielle und andere spezielle wirtschaftliche Gruppen herangetragen wurden. Die Parteiredner hatten keinerlei Skrupel, die Vorurteile ihres Publikums oder die Bereitwilligkeit, der Vernunft den Rücken zu kehren, der Menschen in Extremen häufig anheimfallen, anzusprechen. Peter Drucker schrieb, daß er einmal gehört habe, wie ein Nazi-Redner einer tosenden Bauernmenge zurief: ,,Wir wollen keine höheren Brotpreise! Wir wollen keine niedrigeren Brotpreise! Wir wollen nationalsozialistische Brotpreise!" Diese Art von Rhetorik fand besonders beim unteren Mittelstand Anklang, dessen Mitglieder als erste von der Wirtschaftskrise betroffen waren und die ihr am wenigsten entgegenzusetzen hatten. Bei ihnen bereitete es Hitler die geringsten Schwierigkeiten, dem Publikum einzureden, Juden, Plutokraten und Sozialisten seien der Grund für ihr Leid.

Brüning und seine Anhänger vermochten sich nicht vorzustellen, wie wirksam diese Propaganda sein könnte. Sie waren völlig unvorbereitet auf Hitlers Sieg im September 1930, als 6,5 Millionen Deutsche die NSDAP wählten.

Schleichers Manöver und die Ernennung Hitlers. Ab September 1930 geriet Brüning in eine immer schwierigere Lage. Mißtrauensanträge überstand er nur mit einer knappen Mehrheit, die auf der Bereitschaft der Sozialdemokraten beruhte, ihn zu tolerieren, weil sie Angst davor hatten, was geschehen könne, wenn er gestürzt würde. Für die Durchführung des spartanischen Wirtschaftsprogramms, das Brüning den Namen ,,Hungerkanzler" eintrug, reichte sie nicht aus. Er mußte auf Notverordnungen zurückgreifen.

Brüning hoffte, seine Position mit einem durchschlagenden Erfolg in der Diplomatie zu festigen und konzentrierte sich auf Dinge wie die Beendigung der Reparationszahlungen und eine Lockerung der deutschen Rüstungsbeschränkungen. Das ganze Jahr 1931 hindurch versuchte er die Mächte davon zu überzeugen, daß es besser sei, einem demokratischen Deutschland Zugeständnisse zu machen, als einem kommunistischen oder nationalsozialistischen Deutschland gegenüberzustehen. Seine Regierung fand auch Gefallen an der Idee einer Zollunion zwischen Österreich und Deutschland zur Verbesserung der wirtschaftlichen Bedingungen in Mitteleuropa. Doch beging sie den Fehler, im März 1931 ohne vorherige Konsultation der anderen Mächte die Zollunion als ,,fait accompli" bekanntzugeben. Das hatte erschütternde Folgen. Unterstützt von Italien und der Kleinen Entente protestierte Frankreich, die Union sei mit dem Friedensvertrag nicht vereinbar, und der Plan wurde vom Internationalen Gerichtshof in Den Haag verwor-

26. Wahlplakat der NSDAP vor den Reichstagswahlen am 31. 8. 1932 (Entwurf: Hans Schweitzer)

27. Der Reichtagsbrand 1933. Das brennende Reichstagsgebäude in der Nacht zum 18. Februar 1933

fen. Diese demütigende diplomatische Niederlage für die Regierung Brüning hatte auch wirtschaftliche Auswirkungen. Sie war einer der Gründe dafür, daß Frankreich die Zustimmung zum Vorschlag von Präsident Herbert Hoover, einen einjährigen Zahlungsaufschub für alle zwischenstaatlichen Schulden zu gewähren, vertagte. Diese Verzögerung nahm dem Hoover-Moratorium einen Großteil seiner möglichen Wirkung, so daß es nicht gelang, die sich verschärfende Wirtschaftskrise in Deutschland in den Griff zu bekommen.

Anfang 1932 tauchten für Brüning zwei weitere Probleme auf. Obwohl Hitler sich entschieden hatte, die Macht mit legalen Mitteln zu erobern, ergingen sich seine Braunhemden in Gewalttaten und Terrorismus. Die Regierungen mehrerer Reichsländer verlangten nach Maßnahmen der Reichsregierung gegen den Nationalsozialismus. Und die Sozialdemokratische Partei gab zu verstehen, daß sie Brüning ihre Unterstützung im Reichstag entziehen würde, falls er nicht einwillige. Zum zweiten lief die Amtszeit Präsident Hindenburgs im Frühjahr 1932 ab, und falls die Parteien nicht übereinkamen, sie zu verlängern, standen Neuwahlen an, die höchst wahrscheinlich die Wirtschaft und die öffentliche Ordnung empfindlich stören würden.

Hitler lehnte Brünings Plan, Hindenburgs Amtszeit zu verlängern, ab und stellte sich selbst als Kandidat. Der erste Wahlgang endete unentschieden. Hindenburg erhielt 49,6 Prozent der Stimmen, Hitler 30,1 Prozent, der kommunistische Kandidat Thälmann 13,2 Prozent und der Kandidat der Deutschnationalen, Düsterberg, 6,8 Prozent. Im zweiten Wahlgang, am 10. April 1932, gewann der alte Feldmarschall dank Düsterbergs Rücktritt von der Kandidatur 53 Prozent der Stimmen gegen Hitler mit 36,8 Prozent sowie Thälmann mit 10,3 Prozent und wurde für gewählt erklärt.

Am Vorabend der ersten Wahl war die SA mobilisiert worden und hatte Berlin umstellt. Der Zweck dieser Übung war nicht klar, jedoch alarmierte sie die Regierung. Auf Anraten von Verteidigungsminister Groener erließ der Kanzler am 14. April ein Verbot der SA und der SS. Dieses Zeichen der Stärke aber erwies sich bald als die Ursache für Brünings Sturz. Groeners Freund und Untergebener Schleicher, der ursprünglich das Verbot der SA befürwortet hatte, vollzog nun eine Kehrtwendung. Nach Schleichers Ansicht zeigte sich Brüning, auf den er die Hoffnung gesetzt hatte, er würde Deutschland aus dem Morast der Parteienpolitik hinausführen, lediglich als eine Schachfigur der Sozialisten. Nun, so meinte er, sei es an der Zeit, eine politische Kombination zu erproben, die die Sozialisten zur Ohnmacht verurteilen würde, so daß eine eventuelle spätere Gewaltanwendung gegen die Nationalsozialisten auch mit Sicherheit den nationalen Interessen dienen und nicht der Linken zugute kommen würde. Schleicher hoffte überdies, er könne Hitler dazu bewegen, politische Verantwortung unter Bedingungen zu übernehmen, die die Kontrolle über ihn gewährleisten oder, falls das nicht gelänge, seine Partei spalten würden.

Unmittelbar nach dem Verbot der SA verwendete Schleicher daher seinen Einfluß auf den Sohn des Präsidenten, um den alten Mann (der 1925, nach Eberts Tod, erstmalig gewählte Hindenburg war nun 84 Jahre alt) davon zu überzeugen, daß dieser Erlaß die Armee in Unruhe versetzt und beleidigt habe. Es war etwas Wahres daran. Der Nationalsozialismus begann die jungen Offiziere zu sich herüberzuziehen, und selbst unter dienstälteren Offizieren, die Hitler und seine Ansichten nicht mochten, herrschte Bewunderung für den Geist und die Energie der Bewegung und Hochachtung vor ihrem militärischen Potential. Hindenburg gelangte zu der Überzeugung, er sei von seinem Kanzler unzureichend informiert worden, und machte Ende Mai deutlich, daß er ihn nicht mehr unterstützen werde.

Die Politik der folgenden acht Monate war von drei Erzintriganten beherrscht: Schleicher, der die oben skizzierte Politik anstrebte; Baron Franz von Papen, ehemaliger Gardeoffizier, während des Ersten Weltkrieges wegen Spionage von Washington diskreditierter Militärattaché und jetzt Mitglied der Zentrumspartei; sowie Hitler. Papen war der Mann, der dem Präsidenten als Ersatz für Brüning angeboten wurde. Um Papen einen fairen Start zu ermöglichen, traf Schleicher ein Geheimabkommen mit Hitler, in dem der „Führer" offenbar versprach, Papen zu tolerieren, falls das Verbot der SA aufgehoben und Ende Juli Neuwahlen abgehalten würden. Ausgestattet mit dieser zweifelhaften Zusicherung, holte Papen – auf Schleichers Aufforderung hin – zu einem Schlag gegen das Hauptzentrum sozialistischer Macht in Deutschland aus, gegen die sozialdemokratische Regierung Preußens. Nach einer Straßenschlacht zwischen Nationalsozialisten und Kommunisten in Altona bei Hamburg am 17. Juli sicherte er sich ein Dekret von Präsident Hindenburg, durch das er zum Reichskommissar von Preußen ernannt wurde und die Vollmacht erhielt, die preußische Regierung zu entlassen – wovon er am 20. Juli Gebrauch machte. Die preußischen Minister gaben ohne Widerstand auf; es ist schwer zu sagen, was sie sonst hätten tun können. General Gerd von Rundstedt war der Befehl erteilt worden, Papens Maßnahmen notfalls mit Gewalt durchzusetzen, und die Minister waren nicht überzeugt davon, daß ihre Polizeikräfte dem Militär Widerstand leisten würden. Die Minister konnten auch nicht – wie im Falle des Kapp-Putsches im Jahre 1920 (s. S. 100) – auf Gewerkschaftsstreiks zählen. In Anbetracht der hohen Arbeitslosenquote waren Arbeiter, die eine Stelle hatten, nicht geneigt, sie aufs Spiel zu setzen.

Weder der Coup in Preußen noch seine energische Außenpolitik – die Befreiung Deutschlands von den Reparationslasten auf der Konferenz von Lausanne und sein zeitweiliges Fernbleiben von der Genfer Abrüstungskonferenz aus Protest gegen den ungleichen Status Deutschlands – brachte von Papen bei Wählern aus dem Mittelstand oder bei konservativen Wählern bemerkenswerten Erfolg. Auch zeigten sie keine Wirkung auf die Nationalsozialisten. Bei den Reichstagswahlen von Ende Juli verloren die beiden einzigen Parteien, die Papen wirklich unterstützten, insgesamt 44 Sitze, während die Kommunisten zwölf Sitze hinzugewannen, die Nationalsozialisten aber ihre Vertretung verdoppelten und damit zur größten Partei im Reichstag aufstiegen. Um ein Mißtrauensvotum abzuwehren, mußte Papen den Reichstag unverzüglich auflösen; doch in den Neuwahlen vom November bezogen 90 Prozent der Wähler eindeutig Stellung gegen die Regierung.

Zu diesem Zeitpunkt scheint Papen den Entschluß gefaßt zu haben, daß bei einem Vertrauensentzug der Parteien der Reichstag aufgelöst werden und das Kabinett mit Rückendeckung des Präsidenten und der Armee durch Erlasse regieren müsse. Es spricht sehr für seine Überredungskunst, daß er den Präsidenten von dieser Notwendigkeit überzeugt hatte, als Schleicher eingriff. Der General wies darauf hin, daß das Vorgehen, wie Papen es plante, gemeinsame nationalsozialistische und kommunistische Aufstände heraufbeschwören könnte, die wahrscheinlich noch durch polnische Grenzstreifzüge verschärft würden. Die Armee, erklärte er, sei nicht stark genug, um unter solchen Umständen die öffentliche Ordnung und die nationale Sicherheit aufrechtzuerhalten. Hindenburg hatte keine andere Wahl, als Papens Plan abzulehnen und dessen Rücktritt anzunehmen. Er bestand jedoch darauf, daß Schleicher nun die Regierungsverantwortung übernahm und ernannte ihn am 2. Dezember 1932 zum Kanzler.

Schleicher war diese Wendung der Ereignisse nicht unangenehm. Für ihn war der plötzliche Rückgang der Nationalsozialisten – ein Verlust von zwei Millionen Stimmen und 34 Reichstagssitzen – das interessanteste Phänomen der Novemberwahlen. Wenn die Nationalsozialisten ihren Höhepunkt überschritten hatten, so war die Zeit vielleicht reif, Hitler zu einem Kompromiß zu zwingen oder seine Bewegung zu spalten. Schleicher wußte, daß Gregor Strasser über die Wahlergebnisse beunruhigt war, und meinte, dieser könne nun vielleicht bereit sein, einer neuen Regierung beizutreten. Diese Möglichkeit hatte Schleicher im Sinn, als er den Kanzler durch eine bewußt pessimistische Berichterstattung über die Armee an Hindenburg stürzte.

Soweit er die Sachlage sah, schätzte er sie richtig ein. In der nationalsozialistischen Partei herrschte Geldknappheit, und mehrere ihrer führenden Persönlichkeiten wollten in die Regierung eintreten, bevor es zu spät war. Doch hatte Schleicher Hitlers politisches Geschick und den Einfluß, den er auf seine Anhänger ausübte, nicht eingerechnet. Als Schleicher Strasser den Posten des Vizekanzlers in seinem Kabinett anbot, erhob Hitler gegen diese Berufung Einspruch, und Strasser trat aus der NSDAP aus. Die Spaltung der Partei aber, die Schleicher daraufhin erwartete, blieb aus. Unter einer nahezu dämonischen Willensbekundung zwang Hitler die Schwankenden auf die Parteilinie.

Durch diese Art von Krisenüberwindung innerhalb der nationalsozialistischen Partei war Schleicher zum Scheitern verurteilt. Er versuchte verzweifelt, seine Position im Reichstag zu stärken, indem er tatsächlich fundamentale Agrar- und Sozialreformen versprach, um die Unterstützung der Sozialisten zu erringen. Den Sozialisten aber war seine Rolle bei der Auflösung der preußischen Regierung in Erinnerung, und sie blieben ungerührt. Schleicher verlangte dieselben diktatorischen Vollmachten, um die Papen ersucht hatte. Doch der Präsident, der Papen mochte, dachte an Schleichers Argumente gegen diesen und erklärte seinem Kanzler, wenn er im Reichstag keine Mehrheit finde, müsse er zurücktreten.

Nun kamen nur zwei Möglichkeiten für die Nachfolge in Frage: Papen oder Hitler. Aus Erbitterung über Schleichers Taktik hatte Papen Hitler geholfen, seine finanzielle Notlage zu überbrücken, indem er ihm die Unterstützung einiger prominenter Industrieller aus dem Rheinland verschaffte. Jetzt erörterte er mit dem „Führer" die Möglichkeit einer neuen Regierung Papen-Hitler. In Berlin ging das Gerücht um, im Falle des Versuches, Hitler zum Kanzler zu machen, werde die Armee eingreifen, um dies zu verhindern. In der Realität war es gar nicht möglich. Schleicher – der Mann, der sich in der besten Position befand, zu einer Intervention der Armee aufzufordern – fürchtete eine Kanzlerschaft Papens mehr als eine solche Hitlers. Daher blieb die Armee neutral und sicherte Hitler mit ihrer Neutralität den Erfolg bei der Machtergreifung. Am 30. Januar 1933 brachte man Hindenburg dazu, seine frühere Antipathie gegen Hitler zu überwinden und ihn als Kanzler eines Koalitionskabinetts mit Papen als Vizekanzler zu akzeptieren. Obgleich nur drei NSDAP-Mitglieder dem vorwiegend nationalistischen Kabinett angehörten, schwärmten Mengen frohlockender Nationalsozialisten am Abend des 30. Januar durch die Straßen von Berlin und benahmen sich, als ob sie die neuen Herrscher über Deutschland seien.

Die Konsolidierung der nationalsozialistischen Macht. Zumindest einige Wochen lang mußte der Kanzler Vorsicht walten lassen. Selbst mit Unterstützung der Deutschnationalen verfügte er im Reichstag nicht über die Mehrheit. Doch für März waren neue Reichstagswahlen anberaumt, und der „Führer" verließ sich darauf, daß seine Sturmtrupps das bestmögliche Ergebnis herbeiführen würden. Göring, den er zum Innenminister von Preußen ernannt hatte, nutzte seine Position, um die reguläre Polizei um eine Hilfstruppe von 50 000 Mann zu ergänzen, die sich zu vier Fünfteln aus der SA und der SS rekrutierte und die die meiste Zeit darauf verwandte, Gegner der Partei zu jagen.

Diese Einschüchterungskampagne allein genügte nicht. Hitler brauchte einen Anlaß, um sich der Opposition der anderen Parteien entledigen zu können. Ein solcher bot sich mit dem Reichstagsbrand in der Nacht vom 27. Februar 1933. Ein geistesgestörter holländischer Kommunist namens Marinus van der Lubbe wurde im Reichstagsgebäude festgenommen und bekannte sich zu dem Verbrechen. (Aller Wahrscheinlichkeit nach war es von Nazi-Agenten geplant, obschon dies immer noch umstritten ist.) Das lieferte Hitler den Vorwand, eine „Verordnung zum Schutz von Volk und

Staat" vom Präsidenten zu verlangen. Dieses am 28. Februar vom Präsidenten unterzeichnete Dokument suspendierte Teile der Verfassung, die bürgerliche Freiheiten und die Freiheit des einzelnen garantierten, und bevollmächtigte die Regierung, alle beliebigen Methoden anzuwenden, einschließlich der Hausdurchsuchung und Verhaftung, um staatsgefährdende kommunistische Gewalttaten zu verhindern.

Diesen Erlaß in Händen, tobten SA-Stürmer in Lastwagen durch die Straßen Deutschlands und verhafteten Kommunisten, Sozialisten und führende Liberale, zerstörten Zeitungspressen und terrorisierten das Land ganz allgemein. Unterdessen ertönte unablässig aus dem Radio, daß kommunistische Verschwörungen gegen den Staat aufgedeckt worden seien. Angesichts dieser Begebenheiten überrascht es, daß sich bei den Wahlen vom 5. März 1933 immer noch 56 Prozent der Wähler gegen Hitler entschieden. Die Sozialisten hielten ihren Stimmenanteil, das Zentrum erhöhte ihn, und selbst die Kommunisten erreichten noch 4848058 Stimmen. Die Nationalsozialisten mit 288 und die Deutschnationalen mit 52 Sitzen verfügten gemeinsam über eine knappe Mehrheit im Reichstag.

Hitler aber besaß immer noch die Vollmachten über den Reichstag, die er mit der Verordnung vom 28. Februar erlangt hatte. Dies und der Terrorismus seiner Braunhemden lähmten die Opposition und ermöglichten es ihm, sein Ziel zu erreichen. In einer Reichstagssitzung am 23. März, von der kommunistische Abgeordnete und einige Sozialdemokraten ferngehalten wurden, legte er das sogenannte Ermächtigungsgesetz vor, das „Gesetz zur Behebung der Not von Volk und Reich". Es erteilte dem Kabinett über einen Zeitraum von vier Jahren alle Vollmachten über die Gesetzgebung und den Etat, einschließlich des Rechtes, Verfassungsänderungen einzuleiten. In der angespannten Debatte im Reichstag sprachen und stimmten nur die Sozialisten gegen die Gesetzesvorlage. Das Zentrum beschloß, dafür zu stimmen, jedoch Garantien von Hitler zu verlangen, daß Absicherungen für die Verfassung vorgesehen würden. Solche Garantien wurden nicht gegeben, das Zentrum aber stimmte trotzdem für die Vorlage; und das Handeln dieser Partei war entscheidend. Mit einem Abstimmungsergebnis von 441 zu 84 machte der Reichstag Hitler zum Diktator.

Die Gleichschaltung. Es folgte der Prozeß der sogenannten Gleichschaltung – die systematische Vernichtung, Zähmung oder Koordination aller unabhängigen Einrichtungen oder Organisationen. Einer der ersten Schritte in dieser Richtung war die Aufhebung der historischen Rechte der einzelnen Länder, die Entlassung ihrer Regierungen und die Ernennung von Reichsstatthaltern, die dem Kanzler gegenüber verantwortlich waren. Der so begonnene Prozeß wurde am ersten Jahrestag der Machtübernahme Hitlers durch das Gesetz über den Neuaufbau des Reiches (30. Januar 1934) abgeschlossen. Deutschland war zum ersten Mal in seiner Geschichte völlig zentralisiert.

Schon lange vorher waren alle Parteien, die hätten protestieren können, verschwunden. Die Kommunistische Partei war im Februar für ungesetzlich erklärt worden. Die Sozialdemokratische Partei wurde im Juni für subversiv erklärt. Im Juli verkündeten die katholischen Parteien selbst ihre Auflösung. Die Demokraten und Stresemanns Volkspartei wichen dem Druck und taten das gleiche. Hitlers Partner im Kabinett, die Deutschnationalen, hatten den Prozeß schon eher durchschaut, allerdings erst nachdem ihre Büros von der Polizei und der SA besetzt worden waren und man sie aufgefordert hatte, das Feld zu räumen. Der gesamte Prozeß wurde am 14. Juli 1933 durch ein Gesetz legalisiert, das erklärte, die NSDAP sei die einzige politische Partei in Deutschland und Versuche, andere Parteien zu gründen oder aufrechtzuerhalten, würden mit Gefängnis bestraft.

Am 2. Mai 1933 plünderten Polizei- und SA-Einheiten das Hauptquartier aller unabhängigen Gewerkschaften, verhafteten ihre Führer und beschlagnahmten ihre Gelder. Am 24. Juni wurden die katholischen Gewerkschaften in gleicher Weise zerstört. Als Ersatz für die Gewerkschaften wurde die Arbeitsfront gegründet. Dieses Organ, das schließlich alle erwerbstätigen Personen außerhalb des Staatsdienstes erfaßte, hatte keine echte politische oder wirtschaftliche Funktion und kümmerte sich keineswegs um die Regelung von Löhnen oder Arbeitsbedingungen. Die Arbeitsfront übernahm Führungsfunktionen innerhalb der Arbeiterschicht und erfüllte bestimmte Verwaltungsaufgaben. Doch lag ihre wesentliche Aufgabe darin, die Arbeiter machtlos zu halten und durch unablässige Indoktrination die letzten Spuren des Marxismus in ihren Köpfen auszumerzen.

Niemand erkannte deutlicher als Hitler, daß die unkündbare Beamtenschaft die Arbeit eines Regimes effektiv sabotieren kann. Und er war entschlossen, Sorge zu tragen, daß sich das, was sich unter dem Weimarer Regime abgespielt hatte, unter seinem Regime nicht wiederholen würde. Innerhalb von zwei Wochen nach Verabschiedung des Ermächtigungsgesetzes erließ Hitler das „Gesetz zur Wiederherstellung des Berufsbeamtentums" (7. April 1933), das die Entfernung aller Nichtarier und aller Personen, die nicht mehr bereit waren, jederzeit für den nationalsozialistischen Staat einzutreten, verlangte. Es wurde bald auf die Rechtsprechung und die Universitäten ausgedehnt. Die Entscheidung des Obersten Gerichtshofes, des „Reichsgerichts", drei der vier Angeklagten im Reichstagsbrand-Prozeß freizusprechen, führte zur Gründung eines neuen „Volksgerichtshofes", der sich mit Fällen von Verrat befassen sollte. Und nach dem März 1933 wurden politische Verbrechen vor dem „Sondergericht" verhandelt, dessen Rechtsanwälte von Nazi-Funktionären anerkannt werden mußten.

Es ist unmöglich, den Charakter der nationalsozialistischen Justiz richtig einzuschätzen, wenn man sich nicht der Tatsache bewußt ist, daß Hitler das Recht hatte, Strafprozesse, die er nicht billigte, zu beenden, und daß Rudolf Heß, der Stellvertreter des „Führers", bevollmächtigt war, Maßnahmen gegen Angeklagte zu ergreifen, die seiner Meinung nach zu gering bestraft worden waren. Überdies zögerten die im April 1933 von Göring gegründete Gestapo, die Geheime Staatspolizei, und der SD, der Sicherheitsdienst der SS, nicht, Tausende von Deutschen willkürlich zu verhaften, in Konzentrationslager einzuliefern und körperlich zu züchtigen. In einem Erlaß vom Februar 1936 wurde erklärt, diese Organe stünden in Ausübung des Willens der Führung über dem Gesetz.

Kurz nach seiner Ernennung zum Kanzler sprach Hitler davon, er wolle die friedliche Eintracht zwischen Kirche und Staat aufrechterhalten. Im Juni 1933 schloß er tatsächlich ein Konkordat mit dem Vatikan, das die Freiheit der römisch-katholischen Religion in Deutschland garantierte. Bald darauf richtete man jedoch systematische Angriffe gegen kirchliche Organisationen, die katholische Presse und führende Kirchenvertreter. Sie setzten zeitweilig aus, doch war es der Kirche im Laufe der Jahre unmöglich, vor ihnen und anderen Wesensmerkmalen des nationalsozialistischen Systems die Augen zu verschließen. Im März 1937 protestierte Papst Pius XI. in der Enzyklika „Mit brennender Sorge" heftig gegen die Konkordatsverstöße. Dies wirkte sich zwar nicht sonderlich auf die nationalsozialistische Politik aus, beeinflußte aber doch viele Katholiken, sich der Widerstandsbewegung anzuschließen.

Unterdessen waren die lutherische und die reformierte Kirche einer Kampagne ausgesetzt, die von einer staatlich gestützten Gruppe unter dem Namen „Deutsche Christen" geführt wurde mit dem Ziel, die protestantische Kirche der nationalsozialistischen Rassendoktrin und dem Führerprinzip unterzuordnen. Hunderte von Pfarrern setzten sich dagegen zur Wehr und wurden in Konzentrationslager eingeliefert. Wie im Falle der katholischen Kirche konnte Hitler die offene Opposition mit Gewalt brechen und als Preis für die Offenhaltung der Kirchen von Kirchenvertretern einen Treueeid erzwingen. Doch die Reihen des Widerstands im Untergrund füllten sich mit loyalen Protestanten, die die Mißbräuche des Regimes nicht zu dulden vermochten.

Mit der „Gleichschaltung" dieser Organisationen war der Prozeß nicht beendet. Er erstreckte sich auf alle Einrichtungen, die die Gesinnung der Deutschen zum Guten oder Schlechten beeinflussen konnten. Das Reichspressegesetz vom 4. Oktober 1933 legte fest, daß alle Herausgeber von Zeitungen deutsche Bürger, Arier, sein mußten und nicht mit Juden verheiratet sein durften; und es verfügte eine äußerst strenge Pressezensur. Der Staat besaß bereits das Monopol über das Radio und hatte es zu einem reinen Parteiorgan gemacht, das von Joseph Goebbels geleitet wurde. Dessen Propagandaministerium kontrollierte auch alle Bereiche der Filmindustrie. Das auffälligste Resultat dieser Kontrolle über die Massenmedien war, daß ihr geistiges Niveau abgrundtief sank und daß ihre Fadheit selbst dem loyalsten Nationalsozialisten offenkundig wurde.

Die Flucht der Intelligenz und ihre Beschränkungen aus politischen und rassistischen Gründen beeinträchtigten auch das deutsche Bildungssystem. Alle Lehrer unterstanden den Rassengesetzen und mußten Hitler den Treueeid leisten. Der Inhalt ihres Unterrichts und die Bücher, die sie verwenden durften, waren vorgeschrieben. Tausende von großen Wissenschaftlern und Lehrern verloren oder gaben ihre Position auf, und diejenigen, die blieben, sahen – willentlich oder unwillentlich – mit an, wie die Bildung verzerrt wurde, um sie den Zielen des nationalsozialistischen Staates unterzuordnen. Um 1939 klagte die deutsche Industrie über einen Mangel an gut ausgebildeten Chemikern, Technikern und Ingenieuren, und sowohl in der Wirtschaft als auch im Staatsdienst machten sich die Auswirkungen eines Erziehungssystems bemerkbar, das sein Hauptziel in politischer und rassistischer Indoktrination sah.

Die Unterordnung der Partei und der Streitkräfte. Mittels der oben beschriebenen Methoden gelang es Hitler, wie Franz Neumann schrieb, „jede Institution, die in der Demokratie Reste menschlicher Spontaneität bewahrt, zu vernichten." Seine Tyrannei war aber noch nicht vollkommen, solange er nicht zwei Gefahren, die seine Macht möglicherweise bedrohen konnten, beseitigt hatte: diejenige, die von seiner eigenen Partei ausging, und diejenige, die die Streitkräfte darstellten.

Hitler hat es niemals für nötig gehalten, eine Parteisäuberung im Maßstab der Stalinistischen Säuberungen vorzunehmen. Doch im Juni 1934 demonstrierte er durch Beseitigung einiger seiner ältesten Weggefährten und offener Parteikritiker, daß er dazu imstande war. Der wesentliche Grund für die „Nacht der langen Messer", wie sie später genannt wurde, lag in der Unzufriedenheit vieler Anhänger Hitlers mit seiner Politik nach 1933, die sie als konservative Wendung empfanden. Sie hatten den sozialistischen Teil im Namen ihrer Partei ernstgenommen und erwarteten, daß das Ermächtigungsgesetz zur Enteignung der Reichen führen würde. Statt dessen mußten sie mitansehen, wie Hitler mit Industriellen, Großgrundbesitzern, Generälen und der alten Elite in bestem Einvernehmen stand. Kritik an Hitler wurde vor allem in der SA laut, deren Kommandeur Ernst Röhm diese Truppen als die wirkliche revolutionäre Armee betrachtete, die die alte Reichswehr ersetzen würde.

Es herrscht immer noch Unklarheit darüber, ob die Leiter der SA tatsächlich einen Coup gegen den „Führer" erwogen. Hitler entschloß sich nach langem Zögern, zu handeln, als ob ein solcher beabsichtigt sei. In den Stunden vor der Morgendämmerung des 30. Juni 1934 schlug er mit jener erschütternden Schnelligkeit zu, die immer für seine Handlungsweise charakteristisch war, sobald er sich entschieden hatte. Abordnungen von SS-Truppen und Gestapo-Agenten holten Röhm und andere SA-Führer aus ihren Betten und erschossen sie ohne jegliche Anhörung. Unterdessen nutzten andere Mordkommandos die Gelegenheit, um sich prominenter Gegner des Nationalsozialismus zu entledigen und alte Rechnungen zu begleichen. Schleicher und seine Gattin wurden in ihrer Wohnung erschossen. Gustav von Kahr, der im Jahre 1923 mit Hitler gebrochen hatte, wurde zu Tode gemartert und bei Dachau im Moor versenkt. Zwei der engsten Mitarbeiter von Papens wurden zur Warnung des Vizekanzlers erschossen. Alles in allem kamen Hunderte von Menschen ums Leben, und die Erinnerung an diese Schreckensnacht genügte, um bis zu Hitlers Tod von ernstlichen Meinungsverschiedenheiten innerhalb der Partei abzuschrecken.

Einer der Gründe für Hitlers Entschluß, die SA zu säubern, war sein Wunsch, Hindenburgs Amt zu übernehmen. Er wollte eine Intervention der Armee vermeiden, und infolge der Beseitigung ihres Hauptrivalen hielt sich die Armee zurück. Unmittelbar nach dem Tod Hindenburgs am 2. August 1934 wurde verkündet, das Amt des Kanzlers und des Präsidenten seien in einer Hand vereinigt worden und Hitler werde als Staatsoberhaupt und Befehlshaber der Streitkräfte regieren. Alle Offiziere und gemeinen Soldaten des Militärs mußten dem „Führer" bedingungslose Treue schwören.

Von nun an sollte die Unabhängigkeit der Armee stufenweise untergraben werden. Die dienstälteren Offiziere der Armee mochten sich weiterhin der Täuschung hingeben, sie hätten Hitler unter Kontrolle oder könnten sich seiner notfalls entledigen. Nach 1935 aber, mit dem Beginn der halsbrecherischen Wiederaufrüstung (s. S. 154), wuchs die Armee derartig an, daß die innere Homogenität des Offizierkorps verlorenging und die älteren, konservativen Offiziere nicht mehr für die Gesamtheit sprechen konnten. Nach 1936 waren die neuen Offiziersanwärter und die neuen Rekruten großenteils bereits in nationalsozialistisch beherrschten Schulen indoktriniert worden; und selbst unter reiferen Offizieren begannen die alten Wertvorstellungen sich unter dem Druck von Ehrgeiz, Neid und Opportunismus zu verflüchtigen.

Der anfangs große Respekt Hitlers vor den älteren Offizieren der Armee begann zu schwinden, als er bei ihnen auf Proteste gegen das Tempo des Wiederaufrüstungsprogramms und die Abenteuerlichkeit seiner Außenpolitik stieß (s. S. 156). Als er die Zeit für reif hielt, seine allumfassende Kampagne zur Eroberung Osteuropas einzuleiten, war er zuversichtlich genug, die Armee „gleichzuschalten", ebenso wie er es mit den Gewerkschaften gemacht hatte. Anfang Februar 1938 nahm er eine völlige Reorganisation der Streitkräfte vor. Von nun an unterstanden alle Abteilungen einem neuen Oberkommando der Wehrmacht (OKW) unter Hitlers direktem Befehl; und General Wilhelm Keitel, ein vollkommen ergebener Bewunderer Hitlers, wurde sein Stellvertreter. Das Heereskommando mit seinem berühmten, einstmals mächtigen Generalstab war somit degradiert und mußte seine Ansichten denen von Hitlers persönlichem Militärstab unterordnen. Die letzten Schranken zur absoluten Macht Hitlers waren durchbrochen.

Die Kriegswirtschaft. Unter Hitler überwand Deutschland die Wirtschaftskrise mit einer Schnelligkeit, die die Welt in Bewunderung versetzte. Die
Arbeitslosigkeit sank von sechs Millionen im Jahre 1932 auf unter eine Million vier Jahre später. In demselben Zeitraum verdoppelte sich das Bruttosozialprodukt. Staatliche Ankurbelung, ausgedehnte Programme für öffentliche Arbeiten, Steuererleichterungen für die Industrie und Finanztricks – all
dies spielte hierbei eine Rolle. Im wesentlichen jedoch rührte der Aufschwung von der Wiederaufrüstung her. Der im September 1936 eingeleitete
Vierjahresplan zielte darauf ab, Deutschland autark zu machen und damit
unempfindlich gegen eine Blockade, wie sie während des Krieges von 1914
bis 1918 gegen Deutschland verhängt worden war. Im Rahmen dieses Plans
setzten die Akkumulation strategischer Rohstoffe, die Entwicklung syntheti-
scher Stoffe und die Mobilmachung der Kriegsindustrien ein. Für Deutschlands Nachbarn, die die Ziele der Politik Hitlers nicht erkannten, war dieses
Wiederaufblühen der Wirtschaft in höchstem Maße beeindruckend, und es
trug dazu bei, daß der Totalitarismus attraktiv erschien. Dies betraf vor allen
Dingen die Länder des Ostens, wo der Trend zur Diktatur sich schon bemerkbar gemacht hatte, bevor Hitler an die Macht gelangte.

Die Demokratie in Osteuropa im Rückzug

Polen und die baltischen Staaten. Die Nachkriegsgeschichte Polens bietet ein
gutes Beispiel dafür, wie schwierig es in Osteuropa war, eine Demokratie in
Gang zu bringen. In Paris hatte man Polen großzügig behandelt, und die
neue Republik startete unter günstigeren geographischen Bedingungen und
mit größeren wirtschaftlichen Reserven als ihre Nachbarstaaten. Diese Start-
vorteile wurden jedoch wettgemacht durch politische Praktiken, die die Lösung interner Probleme faktisch unmöglich machten.

Viele Probleme Polens rührten daher, daß das Land in den ersten Nachkriegsjahren sein Territorium durch Übergriffe auf seine Nachbarstaaten zu
erweitern suchte (s. S. 55 und 67). Dies bedingte hohe Ausgaben für das
Militär, die zur stetigen Verschlechterung der wirtschaftlichen Lage der Nation beisteuerten. Der Krieg gegen Rußland führte im Jahre 1920 zu einem
Haushaltsdefizit in Höhe von fünfzig Milliarden Zloty, und der Währungskurs gegenüber dem amerikanischen Dollar fiel im Laufe dieses Jahres von
120 auf 500 Zloty. Im Jahre 1922 lag der Zloty gegenüber dem Dollar annähernd bei 3000, und bis 1923 war die Inflation in Polen so weit vorangeschritten, daß das Land von seiner alten Währung abgehen und mit ausländischen Krediten neu beginnen mußte.

Hingegen erlebte das Land keinerlei wirtschaftlichen Aufschwung, der mit
dem in Deutschland nach 1923 vergleichbar gewesen wäre. Der Schlüssel
zum Wirtschaftswachstum in Polen lag in der Agrarreform. Doch obschon

das Parlament mehrere Teilreformen verabschiedete, war die Schicht der Großgrundbesitzer immer stark genug, um jeden grundlegenden Wandel zu verhindern. Was an geringfügigen wirtschaftlichen Fortschritten erzielt worden war, saugte die Wirtschaftskrise wieder auf.

Daß Polen bei der Bewältigung seiner wirtschaftlichen Probleme scheiterte, lag an seinen parlamentarischen Gepflogenheiten. Die Verfassung vom März 1921 stärkte die Legislative auf Kosten der Exekutive. Die Vollmachten des Präsidenten, der vom „Sejm" und dem Senat gewählt wurde, hielten sich in engen Grenzen, und er besaß kein Vetorecht gegenüber diesen beiden gesetzgebenden Organen. Gleichzeitig machten letztere von ihren ausgedehnten Befugnissen keinen wirksamen Gebrauch, sondern entwickelten sich vielmehr zur Kampfstätte für viele Parteien und Splittergruppen. Um die Mitte der 20er Jahre, als eine Koalitionsregierung die andere ablöste, ohne spürbare Erfolge aufzuweisen zu haben (zwischen 1919 und 1926 existierten dreizehn solcher Regierungen), wurde Joseph Pilsudski, der die polnischen Streitkräfte im Jahre 1920 gegen Rußland angeführt hatte, von vielen seiner Landsleute bedrängt, dieser Situation ein Ende zu bereiten.

Im Mai 1926 gab Pilsudski ihrem Drängen nach. Er rückte mit gemischten Streitkräften von Freiwilligen und aufrührerischen Regierungstruppen auf Warschau vor und zwang das Parlament nach dreitägigen Kämpfen zur Kapitulation. Pilsudski wahrte zwar die äußere Form der republikanischen Regierung und weigerte sich sogar, die Präsidentschaft anzunehmen; doch stellte er von diesem Zeitpunkt an die eigentliche Kraft in der polnischen Politik dar, und er und seine „Obersten" hatten ein Monopol über das Amt des Ministerpräsidenten und andere wichtige Ämter. Dieser Wandel zur Diktatur machte aber das politische System nicht leistungsfähig genug, um die wirtschaftliche Lage des Landes zu verbessern oder die nationalen Minderheiten zufriedenzustellen. Pilsudskis Finanzreformen zeitigten nur kurzfristige Wirkungen und bereiteten das Land nicht darauf vor, dem Schock der Weltwirtschaftskrise standzuhalten.

Das unglücklichste Resultat des Staatsstreichs von Pilsudski vom Jahre 1926 war vielleicht die Tatsache, daß er eine militärische Elite an die Macht brachte, die ihre Verachtung gegenüber der Demokratie auch in die Außenpolitik hineintrug. Nach 1926 wuchs die Kritik der Obersten am Völkerbund immer stärker an. Sie zeigten zunehmend den Wunsch, sich ihre Unabhängigkeit von Frankreich zu bewahren. Als Hitler in Deutschland die Macht übernahm, verschaffte ihm daher die polnische Regierung im Januar 1934 mit einem Freundschaftsvertrag seinen ersten Sieg in der Außenpolitik. Die Obersten waren eindeutig der Überzeugung, daß sie angesichts der verworrenen Lage der internationalen Politik eine Chance hätten, Machtpolitik in großem Maßstab zu betreiben. Tatsächlich aber spielten sie Hitler in die Hände, indem sie die Auflösung des französischen Sicherheitssystems in Osteuropa einleiteten.

Die politische Entwicklung der baltischen Länder verlief ganz ähnlich wie die Polens. Litauen, Lettland und Estland begannen ihre Unabhängigkeit mit demokratischen Institutionen. Diese erwiesen sich aber als unwirksam, weil es denen, die damit umgingen, an Erfahrung mangelte, weil die Parteien untereinander haderten und – im Falle Litauens, das unablässig mit Polen um Wilna stritt und sich die dauerhafte Feindschaft Deutschlands zuzog, indem es im Jahre 1923 das frühere deutsche Memelgebiet einnahm – weil die übertrieben ehrgeizige Außenpolitik finanziell und politisch zu kostspielig war. In allen drei Ländern übernahmen schließlich starke Führungspersönlichkeiten die Macht.

Die Tschechoslowakei. Einen anderen Verlauf nahmen die Ereignisse in dem Staat, der dank der Bemühungen Thomas Masaryks und Eduard Beneš' ins Leben gerufen worden war. Oberflächlich gesehen funktionierte das tschechische Parlament ähnlich wie das polnische. Die tschechoslowakische Verfassung aber schuf ein stabileres Gleichgewicht zwischen Legislative und Exekutive. Der Vorteil dieses Landes lag überdies in der durchgehenden Amtsführung von Masaryk (Präsident 1918 und 1920–1935) und Beneš (1918–1935 Außenminister und 1935–1939 Präsident) sowie in einem leistungsfähigen Staatsdienst, den es vom österreichischen Kaiserreich übernommen hatte. Und im Gegensatz zu Polen behinderte der tschechische Staat seinen späteren Fortschritt nicht durch eine abenteuerliche Außenpolitik.

Im allgemeinen war die Wirtschaft der Tschechoslowakei ausgeglichener als die Wirtschaft aller anderen osteuropäischen Nationen. Die Regierung löste das Problem der Agrarreform durch Enteignung des ehemaligen Kronlands sowie großer Privatgüter (letztere gegen Entschädigung) und deren Verteilung an die Kleinbauern zu tragbaren Bedingungen. Die landwirtschaftliche Produktion stieg so weit an, daß das Land in Lebensmitteln faktisch autark war. Nichtlebenswichtige Waren und Rohstoffe für seine großen Industrien wie Munition, Glas, Porzellan, Brauereierzeugnisse und ähnliches mußte es allerdings importieren.

All diese Bedingungen trugen dazu bei, daß der Demokratie in der Tschechoslowakei das ständige Interesse galt. Dennoch stellte das Land eine Nation von Minderheiten dar, die mit ihrer neuen Staatszugehörigkeit niemals völlig zufrieden waren. Dies betraf die 747000 Madjaren im östlichen Teil des Landes und die 3123000 Deutschen im westlichen Sudetenland. Und der Keim des Separatismus schwirrte in vielen Köpfen der 2190000 Slowaken.

Aufgrund des wirtschaftlichen Wohlstands und einer liberalen Nationalitätenpolitik, die nationalen Gruppen in Gebieten, in denen sie dominierten, eigene Schulen und den Gebrauch ihrer eigenen Sprache bei Amtsgeschäften und in der Rechtsprechung zugestand, hielt sich die Unzufriedenheit der Minoritäten die gesamten 20er Jahre hindurch in Grenzen. Das durch die

Wirtschaftskrise herbeigeführte Elend brachte jedoch den Wunsch nach Abänderung mit sich. Naturgemäß waren die Sudetendeutschen die ersten, die ihre Hoffnungen an Hitler knüpften und eine eigene nationalsozialistische Partei gründeten. Auch die anderen Nationalitäten begannen sich bald zu fragen, ob sie nicht einen besseren Status erzielen könnten, wenn sie sich an Hitler wandten. Diese Spekulationen führten zur Beseitigung der einzigen Regierung in Osteuropa, die der Demokratie die gesamte Zwischenkriegszeit hindurch treu geblieben war.

Österreich. Die Zerstörung der Demokratie in Österreich setzte schon früher ein. Österreich begann seine Existenz als neuer Staat unter höchst ungünstigen Bedingungen – der meisten Provinzen, die seine Größe in der Vergangenheit gewährleistet hatten, beraubt. Nachdem die österreichische Republik die gesamten 20er Jahre hindurch mit Völkerbundskrediten lebensfähig erhalten worden war, versagte ihr das Veto des Internationalen Gerichtshofes gegen den Plan einer Zollunion vom Jahre 1931 (s. S. 112) die Chance zur Verbesserung ihrer wirtschaftlichen Lage. Aufgrund dieses Rückschlags machten sich die Auswirkungen der Weltwirtschaftskrise in Österreich schlimmer bemerkbar als irgendwo anders auf dem problembeladenen Kontinent.

Politisch teilte sich das Land in die Sozialdemokratische Partei mit ihrem Schwerpunkt in Wien und die von der Mehrheit der ländlichen Bevölkerung getragene Christlich-Soziale Partei. Daneben existierte eine kleine, aber energische nationalistische Partei, die für die Vereinigung mit Deutschland eintrat. Den überwiegenden Zeitraum der 20er Jahre regierten die Christlich-Sozialen, und ihr Vorsitzender nach 1932, Engelbert Dollfuß, bildete eine Regierung, die entschieden autoritäre Züge aufwies.

Dollfuß rückte zu einer Zeit in den Vordergrund, als der politische Extremismus im Emporkommen begriffen war. Der Kommunismus übte einen merklichen Einfluß auf die Sozialdemokratische Partei aus, während die nationalistische Partei Sympathien für die Nationalsozialisten bekundete und tatsächlich Anordnungen aus Berlin befolgte. Dollfuß, wegen seiner kleinen Gestalt volkstümlich „Millimetternich" genannt, war ein energischer Mann mit einer hohen Meinung von seiner eigenen politischen Klugheit, glaubte beide Bewegungen durch eine Politik der geheimen Zusammenarbeit mit Mussolini eindämmen zu können. Sein starker rechter Arm, Prinz Starhemberg, hatte eine private Armee aufgebaut, die sich „Heimwehr" nannte. Schon in den 20er Jahren war er durch Waffenlieferungen aus Italien in seinen Bemühungen um die Aufstellung solcher Truppen unterstützt worden, und als Hitler an die Macht kam, wurde diese Hilfe noch verstärkt.

Doch die Streitkräfte, die Mussolini in Österreich aufzubauen half, wurden nicht in erster Linie eingesetzt, um die Gefahr einer Eroberung des Landes durch die Nationalsozialisten abzuwenden. Dollfuß und Starhemberg waren ebensosehr in Sorge über die Linke wie Schleicher und Papen; und auf Mussolinis Betreiben schickten sie sich an, die österreichische Sozialdemokratie und die sie stützenden Gewerkschaften zu zerstören. Das ganze Jahr 1933 hindurch wurde die Heimwehr verstärkt. Dann löste Dollfuß das Parlament auf und verkündete im September, es sei seine Absicht, einen neuen, korporativen Staat zu errichten. Die erzürnten Sozialisten sprachen viel von einem Generalstreik, und Anfang des Jahres 1934 begannen Heimwehrtruppen, die Hauptquartiere der Sozialisten und der Gewerkschaften zu besetzen. In den Provinzstädten brachen offene Kämpfe aus, und am 12. Februar rückte die Heimwehr in die Arbeiterbezirke von Wien ein, um Artillerie gegen Arbeiterwohnblocks zum Einsatz zu bringen, deren Errichtung einen Triumph der Sozialisten dargestellt hatte.

Als die Ordnung wiederhergestellt war, erließ Dollfuß seine korporative Verfassung und begann mit Starhemberg als Vizekanzler, Österreich als Diktator zu beherrschen. Seine Regierung war von kurzer Dauer. Am 25. Juli unternahmen die österreichischen Nationalsozialisten einen Putsch, in der sicheren Erwartung, daß Berlin sie unterstützen werde. Er scheiterte kläglich, und die Hilfe der Deutschen blieb aus. Immerhin hielten die Rebellen das Kanzleramt für wenige Stunden besetzt; und in dieser Zeit schossen sie Dollfuß nieder und ließen ihn verbluten.

Der nächste Kanzler war Kurt von Schuschnigg, ein ergebener Anhänger Dollfuß' und Befürworter seiner Politik. Nach vier Jahren sollte er feststellen, daß der von ihm befürwortete Waffeneinsatz gegen die Arbeiterorganisationen die einzige Kraft zerstört hatte, die in der Lage gewesen wäre, den Nationalsozialismus zu bekämpfen. Der autoritäre Staat von Dollfuß und Schuschnigg bildete somit lediglich eine Station auf dem Wege zum Aufgesogenwerden durch den noch brutaleren Totalitarismus Deutschlands.

Die mittlere Donau und die Balkanländer. Die vorherrschende Tendenz zur Diktatur wurde in allen Staaten des mittleren Donaugebietes und des Balkan offenkundig. Im Falle Ungarns hatte die Demokratie niemals die Gelegenheit, Wurzeln zu fassen. Nachdem die Rätediktatur Béla Kuns im November 1919 gestürzt worden war, hatte man ein Regierungssystem errichtet wie in einem Königreich ohne König. Von 1921 bis 1931 war der durch und durch reaktionäre Graf Bethlen Ministerpräsident Ungarns. Er tat alles, was in seiner Macht stand, um die Feudalherrschaft der madjarischen Notabeln wiederherzustellen, das Wahlrecht Schritt für Schritt einzuschränken und sich Reformen entgegenzustellen. Die Weltwirtschaftskrise, eine Reihe von Finanzproblemen und eine schlechte Ernte brachten Bethlen im Jahre 1931 zu Fall. Doch sein Nachfolger war Julius Gömbös, ein Antisemit und Faschist, der das autoritäre Regime noch straffer führte. Als Hitler in Deutschland an die Macht kam, war Gömbös einer der ersten leitenden Staatsmänner des Auslands, die sich um seine Gunst bemühten.

Die anderen Länder dieses Gebietes waren royalistischen Diktaturen unterworfen. In Jugoslawien führte der Konflikt zwischen den katholischen, föderalistisch gesinnten Kroaten und den orthodoxgläubigen, entschlossen einer zentralistischen Regierung anhängenden Serben zu einer Welle von Unruhen und Morden und im Jahre 1922 zur Errichtung einer Diktatur unter König Alexander. Nach dessen Ermordung in Marseille (s. S. 154) im Jahre 1934 liebäugelte die Regentschaftsregierung, solange sein Sohn minderjährig war, sowohl mit Mussolini als auch mit Hitler. Zur Zeit des Kriegsausbruchs im Jahre 1939 befand sich das Land auf dem besten Wege, vom deutschen Wirtschaftssystem aufgesogen zu werden, und es schien reif für die Mitgliedschaft in Hitlers Neuer Ordnung.

Rumänien wahrte bis 1930 zumindest den Anschein einer parlamentarischen Regierung und ergriff Maßnahmen zur Agrarreform und zur Nationalisierung der Bodenschätze. Mit der Verschärfung der Wirtschaftskrise, dem Anwachsen des Antisemitismus und der Beherrschung der Politik durch faschistische Mörderbanden erfuhren die parlamentarischen Institutionen zunehmende Beschränkungen, bis im Jahre 1938 die Diktatur des Königs ausgerufen wurde.

In Bulgarien stand das Schicksal der Demokratie unter dem Einfluß politischer Morde und einer Politik der aktiven Subversion auf seiten der Kommunistischen Partei Bulgariens, die den Aufstieg faschistischer Gruppen begünstigte. In den Jahren 1934 und 1935 fanden rechtsextreme Putschs statt, und 1935 errichtete der König eine Diktatur. In Albanien wurden demokratische Anfänge im Jahre 1925 durch einen Handstreich der Armee im Keim erstickt. Nicht einmal Griechenland, die antike Heimat der Demokratie, entrann dem allgemeinen Trend. Obgleich das Parlament im Jahre 1923 eine Republik errichtete, setzten sich die Unruhen, die die griechische Politik das ganze 19. Jahrhundert hindurch begleitet hatten, weiterhin fort, und ein Kampf zwischen royalistischen Kräften und Liberalen, bei dem mal der eine, mal der andere die Oberhand gewann, führte im Jahre 1935 zu blutigen Gefechten und 1936 zur Errichtung eines diktatorischen Regimes.

Siebtes Kapitel

Die Demokratie in der Krise: Westeuropa

Gegen die vorherrschende Tendenz, die Diktatur der Demokratie vorzuzie-
hen, war Westeuropa natürlich nicht immun. Selbst ein Land wie Großbritannien, das auf eine jahrhundertelange Tradition parlamentarischer Regierung zurückblicken konnte, machte Augenblicke durch, in denen das gesamte System des überkommenen Rechts ernstlichen Anfechtungen ausgesetzt war. Während Großbritannien diese Krise überwand, ohne daß seine
demokratischen Institutionen ihr zum Opfer fielen, kamen einige seiner engsten Nachbarländer nicht so glimpflich davon.

Großbritannien und das Empire

Nichts schien die schlimmen Stürme, die nach 1918 über die englische Wirtschaft fegten, aufhalten zu können. Der Krieg hatte den Außenhandel des
Landes zum Erliegen gebracht, und als man versuchte, ihn wiederzubeleben,
stellte sich heraus, daß viele der britischen Vorkriegsmärkte von den Amerikanern übernommen worden oder nach der Entstehung neuer Industrien in
den britischen Kolonien einfach verschwunden waren. Ebenso hart war die
Schiffsbauindustrie getroffen. Um 1921 waren zwei Drittel der normalerweise auf britischen Schiffswerften Beschäftigten arbeitslos. Das Rückgrat
der britischen Wirtschaft, die Kohlenindustrie, war bedroht durch eine zunehmende Konkurrenz auf dem Kontinent (angespornt durch deutsche Reparationsleistungen in Form von Kohle, die es Frankreich ermöglichten,
deutsche Kohle an frühere britische Abnehmer zu verkaufen) sowie durch
die verstärkte Nutzung von Öl und Elektrizität.

Obschon es nicht unmittelbar wahrgenommen wurde, war es mit Britanniens althergebrachter Überlegenheit als Industrie- und Handelsmacht vor-
bei. Es fand ein kurzer Nachkriegsboom statt. Doch er war künstlich erzeugt
und endete, sobald die anderen Länder ihre Produktion wieder aufnahmen
und im Handel Konkurrenz boten. Ende 1911 waren 690000 Arbeiter, die
unter der „National Insurance Act" von 1911 registriert waren, arbeitslos.
Bis Juni 1921 war die Zahl auf 2171000 gestiegen, bis zum Ende des Jahrzehnts schwankte sie dann zwischen 1 und 1,5 Millionen, und während der
großen Wirtschaftskrise verdoppelte sie sich.

Die erste, von Lloyd George geführte Nachkriegsregierung versuchte die-

28. Bücherverbrennung 1933

29. Adolf Hitler (1889–1945), Deutscher Reichskanzler zu Besuch bei Reichspräsident Paul von Beneckendorff und von Hindenburg (1847–1934)

30. Benito Mussolini (1883–1945),
Italienischer Duce, während seines
Staatsbesuchs in Deutschland 1938

31. Francisco Franco Bahamonde
(1892–1975), Spanischer General und
Diktator

ses Problem dadurch zu bewältigen, daß sie Zölle und andere Maßnahmen einführte, um die Schlüsselindustrien zu schützen und zu verhindern, daß Länder, deren Währung abgewertet war, die britischen Märkte überschwemmten. Sie erhöhte auch den staatlichen Beitrag zum Nationalen Versicherungsfonds und ermöglichte damit geringfügige Unterstützungszahlungen an die Arbeitslosen. Doch diese bedeuteten lediglich Linderung, nicht aber Heilung. „The dole" („das Almosen"), wie die Arbeitslosenunterstützung schließlich genannt wurde, gab den Arbeitslosen zwar Nahrung, jedoch keine Hoffnung, und als sie dauerhafter Bestandteil des englischen Lebens wurde, erlosch schließlich der letzte Hoffnungsfunke.

Was England brauchte, war eine durchgreifende Reorganisation seiner Industrieanlagen. Dies war den führenden Ökonomen ganz bewußt. Sie wiesen darauf hin, die fundamentale Schwäche der britischen Wirtschaft liege in der Tatsache begründet, daß die Produktionskapazität infolge von veralteten Techniken, der Abhängigkeit von Arbeitskräften anstelle des Einsatzes von Maschinen, der Ausweitung des Staatsdienstes auf das Doppelte und des unwirtschaftlichen Wettbewerbs auf dem Binnenmarkt zurückgegangen sei.

Doch anstatt sich für grundlegende Veränderungen aufgeschlossen zu zeigen, zogen die Industriellen es vor, sich auf staatliche Unterstützung zu verlassen oder das Lohnniveau niedrig zu halten. Daß das Parlament diese Haltung duldete, sprach nicht gerade für die Qualität der politischen Führung in diesem Zeitabschnitt. In einem seiner sarkastischsten Essays äußerte sich George Orwell hierzu mit dem Kommentar, der Verfall der herrschenden britischen Gesellschaftsschicht habe eingesetzt, und um ihre Position und ihre Selbstachtung zu wahren, habe sie sich in die Dummheit geflüchtet: „Nur durch die Unfähigkeit, zu begreifen, daß Verbesserung möglich war, konnte sie [die herrschende Schicht] die Gesellschaft in ihrer bestehenden Form erhalten". Wahrscheinlich aber ist es zutreffender, wenn man einfach sagt, daß sich jetzt in England der bei Ypres und an der Somme erlittene Verlust einer ganzen Generation begabter Menschen bemerkbar machte.

Der Verlauf der Politik. Premierminister war im Jahre 1918 noch Lloyd George – ein Mann, der im Gegensatz zu seinen Nachfolgern politische Genialität besaß. Doch verfügte der „walisische Hexenmeister" über keinerlei Zauberkünste, um die Nachkriegsprobleme Großbritanniens abzuwehren. Er zeichnete verantwortlich für die Arbeitslosenunterstützung, abgesehen davon aber hatte er wenig zu bieten. Seine Aufmerksamkeit wurde voll und ganz von der Außenpolitik und von den politischen Auseinandersetzungen, die seine Handhabung der auswärtigen Angelegenheiten ihm eintrug, beansprucht.

Lloyd George war nominell immer noch Parteiführer der Liberalen, er repräsentierte aber nicht mehr die Mehrheit der Partei und war von konservativer Unterstützung abhängig. Um 1922 waren die Konservativen seiner Führung überdrüssig, und die Krise in Nahost (s. S. 50), die sie darauf zurückführten, daß Lloyd George die Franzosen vor den Kopf gestoßen und die Griechen in verantwortungsloser Weise ermutigt habe, erschöpfte ihre Geduld restlos. Sie stimmten für die Auflösung der Koalition mit Lloyd George. Dieser trat unmittelbar darauf zurück und übte nie wieder ein Amt aus.

In den Wahlen vom Oktober 1922 errangen die Konservativen eine klare Mehrheit und bildeten eine Regierung unter dem kränklichen Andrew Bonar Law. Sechs Monate später wurde Stanley Baldwin sein Nachfolger. Baldwin war ein ernster, patriotischer Mann, der die Parteiführung bis 1937 innehatte, aber nur wenige Eigenschaften besaß, die man von einem Premierminister erwartet. Er besaß weder Kenntnisse in der Außenpolitik, noch interessierte er sich dafür. Und seine Vorstellungen von Wirtschaft und Gesellschaft waren noch rudimentärer als die von Lloyd George. Als bescheidener Mann war er immer der erste, der seine Fehler zugab, die in der Tat manches Mal sehr schwerwiegend waren.

Baldwin glaubte, der wirtschaftliche Aufschwung würde am ehesten dadurch gefördert, daß Großbritannien seine Zuverlässigkeit als Schuldner unter Beweis stelle. Nach einigen schwierigen Gesprächen in Washington Anfang des Jahres 1923, als er noch Schatzkanzler war, akzeptierte er für die britischen Schulden an die Vereinigten Staaten Zahlungsbedingungen, von denen selbst seine eigenen Kollegen meinten, durch geschicktere Verhandlung hätten sie günstiger ausfallen können. Als Mittel, das internationale Vertrauen gegenüber dem Land wiederherzustellen und den Handel mit Großbritannien anzuregen, war dieses Abkommen wenig geeignet, und es setzte die Finanzlage Englands über die nächsten zehn Jahre erheblichen Belastungen aus.

Die Labour-Partei hatte keine bessere Formel zur Milderung der wirtschaftlichen Not zur Hand. Als nach den Wahlen von November/Dezember 1923 die erste Labour-Regierung gebildet wurde, verfügte die Partei lediglich über 192 Sitze im Unterhaus gegenüber 258 der Konservativen und 158 der Liberalen. Sie war auf die Unterstützung der Liberalen angewiesen. Der Preis dafür war, daß sie jeden Versuch, ein wirklich sozialistisches Programm durchzuführen, aufgeben mußte. Selbst wenn die Labour-Partei die Mehrheit gehabt hätte, ist allerdings fraglich, ob die Partei das Wirtschaftsproblem mit einer radikal neuen Politik angegangen wäre; denn weder Ramsay MacDonald, der Premierminister, noch sein Schatzkanzler, Philip Snowden, war systemtreuer Sozialist, und sie begnügten sich gern damit, Baldwins Wirtschaftspolitik weiterzuverfolgen.

Es ist schwer zu verstehen, warum MacDonald bei seiner Bewunderung für die Aristokratie, seinem völligen Mangel an Sympathie für die organisierte Arbeiterschaft und seiner Vorliebe für die Außenpolitik gegenüber der Innenpolitik die Parteiführung solange innehatte. Es lag daran, daß er die charismatischen Eigenschaften besaß, die eine Führungspersönlichkeit braucht – er sah immer aus wie ein großer Mann und handelte immer so –, und daran, daß er die rivalisierenden Gruppen in seiner Partei geschickt zu manipulieren verstand. Außerdem sprach, wie D. C. Somervell schrieb, die emotionale idealistische Redeweise, für die er bekannt war, Menschen an, die nicht mehr in die Kirche gingen, sich aber noch nach Predigten sehnten. Wenn man MacDonalds Reden heute liest, so fällt einem eine bemerkenswerte inhaltliche Leere auf. Doch von diesem ungewöhnlich stattlichen Mann mit Überzeugung vorgetragen, versetzten sie sein Publikum in einen wohltuenden Rausch, beeindruckten viele einfach deshalb, weil er so aufrichtig war.

Am stärksten setzte sich die erste Labour-Regierung auf dem Gebiet der Außenpolitik ein, in der es durch Verhandlungen zum Dawes-Plan kam (s. S. 57) und zu einem Vertrag, mit dem die Sowjetunion anerkannt wurde (s. S. 75). Obgleich der englisch-sowjetische Vertrag nicht viel mehr bedeutete als eine Formalisierung der im Jahre 1921 aufgenommenen Handelsbeziehungen, führte er dazu, daß die Liberalen der Regierung MacDonald ihre Unterstützung entzogen. Die Regierung rief daher die Bevölkerung zu Neuwahlen auf. Die Veröffentlichung des Sinowjew-Briefes (s. S. 75), während der Wahlkampf voll im Gange war, traf die Labour-Partei hart, und die Konservativen gelangten mit einer regierungsfähigen Mehrheit wieder an die Macht. Baldwin wurde erneut Premierminister und nahm seine Politik des Finanzkonservativismus wieder auf.

Tatsächlich kehrten er und sein Schatzkanzler, Winston Churchill, im Jahre 1925 zum Goldstandard zurück, und zwar zum Wechselkurs von Pfund und Dollar, wie er vor dem Kriege bestanden hatte. Der Ökonom John Maynard Keynes erhob sofort den Einwand, das Pfund sei um mindestens zehn Prozent überbewertet und eine Aufwertung bedeute eine direkte Preissteigerung für britische Waren im Ausland. Wenn die Exportindustrie ihren Anteil am Auslandsmarkt nicht verlieren wolle, müsse sie ihre Kosten durch Lohneinsparungen senken. Die Ereignisse zeigten bald, daß Keynes Argument begründet war.

Der Generalstreik. Vielleicht war es unvermeidlich, daß das Versäumnis der Nachkriegsregierungen, einen konstruktiven Versuch zur Bewältigung der fortdauernden Wirtschaftskrise zu machen, zum Protest der Arbeiterschicht führte, vor allem deshalb, weil viele Gewerkschaften noch unter dem Einfluß der syndikalistischen Philosophie der direkten Aktion (s. Bd. I, S. 233) standen. Der Hauptgrund für jenen Protest aber war wohl die Rückkehr zum Goldstandard. Kein anderer Industriezweig wurde durch diesen Schritt so nachhaltig getroffen wie die Kohlenindustrie, die unter den Auswirkungen der deutschen Kohlenexporte ernstlich litt. Der zusätzliche Schock durch die Wiederaufwertung des Pfundes veranlaßte die Bergwerksbesitzer im Juni 1925 zu der Ankündigung, daß ab sofort die Löhne gesenkt und die Arbeitszeiten verlängert werden müßten. Diese Entscheidung führte Schritt für Schritt zum Generalstreik von 1926. Die Bergarbeitergewerkschaft weigerte sich, die Vorschläge der Bergwerksbesitzer zu akzeptieren oder überhaupt eine neue Lohnvereinbarung zu erörtern, bis diese sie zurückgezogen hätten. Im Juli 1925 drohte sie mit Rückendeckung des Generalrats des „Trade Union Congress" (TUC) (Allgemeiner Gewerkschaftsverband) mit einer umfassenden Streikaktion. Um diese zu verhindern, veranlaßte Baldwin die Bergwerksbesitzer, die Lohnänderungen zurückzustellen, bis eine Untersuchung dieses Industriezweiges durch eine königliche Kommission abgeschlossen sei, und billigte neue staatliche Subventionen zur Überbrückung dieses Zeitraums. Dieses Vorgehen stieß in der konservativen und liberalen Presse allgemein auf die Kritik, es sei eine Kapitulation vor Erpressung und Bolschewismus.

Die Kommission, die ihren Bericht im März 1926 vorlegte, empfahl eine grundlegende Reorganisation, angefangen bei der Aussetzung von Subventionen, der Schließung unrentabler Kohlengruben und einer zeitweiligen Lohnsenkung, so lange bis die Auswirkungen der Reorganisation zum Tragen kämen. Außerhalb dieses Industriezweiges empfand man jene Vorschläge als sinnvoll, und selbst einige Arbeiterführer meinten, vorübergehende Opfer könnten sich lohnen, um die seit langem notwendige Reorganisation zu bewerkstelligen. Doch während sich die Besitzer widerstrebend gezwungen sahen, eine Reorganisation im Prinzip zu akzeptieren, weigerten sich die Bergleute, dieser Regelung zuzustimmen, wenn ihnen nicht im voraus die Beibehaltung des derzeitigen Lohnniveaus zugesichert würde.

Als sich die Krise Ende April 1926 zuspitzte, gelang es der Regierung nicht, in der Auseinandersetzung zu vermitteln. Die unnachgiebigen Erklärungen der Bergleute und die Erneuerung der Streikdrohung überzeugten eine ziemlich große Gruppe in der Konservativen Partei und im Kabinett, daß es an der Zeit sei, den Gewerkschaftsdrohungen ein Ende zu bereiten. Baldwin wagte nicht, mit einer Maßnahme dagegen anzugehen, die wiederum als Kapitulation hätte ausgelegt werden können. Somit war der Generalstreik, der am 3. Mai begann, die Folge von Unnachgiebigkeit und staatsmännischem Unvermögen auf seiten aller beteiligten Parteien.

Ein Sechstel der Arbeiter von England, Schottland und Wales wurde in den Streik hineingezogen. Sie kamen aus dem Bergbau, der Transportindustrie, der Eisen- und Stahlindustrie, der metallverarbeitenden und chemischen Industrie, dem Baugewerbe und der Elektrizitäts- und Gasindustrie. In Anbetracht der vorherrschenden Arbeitslosigkeit gingen diejenigen, die ihre Arbeit aus Sympathie mit den Bergleuten niederlegten, ein hohes Risiko ein. Der Streik aber war schlecht geplant.

Seit dem vorangegangenen Herbst verfügte die Regierung über Pläne für die Aufrechterhaltung der notwendigen Dienstleistungen und Versorgung, und sie hatte die Notwendigkeit des Einsatzes von Notstandsgesetzen eingeplant. Als der Streik einsetzte, wurde die Versorgung aufrechterhalten. Man schloß den Hyde Park und verwandelte ihn in ein Milchdepot; es kamen freiwillige Zugführer und Busfahrer zum Einsatz; und das Kommunikationswesen sowie die Information der Öffentlichkeit wurden durch ein von Winston Churchill herausgegebenes Regierungsblatt unter dem Titel „British Gazette" sowie durch die Weiterarbeit der staatlich kontrollierten British Broadcasting Company sichergestellt. Im Gegensatz dazu verfügten die Gewerkschaften über keinerlei Organisationsplan, der die Verbindung zwischen dem Hauptquartier und den örtlichen Streikkomitees gewährleistete.

Die Gewerkschaftsführer waren entsetzt, als sie entdeckten, daß ihrer Sache praktisch niemand außer der Arbeiterschicht und linksgerichteten Intellektuellen Sympathien entgegenbrachte. Sie hatten nicht überblickt, daß ihre Aktion als ein Versuch ausgelegt würde, die parlamentarische Regierung durch die direkte Aktion zu ersetzen. Als ihnen dies klar wurde und sie nach der ersten Woche erkannten, daß die Regierung entschlossen war, sich ihren Forderungen bis zum bitteren Ende zu widersetzen, sank ihre Entschlossenheit. Die Streikmittel waren nahezu erschöpft, und die Berichte über Zusammenstöße zwischen Arbeitern und der Polizei ließen bei ihnen die Befürchtung aufkommen, daß ihre Mitglieder die Regierung zu heftigeren Gegenmaßnahmen provozieren könnten. Folglich rief der Generalrat des TUC zur Errichtung eines „National Mines Board" (nationaler Bergbau-Ausschuß) auf, der den Streit beilegen und eine allgemeine Vereinbarung aushandeln sollte, daß keine Lohnkürzungen vorgenommen wurden, bis Reorganisationsmaßnahmen beschlossen worden seien. Der TUC forderte die Bergleute auf, diesen Vorschlag als neue Grundlage für Verhandlungen zu akzeptieren. Die Bergarbeitergewerkschaft, unnachgiebig bis zum letzten in ihrem Widerstand gegen *jegliche* Lohnkürzung, weigerte sich, und der TUC brach den Streik ab. Die Bergarbeiter blieben weitere sechs Monate im Ausstand, mußten aber schließlich im Dezember kapitulieren.

In einer Rede im Unterhaus erklärte der Premierminister, er werde keinerlei Versuch dulden, den Streikzusammenbruch zu Lohnkürzungen oder zur Vernichtung der Gewerkschaften auszunutzen. Dank dieser Äußerung und dank einer allgemein empfundenen Erleichterung darüber, daß der Streik ohne größere Gewaltausbrüche vonstatten gegangen war, gab es nur wenige Vergeltungsmaßnahmen. Die Bergleute waren am härtesten getroffen. Sie mußten bei längeren Arbeitszeiten und niedrigeren Löhnen ihre Arbeit in einer Industrie wiederaufnehmen, die infolge der langen Produktionsunterbrechung Absatzmärkte verloren hatte, die sie niemals wiedererobern sollte.

Die eigentliche Bedeutung des Generalstreiks liegt vielleicht darin, daß er die Tendenz zum Klassenkonflikt in Großbritannien abschwächte. Der gescheiterte Streik diskreditierte marxistische und syndikalistische Theorien über die Unvermeidlichkeit des Klassenkonflikts und machte den Mittelstand unempfänglicher für Schreckensnachrichten in der rechtsgerichteten

Presse. Die Gewerkschaften gingen zwar von der Streikwaffe nicht ab, hielten sie aber nur noch als letztes Mittel in der Reserve und zogen andere, vor allem parlamentarische Wege vor, um ihre Ziele zu erreichen.

Die Auswirkungen der Weltwirtschaftskrise. Dennoch trifft es zu, daß der gescheiterte Generalstreik der Industrie und der Regierung eine Entspannung ermöglichte, die zur Folge hatte, daß man die Pläne für eine grundlegende Reorganisation der Industrie fallenließ. Die Wirtschaft stagnierte weiterhin, bis sie von der Weltwirtschaftskrise erfaßt wurde.

Sechs Monate vor dem Börsenkrach in New York lief die Sitzungsperiode des Parlaments ab, und es wurden Neuwahlen abgehalten. Die Labour-Partei errang 290 Sitze, keine klare Mehrheit; die Konservativen 260 und die Liberalen – das letzte Mal, daß diese zerrissene Partei in bedeutender Stärke auftrat – 60. MacDonald wurde wiederum Premierminister und beauftragte Snowden als Schatzkanzler, zusammen mit J. H. Thomas das Problem der Arbeitslosigkeit in Angriff zu nehmen – eine Aufgabe, bei der ihm Sir Oswald Mosley behilflich war, der bald ausscheren und sich an die Spitze der faschistischen Partei Großbritanniens stellen sollte.

Ihre Bemühungen um die Senkung der Arbeitslosigkeit und die Bewältigung anderer Probleme blieben angesichts der abgrundtiefen Not Ende des Jahres 1929 erfolglos. Die nächsten beiden Jahre hindurch verschlechterte sich die Lage ständig. Um 1931 beliefen sich die Schulden der Arbeitslosenversicherung auf eine Million Pfund pro Woche. Weit und breit herrschte Armut, und die Finanzlage des Landes war durch einen starken Goldabzug von der Bank von England gefährdet. Die Reaktion Snowdens auf all dies war ein Programm, das strikte Einsparungen forderte, um den Haushalt ins Gleichgewicht zu bringen, und es fielen Andeutungen, daß bald auch die Arbeitslosenunterstützung gekürzt werden sollte. Die große Mehrheit der Labour-Partei und der Gewerkschaften lehnte diese Vorschläge zornig ab, und am 24. August 1931 trat die Regierung zurück. Als König George V. MacDonald aufforderte, an die Spitze einer neuen nationalen, parteiungebundenen Regierung zu treten, nahm dieser jedoch an. Die Labour-Partei schloß ihn und die drei anderen zu Ministern ernannten Labour-Mitglieder unverzüglich aus.

In der Nationalen Regierung dominierten schließlich die Konservativen unter der Führung Baldwins und des aus den Reihen der Konservativen emporstrebenden Neville Chamberlain. Sie zeigte sich zumindest sporadisch in der Lage, entschlossen zu handeln. Ihre erste Amtshandlung war die Korrektur der Fehlentscheidung von 1925, indem sie vom Goldstandard abging und das Pfund sich auf sein Niveau einpendeln ließ. Es stellte sich heraus, daß das Pfund dreißig Prozent unter der Goldparität lag. Außerdem subventionierte sie die Schiffahrtsindustrie und versuchte das Problem der notleidenden Gebiete durch Umsiedlung der Arbeitslosen zu lösen. Im Jahre 1932 setzte sie dem achtzigjährigen Freihandel ein Ende, indem sie zum Protektionismus überging.

Dennoch existierte kein breit angelegter Plan für eine Wiederbelebung – nichts Vergleichbares zum „New Deal" in den Vereinigten Staaten. Die Arbeitslosigkeit blieb hoch, und der wirtschaftliche Aufschwung setzte erst ein, als das Land wieder aufzurüsten begann.

Irland, der Nahe Osten, Indien und das Commonwealth. Diesen gesamten Zeitabschnitt hindurch war die britische Regierung ständig in Sorge um die in bestimmten britischen Kolonien anrollende Welle des Nationalismus. Irland stellte einen besonderen Unruheherd dar. Die Entscheidung, die „Home Rule" hinauszuzögern (s. Bd. I, S. 248), verschärfte die antibritische Stimmung und führte zum Aufkommen extremistischer Gruppen, bemerkenswert vor allem die Partei „Sinn Fein" („ourselves alone" – „wir allein"). In der Osterwoche des Jahres 1916 inszenierten diese Gruppen eine gewaltsame Revolution, die unter starkem Blutvergießen niedergeschlagen wurde. Bei den irischen Wahlen für das britische Parlament im Jahre 1918 wählten 75 Prozent der Wahlkreise Kandidaten der „Sinn Fein"-Partei, die sofort ankündigten, sie würden sich weigern, nach Westminster zu gehen. Sie organisierten ein eigenes Parlament (das „Dail Eireann") in Dublin, das die Republik Irland mit Eamon de Valera als Präsidenten ausrief.

Verständlicherweise widersetzte die britische Regierung sich diesem Vorgehen, und es folgten drei Jahre der Gewalt. Lloyd Georges Plan, diese Auseinandersetzungen durch die Erlaubnis zu beenden, selbständige Parlamente für Ulster und Südirland zu errichten, wurde von den Republikanern, die ein freies, vereinigtes Land anstrebten, rundweg abgelehnt. Lloyd George aber blieb hartnäckig und veranlaßte im Dezember 1921 die Anführer des Südens, einen Vertrag zu unterzeichnen, der einen Freistaat Irland als selbständiges Dominion vorsah und Ulster die Wahl ließ, einen eigenen Status anzunehmen. Parlament und „Dail" akzeptierten den Vertrag, doch der linke Flügel der „Sinn Fein"-Partei, angeführt von de Valera, bekämpfte ihn erbittert, bis William Cosgrave Ende 1922 Präsident des Freistaates wurde. Unter seiner ruhigen, aber klugen Führung nahmen die Unruhen ein Ende, die Grenze nach Ulster, das sich für die Trennung entschieden hatte, wurde festgelegt, und die Bedingungen des Vertrages von 1921 fanden Beachtung.

Im Jahre 1932 wurde de Valera nach zehnjährigem Exil zum Präsidenten gewählt. Zu Anfang bestand seine Politik darin, die Bedingungen des Vertrages von 1921 abzuschwächen, ohne das Band mit Großbritannien völlig zu zerreißen. Im März 1937 aber brachte er im „Dail" eine Verfassung durch, die den Vertrag, den König und das Commonwealth überhaupt nicht erwähnte. Ein Jahr später erkannte die britische Regierung mit dem Abschluß bestimmter Finanz- und Zollabkommen und der Übergabe ihrer Hafeneinrichtungen die Unabhängigkeit Südirlands an.

In mehreren seiner übrigen Niederlassungen mußte Großbritannien ähnliche Zugeständnisse gegenüber dem aufstrebenden Nationalismus machen. Im Februar 1922 erklärte die Regierung, Ägypten sei ein unabhängiger, souveräner Staat, behielt sich aber das Recht vor, einen Hochkommissar zu ernennen, der die Politik des neuen ägyptischen Königs überwachen sollte, und eine Garnison am Suezkanal zu belassen, um Ägypten gegen ausländische Aggressionen abzuschirmen sowie ausländische Interessen und Minderheiten zu schützen. Diese Beschränkungen stießen auf die Ablehnung der nationalistischen Partei Ägyptens, die 1924 zur Mehrheitspartei des Landes wurde und in einer terroristischen Kampagne gegen die Proklamation von 1922 zu Felde zog. Die Geduld der Briten und die Gefahr, die Ägypten durch die italienische Invasion nach Abessinien im Jahre 1935 (s. S. 155) drohte, mäßigten diese Auswüchse so weit, daß im August 1936 ein anglo-ägyptischer Vertrag möglich war, der Ägypten die volle Unabhängigkeit gewährte und Großbritannien das Recht zugestand, Truppen am Kanal zu stationieren und den Flottenstützpunkt Alexandria zu benutzen.

In den 1919 von Britannien übernommenen Mandatsgebieten gab es unterschiedlich starke Unabhängigkeitsbewegungen (s. S. 50). Im Jahre 1930 schloß die Regierung mit dem Irak einen Vertrag, in dem sie seine Unabhängigkeit anerkannte und für seine Zulassung zum Völkerbund einzutreten versprach. Britannien gewährte auch dem Transjordan eine begrenzte Unabhängigkeit, wobei es sich Aufsichts- und militärische Rechte vorbehielt. Die Probleme dieser beiden Länder verblaßten zur Bedeutungslosigkeit neben denen in Palästina, wo die Briten damit beschäftigt waren, Araber und Juden davon abzuhalten, sich gegenseitig umzubringen.

Während des Krieges hatte der britische Staatssekretär für Indien angekündigt, es sei die Absicht der britischen Regierung, in Indien eine Politik „der zunehmenden Eingliederung der Inder in alle Zweige der Verwaltung und der allmählichen Entwicklung von Selbstverwaltungsorganen im Hinblick auf die fortschreitende Verwirklichung einer verantwortlichen Regierung in Indien als integriertem Bestandteil des britischen Empire" zu verfolgen. Die Agitationen des Gesamtindischen Kongresses – der Organisation, die seit 1885 auf die Unabhängigkeit Indiens hingearbeitet hatte – nahmen die gesamten 20er Jahre über an Radikalität immer stärker zu.

Der anerkannte Führer des Kongresses nach 1921 war Mohandas Gandhi, ein Jurist, der in England studiert hatte und zwanzig Jahre lang in Südafrika tätig gewesen war, um die Rechte eingewanderter Hindus zu schützen. Nach seiner Rückkehr nach Indien im Jahre 1914 hatte er sich in den Kampf für die Unabhängigkeit gestürzt und seine Anhänger dazu gedrängt, sich der Taktik des bürgerlichen Ungehorsams, des passiven Widerstands, der gewaltlosen Sabotage und des Boykotts britischer Waren zu bedienen. Doch sobald sich die Weltwirtschaftskrise in Indien bemerkbar machte, wurde auf beiden Seiten die Gewalt zur Regel. Ländliche Aufstände und die Ermordung hoher britischer Beamter führten zu Brutalität seitens der Polizei, zu dem Versuch, alle nationalistischen Organisationen zu unterdrücken, und zur Inhaftierung von Kongreßmitgliedern.

Die Aussicht auf eine endlose Fortsetzung dieser Zustände war zuviel für die Engländer, denen die Erinnerung an die Erfolglosigkeit der repressiven Maßnahmen in Irland im Gedächtnis haftete. Daher verabschiedete das Parlament im Jahre 1935 gegen den Widerstand überzeugter Imperialisten wie Winston Churchill ein neues Gesetz im Hinblick auf Indien, die „India Act", das eine Konföderation aller indischen Provinzen und eine ähnliche Verfassung vorsah wie in den anderen britischen Dominions. Die Exekutivgewalt wurde jedoch einem von der Krone ernannten Generalgouverneur übertragen. Damit war der Kongreß nicht zufrieden, und seine Anführer setzten ihre Agitationen für die völlige Unabhängigkeit in den Jahren vor dem Zweiten Weltkrieg fort.

In den anderen britischen Dominions gab es nur in Südafrika ernste Unruhen. Der Nationalismus der Buren glimmte weiter, und in den 20er Jahren agitierte die nationalistische Partei für die „souveräne Unabhängigkeit", während sie gleichzeitig bestritt, die Verbindung zu Britannien abbrechen zu wollen.

Anderswo stärkte der wachsende Nationalismus die Bindung zwischen Großbritannien und den Dominions, änderte aber ihre Beziehungen. Das Westminster-Statut, im Dezember 1931 vom Parlament verabschiedet, erkannte an, daß Kanada, Australien, Neuseeland, Südafrika und der Freistaat Irland unabhängige Staaten waren, die sich frei, in gemeinsamer Treue gegenüber der Krone zusammenschlossen und nur denjenigen vom britischen Parlament verabschiedeten Gesetzen unterworfen waren, denen sie ausdrücklich zustimmten, während die Regierung im Mutterland gegen die eigenen Gesetze dieser Länder keinen Einspruch erheben konnte. Mit diesem Gesetz wurde das British Commonwealth of Nations ins Leben gerufen.

Großbritannien und Europa. Die schwerwiegenden Wirtschaftsprobleme im Mutterland und die Komplikationen in Palästina, Indien und anderen Kolonien ließen dem britischen Parlament nur wenig Energie und geringen Raum für eine echte Anteilnahme an anderen Problemen des Auslands. Dies sollte man bei der Beurteilung der zögernden Haltung der britischen Regierung, gegen das Eindringen Japans in die Mandschurei im Jahre 1931 sowie gegen die im Jahre 1935 einsetzenden Raubzüge Hitlers und Mussolinis (s. S. 155f.) zu intervenieren, berücksichtigen.

Selbst wenn die Regierungen der frühen 30er Jahre eine größere Bereitschaft zur Förderung der kollektiven Sicherheit gezeigt hätten, als es der Fall war, so hätten sie schwerlich die Öffentlichkeit dazu bewegen können, ihnen die Waffen bereitzustellen, die eine solche Politik ermöglicht hätten. In der Nachkriegszeit herrschte in England generell die Meinung, daß kein Geld für

Waffen ausgegeben werden sollte, wenn man es zur Linderung der sozialen
Not einsetzen konnte. Die Marine war davon am wenigsten betroffen, weil
sie als Defensivstreitmacht angesehen wurde. Ihr gestattete man, das gleiche
Niveau einzuhalten wie die USA – was sich als ein teures Unterfangen
erwies. Die Armee aber wurde während der 20er Jahre auf ein Niveau redu-
ziert, das den Anforderungen des britischen Empire kaum nachzukommen
vermochte; und dieser Stand wurde beibehalten. Besonders hart war das
Panzerkorps betroffen. Die Folge war, daß das Land mit J. F. C. Fuller und
Basil Liddell Hart zwar die hervorragendsten Theoretiker im Hinblick auf
die Panzerkriegführung besaß, daß aber nicht die eigenen Landsleute ihre
Lehrbücher studierten, sondern die Deutschen, die dann im Jahre 1940 in der
Lage waren, die Theorien in die Tat umzusetzen. In gleicher Weise wurden
in den 20er Jahren nahezu alle Experimente in der Luftfahrt eingestellt.

Solange noch Hoffnung auf eine allgemeine Abrüstung bestand, ließ sich
diese Politik vielleicht rechtfertigen. Nach dem faktischen Zusammenbruch
der Genfer Konferenz im Jahre 1933 (s. S. 152) schwand diese Hoffnung.
Gleichwohl blieb es noch einige Jahre lang schwierig, das britische Volk
davon zu überzeugen, daß es an der Zeit sei, seine Waffenstärke zu erhöhen.
Im Jahre 1935, als die Nationale Regierung die ersten zögernden Schritte zur
Erweiterung der Verteidigungsausgaben unternahm, wurde sie so heftig angegriffen, daß Baldwin den größten Teil seines Programms zurückstellte.
Eine wirkliche Wiederaufrüstung setzte erst im Jahre 1936 ein, und leistungs-
fähig wurde sie erst im Jahre 1939.

Die französische Republik

Die wirtschaftliche Wiederbelebung. Die Nachkriegsgeschichte Frankreichs bil-
det einen interessanten Gegensatz zu der seines Nachbarstaates jenseits des
Kanals. Bei der Genesung von den physischen Schäden des Krieges zeigte
das Land eine großartige Spannkraft, und es erreichte einen Grad des Wohlstands, den Britannien nicht einholte. Hinter dieser Prachtfassade tat sich
jedoch jene tiefe Kluft zwischen den Gesellschaftsschichten auf und herrschten jene politischen Ressentiments, die seit 1870 (s. Bd. I, S. 277) niemals
verschwunden waren. Und als die Stürme der 30er Jahre des 20. Jahrhunderts über das Land fegten, erwies sich diese Zerrissenheit als stark genug,
die Fundamente der französischen Demokratie zu zerstören.

Kein Land hatte während des Krieges stärker gelitten als Frankreich. Die
Zahl seiner Kriegsopfer grenzte an vier Millionen, von denen 1,3 Millionen
getötet worden und 120 000 für immer behindert waren. Seine materiellen
Verluste lagen noch höher als die Belgiens, Polens und Rußlands. Doch
innerhalb von wenigen Jahren hatte Frankreich den größten Teil der durch
den Krieg angerichteten Verwüstungen beseitigt.

Gerade die Notwendigkeit des Wiederaufbaus von Grund auf brachte unerwartete Vorteile mit sich. Die französische Industrie, aufgebaut mit modernen Ausstattungen und Techniken, Textilfabriken, Stahlwerken und Kohlenbergwerken, arbeitete bald auf einem technischen Niveau, das von keinem der Konkurrenten Frankreichs übertroffen wurde. Überdies verfügte die Industrie über wichtige neue Rohstoffquellen. Mit dem Erwerb Lothringens gelangte Frankreich in den Besitz eines der größten Eisenerzgebiete der Welt, das ihm den Aufstieg zu einem beachtlichen Stahlexportland ermöglichte. Und das Wiederaufblühen des Elsasses stärkte die Textilindustrie derartig, daß Frankreich sich bald zum drittgrößten Baumwollwarenhersteller der Welt entwickelte. Da auf dem Weltmarkt auch wiederum jene über alle Konkurrenz erhabenen französischen Artikel gefragt waren – der Wein von Burgund und Beaune sowie die Erzeugnisse von Chanel und Mainbocher –, erholte sich der französische Handel mit erfreulicher Schnelligkeit.

Die vollen Auswirkungen dieser Wiederbelebung konnten erst zum Tragen kommen, nachdem eine Lösung für die schwierigen Finanzprobleme der ersten Nachkriegsjahre gefunden worden war. Frankreich war mit hohen Schulden in den Krieg eingetreten und ging mit noch höheren daraus hervor; denn während des Krieges hatte das Land nur wenige neue Steuern erhoben. 1918 beliefen sich die Staatsschulden auf etwa 150 Milliarden Franken, und durch die Kosten des Wiederaufbaus stiegen sie rasch weiter an. Man hatte erwartet, daß die Deutschen alle Kriegskosten zahlen würden. Bevor jedoch die ersten Reparationszahlungen eingingen, mußte die Regierung für ihre laufenden Ausgaben Geld leihen. Da die Deutschen den unvernünftigen Erwartungen ihrer Besieger nicht nachkamen, war die Regierung überdies gezwungen, weiterhin Gelder aufzunehmen, so lange bis die Investoren zögerten, Kredite zu gewähren – was nicht lange auf sich warten ließ. Zu Beginn des Jahres 1924 fand die Regierung in der Tat nicht genügend Geldgeber für eine Anleihe zu 6,29 Prozent. Danach begann der Franken auf dem Geldmarkt rasch zu sinken.

Das Parlament brauchte lange, um mit diesem Problem fertigzuwerden. Es verschwendete vielleicht übermäßig viel Energie auf die Bildung und Auflösung von Kabinetten (in den zwölf Monaten ab Juni 1925 gab es sechs Kabinette und sieben verschiedene Finanzminister), schließlich aber überwand es diese finanziellen Schwierigkeiten. Im Juli 1926 wurde ein Kabinett aller Parteien rechts von den Sozialisten unter der Leitung von Raymond Poincaré gebildet, dessen extremer Nationalismus und strikter Legalismus für das Ruhr-Debakel verantwortlich zeichneten. Seine langjährige Erfahrung in der französischen Politik und seine überschäumende Energie leisteten dem Land zu diesem Zeitpunkt gute Dienste: innerhalb von 35 Tagen hatte er ein Programm grundlegender Reformen durchgeführt, das die Nation vor einem möglichen Bankrott bewahrte. Er erhöhte alle nur denkbaren Steuern, führte eine Reihe von Sparmaßnahmen in der Verwaltung durch und handelte eine neue Anleihe mit der Bank von Frankreich aus, die ihn in die Lage versetzte, den Wert des Franken auf ein Fünftel seines Vorkriegswertes zu erhöhen. Auf diesem Niveau konnte sich der Franken dank der Rückkehr des Landes zum Goldstandard vom Jahre 1928 halten. In der Realität bedeutete dies eine starke Belastung für die Schicht der Rentiers, die vier Fünftel ihres Vermögens einbüßten. Es verringerte aber die Kapitallasten der Regierung und ermöglichte der französischen Industrie eine Zeitlang, ihre Konkurrenten auf Auslandsmärkten zu unterbieten. Diese energische Handlungsweise der Regierung stärkte das Vertrauen in das parlamentarische System.

Die folgenden fünf Jahre waren eine Zeit des soliden Wohlstands. Industrie und Landwirtschaft blühten, und kleine Unternehmen und Dienstleistungsbetriebe profitierten vom wiederauflebenden Tourismus. Es gab kein Arbeitslosenproblem und keine anderen sozialen Probleme, die so ernst gewesen wären, als daß sich die politische Stimmung daran hätte entzünden können. Erklärten Republikgegnern standen kaum Streitpunkte zur Verfügung, die sie ausspielen konnten.

Das Kolonialreich. Ebenso wie die britischen Besitzungen verteilten sich auch die französischen rund um den Globus. Neben alten Niederlassungen wie Saint Pierre und Miquelon im Golf von St. Lorenz, Martinique und Guadeloupe auf den Westindischen Inseln, der Insel Réunion und verschiedenen Stützpunkten in Indien umfaßten sie Algerien, die Protektorate Tunis und Marokko, Äquatorial- und Westafrika, Somaliland, Madagaskar, Neu-Kaledonien und Inseln im Pazifik sowie den größten Teil von Indochina. Hinzu kamen nach Kriegsende die Mandate Togo und Kamerun in Afrika sowie Syrien im Nahen Osten.

Während des Krieges entsandten die Kolonien 680000 Soldaten nach Europa. Dadurch wurden neue Hoffnungen geweckt, daß die Verbindung mit den Kolonien für die Aufrechterhaltung der Machtposition Frankreichs nach dem Krieg von Nutzen sein könne, während gleichzeitig eine große Wirtschaftsgemeinschaft gebildet würde. Die französische Kolonialpolitik war im allgemeinen durchaus darauf ausgerichtet, das Vertrauen der Eingeborenen zu gewinnen, das für eine solche Entwicklung notwendig war.

Das Paradebeispiel für den französischen Imperialismus stellte Algerien dar. Seit 1830 in französischem Besitz, war es allmählich zu einem integrierten Bestandteil des Mutterlandes gemacht worden, so daß Frankreich es jetzt als drei seiner Departements betrachtete, die zehn Abgeordnete in die Kammer entsenden durften. 1919 bot die französische Regierung gebürtigen Algeriern die Staatsbürgerschaft an, und zwei Jahre später übertrug sie ihnen einen Teil der Regionalregierung. Die gesamten 20er Jahre hindurch deutete alles darauf hin, daß diese Integrationspolitik funktionierte. Trotz einiger wirtschaftlicher Rückschläge befand sich das Land generell in einem blühenden und zufriedenen Zustand. Dies galt auch für das benachbarte Protektorat Tunesien. Marokko hingegen stellte die gesamten 20er Jahre hindurch eine schwere finanzielle Belastung dar. Zum großen Teil lag es an den Aufständen der Stämme im spanischen Teil Marokkos, dem Rif. Unter einem zähen, harten Führer, Abd-el-Krim, vertrieben die Rifkabylen die spanischen Garnisonen aus Spanisch-Marokko und dehnten ihre Operationen dann auf Französisch-Marokko aus. Die französische Phase des Rif-Krieges nahm einen Großteil der Jahre 1925/26 ein, ehe man Abd-el-Krim zur Kapitulation zwingen konnte. Die Kriegskosten belasteten alle französischen Kolonien.

Marokko war nicht der einzige Schauplatz von Eingeborenenkriegen in den französischen Kolonien. In Syrien war der Nationalismus ebensostark wie im benachbarten Irak. Im Jahre 1925 brachten Aufstände in Damaskus und eine gleichzeitige Rebellion der Drusen die französische Garnison in eine bedrohliche Situation. Auch General Sarrails Bombardierung von Damaskus konnte diese Gefahr nicht bannen, sondern bewirkte lediglich eine Ausweitung der Aufstände. Eine relative Ruhe wurde erst 1927 wiederhergestellt, und in den folgenden Jahren kam es noch häufig zu Zusammenstößen.

Indochina auf der anderen Seite der Weltkugel stellte ein enorm reiches Gebiet dar, in dem die französischen Kolonialverwalter eine Politik der offenen Ausbeutung betrieben, und zwar in weitaus stärkerem Maße als in den Kolonien näher beim Mutterland. Das hatte unglückliche Folgen. Die gesamte Nachkriegszeit hindurch fand die jüngere Generation in ganz Indochina Anregung in der chinesischen Revolution und in den Lehren des Kommunismus. In Annam, Tongking und Kambodscha kam es im Jahrzehnt vor dem Zweiten Weltkrieg zu Gewaltausbrüchen.

Als im Jahre 1936 in Frankreich die Volksfrontregierung gebildet wurde, warnte ihr Leiter Léon Blum davor, daß es weitere Aufstände geben werde, wenn man keine positiven Schritte unternehme, um die Nationalisten zu versöhnen. Zu diesem Zeitpunkt allerdings waren die Franzosen durch Schwierigkeiten näher bei Paris stärker in Anspruch genommen.

Die Einwirkung der Weltwirtschaftskrise. Als letztes Land Europas wurde Frankreich von dem Sturm erfaßt, der im Jahre 1929 in New York losgebrochen war. Der Rückgang des Tourismus, die Kündigung von Aufträgen über Luxusgüter und die Tendenz zum wirtschaftlichen Nationalismus in Ländern, die bereits harte Zeiten durchmachten, zerfraßen die Grundlagen des französischen Wohlstands. Da Frankreich am Goldstandard festhielt, selbst nachdem Großbritannien und die Vereinigten Staaten davon abgegangen waren, lagen die Preise seiner Waren bald zu hoch, um noch konkurrenzfähig zu sein. Um 1932 befand sich das Land in einer ebenso verzweifelten Lage wie seine Nachbarn, und das Volk wartete darauf, daß seine Regierung jene Art von Korrektivmaßnahmen einleiten würde, mit denen die Krise von 1926 bewältigt worden war.

Die französische Kammer erwies sich als unfähig, energisch zu handeln, großenteils aufgrund von unüberbrückbaren prinzipiellen Differenzen zwischen den Regierungsparteien. Aus den Wahlen vom Mai 1932 waren die Parteien der Linken siegreich hervorgegangen. Die stärksten darunter waren die von Eduard Herriot geführten Radikalsozialisten und die Vereinigten Sozialisten unter Léon Blum. Eine effektive Zusammenarbeit zwischen diesen Parteien erwies sich als unmöglich, weil das Rezept der Vereinigten Sozialisten gegen die Depression ein Programm beinhaltete, das die Nationalisierung von Schlüsselindustrien und der Bank von Frankreich, Steuererhöhungen für die gehobenen Schichten und weitreichende staatliche Ankurbelungsmaßnahmen in Form von öffentlichen Arbeiten vorsah. Die Radikalen hingegen vertraten die Interessen kleiner Geschäftsleute, der Inhaber von Staatsanleihen sowie der Mittelstandsbauern und betrachteten diese Ideen als verwerflich. Sie zogen ein Programm der strikten Sparsamkeit auf seiten der Regierung vor. Diese Unvereinbarkeit der Programme führte zu einem Grad an Unsicherheit im Kabinett, der die Öffentlichkeit irritierte und zunehmende Kritik am politischen System auslöste.

Sie schlug sich nieder in dem raschen Anwachsen des Kommunismus, noch eklatanter aber in dem Wiederaufleben antirepublikanischer Organisationen auf der Rechten, die sich nun eindeutig einen faschistischen Anstrich gaben. Neben der alten „Action Française", aus der nun eine Zweigorganisation junger Rowdies namens „Camelots du Roi" hervorging, waren die bedeutendsten darunter die im Jahre 1927 als Vereinigung von Kriegsveteranen gegründete „Croix de Feu", die sich nun aber unter der Führung des Colonel de la Rocque zu einer militanten Gruppe junger Konservativer entwickelt hatte. Außerdem traten die „Jeunesses Patriotes" in Aktion, die eine ausgesprochene Ähnlichkeit mit Mussolinis „squadristi" aufwiesen; die von dem Parfum-Produzenten Coty gegründete „Solidarité Française"; die „Francistes", die sich kleideten wie Hitlers SA; die in ihrer Ideologie von den Nationalsozialisten nicht zu unterscheidenden Neo-Sozialisten von Marcel Déat und andere.

Das Emporkommen dieser Gruppen wurde durch den Kontrast zwischen der offenkundigen Leistungsunfähigkeit des Parlamentarismus und der scheinbaren Energie und Zielgerichtetheit der totalitären Regime Italiens und Deutschlands gefördert. Doch wuchsen sie auch infolge der Ermutigung und Förderung von seiten der Großindustrie, vertreten durch das „Comité des Forges", und der Bankgruppen, vertreten durch die Bank von Frankreich, deren leitende Persönlichkeiten durch die in den Wahlen von 1932 bewiesene Stärke der Sozialisten alarmiert waren.

Im Jahre 1934 erlebte die Republik einen weiteren jener Skandale, von denen ihre Geschichte durchsetzt schien. Ein Börsenspekulant namens Serge Stavisky wurde wegen Herausgabe gefälschter Aktien verhaftet und beging Selbstmord, um der Gefängnisstrafe zu entrinnen. Bald stellte sich heraus, daß er im Jahre 1926 bereits wegen eines solchen Betrugs verhaftet, aber nicht gerichtlich belangt worden war. Die konservative Presse, finanziert von denselben Interessengruppen, die auch die faschistischen Verbände unterstützten, begann die Behauptung zu verbreiten, die Regierung sei in ein Komplott verwickelt, mit dem das französische Volk betrogen werden solle; und die Polizei habe Stavisky zum Selbstmord getrieben, um zu verhindern, daß er die Namen seiner Komplizen preisgebe. Am 6. Februar 1934 versammelten sich die royalistischen und faschistischen Verbände, unterstützt von Tausenden von Studenten und einigen kommunistischen Gruppen, als Reaktion auf einen Aufruf der gesamten rechtsgerichteten Presse auf der Place de la Concorde und versuchten, die Abgeordnetenkammer zu stürmen. Während der nächtlichen Unruhen gab es 21 Tote und 1600 Verletzte. Von größerer Tragweite aber war, daß diese Ausschreitungen zum Rücktritt des Kabinetts führten, obgleich es das Vertrauen der Kammermehrheit besaß.

Der Untergang der Republik. Die beiden folgenden Jahre hindurch wurde die französische Politik von einer Reihe von Notkabinetten geführt, die nicht den Willen des Volkes repräsentierten, wie er in den letzten Parlamentswahlen von 1932 zum Ausdruck gebracht worden war, und in denen häufig Gegner der republikanischen Regierungsform vertreten waren (wie Pierre Laval und Philippe Pétain, um nur zwei zu nennen). Die ersten bedeutenden Siege der Diktatoren wurden errungen, während diese Lückenbüßer-Regierungen Frankreich lenkten.

Während dieser beiden Jahre nahmen Stärke und Aktivitäten der faschistischen Verbände zu; und ihre Nachahmung der Straßentaktiken ihrer deutschen Vorgänger förderte den Aufstieg einer militanten Gegenbewegung auf der Linken – der durch Zusammenarbeit zwischen Radikalen, Sozialisten und Kommunisten im Jahre 1935 begründeten Volksfront. In den Wahlen von 1936 errangen diese Parteien einen starken Sieg und bildeten eine Regierung unter dem Sozialisten Léon Blum, einer der mutigsten und fähigsten Persönlichkeiten der Republik in diesem Zeitabschnitt.

Als Blum das Regierungsamt übernahm, bedrohte ein starker Goldabfluß die finanzielle Stabilität des Staates, und die industrielle Produktion war durch eine Welle von Sitzstreiks ernstlichen Behinderungen ausgesetzt. Der ersten dieser beiden Gefahren suchte Blum durch eine Reorganisation der Banken zu begegnen, indem er sie unter Regierungskontrolle stellte, und durch die Aushandlung internationaler Abkommen zur Zusammenarbeit in Währungsfragen. Die zweite Gefahr versuchte er zu bannen, indem er die Vierzig-Stunden-Woche einführte, der Arbeiterschaft das Recht zuerkannte, Tarifverträge auszuhandeln, und bezahlten Jahresurlaub versprach. Diese Regierungsmaßnahmen verstärkten den Argwohn und den Haß der Rechten.

Wenngleich Blums Widerstand gegenüber dem Faschismus im eigenen

Land und im Ausland seinen kommunistischen Partnern nicht energisch genug erschien, so daß sie seiner Regierung bald ihre Unterstützung entzogen, schien er denjenigen, die sich angesichts Hitlers Machtzuwachses an die Verluste des letzten Krieges erinnerten und die Folgen eines weiteren Krieges fürchteten, gefährlich unklug. Blums Gegner machten sich diese Angst zunutze und behaupteten, seine Politik werde, wenn man ihr nicht Einhalt gebiete, einen Konflikt heraufbeschwören, der Frankreich ruinieren und nur Sowjetrußland dienen könne. Die reaktionäreren Zeitungen begannen im Jahre 1936 ihr Schwergewicht darauf zu verlegen, ihren Lesern die Schrecken der modernen Kriegführung sowie die Mängel der französischen Bewaffnung darzulegen und hervorzukehren, daß die Sowjetunion um ihres eigenen Vorteils willen versuche, Frankreich in Kriege hineinzuziehen. Während die Diktatoren systematisch die Grundlagen der kollektiven Sicherheit unterminierten, zog man mit diesem Argument gegen all jene zu Felde, die zum Widerstand aufriefen.

Die kleineren Staaten

Belgien, die Niederlande und die Schweiz. Trotz wirtschaftlicher Schwierigkeiten und einiger quälender politischer Auseinandersetzungen gab es im beschriebenen Zeitraum weder in Belgien noch in den Niederlanden eindeutige Symptome von politischer Schwäche. Belgien sah sich nach dem Krieg und der langen deutschen Besatzung vor Probleme des Wiederaufbaus und der industriellen Reorganisation gestellt, die ähnlich lagen wie in Frankreich. Außerdem ergaben sich Schwierigkeiten aus dem Verfall Antwerpens, das unter dem Rückgang des deutschen Handels und unter der Verlagerung des elsaß-lothringischen Überseehandels auf französische Häfen litt. Dank Planung und harter Arbeit ging der Aufschwung jedoch stetig vonstatten, und die ärgsten Probleme der Anpassung an die neuen Bedingungen wurden durch die von der wachsenden Arbeiterbewegung aktiv geförderte Verabschiedung von Sozialversicherungsgesetzen abgemildert. In politischer Hinsicht mußte die belgische Regierung mit den althergebrachten Spannungen zwischen Flamen und Wallonen fertigwerden. Ermutigt durch die Deutschen, hatten die Flamen neue Hoffnung geschöpft, daß ihr Gebiet von Belgien abgetrennt würde. Im Jahre 1921 teilte man das Land nach Sprachgegenden in zwei Verwaltungsgebiete ein. Später folgten Gesetze über eine ähnliche Teilung der Armee und andere Zugeständnisse gegenüber den Flamen, insbesondere im Bereich der Erziehung.

Die Popularität König Alberts I., der während des Krieges regierte und den Thron bis zu seinem Tod im Jahre 1934 innehatte, gewährleistete die Treue gegenüber dem bestehenden System. Der politische Extremismus kam in diesem Land nur wenig voran, blieb jedoch nicht völlig ohne Einfluß.

In den 30er Jahren organisierte Léon Degrelle eine faschistische Bewegung, die Rexisten, und wurde von Hitler und Mussolini aktiv unterstützt. In Zusammenarbeit mit dem extremistischen Flügel der flämischen Nationalisten wirkte sie auf eine bedeutsame Kursänderung der belgischen Außenpolitik hin, die der Sache der Demokratie in Europa abträglich war. Im Jahre 1936, nach der Besetzung des Rheinlands durch das deutsche Militär, verkündete König Leopold III. seinem Ministerrat, Belgien müsse eine ausschließlich nationale Politik betreiben; und im Jahr darauf entbanden die britische und die französische Regierung das Land von seinen Verpflichtungen aus den Locarno-Verträgen (s. S. 57). Dieser Rückzug in die Neutralität erfolgte zweifellos, um die nationalistischen Agitationen der Flamen und der Rexisten gegen Frankreich zur Ruhe zu bringen. Einen Schutz bot er Belgien im Jahre 1940 nicht.

In der Innenpolitik Hollands und der Schweiz blieb es ruhig. Die auffälligsten Tendenzen in der Schweiz waren ein Anwachsen der Macht der Nationalregierung und eine Ausweitung des staatlichen Sozialismus und der Regierungsverantwortung auf dem Gebiet der Landwirtschaft und der Industrie. In Holland hatte die Politik einen konservativeren Anstrich. Die drängendsten Probleme für die holländische Regierung lagen eher in der Kolonialpolitik als im innenpolitischen Bereich. Die gesamten 20er Jahre hindurch herrschten Unruhen in den fernöstlichen Kolonien, und zu Beginn des folgenden Jahrzehnts kam in ganz Indonesien eine nationalistische Bewegung auf. Als der Konflikt zwischen den demokratischen und den totalitären Staaten in Europa heraufzog, versuchten beide Länder, ihre traditionelle Neutralität zu wahren.

Nordeuropa. In einer Periode, in der die Demokratie in vielen Teilen des Kontinents im Rückzug begriffen war, eroberte sie in Skandinavien Terrain. Finnland begann seine Existenz mit einer stürmischen Periode, in der Truppenformationen der Roten und Weiße Garden um die Herrschaft über das Land kämpften. Im Mai 1918 waren die letzten Einheiten der Roten besiegt, und nach dem Waffenstillstand wurden die Deutschen abgezogen. 1919 nahm das Land eine demokratische Verfassung an und wählte seinen ersten Präsidenten.

Finnland verfügte über reichliche Bauholzreserven und eine blühende Papierindustrie, und dank der im Jahre 1922 einsetzenden Agrarreform besaß ein Drittel der Bevölkerung eigenen Grund und Boden. In der gesamten Zwischenkriegszeit ging es dem Land wirtschaftlich gut. Sein Vertrauen in die Demokratie zeigte sich überdies in den strengen Gesetzen gegen politischen Extremismus und in der Tapferkeit, mit der seine Bürger ihr System verteidigten, als sie es im Jahre 1940 Angriffen ausgesetzt sahen (s. S. 173).

In den Königreichen Dänemark, Norwegen und Schweden setzte sich der politische Demokratisierungsprozeß der Vorkriegsjahre in dieser Periode weiter fort. Eine neue Verfassung von 1915 brachte Dänemark das allgemeine Wahlrecht und liberale Reformen. Hier und in den beiden Nachbarstaaten wuchsen die Sozialisten- und Arbeiterparteien, die dem revisionistischen Ideal der friedlichen Entwicklung auf parlamentarischem Wege treu blieben, in beachtlichem Maße. Der Kommunismus kam in Skandinavien nur geringfügig voran. In allen drei Ländern machte die Demokratie in der Wirtschaft stetige Fortschritte.

Die Iberische Halbinsel. In Südwesteuropa verlief die Geschichte weniger glücklich. Portugal, geschwächt durch seine tapfere, aber kostspielige Beteiligung am Weltkrieg, machte schwere wirtschaftliche Erschütterungen durch, und die Inkompetenz und Korruption seiner Politiker steuerten ganz und gar nicht zu deren Linderung bei. Mit einem Handstreich im Jahre 1926 stürzte das Militär die Regierung, und von da an herrschte eine Diktatur im Lande, zunächst von General Antonio Carmona und nach 1932 von Antonio de Oliveira Salazar geführt. Den Parteien war die freie Entwicklung untersagt, und die Regierung griff mit starker Hand durch, wenn Anzeichen von Opposition auftraten.

Im benachbarten Spanien sammelten sich im ersten Jahrzehnt nach dem Krieg Kräfte für einen Kampf, der den Sieg der Demokratie versprach, jedoch zu einer der dramatischsten und schicksalhaftesten Niederlagen der Demokratie führte.

Während des Ersten Weltkrieges blieb Spanien neutral. Seine Regierung aber unterlag weiterhin der Turbulenz und der Instabilität von Kabinetten, die für die Vorkriegszeit charakteristisch gewesen waren (s. Bd. I, S. 254f.). Infolge von Kolonialproblemen verschlechterte sich die Lage weiterhin, und der verheerende Krieg am Rif schwächte das Vertrauen der Öffentlichkeit in die Monarchie. Um seinen Thron zu retten, ging König Alfons XIII. eine Verschwörung ein, die den Generalkapitän von Katalonien, Don Miguel Primo de Rivera, im September 1923 an die Macht brachte. Das Regime, das er errichtete, wies eine deutliche Ähnlichkeit auf mit demjenigen, das sich derzeitig in Italien konsolidierte. Oppositionsparteien wurden verboten, Presse und Universitäten neuen Kontrollen unterworfen. Andererseits legte die Regierung bei der Behandlung althergebrachter Probleme neue Energie an den Tag. Sie leitete ein umfassendes Programm für öffentliche Arbeiten ein, und im Jahre 1926 konnte die Armee in Zusammenarbeit mit französischen Streitkräften den Krieg in Marokko beenden.

Trotz seiner anfänglichen Erfolge ließ die Regierung Primo de Riveras bald Anzeichen von Schwäche erkennen. Mit der aufkommenden Weltwirtschaftskrise schwand der Ruf des Diktators vollends, und der König forderte ihn im Januar 1930 auf, zurückzutreten.

Zu dieser Zeit hatte auch der Souverän seine Schuldigkeit getan. Als im folgenden Jahr überall im Lande die republikanische Agitation zunahm und sogar in die Streitkräfte eindrang, beschloß Alfons, ins Exil zu gehen. Am 13. April 1931 floh er, und unter allgemeinem Jubel, in dem zweihundert Kirchen niedergebrannt wurden, proklamierte Spanien die Republik.

Die Verfassung vom Dezember 1931 erklärte Spanien zur Arbeiterrepublik und sollte die Grundlagen für eine wirtschaftliche und politische Demokratie schaffen. Die gesetzgebende Gewalt übertrug sie einer Kammer oder „Cortes", der das Kabinett verantwortlich war. Alcalá Zamora wurde zum Präsidenten gewählt und der altgediente republikanische Anführer, Manuel Azaña, zum Ministerpräsidenten ernannt. Die neue Regierung leitete unmittelbar ein Programm zur Vernichtung der vorher herrschenden Kräfte des Landes ein: der Kirche, der Plutokratie und der Armee. Der Orden der Jesuiten wurde verbannt; man errichtete staatliche Schulen, um den Einfluß der Kirche in der Erziehung zu mindern; man beschlagnahmte die großen Landgüter und machte Anfänge einer gerechteren Verteilung des Ackerlands; sowohl die Eisenbahn als auch die Bank von Spanien wurden verstaatlicht; man führte den Achtstundentag und die Sozialversicherung ein; und schließlich verkleinerte man das Offizierkorps um nahezu die Hälfte.

Einige dieser Maßnahmen waren eindeutig nicht realisierbar. Den Jesuiten mußte man erlauben, weiterhin einige Schulen zu unterhalten, sonst hätte man nicht genügend Lehrer gehabt. Die Durchführung der Pläne zur Reorganisation von Industrie und Landwirtschaft mußte man verlangsamen, um den totalen Zusammenbruch der Wirtschaft zu verhindern. Daher behielten die ehemals herrschenden Kräfte genügend Macht, um eine grundlegende Reform zu blockieren, während sich unter den Nutznießern der Revolution allmählich die Meinung durchsetzte, der Wandel vollziehe sich nicht schnell genug. Die Folge war, daß das neue republikanische Regime bald mit Bauernaufständen, militärischen Verschwörungen, anarchistischen Gewalttaten, monarchistischen Agitationen, separatistischen Bewegungen, Arbeiterstreiks und den Anfängen einer neuen faschistischen Bewegung, der „Falange" angeführt von einem Sohn Primo de Riveras, konfrontiert war.

Anfang des Jahres 1936 schlossen sich die gemäßigten Republikaner mit den Sozialisten, den katalanischen und baskischen Nationalisten, den Anarcho-Syndikalisten und den Kommunisten zusammen, um eine Volksfront nach französischem Muster zu errichten. In den Februarwahlen errang dieses Parteienbündnis einen beeindruckenden Sieg. Es wurde eine Regierung unter Azaña gebildet, die das Programm von 1931 noch einmal energisch vorantrieb. Die Parteien der Rechten leiteten eine erbitterte Kampagne ein, in der sie behaupteten, die Regierung sei von Moskau gesteuert; und die „Falange" ging zu Terrorakten über, die bald Vergeltungsschläge herausforderten. Am 12. Juli 1936 ermordeten Falangisten einen jungen Leutnant der Republikanischen Angriffsgarde. Am nächsten Tag wurde Calvo Sotelo, während der Diktatur Primo de Riveras Finanzminister, aus Rache erschossen.

Diese letzte Bluttat diente als Signal für den lange vorbereiteten Handstreich der Armee. Am 18. Juli 1936 flog General Francisco Franco von den Kanarischen Inseln nach Marokko und hißte die Rebellenflagge. Zehn Tage später begannen marokkanische Truppen in deutschen Flugzeugen zum Festland zu fliegen und leiteten den Bürgerkrieg ein, der die Freiheit Spaniens zunichte machen und dem internationalen Konflikt zwischen Demokratie und Diktatur neue Intensität verleihen sollte.

Achtes Kapitel

Der Weg zum Krieg 1933–1939

Abgelenkt durch die Härten der Wirtschaftskrise und die daraus erfolgenden innenpolitischen Probleme, reagierten die demokratischen Länder nur langsam und ohne Dringlichkeit auf die Einleitung einer neuen Ära der Aggression durch die totalitären Staaten. Ihre Regierungschefs fanden leichtfertige Entschuldigungen sowohl für die gesetzwidrigen Handlungen der totalitären Herrscher als auch für ihre eigene fehlende Bereitschaft, etwas gegen sie zu unternehmen. Ihre Bevölkerung, die die Gewähr haben wollte, daß die Außenpolitik ihre eigenen Schwierigkeiten nicht noch vergrößerte, bestärkte sie jahrelang in dieser Haltung.

Es ist vielleicht verständlich, daß die Demokratien nur langsam erkannten, was mit Japans Eroberung der Mandschurei in den Jahren 1931/32 auf dem Spiel stand. Schwieriger zu erklären aber ist ihr fatales Versäumnis, der Gefahr zu begegnen, die durch Hitlers Aufstieg zur Macht im Jahre 1933 drohte. Man würde erwarten, die Brutalitäten der Sturmabteilung Hitlers in den ersten Monaten seiner Amtsführung hätten dem Westen als Warnung gedient, daß die Außenpolitik eines Regimes, dessen innenpolitische Praktiken derartig gesetzesverachtend waren, ebensolche Charakterzüge tragen würde. Doch sie sahen weder die Verbindung zwischen Hitlers Außen- und Innenpolitik, noch verstanden sie jahrelang die Ziele seiner Aktivität im außenpolitischen Bereich. Unterdessen erlagen sie einer Selbsttäuschung, indem sie meinten, Hitlers eigentlicher Wunsch sei lediglich eine Revision des Versailler Vertrages sowie die Wiederherstellung der Grenzen Deutschlands von 1914; sobald er in diesen Punkten zufriedengestellt sei, werde er ein Bürger, der die Gesetze achtete. Diese irrige Auffassung steuerte dazu bei, daß ein neuer Krieg unausweichlich wurde.

Hitlers Außenpolitik

Gleich zu Beginn seiner Karriere als Volkstribun in den Nachkriegsjahren machte Hitler die Attacken auf die Friedensregelung zum dauerhaften Bestandteil seiner Reden und Propaganda. Da deren Hervorhebung später westliche Staatsmänner verwirrte, sollte angemerkt werden, daß Hitler den Versailler Vertrag nie als ungerecht betrachtete. Kurz nach dem Krieg schrieb er: „Wäre ich selbst Franzose und wäre mir somit Frankreichs Größe so lieb, wie mir die Deutschlands heilig ist, so könnte und wollte auch ich nicht anders handeln, als es am Ende ein Clemenceau tut [bei der Aufstellung von Friedensbedingungen]." Die Regelung war eine natürliche Strafe für die Niederlage, und Hitler wetterte dagegen, weil sie unangenehm war. Er geriet immer in Zorn, wenn Leute in seinem Publikum auf seine Attacken gegen Versailles mit dem Zwischenruf reagierten „Brest-Litowsk!". Sie sahen nicht ein, daß Brest-Litowsk (s. S. 65) ein *guter* Friede war, weil er zugunsten Deutschlands ging, während Versailles ein *schlechter* Friede war, weil er größere und bessere Brest-Litowsk verhinderte.

Doch noch schlimmer als diese Moralisten waren jene Deutschen, die zu glauben schienen, weil Hitler Versailles angriff, argumentiere er für die Wiederherstellung der Grenzen von 1914. In „Mein Kampf" schrieb Hitler: „Die Forderung nach Wiederherstellung der Grenzen des Jahres 1914 ist ein politischer Unsinn von Ausmaßen und Folgen, die ihn als Verbrechen erscheinen lassen. Ganz abgesehen davon, daß die Grenzen des Reiches im Jahre 1914 alles andere eher als logische waren. Denn sie waren in Wirklichkeit weder vollständig in bezug auf die Zusammenfassung der Menschen deutscher Nationalität noch vernünftig in Hinsicht auf ihre militärgeographische Zweckmäßigkeit."

In dieser verschwommenen Erklärung war die Ablehnung einer bloßen Revision sowie die Ankündigung eines künftigen Expansionsprogramms inbegriffen, das weitaus ehrgeiziger zu werden versprach als die kühnsten Träume Wilhelms II.

„Allerdings eine solche Bodenpolitik kann nicht etwa in Kamerun ihre Erfüllung finden, sondern heute fast ausschließlich nur mehr in Europa ... Denn nicht in einer kolonialen Erwerbung haben wir die Lösung dieser Frage zu erblicken, sondern ausschließlich im Gewinn eines Siedlungsgebietes, das die Grundfläche des Mutterlandes selbst erhöht und dadurch nicht nur die neuen Siedler in innigster Gemeinschaft mit dem Stammland erhält, sondern der gesamten Raummenge jene Vorteile sichert, die in ihrer vereinten Größe liegen."

Dies bedeutete, daß Deutschland sich nach Osten ausdehnen, damit die slawische Gefahr effektiv beseitigen und das fruchtbarste und strategisch sicherste Land in Europa unter seine Kontrolle bringen müsse. In einer wichtigen Passage in „Mein Kampf" schrieb Hitler: „Wenn wir aber heute in Europa von neuem Grund und Boden reden, können wir in erster Linie nur an *Rußland* und die ihm untertanen Randstaaten denken."

Wenn nicht in seinen Reden, so machte Hitler zumindest in „Mein Kampf" deutlich, daß die deutsche Expansion, falls sich die anderen Mächte nicht unterwürfig seinem Willen beugten, nicht ohne einen neuen Krieg durchgeführt werden könne. Die Vorstellung eines Krieges durchzog wie ein roter Faden das ganze Buch, und sein Autor wiederholte immer wieder das Prinzip, jede Außenpolitik müsse davon ausgehen, daß der Krieg eintrete. In der Welt nach Versailles, so meinte Hitler, habe Frankreich den Krieg unumgänglich gemacht. Denn wer auch immer das Land regiere, „ob Bourbonen oder Jakobiner, Napoleoniden oder bürgerliche Demokraten, klerikale Republikaner oder rote Bolschewisten", Frankreich drücke Deutschland unablässig nieder.

Bei der Vorbereitung des Krieges durften die Fehler Wilhelms II. nicht wiederholt werden. Dieses Mal mußte die Heimatfront vorbereitet werden, und diese Vorbereitung würde grundlegende politische Veränderungen mit sich bringen. Um dem Wust an Parteien, der vor dem Ersten Weltkrieg bestanden hatte, zu begegnen, mußte der Staat sich alle politischen Parteien unterordnen und gleichschalten – ebenso wie alle anderen unabhängigen Organisationen, ob politischer, wirtschaftlicher, religiöser oder rein gesellschaftlicher Art. Alle möglichen Dissidenten – vor allem Juden und Marxisten – mußten liquidiert werden, und bei der Durchführung dieser Aufgabe sollten alle humanitären und ästhetischen Erwägungen absolut an Bedeutung verlieren. Deutschland sollte in der Lage sein, seine Ziele im Ausland mit gemeinsamem Willen und gemeinsamer Entschlossenheit zu verfolgen. Kurz, die künftige „Gleichschaltung" (s. S. 117f.) bildete die Voraussetzung für eine erfolgreiche Expansionspolitik. Sie stellte die Verbindung zwischen Außen- und Innenpolitik her, die die Westmächte in den Anfängen der innenpolitischen Säuberungen durch die Nationalsozialisten im Jahre 1933 nicht erkannten.

Der zweite Schritt zur Vorbereitung des Krieges war die Gewinnung leistungsfähigerer Bündnispartner als „die fauligen staatlichen Leichname", mit denen Deutschland im Jahre 1914 verbündet war. Ein solcher Partner würde das faschistische Italien sein. Wichtiger aber war – falls dessen Kooperation erreicht werden konnte – Großbritannien, das der wertvollste aller Verbündeten sei, wie Hitler schrieb, solange seine Führer und der Geist der Massen jene Brutalität und Härte erwarten ließen, die die britische Politik in der Vergangenheit charakterisiert hatten. Um ein Bündnis mit Großbritannien zu erreichen, war Hitler zu großen Opfern bereit – zu jenen Opfern, die Deutschland vor 1914 hätte bringen sollen. Er war bereit, auf Kolonien und Seemacht zu verzichten und offenbar sogar, von einer industriellen Herausforderung auf den Weltmärkten abzusehen, um Britannien auf seine Seite zu bringen, damit Frankreich zu isolieren und dessen Vernichtung zu ermöglichen.

Diese Gesichtspunkte bestimmten die Richtlinien der Außenpolitik Hitlers, nachdem er im Jahre 1933 an die Macht gelangt war. Doch, wie Hermann Rauschning in einem Werk von 1938 die Menschen im Westen warnte, die das Buch „Mein Kampf" verspätet ernstzunehmen begannen, war Hitler größer als sein Buch, und dieses durfte daher nicht als exakter Entwurf angesehen werden. Man müsse bedenken, so schrieb Rauschning, daß Hitler „es wirklich bis zu einer Virtuosität in der elastischen Taktik gebracht hat".

Hitlers Politik in Aktion

Die ersten Jahre 1933–1935. In den ersten Jahren seiner Macht, als eine Fehl-
einschätzung oder ein falscher Schritt ihn zu Fall bringen konnte, war die
taktische Beweglichkeit das Kennzeichen der Außenpolitik Hitlers. In der
ersten Phase standen drei Dinge zur Erledigung an. Er wollte die innenpolitischen Vorbereitungen für eine dynamische Außenpolitik zum Abschluß
bringen. Er strebte eine Entwindung aus den Verpflichtungen, die Stresemann und Brüning eingegangen waren, an, um die Handlungsfreiheit der
Deutschen in der Außenpolitik wiederherzustellen. Und er beabsichtigte,
den Willen zum Widerstand auf seiten der anderen Mächte zu testen, um zu
ermitteln, wie schnell er vorgehen könne, sobald er eine nennenswerte Waffenstärke erreicht hätte. Hitler mußte in diesen Jahren Rückschläge hinnehmen. Doch seine Erfahrungen mit den anderen Mächten ermutigten ihn zu
der Annahme, daß er alles erreichen würde, was er wollte.

Nichts veranschaulicht die Taktik, mit der Hitler seine Ziele verfolgte,
besser als sein Austritt aus der Abrüstungskonferenz und aus dem Völkerbund im Jahre 1933. In den in Genf im Jahre 1932 aufgenommenen Verhandlungen hatten die deutschen Unterhändler bereits einen bedeutsamen Sieg
errungen, indem sie die anderen Mächte zu guter Letzt dazu gebracht hatten,
dem Grundsatz zuzustimmen, daß Deutschland im Hinblick auf die Bewaffnung ein Recht auf gleichen Status habe. Hitler war weder hierüber sonderlich glücklich, noch war er an anderen einzelnen Konzessionen interessiert.
Wenn nämlich die Abrüstungskonferenz einen neuen Rüstungskontrollplan
erstellte, der für alle anderen Mächte akzeptabel war, so verfügte Deutschland über keinen Vorwand mehr, dessen Befolgung zu verweigern, und es
wäre ständigen Kontrollen unterworfen. Hitler war entschlossen, dem aus
dem Wege zu gehen.

Das tat er, indem er Forderungen stellte, von denen er ziemlich sicher
wußte, daß die anderen Mächte sie nicht akzeptieren konnten. Er bestand
darauf, daß alle Kontrollen des deutschen Militärs aufgehoben werden müßten, weil die Mächte zögerten, ihre Streitkräfte auf das Niveau Deutschlands
zu reduzieren. Es erübrigt sich zu sagen, daß Frankreich alle Versuche, Hitler
nachzugeben, blockierte. Im Oktober 1933 verließ Hitler die Abrüstungskonferenz und trat ebenfalls aus dem Völkerbund aus.

Bevor er diesen gewagten Schritt unternahm, appellierte er in einer Reihe
wirkungsvoller Reden an jene im Westen, die meinten, Frankreich halte
hartnäckig am Buchstaben einer Regelung fest, die schon seit langem hätte
revidiert werden müssen. Er hob außerdem mehrfach hervor, Deutschland
werde zu allen Abkommen auf Gegenseitigkeit zur völligen Eliminierung
offensiver Waffen stehen und es sei bereit, mit jedem, der es wünsche,
Freundschaftsverträge abzuschließen. Hierdurch gewannen die anderen Re-

gierungen den Eindruck, daß er bei geschicktem Verhalten ihrerseits von selbst dem Völkerbund und den Abrüstungsgesprächen wieder beitreten würde. Es ist bemerkenswert, wie stark sich diese Vorstellung durchsetzte, vor allem in England, wo Neville Chamberlain im Frühjahr 1939 Journalisten gegenüber erklärte, er glaube, es bestünden gute Aussichten auf eine Wiederaufnahme der Abrüstungskonferenz, und zwar unter deutscher Beteiligung.

In Wirklichkeit hatte der Führer ein für allemal mit den Abrüstungsgesprächen und mit allen Vereinbarungen zur kollektiven Sicherheit gebrochen. Er betonte weiterhin sein Vertrauen in die internationale Zusammenarbeit, suchte aber Ausflüchte oder weigerte sich, konkrete Vorschläge zu machen, indem er vom Thema ablenkte und beharrlich betonte, er sei voll und ganz bereit, Abkommen zur Erhaltung des Friedens einzugehen, vorausgesetzt daß es sich um zweiseitige Abkommen handele. Die anderen Mächte waren so sehr bestrebt, ihm Glauben zu schenken, daß sie ihre weiterreichenden Pläne fallenließen; und in zwei bemerkenswerten Fällen wurden solche Abkommen getroffen. Darüber aber vergaßen sie, daß bilaterale Verträge gebrochen werden konnten, wann immer Hitler es wollte.

Seinen ersten Erfolg verbuchte Hitler mit dem Abschluß eines Nichtangriffspaktes mit Polen im Januar 1934. Der Austritt des „Führers" aus dem Völkerbund und der Abrüstungskonferenz hatte einige seiner Berater beunruhigt; denn – einhergehend mit der fortschreitenden Abkühlung der Beziehungen zur Sowjetunion – schien dies auf ein Abtreiben Deutschlands in eine gefährliche Isolation hinzudeuten. Der Polen-Pakt bannte zumindest die Gefahr einer eventuellen Auseinandersetzung um die deutsche Ostflanke und trieb zugleich einen Keil in das französische Sicherheitssystem in Osteuropa.

Dieser Vorteil schwand jedoch nahezu sofort wieder durch den unseligen Eindruck, den das Blutbad vom Juni 1934 und, was noch schwerwiegender war, der Putsch in Wien vom Juli 1934 (s. S. 126) vermittelten. Trotz aller Dementis von seiten Hitlers war sehr wohl bekannt, daß er die österreichischen Nationalsozialisten mit Waffen beliefert hatte, ihnen die Verbreitung ihrer Propaganda von einer Rundfunkanstalt in München aus und die Aufstellung einer österreichischen Legion auf deutschem Boden gestattet hatte, deren offenkundige Mission es war, Österreich zu überfallen. Für einen Augenblick schien es, als wäre Italien bereit, militärische Maßnahmen gegen Deutschland zu ergreifen. Und auch nachdem diese nicht erfolgten, schien die Planung einer wirksamen Politik der Isolation und Eindämmung Hitlers durch die Mächte im Bereich des Möglichen zu liegen. Diese Hoffnung hegte der energische französische Außenminister, Jean Louis Barthou. Er reiste das ganze Jahr 1934 hindurch unermüdlich von Hauptstadt zu Hauptstadt, um für den Gedanken eines regionalen Sicherheitspaktes zu werben, der alle Staaten Osteuropas umfassen und durch die westlichen Länder garantiert werden sollte. Als zusätzliches Merkmal wies sein Plan eine aktive Beteiligung der Sowjetunion auf.

Der Barthou-Plan stellte für Hitler eine ernste Gefahr dar. Doch aufgrund von Reibereien zwischen den Tschechen und den Polen und der Weigerung der letzteren, einem Defensivabkommen beizutreten, dem Rußland angehörte, sowie aufgrund der mangelnden Bereitschaft der Briten, Verpflichtungen in Osteuropa einzugehen, blieb er davon verschont. Im Herbst 1934 standen die Chancen für eine allgemeine Zustimmung zu diesem Plan schlecht, und im Oktober fiel sein Urheber zusammen mit König Alexander von Jugoslawien in Marseille einem Mordanschlag zum Opfer. Die Westmächte gingen von der Eindämmungspolitik Barthous ab und entschlossen sich, Hitler durch Überzeugungskraft und Konzessionen zu zivilisiertem Verhalten zu veranlassen.

Nach Rücksprache mit den Italienern erarbeiteten die britische und die französische Regierung einen Plan, der vorsah, den Deutschen vollständige Waffengleichheit zuzugestehen, falls sie sich Rüstungskontrollabkommen anschlössen, neuen Beistandspakten auf Gegenseitigkeit für Ost- und Mitteleuropa beiträten und die Rückkehr in den Völkerbund in Erwägung zögen. Dieses umfassende Bündel an Vorschlägen wurde im Februar 1935 erstellt, und der britische Außenminister, Sir John Simon, und Anthony Eden planten für die erste Märzwoche eine Reise nach Berlin zu Erörterungsgesprächen.

Hitler hatte andere Vorstellungen. Er zog sich eine diplomatische Erkältung zu und bat um eine dreiwöchige Verschiebung des britischen Besuches. Dann gab er an zwei aufeinanderfolgenden Samstagen je eine Erklärung ab, die den Vorschlägen jede Bedeutung nahmen. Am 8. März 1935 machte er bekannt, Deutschland verfüge über eine neue Luftwaffe. Dann, am 15. März, verkündete er, er habe nicht die Absicht, weiterhin irgendeine der militärischen Klauseln des Versailler Vertrages einzuhalten und werde die deutsche Armee von ihrer vertraglich festgelegten Größe von 100000 Offizieren und gemeinen Soldaten auf eine 36 Divisionen umfassende Streitmacht von 550000 Mann erweitern. Hitler rechnete damit, daß die Unverfrorenheit dieser Handlungsweise die anderen Mächte verwirren und eine effektive Gegenmaßnahme unmöglich machen würde. Zur Sicherheit gab er der britischen Regierung zu verstehen, daß er bereit sei, mit ihr ein separates Flottenabkommen zu schließen.

Unmittelbar nach der Ankündigung vom 15. März entsandten die Regierungen Britanniens, Frankreichs und Italiens Vertreter zu einer Konferenz in Stresa, um Gegenmaßnahmen zu erörtern; und die westliche Presse sprach von einer Stresa-Front, die bereit sei, Strafaktionen einzuleiten. Im Juni jedoch schlossen die Briten ohne vorherige Konsultation der anderen Partner ein Abkommen mit Deutschland, das diesem das Recht einräumte, eine Flotte aufzustellen, die 35 Prozent der Größe der britischen Flotte betragen durfte, und beliebig viele U-Boote zu bauen. Die Motive der Briten für diesen Schritt liegen noch immer im Dunkeln, wenngleich wahrscheinlich zutrifft, was Sir Samuel Hoare schriftlich festhält, daß sie in diesem Abkommen ein gutes Geschäft erblickten: die Garantie für ihre Überlegenheit gegenüber der deutschen Flotte. Von welcher Dauer dieser Vorteil sein würde, hing natürlich von Hitlers Zuverlässigkeit ab, die auch schon im Jahre 1935 mit gutem Grund angezweifelt werden konnte. Abgesehen davon hatte der anglo-deutsche Flottenpakt Hitlers Mißachtung der Bewaffnungsklauseln des Versailler Vertrages legitimiert.

Abessinien und das Rheinland. Was nach diesem Tiefschlag von der Stresa-Front noch übrig geblieben war, schwand endgültig im Oktober 1935 dahin, als Italien in Abessinien eindrang. Mussolini scheint die Beherrschung Abessiniens als den ersten Schritt zur Begründung eines Kolonialreiches betrachtet zu haben, das Italien zum mächtigsten Staat am Mittelmeer und im Nahen Osten machen sollte. Auf dem Wege der Diplomatie und der Vertragsvereinbarungen war ihm kein größerer Erfolg beschieden als Crispi vorher (s. Bd. I, S. 335), und Mussolini folgerte, daß nur militärische Mittel ihm dazu verhelfen könnten. Er machte sich einen Zwischenfall vom Dezember 1934 zunutze. An der Grenze zwischen Abessinien und Italienisch-Somaliland war es zwischen abessinischen und italienischen Streitkräften zu Kämpfen gekommen, bei denen die Italiener dreißig Todesopfer verzeichneten. Mussolini beschuldigte Abessinien der Aggression und leitete Kriegsvorbereitungen ein.

Dieses Vorgehen drohte entschlossenere Gegenmaßnahmen auf seiten der Westmächte heraufzubeschwören, als Mussolini erwartet hatte. Die Briten waren außer sich über die völlige Gleichgültigkeit Mussolinis gegenüber dem internationalen Recht. Eine Welle der echten Begeisterung für den Völkerbund ging durchs Land, und die Regierung ließ alle Anzeichen erkennen, daß sie bereit sei, Abessinien – Völkerbundsmitglied seit 1923 – materielle Hilfe zu gewähren, selbst auf das Risiko eines Krieges mit Italien hin. Im östlichen Mittelmeer waren britische Flotteneinheiten konzentriert. Für den Fall eines italienischen Angriffs auf diese Streitkräfte, wurden Unterstützungszusagen von Jugoslawien, Griechenland, der Türkei, der Tschechoslowakei, Rumänien und – wenn auch zögernd – von Frankreich gegeben. Und am 11. Oktober 1935 stimmte die Völkerbundsversammlung unter britischem Vorsitz – es war das erste Mal, daß eine solche Aktion unternommen wurde – für wirtschaftliche Sanktionen gegen Italien. Am 18. November traten sie in Kraft.

Die Handelsware aber, um die es im Abessinienkonflikt ging, war Öl. Italien würde nicht ernstlich in Verlegenheit geraten, solange die Öllieferungen nicht eingestellt wurden. Um Italien vor einem derartig schweren Schlag zu schützen, unternahm der französische Außenminister, Pierre Laval, einen weiteren Versuch, eine Kompromißlösung zu finden, und überredete die britische Regierung, sich daran zu beteiligen. Im Dezember arbeiteten Laval und der britische Außenminister, Sir Samuel Hoare, einen Vorschlag aus, der geheim bleiben sollte. Irgend jemand ließ jedoch Einzelheiten an die französische Presse durchsickern. Die Enthüllung, daß die beiden Staatsmänner offenbar bereit waren, Mussolini weite Landstriche Abessiniens und die faktische Kontrolle über dessen Handel und Bodenschätze zu überlassen, löste Erregung aus. Hoare wurde zum Rücktritt gezwungen, und die Regierungen ließen den Plan fallen. Doch der Vorgang zeitigte unglückliche Folgen. Er kompromittierte die Sache des Westens in den Augen der Vereinigten Staaten, deren Kooperation bei wirtschaftlichen Sanktionen entscheidend war, wenn Italien Einhalt geboten werden sollte. Überdies führte er zu einer Periode der gegenseitigen Beschuldigungen zwischen London und Paris, was ein effektives Handeln verzögerte. All das wirkte sich zu Mussolinis Gunsten aus, und er setzte seinen Feldzug fort.

Die Europäer nahmen mit Abscheu zur Kenntnis, daß die Italiener, deren Truppen den abessinischen Streitkräften zahlenmäßig sowie hinsichtlich der Qualität ihrer Handwaffen und ihrer Artillerie gewaltig überlegen waren, sich mit diesen offenkundigen Vorteilen nicht zufriedengaben, sondern sich berufen fühlten, lanzenführende Stammesleute mit Militärflugzeugen und Giftgas – dessen Verwendung laut internationalen Konventionen untersagt war – anzugreifen. Selbst unter Einsatz dieser Mittel aber hatten die Italiener mit den Abessiniern kein leichtes Spiel. Auch nach einer Reihe von italienischen Siegen in den ersten Monaten des Jahres 1936 befehligte der abessinische Kaiser, Haile Selassie, persönlich eine noch unbesiegte Armee.

Diese Tatsache ermutigte jene im Westen, die sich weiterhin für die Auferlegung strikter wirtschaftlicher Beschränkungen für Italien einsetzten. Anthony Eden führte umfassende Verhandlungen mit anderen Mitgliedern des Völkerbunds mit dem Ziel, die Zustimmung für Ölsanktionen gegen den Aggressor zu erreichen. Doch diese Hoffnung wurde im entscheidenden Moment durch die dritte jener Aktionen zerstört, die schließlich als Hitlers „Samstagsüberraschungen" bezeichnet wurden. Am 7. März 1936 marschierten Hitlers Truppen unter Mißachtung sowohl der Locarno-Verträge als auch der Klauseln des Versailler Vertrages, die festlegten, daß dieses Gebiet von militärischen Garnisonen und Befestigungen freigehalten werden mußte, ins Rheinland ein.

Dieser Einmarsch stellte bis dahin Hitlers gewagteste Aktion dar, und es war ihm schwergefallen, seine Generäle davon zu überzeugen, daß sie klug sei. Sie meinten, die Franzosen würden sich widersetzen und es würde ihnen keinerlei Schwierigkeiten bereiten, die wenigen Deutschen zu vertreiben. Die Vernunft lag auf seiten der Generäle. Es zeigte sich aber, daß Hitler, der sich auf seine sogenannte „schlafwandlerische Sicherheit" verließ, die Situation realistischer einschätzte als sie. Wie überrascht die Öffentlichkeit angesichts Hitlers abrupter Aktion auch immer gewesen sein mag – die französische und die britische Regierung hatten sie lange erwartet und sich damit abgefunden. Im Januar 1935 hatte Anthony Eden Ministerpräsident Flandin gefragt, wie wichtig die Entmilitarisierung des Rheinlands für Frankreich sei und wie weit die Regierung bereit sei, sie zu verteidigen. Flandin wich aus. Auf beiden Seiten des Kanals erwog man die Möglichkeit, Hitler zuvorzukommen und ihm die Aufhebung der Beschränkungsklauseln des Versailler Vertrages anzubieten, welche Konzessionen man auch immer als Gegenleistung erhalten würde. Doch Hitlers Coup versetzte zumindest die Politiker in Paris in Schrecken und bewirkte eine allgemeine Kraftlosigkeit. Die Regierung war zu dieser Zeit ein Notstandskabinett und ernstlich gespalten darüber, was man gegen Hitlers Aktion unternehmen sollte. In einer Unterredung mit den führenden Militärs, die der Ministerpräsident, Albert Sarraut, zur Klärung der Situation einberufen hatte, stieß er bei diesen auf Ablehnung gegenüber einem Eingriff, solange keine allgemeine Mobilmachung erfolgte, und auf keinerlei Begeisterung für ein Einschreiten überhaupt. Diese Haltung übte eine dämpfende Wirkung auf das Kabinett aus. Es ließ den Gedanken an militärische Maßnahmen fallen – obgleich die Briten, wie Winston Churchill später schrieb, ein eindeutiges Ersuchen um militärische Hilfe bei einer Rheinland-Operation kaum hätten abschlagen können und obgleich die polnische Regierung hatte durchblicken lassen, daß sie eine solche Aktion unterstützen würde.

Man kann die Bedeutung des „Rheinland-Coup" gar nicht überschätzen. Indem er die Locarno-Verträge faktisch zunichte machte, reduzierte er den Bestand an internationalen Konventionen und brachte das Genfer System, das durch die Krisen in der Mandschurei und in Abessinien bereits ernstlich Schaden genommen hatte, noch weiter in Mißkredit. Dies steigerte die allgemeine Unsicherheit und führte dazu, daß die kleineren Staaten ihre Verpflichtungen revidierten – Belgien z. B. beschloß im Sog der Rheinlandbesetzung, aus dem französischen Sicherheitssystem auszuscheren (s. S. 145). Alle militärischen Bündnisse Frankreichs litten unter Hitlers Vorgehen, und sogar die östliche Grenzverteidigung, die sogenannte Maginot-Linie, schien nun geschwächt, da deutsche Truppen erneut westlich des Rheins standen. Schließlich machte die Rheinlandbesetzung allen ernsthaften Versuchen, Ölsanktionen gegen Italien zu verhängen, ein Ende.

Der spanische Bürgerkrieg und die Achse. Es hatte während des Abessinienkrieges Augenblicke gegeben, in denen Mussolini zum Zweifeln und Zögern neigte. Nun aber schien dem „Duce" der Gedanke, das Mittelmeer zur römischen See zu machen, in den Bereich des Möglichen gerückt. Als der spanische Bürgerkrieg im Juli 1936 ausbrach, erblickte er darin eine Gelegenheit, seine Ambitionen zu verwirklichen. Er beschloß, auf seiten der Rebellen einzugreifen.

Dieser Entschluß war es, der ihn schließlich veranlaßte, engere Beziehungen zu Hitler zu suchen. Den Aufstieg seines Diktator-Kollegen hatte er mit gemischten Gefühlen beobachtet, und über Hitlers Rheinlandbesetzung soll er angeblich verärgert gewesen sein. Nun empfand er es als zweckmäßig, um Hitlers Gunst zu werben, und setzte somit jene schicksalhafte Kette von Ereignissen in Gang, die zu seiner völligen Unterordnung unter den Willen Hitlers führten.

Es ist bezeichnend, daß Mussolini dem österreichischen Kanzler Schuschnigg zu Beginn des spanischen Bürgerkrieges den Rat erteilte, eine Verbesserung der österreichisch-deutschen Beziehungen anzustreben. Als Gegenleistung für die Einstellung deutscher Angriffe gegen seine Regierung und ein Scheinversprechen, Deutschland werde in die inneren Angelegenheiten Österreichs nicht eingreifen, unterzeichnete Schuschnigg ein Abkommen, in dem er versprach, die österreichische Regierung werde ihre Außenpolitik „stets auf jener grundsätzlichen Linie halten, die der Tatsache, daß Österreich sich als deutscher Staat bekennt, entspricht". In einer Welt, in der Hitler für sich das Recht in Anspruch nahm, Richter über das wahre Deutschtum zu sein, war dies ein gefährliches Zugeständnis. Ebenso gefährlich war Schuschniggs Zusage „Vertreter der bisherigen sogenannten ‚nationalen Opposition in Österreich' (d. h. Nazi-Sympathisanten) zur Mitwirkung an der politischen Verantwortung heranzuziehen".

Entgegen vorherigen Erklärungen über die Wichtigkeit der österreichischen Unabhängigkeit billigte Mussolini diese Bedingungen nicht nur, sondern machte in Gesprächen mit deutschen Repräsentanten darüber hinaus geltend, er habe das Ersuchen der Österreicher um eine Verständigung mit Deutschland angeregt. Kurz, er benutzte das österreichische Abkommen in seinem Bemühen um die deutsche Freundschaft als Beweis seiner guten Absichten. Hitler nahm diese Annäherungsversuche gnädig auf. Im Oktober pflichtete er bei, daß Deutschland und Italien natürliche Verbündete gegen die Demokratien seien, und erklärte seine Bereitschaft, Italiens Politik in Spanien zu unterstützen. Mussolini war vollauf zufrieden und verkündete am Nachmittag des 1. November 1936 von einem Balkon am Piazza del Duomo in Mailand, die Gespräche in Berlin hätten zu einer umfassenden Verständigung geführt und eine neue „Achse Berlin-Rom" ins Leben gerufen, „um die sich all jene europäischen Staaten drehen können, die den Willen zu Zusammenarbeit und Frieden haben".

Indes strafte sein Eingriff in die Angelegenheiten Spaniens jene Worte des Friedens Lügen. An dieser Stelle muß hervorgehoben werden, daß die Sache der Rebellen ohne ausländische Hilfe möglicherweise schon vor Ablauf des Jahres 1936 zusammengebrochen wäre. Wenn auch ein Teil der spanischen Armee gleich am Anfang zu General Franco übertrat, so vermochte dieser weder die Kontrolle über die Flotte noch über die Luftwaffe zu erlangen; und das hätte sich ohne die Hilfe Italiens und – in geringerem Maße – Deutschlands als großes Manko erwiesen. Der gesamte Beitrag der Italiener für die Sache Francos war beeindruckend; und deutsche Kampfbomber sowie –

allerdings nur wenige – Panzer spielten bei den spanischen Operationen eine bedeutende Rolle. Doch Hitler scheint mehr daran gelegen zu haben, den spanischen Bürgerkrieg zu verlängern, als ihn zu beenden. Denn der Fortgang der Auseinandersetzungen gewährleistete die Inanspruchnahme Mussolinis und vermochte Krisen auszulösen, die Hitler ausnutzen konnte.

Der republikanischen Seite in Spanien fiel es schwerer, materielle Hilfe zu erlangen, obgleich sie Spaniens legitime Regierung stellte. Später wurde die Tatsache, daß die Sowjetunion der Republik Hilfe gewährt hatte, von Republikgegnern aufgebauscht zum Beweis dafür, daß Spanien dem Kommunismus ausgesetzt gewesen sei. Doch, wie die Deutschen privat selbst zugaben, intervenierten die Russen nur zögernd und lediglich, um gegenüber den kommunistischen Parteien des Westens das Gesicht zu wahren. Ihr Beistand beschränkte sich auf Berater, Techniker, einige Flugzeuge sowie Vorräte und wurde nicht durchgehend gewährt. Ein volles Jahr vor Ende des Bürgerkrieges stellte Rußland seine Hilfe ein. Hugh Thomas schrieb, „die Zahl der Russen in Spanien lag sicherlich unter 2000 und überschritt wahrscheinlich niemals 500 gleichzeitig". Sowohl die sowjetische Regierung als auch das sowjetische Volk waren durch die in Rußland stattfindenden Säuberungen so stark in Anspruch genommen, daß sie dem Konflikt im weit entfernten Spanien weniger Aufmerksamkeit schenkten.

Die republikanische Regierung hatte sich Hilfe von der Volksfront in Frankreich (s. S. 143) erhofft. Doch von den drei dortigen Regierungsparteien befürworteten nur die Kommunisten die aktive Unterstützung der spanischen Republik. Blum brachte zwar der Sache der Republikaner Sympathien entgegen, konnte aber weder die Opposition der Radikalen noch den Pazifismus, der nun in seiner eigenen Partei die Oberhand gewann, überwinden. Außerdem war Frankreich nach der Remilitarisierung des Rheinlands stärker denn je auf britischen Rückhalt angewiesen; und die britische Regierung stand einer Intervention in Spanien ablehnend gegenüber.

Das ganze Jahr 1936 hindurch war das britische Volk mit drängenden innenpolitischen Problemen beschäftigt, so daß es ausländischen Problemen kaum Aufmerksamkeit zu widmen vermochte. Im Januar starb George V., und die folgenden Monate waren ausgefüllt mit den Vorbereitungen für die Krönung seines Nachfolgers, des beliebten Edwards VIII. Bevor er jedoch gekrönt wurde, stellte sich heraus, daß er Mrs. Wallis Simpson, eine geschiedene Amerikanerin, heiraten wollte. Da er sich von dieser Absicht nicht abbringen ließ, entstand eine Verfassungskrise. Mit der Abdankung des Königs und der Thronfolge seines Bruders als George VI. wurde sie schließlich beigelegt, allerdings nicht vor dem Winter – Monate nach Ausbruch der Feindseligkeiten in Spanien.

Durch diese Krise hatte Stanley Baldwin, der Ramsay MacDonald als Chef der Nationalen Regierung im Jahre 1935 abgelöst hatte, das Land mit Geschick und Geduld hindurchdirigiert. 1937 trat er zurück zugunsten von

Neville Chamberlain, der bald eine bedeutsame Wende in der Außenpolitik herbeiführte. Während Baldwin Desinteresse an auswärtigen Angelegenheiten bekundet hatte, vertrat Chamberlain auf diesem Gebiet entschiedene Ansichten. Vor allem hing er der Überzeugung an, daß die Zeit reif sei für einen neuen Realismus, unter dem man sich um die Ermittlung und Ausräumung der wirklichen Klagegründe der Diktatoren sowie um eine allgemeine Beschwichtigung bemühen und damit der augenblicklichen Unsicherheit ein Ende setzen würde. Von Chamberlain, einem zuversichtlichen und energischen Mann, der Öffentlichkeit vorgetragen, sprach dieser Standpunkt viele Menschen an, die nicht bemerkten, daß kollektive Sicherheit und Unterstützung des Völkerbunds zu den Vorstellungen gehörten, die er für überholt hielt. Ebensowenig kam diesen Menschen in den Sinn, daß Beschwichtigung wahrscheinlich nur auf Kosten anderer Nationen funktionieren würde.

Im Hinblick auf Spanien hatten die Briten die Initiative im September 1936 ergriffen, indem sie ein Komitee zur Nichtintervention gründeten, dem 27 Nationen beitraten, darunter Deutschland, Italien und die Sowjetunion. Das angebliche Ziel dieses Komitees war, die Entsendung von Soldaten, Kriegsmaterial und Munition an die kriegführenden Parteien in Spanien zu verhindern und alle Freiwilligen, die bereits dort waren, zurückzuziehen. Das Komitee blieb ohne Erfolg. Und Anfragen im Unterhaus bezüglich der Notwendigkeit einer Aktion wurden von Regierungssprechern dahingehend beantwortet, daß ein Eingreifen einen ernsteren Konflikt heraufbeschwören könne. Als Chamberlain im Mai 1937 das Amt des Premierministers übernahm, lag es auf der Hand, daß die Rebellen den Bürgerkrieg in Spanien gewinnen würden, falls man den Dingen weiterhin ihren Lauf ließ. Der neue Premierminister war offenkundig bereit, diesen Ausgang hinzunehmen.

Chamberlain war bestrebt, seine Beschwichtigungspolitik durch eine Verständigung mit Mussolini einzuleiten. Er machte bald deutlich, daß es für Britannien an der Zeit sei, die Eroberung Abessiniens durch die Italiener offiziell anzuerkennen sowie Mussolinis Zusicherungen zu akzeptieren, daß er die britischen Interessen im Mittelmeergebiet respektieren und seine Kampftruppen *nach* Beendigung des Bürgerkrieges aus Spanien abziehen werde. Chamberlains Außenminister Anthony Eden betonte, eine solche Politik bedeute Verrat am Prinzip der kollektiven Sicherheit und verhelfe Franco und Mussolini zu einem Sieg, der für Großbritannien ernste strategische Nachteile mit sich bringen könne. Doch Chamberlain war ein selbstbewußter Mann, der immer schon der Überzeugung gewesen war, sein Außenminister neige zu müßigen Ängsten. Am 18. Februar 1938 sagte er zu ihm: „Anthony, Sie haben Chance für Chance vertan. So können Sie einfach nicht weitermachen." Eine Woche später trat Eden von seinem Amt zurück.

Danach gab es nur noch wenige Möglichkeiten, in die Spanien-Pläne der Diktatoren einzugreifen. Auch diejenigen unter den Engländern, die früher die Unterstützung der Republik verfochten hatten, wurden nun durch Ge-

32. Spanischer Bürgerkrieg 1936–1939. Franco-Truppen und Einheiten der deutschen „Legion Condor" marschieren in Templiqua ein (29. 3. 1939)

33. Anschluß Österreichs, März 1938

34. Besetzung der CSR, März 1939

35. Zweiter Weltkrieg. Kriegsausbruch in Deutschland, August 1939

36. Zweiter Weltkrieg. Polenfeldzug 1939

37. Zweiter Weltkrieg. Russisch-finnischer Krieg 1941. Zerstörter finnischer Ort

38. Zweiter Weltkrieg. Frankreichfeldzug 1940. Deutsche Infanterie beim Vormarsch auf französischen Straßen

39. Einmarsch der ersten deutschen Truppen in Paris 1940

waltausbrüche im Fernen Osten abgelenkt. Im Jahre 1937 war Japan unter Einsatz all seiner Kräfte mit einem Angriff gegen China in die zweite Phase seiner Eroberung Asiens eingetreten, die die britischen Interessen im Fernen Osten zu beeinträchtigen drohte. Der Beitritt Japans zum deutsch-italienischen Antikomintern-Pakt im November bot Chamberlain einen weiteren Grund für den Wunsch, das Problem Spanien aus dem Wege zu räumen, damit er sich auf eine Verständigung mit dem Kopf jenes Zusammenschlusses, Adolf Hitler, konzentrieren könne. Schließlich verlangte die Politik in Mitteleuropa bald die gesamte Aufmerksamkeit sowohl der Briten als auch der Franzosen, so daß sich die letzten Phasen von Francos Sieg nahezu unbemerkt abspielten.

Im Frühjahr 1939, als Francos Truppen endlich den republikanischen Widerstand in Katalonien brachen und auf Madrid marschierten, war der Zustand Spaniens erbarmungswürdig. Die genauen Zahlen der Todesopfer, die auf Kampf, Luftangriffe, Krankheit und politische Repression zurückzuführen sind, wird man niemals vollständig ermitteln können; Schätzungen aber haben ergeben, daß die Gesamtziffer zwischen 500000 und 800000 liegt. Tausende waren ins Exil gegangen.

Das Kriegsende brachte Spanien wiederum eine Ein-Parteien-Diktatur, die sich unmittelbar (im April 1939) dem Antikomintern-Pakt anschloß und eine theatralische Kampagne für die Rückgabe Gibraltars an Spanien einleitete. Die neue Regierung Spaniens schwächte Frankreichs strategische Position in jedem Konflikt mit Deutschland, indem sie einen potentiellen Feind an die französische Flanke stellte. Sie brachte das Prinzip der kollektiven Sicherheit dem Bankrott näher und verstärkte den bereits vorhandenen Argwohn zwischen den westlichen Demokratien und der Sowjetunion.

Der Anschluß. Am 5. November 1937 teilte Adolf Hitler seinen Verwaltungschefs und seinem Außenminister mit, es sei nun an der Zeit, daß Deutschland sein Lebensraumproblem löse. Die ersten Phasen der Lösung seien die Aneignung Österreichs und der Tschechoslowakei. Das genaue Datum für den Beginn der Eroberung hänge von den politischen Ereignissen in den kommenden Monaten und Jahren ab (in diesem Zusammenhang war der Stand der Beziehungen zwischen Italien und den westlichen Demokratien von besonderer Wichtigkeit). Er machte aber deutlich, daß er entschlossen sei, Deutschlands Lebensraumproblem bis spätestens 1943–45 zu lösen.

Zwei Wochen danach hatte Hitler jedoch eine Unterredung mit dem neuen britischen Außenminister, Lord Halifax, und dessen Besuch führte ihn dazu, seinen Zeitplan zu ändern. Laut Baron von Neurath hatte Halifax geäußert:

„Man glaube englischerseits nicht, daß der status quo unter allen Umständen aufrecht erhalten werden müsse. Zu den Fragen, bei denen Änderungen wahrscheinlich früher oder später eintreten würden, gehörten Danzig,

Österreich und Tschechoslowakei. England sei nur daran interessiert, daß solche Änderungen im Wege friedlicher Entwicklung zustande kämen".

Wenn die Dinge so lagen, warum sollte Hitler dann noch länger warten? Frankreich schien durch interne Probleme gelähmt und würde zu einer unabhängigen Aktion, welcher Art auch immer, nicht imstande sein. Der Führer beschloß, Österreich zu liquidieren.

Vorher nahm er jene grundlegende Reorganisation der Streitkräfte vor, die ihm deren absolute Zuverlässigkeit gewährleisten sollte (s. S. 121). Nachdem das geschehen war, beschuldigte er die österreichische Regierung, gegen die Bestimmungen des deutsch-österreichischen Paktes vom Juli 1936 verstoßen zu haben, leitete eine heftige Pressekampagne gegen die Regierung Schuschnigg ein und bestellte den österreichischen Kanzler im Februar 1938 nach Berchtesgaden. Mit der Drohung, in Österreich einzumarschieren, drangsalierte er Schuschnigg, die nationalsozialistische Partei in Österreich zu legalisieren, die Posten des Kriegsministers, des Finanzministers und des Innenministers mit nationalsozialistisch gesinnten Persönlichkeiten zu besetzen, engere Beziehungen zwischen der österreichischen und der deutschen Armee aufzunehmen und sich Vorbereitungen für die „Angleichung des österreichischen an das deutsche Wirtschaftssystem" zu fügen.

Dies bedeutete das Ende der Republik Österreich. Hitler begann unmittelbar darauf, gegen fingierte Verletzungen des neuen Abkommens zu protestieren. Schuschnigg versuchte zu spät und mit wenig Erfolg, sein Volk hinter sich zu bringen. Die Erinnerung der Sozialisten und der Gewerkschaften an die Ereignisse vom Februar 1934 (s. S. 126) war zu lebhaft, als daß sie ihn enthusiastisch hätten unterstützen können. Am 9. März kündigte der Kanzler an, es werde eine Volksabstimmung darüber abgehalten, ob das Volk ein „freies und deutsches Österreich, ein unabhängiges und soziales Österreich, ein christliches und einiges Österreich" bleiben wolle. Diese Ankündigung erboste Hitler, und er machte deutlich, daß ein Versuch, das Plebiszit durchzuführen, einen sofortigen Einmarsch der Deutschen nach sich ziehen würde. Schuschnigg wurde außerdem informiert, daß Hitler ihn nicht länger als Kanzler dulde. Der pronationalsozialistische Innenminister, Dr. Arthur von Seyss-Inquart, wurde vom Amt Hermann Görings angewiesen, Schuschniggs Funktionen zu übernehmen und um die Entsendung deutscher Truppen nach Österreich zu ersuchen, damit sie die Regierung bei der Herstellung des Friedens und der öffentlichen Sicherheit, die angeblich durch Störungen von Roten bedroht seien, unterstütze. In der Nacht vom 11. März marschierten deutsche Truppen in Österreich ein. Am 13. März wurde Österreich zu einer Provinz des Deutschen Reiches gemacht, und der Prozeß der Gleichschaltung hatte begonnen.

Hitler hatte sich um Italiens Reaktion auf den Anschluß mehr Sorgen gemacht als um die der anderen Mächte. Daher war er erleichtert, als Mussolini trotz starker antideutscher Reaktionen in Italien seinem Vorgehen seinen

Segen erteilte. Was die westlichen Demokratien betraf, so begann der „Führer" sie jeder Aktion für unfähig zu erachten, sowohl in politischer als auch in militärischer Hinsicht. In dieser Überzeugung wäre er noch bestärkt worden, wenn er von Neville Chamberlains Antwort auf eine sowjetische Note vom 17. März 1938 gewußt hätte. Die Note regte ein Treffen von Vertretern der amerikanischen, der britischen, der französischen und der sowjetischen Regierung an, um Mittel für kollektive Maßnahmen gegen neue Aggressionen zu erörtern. Chamberlain schlug die Anregung aus mit der Begründung, daß Großbritannien „gemeinsame Unternehmungen im voraus, um Aggressionen zu begegnen" nicht akzeptieren könne und daß ein solches Treffen bedeute, „die Tendenz zur Errichtung von Gruppen von Nationen unter Ausschluß anderer zu verstärken, die ... den Aussichten für einen europäischen Frieden abträglich sein muß".

München und Prag. Das nächste Ziel war die Tschechoslowakei. Im März 1938 besuchte der Führer der Sudetendeutschen Partei, Konrad Henlein, Hitler in Berchtesgaden und erhielt die Anweisung, eine intensive Agitation zugunsten von Selbstverwaltungsrechten für die deutsche Minderheit im Sudetengebiet einzuleiten (s. S. 125). Henlein gehorchte und unterbreitete der tschechischen Regierung im April das Karlsbader Programm, das praktisch die vollständige Autonomie für das Sudetengebiet, das Recht für die deutsche Minderheit, die Prinzipien des Nationalsozialismus zu verfolgen, und eine Revision der tschechischen Außenpolitik – vermutlich in Richtung auf einen Abbruch der vertraglichen Beziehungen zu Frankreich und zur Sowjetunion – forderte.

Das Wissen darum, daß sich eine deutsche Kampagne gegen die Tschechoslowakei anbahnte, beunruhigte die französische Regierung, die sich ihrer vertraglichen Verpflichtung zur Verteidigung jenes Landes bewußt war. Im April versuchte der neue Ministerpräsident, Edouard Daladier, Chamberlain davon zu überzeugen, daß ein ausdrückliches britisches Engagement das beste Mittel sei, Hitler abzuschrecken. Chamberlain glaubte nicht daran. Er erwiderte, es würde ein Bluff sein, der nicht funktionieren könne. Die Tschechoslowakei sei ein großes Risiko. Ihr zweiter Verbündeter, die Sowjetunion, sei weder gewillt noch stark genug, um sie zu unterstützen; und die britischen Streitkräfte seien außerstande, sie zu verteidigen. Er glaube nicht, daß Hitler die Tschechoslowakei vernichten wolle; wenn er es aber tue, so sehe Chamberlain „nicht, wie dies verhindert werden könnte". Er beharrte darauf, der einzig praktikable Weg sei, die tschechische Regierung dazu zu bewegen, ihrer deutschen Minderheit Konzessionen zu machen und Hitlers Vorstellungen von einer gerechten Regelung zu sondieren.

Die Franzosen stimmten dem schließlich zu und gaben stillschweigend zu verstehen, daß sie ihren Beistandsvertrag nicht einhalten würden. Von nun an kooperierten sie mit den Briten in der hoffnungslosen Aufgabe, die

Tschechen zu solchen Zugeständnissen zu bewegen, daß eine Minderheit zufriedengestellt würde, die von Hitler instruiert war, unerfüllbare Forderungen zu erheben.

Ende Mai verstärkten sie ihre Bemühungen in dieser Richtung, als die tschechische Regierung behauptete, sie verfüge über Berichte von deutschen Truppenbewegungen an der böhmischen Grenze, und Truppenreserven einberief. In der darauf folgenden akuten Kriegspsychose warnten die Briten und Franzosen Hitler, ein deutscher Angriff auf die Tschechoslowakei werde ernste Folgen nach sich ziehen. Die deutsche Regierung beteuerte ihre Unschuld, und die Krise ging vorüber. Doch die Tatsache, daß die westliche Presse diesen Vorfall als einen Rückschlag für die Deutschen pries, erboste Hitler und veranlaßte ihn zu dem Befehl, seine Armee solle bis spätestens 1. Oktober vorbereitet sein, in die Tschechoslowakei einzumarschieren.

Die Maikrise versetzte gleichzeitig die Franzosen in Angst: rechtsextreme Zeitungen in Paris brachten nun Artikel heraus mit Überschriften wie „Wollt Ihr für die Tschechoslowakei sterben?" Sie bewirkte auch bei Chamberlain eine größere Entschiedenheit denn je, daß die tschechische Frage geklärt werden müsse, indem man – mit den Worten seines Botschafters in Berlin – „in Prag die Daumenschrauben anziehen" solle. Unter seinem Druck waren die Tschechen gezwungen, in der ersten Septemberwoche faktisch alle ursprünglichen Forderungen von Karlsbad zu erfüllen. Dies brachte Henlein und Hitler in Verlegenheit. Dennoch hatten sie nicht die Absicht, zurückzuweichen. Am 12. September rief Hitler in einer passionierten Rede über die Leiden der deutschen Minderheit in der Tschechoslowakei aus: „Die Deutschen in der Tschechoslowakei sind weder wehrlos noch sind sie verlassen. Das möge man zur Kenntnis nehmen!" Am folgenden Tag erklärte Henlein offen, das Sudetenland müsse an Deutschland abgetreten werden.

Chamberlain persönlich neigte bereits zu der Vorstellung, das Sudetengebiet von der Tschechoslowakei abzutrennen. Nun flog er nach Berchtesgaden, um Hitler zu veranlassen, ihm Zeit zu geben, damit er die Loslösung arrangieren könne. Nachdem dieser sie ihm zugestanden hatte, wurde der tschechoslowakische Präsident Beneš gezwungen, den Verlust des Sudetenlands hinzunehmen, und zwar mit der unverblümten Erklärung, er werde keinerlei Unterstützung erhalten, wenn er sich weigere.

Selbst hiernach konnte Europa dem Krieg nur mit knapper Not entrinnen. Bei einem nachfolgenden Treffen mit Chamberlain in Godesberg erklärte Hitler, die bloße Abtretung des Sudetenlands genüge nicht. Er fügte die Forderung nach einem triumphalen Einzug der deutschen Streitkräfte und nach Abzug aller tschechischer Truppen unter Zurücklassung ihrer intakten militärischen Befestigungen hinzu. Die Tschechen lehnten diese Bedingungen empört ab, und in einem letzten Aufflackern französischen Widerstands gegen Hitler wurden sie von Paris aus unterstützt. Doch als die Spannung sich in den europäischen Hauptstädten erhöhte, hielt Hitler sich – vielleicht weil er plötzlich in Deutschland einen völligen Mangel an Begeisterung für einen Krieg verspürte – zurück und versprach in einem persönlichen Brief an Chamberlain, einen letzten Versuch, ein Übereinkommen zu erzielen, abzuwarten. Der britische Premierminister griff auf eine Idee zurück, mit der er schon lange gespielt hatte, nämlich eine Viermächtekonferenz einzuberufen, die das tschechische Problem lösen sollte. Diese Idee wurde in Paris und in Rom gleichermaßen begeistert aufgenommen. Denn die italienische Regierung fürchtete zu diesem Zeitpunkt einen größeren Krieg ebensosehr wie die Staatsmänner in London und Paris. Der „Duce" schlug Hitler das Treffen vor, und dieser willigte am 28. September ein. Am nächsten Tag trafen sich Mussolini, Chamberlain und Daladier in München mit Hitler. Sie gestanden ihm alles zu, was er in Godesberg gefordert hatte und beraubten damit die Tschechoslowakei eines Drittels ihrer Bevölkerung, ihrer wichtigsten Industriegebiete und ihrer einzigen Mittel zur Selbstverteidigung.

Chamberlain war überzeugt, daß das Ergebnis diese Konzessionen an Hitler rechtfertigen würde. Der Premierminister vertrat die Ansicht, die Beschwichtigungspolitik habe funktioniert und es breche eine neue Friedensära an. Sein Optimismus war nicht gerechtfertigt. Sowohl Hitler als auch Mussolini betrachteten die Regelung bezüglich des Sudetenlands als eine Kapitulation des Westens und wurden ermutigt, neue Eroberungen zu suchen. Nach München begannen die Italiener die Einnahme Albaniens zu planen, die sie im April verwirklichten; und zu Anfang des neuen Jahres hatte die faschistische Presse eine schrille Kampagne gestartet, in der verlangt wurde, Frankreich müsse gezwungen werden, Nizza, Savoyen, Tunis und Dschibuti an das italienische Weltreich abzutreten.

Unterdessen setzte Hitler die Liquidation der restlichen Tschechoslowakei fort. Er förderte alle zentrifugalen und auflösenden Kräfte, die der Schock von München in jenem Lande freigesetzt hatte, und ließ slowakischen und ruthenischen Separatistenbewegungen finanzielle Unterstützung zukommen, so daß der Reststaat noch vor Ablauf des Jahres 1938 faktisch in drei autonome Gebiete aufgeteilt war. Dann ging er zu jener Taktik über, die im Falle Österreichs so gut funktioniert hatte. Im Januar 1939 berief er den tschechischen Außenminister zu sich und erklärte ihm, die Unruhen in seinem Lande stellten eine Bedrohung für die deutsche Sicherheit dar und müßten unterdrückt werden. Gleichzeitig befahl er ihm, die tschechische Armee von Juden und Antideutschen zu säubern und die Außenpolitik seines Landes mit der Deutschlands in Einklang zu bringen. Zwei Monate später, als die tschechische Regierung vergeblich versuchte, etwas Ordnung in ein Land zu bringen, das durch deutsche Konspiration zerrissen war, beorderte Hitler den tschechischen Präsidenten gebieterisch nach Berlin. Nach seiner Ankunft mußte dieser sich einer erschöpfenden Nachtsitzung unterziehen, in der Göring und Joachim von Ribbentrop, Hitlers Außenminister, ihm androhten, seine Hauptstadt werde unverzüglich vernichtet, und ihn buchstäblich zwangen, ein Abkommen zu unterzeichnen, mit dem er „das Schicksal des tschechischen Volkes und Landes vertrauensvoll in die Hände des Führers des Deutschen Reiches legt". Am folgenden Morgen marschierten deutsche Truppen in Prag ein.

Die Garantieerklärung für Polen und das Duell um Rußland. Der Handstreich von Prag machte die Illusionen derjenigen zunichte, die beharrlich geglaubt hatten, Hitler sei nur daran interessiert, Territorium für das Reich wiederzuerlangen, und er kennzeichnete den völligen Bankrott der Beschwichtigungspolitik. Selbst Neville Chamberlain war ernüchtert und erschrocken über die Entdeckung – wie Rebecca West schrieb –, daß er die ganze Zeit über mit Leuten verhandelt hatte, die ihr Wort nicht hielten, weil es ihnen nichts ausmachte, als Lügner entlarvt zu werden. Wütend, daß seine Hoffnungen zerstört waren, begann der Premierminister verspätet, Verteidigungspositionen gegen eine mögliche neue Aggression der Achse aufzubauen. Britannien schloß einen gegenseitigen Beistandspakt mit der Türkei und sagte auch Griechenland und Rumänien Unterstützung und Schutz zu. Die wichtigste Entscheidung der Briten und Franzosen aber war, das Land zu verteidigen, das Hitler als nächstes Opfer ausersehen zu haben schien, Polen. Am 31. März 1939 verkündete Chamberlain das Versprechen, Polen im Falle einer jeden Aktion, die die polnische Unabhängigkeit eindeutig bedrohe und der die Polen militärisch begegnen müßten, Beistand zu leisten.

Nun erhob sich die Frage, ob dies ausreichen würde, um Hitler zur Zurückhaltung zu veranlassen, und ob Britannien und Frankreich überhaupt etwas unternehmen könnten, um Polen zu verteidigen. Sowohl David Lloyd George als auch Winston Churchill betonten, daß die Demokratien nur in enger Zusammenarbeit mit der Sowjetunion Hitler erfolgreich abschrecken oder ihm wirksamen Widerstand bieten könnten. Es erwies sich jedoch als schwierig, Chamberlain davon zu überzeugen.

Sein tiefer Argwohn gegenüber den sowjetischen Motiven machte es Chamberlain unmöglich, einzugestehen, daß es im Hinblick auf den Widerstand gegen Hitler zwischen den Sowjets und dem Westen gemeinsame Interessen geben könne. Daher hatte er die Russen während der langen tschechoslowakischen Krise beharrlich umgangen. Obgleich die Sowjetunion mit Frankreich verbündet war, wurde ihre Regierung zur Konferenz von München weder konsultiert noch eingeladen. Den Russen, die sich loyal für die kollektive Sicherheit eingesetzt hatten, wenn auch aus eigennützigen Interessen, mag ihr Argwohn verziehen werden. Selbst nach Beginn des Aufbaus diplomatischer Verteidigungspositionen gegen Hitler zögerte Chamberlain immer noch, an die Russen heranzutreten. Erst Mitte April unternahmen die Briten diesbezüglich Schritte, und dann auch nur, um der sowjetischen Regierung nahezulegen, durch eine einseitige Garantie der Westgrenze Polens und Rumäniens bei der Verteidigung Osteuropas mitzuwirken. Einen solchen Plan lehnten die Russen ab.

Zu diesem Zeitpunkt hatte die jüngste Politik des Westens die Russen im Hinblick auf die Bedrohung Polens überzeugt, daß sie zumindest die Vorteile einer Annäherung an Deutschland in Erwägung ziehen müßten. In den kommenden Monaten verfolgte die Sowjetunion eine Doppelstrategie: auf der einen Seite deutete sie in Berlin vorsichtig die Möglichkeit eines Abkommens bezüglich Polens und anderer Angelegenheiten an; auf der anderen Seite mahnte sie die Westmächte, nur durch ein umfassendes östliches Verteidigungsbündnis, das die Verpflichtungen der Sowjetunion sowie der Westmächte genau festlege, könne es gelingen, Hitler abzuschrecken. Unter Ablehnung des britischen Vorschlags einer einseitigen sowjetischen Garantie schlug Stalin den Abschluß konkreter militärischer und politischer Übereinkommen zwischen der Sowjetunion und dem Westen vor.

Bei den Überlegungen zu diesem sowjetischen Vorschlag stießen die Westmächte unmittelbar auf einige peinliche Fragen. Die Sowjets betonten nachdrücklich, daß einem Bündnissystem kein Erfolg beschieden sei, solange es keine Verteidigungsmaßnahmen gegen jene Art von Subversion vorsehe, die die Tschechoslowakei vor dem März 1939 geschwächt hatte. Außerdem beharrten sie darauf, daß sie Polen und Rumänien keinen Schutz garantieren könnten, wenn ihre Truppen im Kriegsfalle nicht die Erlaubnis erhielten, innerhalb jener Länder zu operieren, und wenn nicht unverzüglich gemeinsame Stabsbesprechungen eingeleitet würden. Die Briten stellten bald fest, daß sich sowohl die Polen als auch die Rumänen dagegen verwehrten – selbst für Verteidigungszwecke –, Rote Truppen im Lande zu beherbergen. Infolgedessen kamen sich die Sowjets und der Westen zwischen April und August 1939 kaum näher.

Die Russen hielten an ihren Bedingungen fest und setzten ihre vorsichtigen Erkundungen in Berlin fort. Man kann nicht sagen, es habe für den Westen keine Vorwarnungen gegeben, die die Gefahren dieser Verzögerung ankündigten. Die Absetzung Maxim Litwinows vom Posten des Volkskommissars für auswärtige Angelegenheiten bedeutete eine solche Warnung. Der Name Litwinow war eng verbunden mit der Politik der kollektiven Sicherheit. Wjatscheslaw Molotow, sein Nachfolger, war ein strikter Nationalist. Und nicht alle Warnungen rührten von russischer Seite her. In einer zornigen Rede vom 28. April kündigte Hitler den Pakt zwischen den Nationalsozialisten und Polen vom Januar 1934 und das anglo-deutsche Flottenabkommen von 1935 auf, während er hinsichtlich der Sowjetunion absolutes Stillschweigen bewahrte. Und am 22. Mai schlossen Deutschland und Italien ein offizielles Militärbündnis (den Stahlpakt), während die deutsche Presse gegen Polen wetterte – ein Zeichen dafür, daß man von einem Krieg möglicherweise nicht mehr weit entfernt war.

Chamberlain blieb angesichts dieser Warnungen nicht völlig ungerührt.

Im Juni beschloß er, einen Sonderemissär nach Moskau zu entsenden, um zu ermitteln, ob Meinungsverschiedenheiten ausgebügelt werden könnten. Doch anstatt einen Mann von unbestrittenem Rang auszuwählen (Eden bewarb sich für diesen Auftrag), schickte er den Leiter des „Central Department" des Außenministeriums, William Strang, einen Mann mit allen erforderlichen Fähigkeiten, nur ohne Rang und Namen, nach Moskau. Dieser Mangel, so gab Molotow später zu, beleidigte die Russen und vermittelte ihnen den Eindruck, den Briten sei es nicht ernst gemeint. Daher taten die Russen im Juli einen weiteren Schritt auf die Deutschen zu, indem sie in die Aufnahme von Verhandlungen für einen neuen Wirtschaftspakt einwilligten. Die Tür zum Westen schlugen sie immer noch nicht zu. In der Tat baten sie die Briten und Franzosen im Juli, eine militärische Mission nach Moskau zu entsenden, um die Möglichkeiten einer Verteidigung Polens und der baltischen Staaten zu erörtern. Im Rückblick ist jedoch eindeutig, daß Stalin nun London gegen Berlin ausspielte und daß nur schnelles und entschlossenes Handeln dem Westen eine Chance geboten hätte, sich die Unterstützung der Sowjetunion zu erhalten.

Jene Entschlossenheit zeigten die Westmächte nicht. Im August ernannten sie Militärmissionen, die nach Moskau gehen sollten. Doch reisten diese auf dem langsamsten Weg, der nur möglich war, indem sie per Schiff nach Leningrad und dann per Bahn nach Moskau fuhren zu einem Zeitpunkt, als die Deutschen den Entschluß gefaßt hatten, eine Verständigung mit Rußland müsse erzielt werden, und dieses Ziel mit größter Eile ansteuerten. Als die Missionen endlich am 11. August eintrafen und von Marschall Woroschilow unterrichtet wurden, er sei bevollmächtigt, ein Militärabkommen zu unterzeichnen, und es sei an der Zeit, die Karten auf den Tisch zu legen, stellte sich heraus, daß der Leiter der britischen Mission keinerlei Vollmachten besaß, Abkommen zu schließen. In der Tat traf sein Empfehlungsschreiben erst am 21. August ein und war zu dem Zeitpunkt nutzlos. Am 14. August kündigte Ribbentrop per Telegramm an, er wolle nach Moskau fliegen, „um namens [des] Führers Herrn Stalin die Auffassung des Führers auseinanderzusetzen [und] ... hierbei das Fundament für eine endgültige Bereinigung der deutsch-russischen Beziehungen zu legen". Die Russen willigten am nächsten Tag ein und schlugen vor, die Gespräche sollten konkreter Art sein und sich auf einen realisierbaren Nichtangriffspakt konzentrieren. Am 21. August konnte der deutsche Rundfunk einer verblüfften Welt verkünden, die Reichsregierung und die Sowjetregierung hätten sich auf Bedingungen geeinigt und der Vertrag werde am 23. August geschlossen.

Keine Erwähnung in der öffentlichen Bekanntmachung fand ein gleichzeitig mit dem harmlosen Freundschaftsversprechen unterzeichnetes Geheimabkommen. Dieses legte die Grenze zwischen der sowjetischen und der deutschen Einflußsphäre in Osteuropa „für den Fall einer territorial-politischen Umgestaltung" fest. Finnland, Estland, Lettland und Bessarabien teilte es der Sowjetunion, Litauen Deutschland zu. In Polen wurde als Grenze zwischen der sowjetischen und der deutschen Einflußsphäre die Linie der Flüsse Narew, Vistula und San bestimmt. Detailfragen, die sich aus künftigen Entwicklungen in der Politik ergeben würden, sollten im Wege einer „freundschaftlichen Verständigung" geregelt werden. Dies bedeutete soviel wie ein Bündnis.

Es ist möglich, daß die Sowjets sich in jedem Falle an die Deutschen gewandt hätten, daß es ihr Verlangen war, sich den Frieden zu erhalten (ein Wunsch, der dadurch verstärkt wurde, daß zu dieser Zeit in Sibirien ernste Kämpfe zwischen japanischen und russischen Truppen im Gange waren), und daß sie überzeugt waren, selbst ein sowjetisch-westliches Militärbündnis würde den Frieden nicht gewährleisten, vor allem nachdem die Briten in Moskau eingestanden hatten, daß sie am Tage der Mobilmachung nur zwei Truppendivisionen ins Geschehen werfen könnten. In dieser Richtung äußerte sich Stalin im August 1942 Churchill gegenüber. Es hält jedoch schwer, sich von dem Gedanken zu lösen, daß die Deutschen die Sowjetunion für ihre Zwecke gewannen, weil der Westen zu lange gezögert hatte, ernstlich über Mittel und Wege zu verhandeln, wie der „Führer" im Zaum gehalten werden könne.

Der Kriegsausbruch. Der nationalsozialistisch-sowjetische Pakt überzeugte Hitler, daß er nun ohne weiteres Zögern Polen angreifen könne. Er mag geglaubt haben, daß die Briten jetzt ihr Garantieversprechen gegenüber Polen zurückziehen und ihm damit ermöglichen würden, über dieses Land frei zu verfügen, und daß er sich dann, nachdem er das Problem Frankreich den Gegebenheiten entsprechend gelöst hätte, seinen letzten Plänen für Osteuropa zuwenden könne.

Am 1. September 1939 fielen die deutschen Truppen in Polen ein. Die Briten teilten der deutschen Regierung unverzüglich mit, daß sie ihre Verpflichtungen gegenüber Polen einhalten würden, falls die Aktion nicht abgebrochen werde. Als sie keine Antwort erhielt, teilte die britische Regierung den Deutschen am 3. September in aller Frühe mit, falls sie nicht bis um 11 Uhr die Gewähr böten, daß die Feindseligkeiten umgehend eingestellt würden, befänden sich Deutschland und Britannien im Kriegszustand. Paul Schmidt, Hitlers Dolmetscher, beschrieb die Situation, nachdem er das britische Ultimatum übersetzt hatte: „Wie versteinert saß Hitler da und blickte vor sich hin ... Nach einer Weile, die mir wie eine Ewigkeit vorkam, wandte er sich Ribbentrop zu, der wie erstarrt am Fenster stehen geblieben war. ‚Was nun?' fragte Hitler seinen Außenminister mit einem wütenden Blick in den Augen."

Von Anfang an war Hitler in seiner Außenpolitik davon ausgegangen, daß er wahrscheinlich nur durch Krieg zum Ziel gelangen könne. Deutschland war auf einen Konflikt besser vorbereitet als alle anderen europäischen Staaten. Doch in diesem Augenblick dämmerte selbst einem so zuversichtlichen Menschen wie Hitler, was bevorstand. Am 3. September 1939, als das britische Ultimatum ablief, muß es viele gegeben haben, die das gleiche beängstigende Gefühl beschlich wie Göring, als er zu einem Freund sagte: „Wenn wir diesen Krieg verlieren, dann möge uns der Himmel gnädig sein."

Neuntes Kapitel

Der Zweite Weltkrieg

Der Konflikt, der mit dem Einrücken von Hitlers Kolonnen nach Polen einsetzte, stellte, was Ausmaß und Folgen angeht, den Krieg von 1914–18 noch in den Schatten. Die Bezeichnung „Weltkrieg" war für diesen Konflikt weitaus zutreffender als für die erste kriegerische Auseinandersetzung. Denn, stellte Europa auch den wichtigsten Kriegsschauplatz dar, so übertrafen die Bedeutung der anderen Gebiete und die Größenordnung der dort ausgefochtenen Kämpfe die des ersten Weltkrieges bei weitem. Diesmal waren die Mobilmachung von Soldaten und die Einschränkungen der gewohnten Freiheiten ziviler Bürger rigoroser und die Gefahren, denen die Menschen ausgesetzt waren, im Verhältnis größer. Im Krieg von 1914 war die Bombardierung von Städten und die systematische Vernichtung ganzer Wohngebiete unbekannt, und niemand machte sich auch nur im entferntesten eine Vorstellung von einer Massenvernichtung wie der in Hiroshima.

Der Erste Weltkrieg hatte das Waffenarsenal für den militärischen Kampf um das U-Boot, das Konvoisystem, das Flugzeug und den Panzer erweitert. Die Technik für den Einsatz dieser Waffen wurde während des Zweiten Weltkrieges enorm verfeinert. Der gleichzeitige Einsatz von Panzern, Flugzeugen und Bodentruppen stellte die Mobilität der Kriegführung zu Lande wieder her. Die Weiterentwicklung strategischer Bombardierungstechniken erhöhte die Wirkung der bereits erprobten Seeblockade als Zermürbungsmittel. Der Flugzeugträger, die Entwicklung des Amphibienfahrzeugs für Landungsoperationen und die Verwendung elektronischer Geräte zum Aufspüren von Unterseebooten revolutionierten die Kriegführung zur See.

In keinem vorhergehenden Krieg waren die Möglichkeiten der Wissenschaft für die Entwicklung neuer Kriegsinstrumente derartig erschöpfend ausgenutzt worden. Wenn man die Entdeckungen und Erfindungen der Kriegsjahre aufzählen will, so muß man zumindest Dinge nennen wie die magnetische Seemine und die Mittel, die ersonnen wurden, um sie wirkungslos zu machen (beispielsweise Entmagnetisierungsverfahren und Echopeilung); die Nutzung von Radar für bestimmte Zwecke wie die U-Boot-Abwehr sowie die ebenso bemerkenswerte Entwicklung des Schnorchels, der die Aufladung der U-Boot-Batterien und die Luftzufuhr für das Innere der U-Boote ermöglichte, so daß sich diese wochenlang ohne Unterbrechung unter Wasser aufhalten konnten; das Nordensche Bombenzielgerät, das eine genauere Bombardierung aus großen Höhen ermöglichte, und

den Magnetzünder, eine Art elektronischer Abzug, der den Abschuß von
Flugzeugen sicherer machte, sowie den Düsenjäger, die Flüssigkeitsrakete
und die Atombombe.

Schließlich fielen keinem Konflikt in der Geschichte der Menschheit so
viele Menschen und so viele Sachwerte zum Opfer wie diesem. Mindestens
17 Millionen Männer starben in diesem Krieg im Kampf, während 18 Millionen zivile Bürger auf die eine oder die andere Art und Weise getötet wurden.
Unter den Großmächten erlitt Rußland die größten Verluste; 6115000 Soldaten fielen im Kampf, 14012000 wurden im Kampf verletzt, und etwa 10
Millionen zivile Bürger kamen ums Leben. Die Deutschen, die die meisten
dieser entsetzlichen Verluste herbeiführten, erlitten selbst mit über 6 Millionen Gefallenen, 7250000 Verletzten, 1,3 Millionen Vermißten und immen-
sen Todesopfern unter der Zivilbevölkerung schwere Verluste. Nahezu 2
Millionen japanische Soldaten erlagen ihren Wunden oder Krankheiten,
während über 150000 Zivilbürger den Atombomben von Hiroshima und
Nagasaki zum Opfer fielen. Die Zahlen der Kriegsopfer unter den anderen
Hauptbeteiligten lagen im allgemeinen weitaus niedriger, in allen Fällen aber
rissen sie unausfüllbare Lücken. Die Militärausgaben beliefen sich allein auf
mehr als eine Billion Dollar, und der Verlust an Sachwerten war nicht abzuschätzen.

Weniger greifbar, aber ebenso real stellte sich der politische Schaden dar,
den der Krieg anrichtete. Die europäischen Staaten wurden derartig geschwächt, daß es fraglich schien, ob sie ihre Verantwortung als Großmächte
wieder wahrnehmen könnten.

Die ersten Siege der Diktatoren 1939–1942

Der Polenfeldzug und der Angriff auf Finnland. Zum ersten Mal zeigte sich die
nun möglich gewordene Beweglichkeit in der Kriegführung im Polenfeldzug. Hitler brauchte nur einen Monat, um Polen zu erobern, und dies war
weniger auf die militärische Überlegenheit der Deutschen zurückzuführen
als vielmehr auf ihre koordinierte und blitzschnell ausgeführte Taktik. Die
deutsche Luftwaffe vernichtete die polnische Luftwaffe systematisch am Boden. Dann richtete sie ihre Sturzkampfbomber auf polnische Truppenkon-
zentrationen sowie auf kleine und große Städte. Als Angst und Unruhe um
sich griffen, rückten deutsche Panzerkolonnen ein und bahnten sich den Weg
ins Landesinnere. Dabei verwendeten sie die Taktik des Blitzkrieges, die
Erwin Rommel später beschrieb als die Kunst, die Stoßkraft auf einen Punkt
zu konzentrieren, einen Durchbruch zu erzwingen, die Flanken von einer
Seite her aufzurollen und zu sichern und dann wie der Blitz durchzustoßen,
bevor der Feind Zeit habe zu reagieren. In die durch solche Panzervorstöße
gerissenen Lücken traten die Kolonnen der motorisierten und nichtmotori-

sierten Infanterie. Bei dieser Art der Kriegführung gab es keine Fronten. Der Feind war überall, und stehenzubleiben bedeutete, umzingelt und zur Unterwerfung gezwungen zu werden. Bis zum 21. September war Westpolen von deutschen Kolonnen gänzlich überrollt, und den östlichen Teil des Landes besetzten russische Truppen. In Warschau kämpften die Polen unter beständiger Bombardierung bis zum 27. September weiter und mußten dann aufgeben.

Am folgenden Tag traf Ribbentrop mit Molotow zusammen und besiegelte die Teilung Polens. Die östliche Landeshälfte wurde der Sowjetunion angeschlossen. Die Industriegebiete des Westens annektierte Deutschland, und das Gebiet um Krakau wurde als separates „Generalgouvernement" errichtet. Es wurde von Hans Frank regiert, der im Oktober 1946 aufgrund der während seiner Statthalterschaft begangenen Grausamkeiten in Nürnberg zum Tode verurteilt wurde.

Als die Deutschen ihre Truppen neu gruppierten, unternahmen die Russen weitere Schritte. Vielleicht im Gedanken an die deutsche Expansion auf die baltischen Länder im Ersten Weltkrieg dehnten sie ihre militärische Herrschaft auf die Staaten Estland, Lettland und Litauen aus (die im revidierten Geheimabkommen vom 23. August als russische Einflußsphäre definiert worden waren), indem sie das Recht geltend machten, hier Militär- und Flottenstützpunkte zu errichten. Gleichzeitig trieben sie Verhandlungen mit Finnland über Grenzveränderungen in Karelien und über eine Inselgruppe im Finnischen Meerbusen voran, die für die Verteidigung Leningrads befestigt werden konnte. Die Mehrheit in der finnischen Regierung ließ sich durch die Forderungen der Sowjets nicht beeindrucken und nahm eine harte, unnachgiebige Position ein. Die Sowjets reagierten mit der Inszenierung von Grenzzwischenfällen, die sie am 30. November als Vorwand für einen Einmarsch benutzten.

In der übrigen Welt erregte der sowjetische Angriff auf Finnland allgemein Abscheu. Dieser wandelte sich in Genugtuung, als die Finnen dem ersten russischen Übergriff Einhalt geboten. Zur Jahreswende wechselte Stalin den Befehlshaber der Nordarmee aus, warf einige seiner besten Truppen und seiner modernsten Waffenausrüstungen an die Front und konzentrierte seinen Angriff auf die Mannerheim-Linie gegenüber von Leningrad. Danach war der Ausgang nicht mehr aufzuhalten. Am 12. März 1940, nach einem Monat der Bombardierung, kapitulierten die Finnen. Sie wurden gezwungen, die ursprünglichen sowjetischen Forderungen zu akzeptieren und außerdem die Stadt Wiborg sowie die gesamte karelische Landenge abzutreten.

„Drôle de guerre" – *Der „seltsame Krieg".* Nach dem 3. September schickten die Briten alle verfügbaren ausgebildeten Kampftruppen nach Frankreich, leiteten im eigenen Lande neue Ausbildungsprogramme ein, begannen eine große Streitmacht im Mittleren Osten zu konzentrieren und ersuchten

Australien sowie Neuseeland um Truppenentsendungen nach Ägypten zur Verteidigung des Suezkanals. Doch trotz relativ schwacher Verteidigungsstellungen der Deutschen im Westen und des Einsatzes der meisten Streitkräfte des nationalsozialistischen Deutschland in Polen wurde an der Westfront keine echte Offensive eingeleitet.

Die Geschwindigkeit, mit der Hitler Polen erobert hatte, und die sich daran anschließende trügerische Ruhe schienen dem Konflikt die Schärfe zu nehmen. In französischen Regierungskreisen bestand mehr Begeisterung für einen Kriegseintritt zugunsten Finnlands gegen die Sowjetunion als für jedwede Aktion, die Hitler ernstlich verärgern konnte, und Frankreich nutzte die Pause nach dem Polenfeldzug nicht, um seine Rekruten im Kampf zu schulen. Augenscheinlich hatten die Briten und die Franzosen die vollen Konsequenzen des Kriegszustands noch nicht realisiert.

Im Winter 1939/40 beschränkten sich die Kriegsanstrengungen des Westens größtenteils auf gelegentliche Luftstreifzüge, die dem Abwurf von Propagandaflugschriften dienten. Ernstere Operationen fanden allerdings zur See statt. Die ersten Erfolge zur See errangen in diesem Krieg die deutschen U-Boote, und die Briten sahen sich – ebenso wie im Ersten Weltkrieg – der Möglichkeit einer wirtschaftlichen Abschnürung durch diese Waffengattung ausgesetzt. Daß es den Briten schließlich gelang, diese Gefahr auszuschalten, lag teilweise daran, daß die Deutschen lediglich mit 57 U-Booten in den Krieg gezogen waren. Weitere Faktoren bildeten die Hilfe der Vereinigten Staaten, statistische Planungen über Größe und Gruppierung der Konvois und die Entwicklung von Aufspürgeräten durch britische Wissenschaftler. Gleichwohl schien der Erfolg erst Mitte 1943 sicher, und bis dahin befand sich Britannien in immer ernster werdender wirtschaftlicher Bedrängnis.

Die deutsche Offensive im Westen. Die Erkenntnis der harten Kriegsfakten kam den Briten und Franzosen erst im Frühjahr 1940 infolge einer Reihe deutscher Zugriffe im Westen. Der erste erfolgte in Skandinavien. Bei den Ausführungen ihres Planes, eine Seeblockade gegen Deutschland zu verhängen, hatte Briten und Franzosen das Problem beschäftigt, daß deutsche Schiffe, die schwedischen Stahl von Narvik zu deutschen Häfen brachten, durch norwegisches Hoheitsgebiet fuhren. Schließlich entschlossen sich die Briten und Franzosen, die deutschen Transporte zu stoppen, und sie unterrichteten die norwegische Regierung am 5. April 1940, daß sie Minen verlegten. Hitler reagierte am Morgen des 9. April mit der Eroberung Dänemarks, der Entsendung von Fallschirmtruppen, die über den norwegischen Städten Oslo und Stavanger absprangen, und mit dem Transport von Infanterietruppen nach Bergen, Trondheim, Narvik und anderen norwegischen Küstenstädten auf deutschen Schiffen. Trotz norwegischen Widerstands gelang den Deutschen die Landung. Sie nahmen die Hauptstadt in Besitz und setzten eine

Marionettenregierung ein unter einem Mann, dessen Name in der ganzen Welt zum Schimpfwort für „Verräter" wurde, Vidkun Quisling.

Völlig überrumpelt von diesem Coup, versuchten die Briten sich durch Truppenlandungen bei Åndalsnes und Namsos an der norwegischen Küste zu sammeln. Doch die Truppen – ohne Artillerie oder Flugzeugabwehr in dieses verzweifelte Manöver geworfen – wurden zerrissen und mußten nach einem Monat verzweifelten Kampfes zurückgezogen werden. Das einzige greifbare Ergebnis der britischen Kampagne in Norwegen war, daß sie Neville Chamberlain zu Fall brachte. Sein Posten wurde mit jenem Mann besetzt, der sich nach Jahren der politischen Wüste zur unüberhörbaren Stimme des britischen Widerstands gegen die Diktatoren machen sollte, Winston Churchill. Churchill übernahm die ihm zugewiesene Rolle unter den düstersten Bedingungen: am Tage seiner Ernennung griffen die deutschen Armeen mit voller Kraft die Niederlande an und nahmen den Kampf auf, von dem Hitler sagte, er werde das Schicksal des deutschen Volkes für tausend Jahre bestimmen.

Der deutsche Blitzkrieg in Holland war noch spektakulärer als der in Polen. Die Wehrmacht leitete ihre Invasion am 9./10. Mai kurz nach Mitternacht ein, und bis zur Morgendämmerung besetzten Fallschirmtruppen jeden wichtigen Flugplatz und die meisten strategisch wichtigen Brücken. Innerhalb von vier Tagen war das Rückgrat des Widerstands gebrochen, und ein entsetzlicher Luftangriff auf Rotterdam führte am 14. Mai zur Kapitulation der Armee.

Der Angriff auf Belgien war im selben Augenblick gestartet worden wie der auf Holland und ebenso erfolgreich, dauerte aber achtzehn anstatt vier Tage. Die Belgier wurden am Dyle durch das 2. britische Korps, im Norden durch die 7. französische Armee und an der Maas durch das französische Kavalleriekorps unterstützt. Die Manövrierfähigkeit dieser Hilfstruppen brach am 13./14. Mai zusammen, nachdem General Ewald von Kleist der Durchbruch der angeblich unpassierbaren Ardennen gelungen war und er daraufhin zwei Panzerkorps über die Maas zum Norden von Sedan brachte. Guderian eilte mit drei deutschen Panzerdivisionen und starker Unterstützung von motorisierter Infanterie zur Küste. Er erreichte sie am 23. Mai, und die gesamte belgische Armee sowie die französischen und britischen Verstärkungseinheiten waren innerhalb eines Gürtels gefangen, der nun erbarmungslos enger gezogen wurde.

Am 27. Mai war die Grenze des belgischen Widerstands erreicht. König Leopold III. bat um Waffenstillstand. Seine Verbündeten und sein eigenes Volk übten erbitterte Kritik an diesem Vorgehen, weil die Aktion ohne ausreichende Vorwarnung erfolgt war. Diese Beschuldigung ist nicht ganz gerechtfertigt. Das Kommunikationswesen war alles andere als perfekt, wie sich an der Tatsache zeigt, daß Leopolds Verbündete die Räumung des Gebiets eingeleitet hatten, bevor er an die Deutschen herantrat, und es ihnen nicht gelungen war, Leopold vorher zu konsultieren. Doch die belgische Kapitulation riß eine große Lücke in die nordöstliche Flanke und zwang sowohl die Briten als auch die französischen Truppen bei Dünkirchen direkt ans Meer.

In seinem Buch „Other Men's Flowers" schrieb General Sir Archibald Wavell: „In Dünkirchen entflammte der wahre Geist unseres Volkes wie ein Schwert, wenn es aus der Scheide gezogen wird". Eine erstaunlich zusammengesetzte Armada von Booten der Royal Navy und privaten Wasserfahrzeugen befreite 338 000 Soldaten aus der Falle. Allerdings zeichnete nicht nur der Mut der Seeleute an Bord dieser Boote verantwortlich für das „Wunder von Dünkirchen". Es war nur möglich, weil die Deutschen ihren Angriff mit Artillerie und Flugzeugen bestritten anstatt mit Panzern und weil die deutsche Luftwaffe den grundlegenden Fehler beging, sich auf den Strand zu konzentrieren anstatt auf die Landungsboote, die die britischen Soldaten aufnahmen. Dennoch sollte die Bedeutung dieser beachtlichen Operation nicht unterschätzt werden. Sie brachte den Kern einer Berufsarmee zurück und rettete eine große Zahl von Kommandeuren, die aus dem kurzen vernichtenden Feldzug in Flandern mehr gelernt hatten, als sie innerhalb von Jahren in Führungsschulen hätten lernen können.

Dieses Unternehmen konnte leider nicht zur Rettung der Situation in Frankreich beitragen, die sich nun rapide verschlechterte. Die Franzosen besaßen noch genügend Reserven, um sich zahlenmäßig sowie im Hinblick auf Panzer und die überlegene Artillerie mit dem Feind messen zu können. Ihre einzige relative Schwäche lag im Luftbereich. Doch die französischen Stabsplaner hatten niemals vermocht, in den Kategorien eines wahrhaft beweglichen Krieges zu denken, und sie verfügten über keinen wirklichen Schlachtplan. Die Hoffnung, standhalten zu können, sank infolge eines unglaublichen Durcheinanders auf Verwaltungsebene. Zu einem Zeitpunkt, als die Franzosen verlangten, die Briten sollten ihre letzten Kampfgeschwader nach Frankreich verlegen, verfügten sie über 150 Kampfflugzeuge in gutem Zustand, die aber in Tours stationiert waren, während die französischen Piloten dreißig Kilometer entfernt warteten und klagten, sie hätten keine Flugzeuge. Zu einem Zeitpunkt, als die Franzosen britische Panzerabwehrraketen anforderten, standen 520 neue 20 mm Panzerabwehrgeschosse und 750 25 mm Panzerabwehrgeschosse in französischen Depots bereit, wo die Deutschen sie nach Beendigung der Kämpfe fanden.

Am 10. Juni waren die Anzeichen für den Zusammenbruch so augenfällig, daß Mussolini, dem Hitler aufgrund der mangelnden Kriegsvorbereitung Italiens im September die Erlaubnis erteilt hatte, neutral zu bleiben, nun darauf bestand, Frankreich den Krieg zu erklären (er soll gesagt haben: „Ich brauche ein paar Tausend Tote, so daß ich als kriegführende Partei an der Friedenskonferenz teilnehmen kann"). Am 14. Juni betraten die Deutschen Paris, ohne auf Widerstand zu stoßen. Zwei Tage später fielen sie den Fran-

40. Zweiter Weltkrieg. Ostfront 1942. Kämpfe um Stalingrad

41. Zweiter Weltkrieg. Angriff auf Pearl Harbor am 7. 2. 1941 →

42. Die Kapitulation Italiens am 3. 9. 1943 →

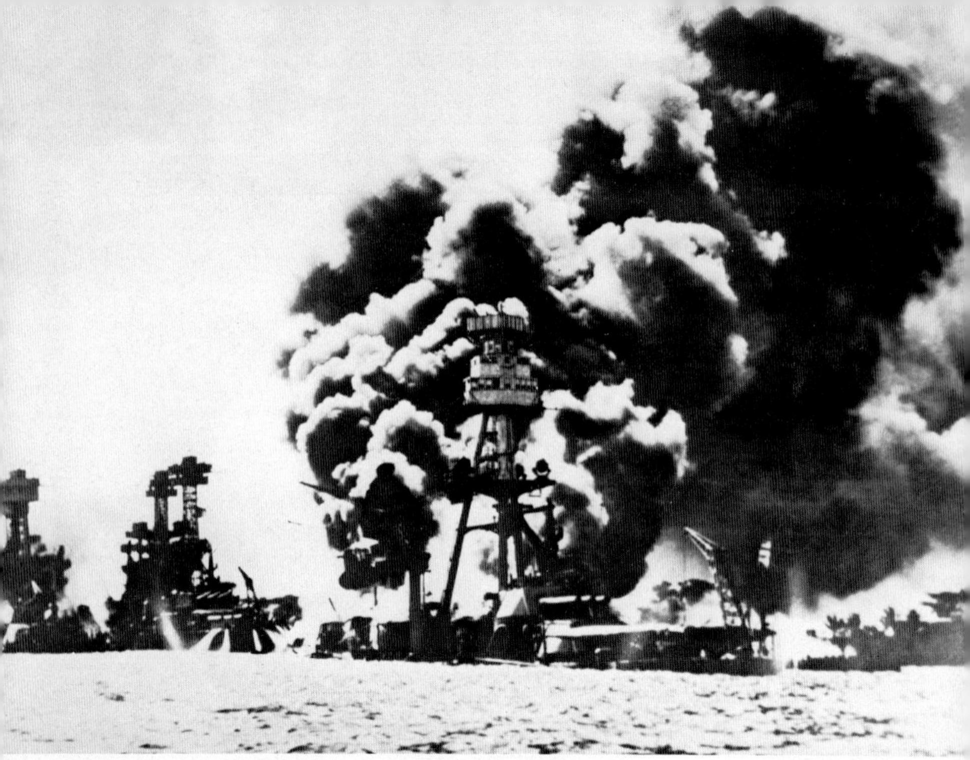

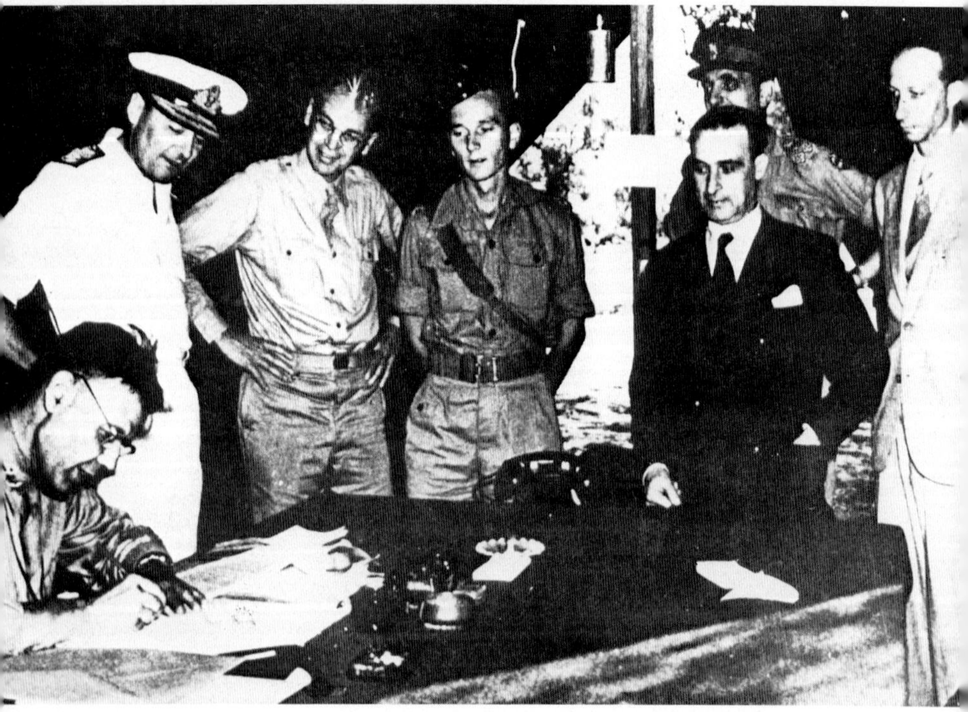

zosen in die Flanke, durchbrachen die Maginot-Linie und preschten über die Loire vor.

Die französische Kapitulation und das Vichy-Regime. Die französische Regierung war inzwischen nach Bordeaux geflohen. Den Rückzug planend, schlug Ministerpräsident Paul Reynaud vor, die Armee solle kapitulieren, wenn es unbedingt erforderlich sei, die Regierung aber nach Nordafrika gehen und den Krieg fortsetzen. General Maxime Weygand, der französische Oberbefehlshaber, erklärte, eine solche Handlungsweise sei für die Armee unehrenhaft, und er bestand darauf, daß die Regierung die Verantwortung für ein Waffenstillstandsgesuch übernehmen müsse.

Reynaud beharrte auf einer Konsultation der Briten. Diese willigten am 16. Mai ein, daß die Franzosen die Bedingungen der Deutschen sondierten, unter der Voraussetzung, daß die französische Flotte in britische Häfen verlegt würde. Später am selben Tage versuchte die britische Regierung, diese Zusage zurückzuziehen, indem sie vorschlug, Frankreich und Britannien sollten sich zu einer Nation vereinigen und eine gemeinsame Politik betreiben sowie nach siegreicher Beendigung des Krieges gemeinsam die Verantwortung für die Beseitigung der Kriegsschäden tragen. Dieser revolutionäre Vorschlag wurde als Versuch angesehen, Frankreich auf das Niveau eines Dominions zu reduzieren. Reynaud trat verzweifelt zurück, und Marschall Pétain, der Held von Verdun, wurde Oberhaupt der Regierung. Er bat die Deutschen am 17. Juni um Waffenstillstandsbedingungen.

Das Abkommen, zu dessen Unterzeichnung die Franzosen gezwungen wurden, war hart. Deutsche Truppen sollten über die Hälfte von Frankreich besetzen, einschließlich der Hauptstadt Paris, des gesamten Nordens des Landes und der ganzen Atlantikküste bis zur spanischen Grenze. Die Franzosen mußten die Besatzungskosten tragen und in der unbesetzten Zone eine deutschfreundliche Regierung einsetzen. Die Bedingungen sahen die Auflösung der französischen Armee sowie die Zusammenziehung und Demobilmachung aller französischen Flotteneinheiten in Häfen unter deutscher oder italienischer Kontrolle vor. Die Regierung Pétain akzeptierte diese Bedingungen und erhielt dafür das Versprechen, daß die Deutschen die betroffenen Flotteneinheiten nicht benutzen würden. Als zusätzliche Absicherung befahl der französische Oberbefehlshaber der französischen Flotte, Admiral Darlan, in einer geheimen Übermittlung am 24. Juni seinen Flottenkommandeuren, die Schiffe zu versenken, falls der Feind versuche, sie durch Gewalt in seinen Besitz zu bringen.

Unglücklicherweise wurde die britische Regierung über diesen Befehl und die Zusicherung der Deutschen nicht auf dem laufenden gehalten und erblickte in der Möglichkeit, daß die Deutschen die französische Flotte zum Einsatz bringen könnten, eine Gefahr, die es zu beseitigen galt. Folglich tauchte am Abend des 2. Juli bei Mers-el-Kebir, wo das französische Atlantikgeschwader stationiert war, eine britische Flotteneinheit auf, verlegte rund um den Hafen Magnetminen und forderte dann den französischen Kommandeur, Admiral Gensoul, auf, seine Streitkräfte mit den ihrigen zu vereinen. Gensoul weigerte sich, versuchte aber, den Befehl Darlans zu erklären. Der britische Kommandeur stand unter zu starkem Druck von seiten Londons, als daß er die Erklärung hätte akzeptieren können; in einem Trommelfeuer, das nur dreizehn Minuten dauerte, vernichtete er die französische Flotte. Lediglich ein Kreuzer und drei Zerstörer konnten entrinnen.

In Vichy, wo die Regierung Pétain nun Quartier bezogen hatte, erregte Mers-el-Kebir eine enorm antibritische Stimmung. Der Zwischenfall brachte die Dritte Republik noch stärker in Verruf, weil sie ihre Außenpolitik auf das Bündnis mit einer Macht gegründet hatte, die unverteidigte französische Schiffe angriff. Unter der listigen Führung von Pierre Laval stimmte nun das Rumpfparlament, das noch übrig geblieben war, gegen die Republik und beseitigte sie damit. Es übertrug Marschall Pétain alle Vollmachten. Seit langem der Überzeugung, daß der Republikanismus den moralischen Verfall Frankreichs verursacht habe, errichtete Pétain mit Hilfe der „Action Française" und ähnlichen Gruppen ein streng autoritäres Regime. In der Tat setzte die Regierung von Vichy in den vier Jahren ihrer Existenz die repressivsten Gesetze in Kraft, die Frankreich je erlebt hatte. Sie unterwarf alle Bürger verwaltungsmäßigen Beschränkungen, die sie nach Belieben auferlegen konnte, und entzog bestimmten Bürgergruppen (z. B. Freimaurern und Juden) den Schutz des Gesetzes.

In der Außenpolitik war Pétain bemüht, weder die Verbindung nach Berlin noch die nach London abreißen zu lassen, um Frankreich für die Zukunft gegen jede Eventualität abzusichern. Demgegenüber glaubte Laval – immer der mächtigste Mann in Vichy – aus tiefstem Herzen an eine Zusammenarbeit mit Deutschland. Wäre es nach ihm gegangen, so wäre er womöglich gegen England in den Krieg gezogen. Das wirkliche Frankreich repräsentierten in wachsender Anzahl die Franzosen im Widerstand, im „Maquis" (Unterholz), und diejenigen, die nach England flohen, um sich der Bewegung General de Gaulles, Freies Frankreich, anzuschließen.

Die Schlacht um England. Nachdem Frankreich gefallen war, legte Hitler – ebenso wie nach der Eroberung Polens – eine Pause ein und streckte Fühler nach Großbritannien aus. Und auch jetzt fand er keinerlei Verhandlungsbereitschaft vor. Daher traf er Vorbereitungen für eine Invasion der britischen Inseln – ein Unternehmen, das den Decknamen „Seelöwe" erhielt. Die Operation Seelöwe wurde letztlich abgeblasen, weil die vorausgegangene Luftschlacht verloren war.

Nach Kriegsende fragten russische Offiziere den deutschen General Gerd von Rundstedt, welche Schlacht er für die kriegsentscheidende halte. Zweifellos zu ihrer Enttäuschung nannte er die Schlacht um England. Doch spricht vieles für seine Antwort. Hätten die Briten im Jahre 1940 kapitulieren müssen, so wären die Deutschen in die Lage versetzt worden, ihren Vorstoß nach Rußland früher und mit stärkeren Streitkräften einzuleiten und möglicherweise im Jahre 1941 Moskau einzunehmen. Überdies hätte ein Zusammenbruch der Briten das Vertrauen in die Demokratie, das seit der Mitte der 30er Jahre immer weiter ausgehöhlt worden war, vollends zum Schwinden gebracht.

Die Schlacht um England gewannen die RAF (Royal Air Force) sowie die Bevölkerung von London und anderen Industriestädten Großbritanniens. Es stimmt, daß ihnen die Mängel im Nachrichtendienst der Deutschen, deren strategische Fehler und falsche Auswahl von Bombardierungszielen zu Hilfe kamen. Andererseits verdient die Schlacht um England eher eine positive Beurteilung aufgrund der Leistung der Briten als die eines Sieges aufgrund von Fehlern der Deutschen. Sie wurde von den Briten gewonnen, und das hatte fünf Gründe: 1. ein effektives Radarnetz, das die Briten seit 1934 aufgebaut hatten; 2. die schwere Bewaffnung der Spitfires und Hurricanes, die den größten Teil des Kampfes bestritten; 3. die Geschicklichkeit der britischen Kampfpiloten; 4. die Tatsache, daß die RAF – dank Churchills Weigerung, in der Schlacht um Frankreich im Mai die letzten britischen Kampfflugzeuge einzusetzen – genügend Flugzeuge besaß, bis sich die Wende einstellte; 5. den Kampfgeist des britischen Volkes. Dank dieser Tatsachen scheiterte die deutsche Offensive, und zwar unter Verlusten, von denen sich die Luftwaffe nicht wieder erholte. Doch war mit der Schlacht um England noch mehr erreicht. Sie bereitete den Zweifeln am Kampfwillen der Briten ein Ende und flößte den Widerstandsbewegungen in den Niederlanden, in Norwegen und in Frankreich neue Hoffnung ein. Sie erweckte in den Vereinigten Staaten neue Begeisterung für die Sache der Briten und machte es der Regierung Franklin D. Roosevelt leichter, Hilfsmaßnahmen für Britannien durchzusetzen. Die wichtigste darunter stellte die „Lend-Lease Act" (das Leih- und Pachtgesetz) vom März 1941 dar, mit der der Kongreß die Herstellung, den Verkauf, die zeitweilige Übergabe, die langfristige Vermietung oder Übertragung von Kriegsmaterialien an „die Regierung eines jeden Landes, dessen Verteidigung der Präsident für wichtig zur Verteidigung der Vereinigten Staaten erachtet", genehmigte.

Afrika und das Mittelmeer. Der Juniorpartner der Achse hatte sich mit seiner Intervention in den letzten Etappen des Frankreichfeldzuges, die Italien keine Lorbeeren einbrachte, nur geringe Genugtuung verschafft. Da England jedoch durch den Kampf um seine Existenz voll in Anspruch genommen war, erblickte Mussolini gute Chancen für Sieg und Beute in Afrika sowie in der Tat im gesamten Mittelmeerraum. Im August 1940, auf dem Höhepunkt der Schlacht um England, befahl er 200000 italienischen und einheimischen Soldaten, von Eritrea und Italienisch-Somaliland aus vorzustoßen und gegen die britischen Streitkräfte am Eingang zum Roten Meer zu kämpfen. Innerhalb von zwei Wochen waren die Briten aus Somaliland vertrieben. Am 14. September eröffnete Mussolini die zweite Phase seiner ehrgeizigen Kampagne. Eine Armee von 250000 Mann bewegte sich unter Marschall Graziani von Libyen ostwärts nach Ägypten und drängte die schlecht ausgerüsteten, zahlenmäßig gewaltig unterlegenen Truppen von General Sir Archibald Wavell zurück bis Marsa Matruh, dem Eisenbahnkopf auf dem Wege nach Alexandria.

Möglicherweise wäre alles gut gegangen, wenn die Briten so vernünftig gewesen wären, die Schwäche ihrer Position im Mittelmeer einzusehen und ihre Flotteneinheiten aus dem Gebiet völlig abzuziehen. Sie aber weigerten sich nicht nur, das zu tun, sondern sie gingen sogar dazu über, Grazianis Reservestellungen in Grund und Boden zu schlagen. Und auch damit gaben sie sich nicht zufrieden. Am 11. November 1940 hatte ein britischer Kampfverband die Stirn, in die italienische Flottenbasis von Toranto einzudringen und unter Einsatz von Torpedoflugzeugen mehrere Schiffe zu versenken bzw. ernstlich zu beschädigen sowie den Hafen in Flammen zu setzen.

Während der „Duce" sich über diese Demütigung grämte, unternahm Wavell im Dezember von Marsa Matruh aus jene Operation, die zur Erkundung der Stärke des Gegners gedacht war. Sie entwickelte sich zu einer Hals-über-Kopf-Flucht der Italiener. Innerhalb von drei Monaten hatten die Briten 10 italienische Divisionen kampfunfähig geschlagen, 113000 Soldaten gefangengenommen, 1300 Gewehre sowie Hunderte von Panzern in ihren Besitz gebracht und die Gefahr für Suez beseitigt. Im Januar 1941 nahmen britische Streitkräfte Eritrea ein und eroberten ganz Somaliland zurück. Im Mai war Abessinien befreit. Das afrikanische Reich des „Duce" war verloren, und im März erlitt die italienische Flotte eine weitere schwere Niederlage.

Hitler schien die Bedrängnis seines Partners nun so groß, daß er eingriff. Im April tauchte General Erwin Rommel in Nordafrika auf und stieß unverzüglich gegen die Briten in Libyen vor. Innerhalb von einer Woche hatte er Wavell zum Rückzug bis nach Ägypten gezwungen. Der Wüstenfuchs, wie er bald genannt wurde, bedrohte Suez aufs neue.

Griechenland und Jugoslawien. In eine noch ernstere Notlage geriet Mussolini in Griechenland. Den Gedanken, Griechenland von Albanien aus anzugreifen, hatte der „Duce" seit einiger Zeit gehegt, und er beschloß, diesmal loszuschlagen, ohne Hitler zu konsultieren. Im Oktober 1940 entsandte er also ein Ultimatum an die griechische Regierung, in dem er sie eines Verstoßes gegen die Neutralität und anderer Vergehen beschuldigte. Ohne den Griechen Gelegenheit zu einer Antwort zu geben, überschritten die Italiener am 28. Oktober mit Truppen von 200000 Mann die griechisch-albanische Grenze.

Die Briten boten den Griechen unmittelbar ihre Hilfe an und brachten Truppen von Afrika herüber. Damit entzogen sie Wavell einen Großteil seiner Truppenstärke, und das nutzte Rommel bald aus. Doch die Griechen waren bereits Herr der Lage. Gebirgstruppen lockten die übermäßig zuversichtlichen italienischen Eindringlinge in enge Gebirgstäler und nahmen sie unter Artilleriebeschuß. In der zweiten Novemberwoche wurde die gesamte eingedrungene Armee bis zur albanischen Grenze zurückgedrängt. Einen Monat später, nachdem sie erschütternde Verluste erlitten hatte, war sie aus Griechenland vertrieben und sah sich der Gefahr ausgesetzt, auch Albanien zu verlieren.

War Mussolini angesichts dieser Rückschläge niedergeschlagen, so war sein Diktator-Kollege erzürnt – aus gutem Grund. Hitler hatte sein Hauptziel, die Expansion nach Osten, nie aus den Augen verloren. Selbst während seines Angriffs auf England hatte er die Möglichkeiten der Diplomatie genutzt, um die deutsche Vorherrschaft über den rangelnden Balkan zu erlangen und sich damit für seinen Bruch mit Rußland eine vorgerückte Position zu sichern. In den zwölf Monaten nach Abschluß des Paktes zwischen den Nationalsozialisten und den Sowjets hatte er – zum Entsetzen der Sowjetunion – übermächtigen Einfluß auf die Regierungen Ungarns, Bulgariens und Rumäniens gewonnen.

Dieser Erfolg war nun durch Mussolinis Unternehmen in Griechenland – eingeleitet zu einem Zeitpunkt, als Hitler mit Problemen im Westen beschäftigt war und weniger im Osten – in all jenen Ländern gefährdet. Eine Zeitlang hatte ihm der Flottenbefehlshaber Admiral Raeder zugesetzt, den Fehlschlag der Operation „Seelöwe" durch einen Zugriff im westlichen Mittelmeer, mit der Einnahme Gibraltars und der Schließung der Straße von Gibraltar, wiedergutzumachen. Raeder betonte beharrlich, Großbritannien, das aufgrund amerikanischer Hilfe von Monat zu Monat stärker werde, müsse neuen Angriffen ausgesetzt werden, und das entscheidende strategische Gebiet dafür sei Afrika und das Mittelmeer. Dieses Argument machte soviel Eindruck auf Hitler, daß er sich im Oktober 1940 in Hendaye mit General Francisco Franco traf und jenen zu einer gemeinsamen spanisch-deutschen Kampagne zu überreden suchte. Er hatte keinen Erfolg. Und die verheerende Entwicklung von Mussolinis Abenteuer in Griechenland bereitete dem Gedanken an eine Kampagne zur Eroberung der Straße von Gibraltar ein Ende.

Vor allem die Reaktion der Briten beunruhigte Hitler. Denn ihre Truppenpräsenz in Griechenland bedrohte die deutsche Position auf dem Balkan insgesamt. Der „Führer" ließ daher von allen eventuell geplanten Angriffen im Westen ab und bereitete sich darauf vor, die Gefahr in Griechenland zu beseitigen. Zu Beginn des neuen Jahres schickte er Durchmarschgesuche an die bulgarische und die jugoslawische Regierung. Am 1. März 1941 unterzeichneten die Bulgaren einen Bündnisvertrag und erlaubten deutschen

Truppen, Sofia und Warna zu betreten. Die Regentschaft in Jugoslawien, die immer stärker prodeutsch geworden war, deutete ihre Bereitschaft an, noch im selben Monat das gleiche zu tun.

Das jugoslawische Volk allerdings betrachtete ein solches Vorgehen als eine beschämende Kapitulation. Am 27. März 1941 wurde der Regent durch eine Rebellion der Armee – unter allen Anzeichen eines starken Rückhalts in der Öffentlichkeit – abgesetzt und der junge König Peter II. auf den Thron erhoben. Er ernannte unmittelbar ein antideutsches Kabinett und hätte wahrscheinlich versucht, den ermüdeten Griechen Unterstützung zu gewähren, wenn ihm mehr Zeit geblieben wäre. Doch im April 1941 setzten Hitlers Flugzeuge Belgrad einer der schrecklichsten Bombardierungen dieses Krieges aus. Zwanzig Divisionen seiner Truppen rollten durch das Gebirge heran und ergriffen Besitz von allen größeren Städten des Landes. Der König und seine Regierung flohen. Das Königreich wurde aufgeteilt in ein unabhängiges Kroatien, das sich an Deutschland anlehnte, und ein Serbien unter direkter deutscher Militärkontrolle. Und der Nazi-Moloch rollte weiter in Richtung Griechenland.

Die Deutschen rückten mit einer Geschwindigkeit vor, die ein Aufhalten unmöglich machte. Bei dem Versuch, eine Linie zu finden, die verteidigt werden konnte, verloren die Briten 15000 Mann und wurden wiederum gezwungen, sich aufs Meer zurückzuziehen – dieses Mal auf die Insel Kreta, von der sie im Mai durch Bombenangriffe und Fallschirmjäger vertrieben wurden.

Die Eroberung Kretas brachte Hitler einen wichtigen Stützpunkt ein, von dem aus er britische Schiffe hätte vernichten und britische Nachschubwege ausschalten können. Sie verschaffte ihm außerdem ein Sprungbrett zur Durchdringung des ölreichen Mittleren Osten. Man kann kaum umhin, die Schlußfolgerung zu ziehen, daß es sein größter strategischer Fehler war, diese Gelegenheiten nach dem Griechenlandfeldzug nicht zu nutzen. Doch seine Augen und sein Sinn waren auf die Vision des Sieges über Rußland gerichtet, und er schickte nun seine Truppen gen Osten.

Hitlers Angriff auf Rußland. In der Tat hatte der „Führer" sich schon vor seinem Truppenengagement in Griechenland zur Invasion Rußlands entschlossen. Die Weisungen für das sogenannte Unternehmen Barbarossa waren am 18. Dezember 1940 erteilt worden. Die Deutschen zählten auf Finnland sowie auf Rumänien als Verbündete, und beide waren bereits in deutsche „places d'armes" verwandelt worden. Im Februar 1941 standen gutausgerüstete Truppen von 680000 Mann Stärke in Rumänien, und während der Vorbereitungen für den Angriff auf Griechenland hatten die Deutschen auch Einheiten nach Bulgarien verlegt. Dies bedeutete, daß die deutschen Flugzeuge die südwestlichen Zugänge zur Ukraine und zum Kaukasus beherrschten. Bis Mai waren Hitlers Vorbereitungen abgeschlossen, und man wartete nur noch auf das Ende der Operationen in Griechenland und auf Kreta, um die Entscheidung zum Angriff zu treffen. Am 22. Juni wurde den Russen die schriftliche Kriegserklärung ausgehändigt, und die deutschen Truppen schlugen an der gesamten Front von Finnland bis zum Kaukasus zu.

Noch einmal wurde die Welt Zeuge einer beeindruckenden Demonstration deutscher Stärke. Innerhalb von zehn Tagen nach Eröffnung der Feindseligkeiten hatte die Luftwaffe den Luftbereich unter ihrer Kontrolle, deutsche Panzerkolonnen durchbrachen und umzingelten die verwirrten russischen Verteidigungsstellungen, und die Legionen der Nationalsozialisten hatten bereits 150000 Soldaten gefangengenommen sowie 1200 Panzer und 600 schwere Geschütze in ihren Besitz gebracht. Das Hauptziel der Deutschen war die Linie Leningrad-Moskau-untere Wolga, deren Eroberung Hitler die Kontrolle über die Getreidegebiete der Ukraine, das kaukasische Öl und die Vorherrschaft über die Ostsee und das Schwarze Meer verschafft hätte. Eine Zeitlang schien es, als sei diese Linie leicht zu erreichen.

Doch der russische Winter siegte über Hitler, indem er drei Wochen zu früh einsetzte. Ende November legte die Frostkälte die deutschen Transporte und Panzer lahm und verursachte erschütternde Leiden unter den eindringenden Truppen, die für diese Kälte nicht ausgestattet waren; sie vermochten die nun einsetzenden Gegenangriffe von Marschall Shukow im Norden und Süden Moskaus nur unter größten Schwierigkeiten abzuwehren. Die deutschen Stabsoffiziere drängten auf einen generellen Rückzug, um die Neugruppierung für eine Frühjahrsoffensive zu ermöglichen. Doch Hitler lehnte ab. Stellenweise fanden Rückzüge statt, und dann erfolgte eine allgemeine Stabilisierung der Tausend-Meilen-Front.

Der Blitzkrieg war gescheitert, aber nicht endgültig. Die Russen hatten über eine Million Soldaten allein als Gefangene verloren und außerdem enormes Territorium eingebüßt.

Die japanische Offensive

Im September 1940 hatte die japanische Regierung einen Pakt mit Deutschland und Italien geschlossen, der die Unterzeichneten verpflichtete, „sich mit politischen, wirtschaftlichen und militärischen Mitteln gegenseitig Beistand zu leisten, wenn eine der drei vertragschließenden Parteien durch eine gegenwärtig nicht in den europäischen Krieg oder in den chinesisch-japanischen Konflikt verwickelte Macht angegriffen wird". Er war in erster Linie darauf ausgerichtet, die Vereinigten Staaten zu veranlassen, bei der Hilfeleistung gegenüber dem Westen Vorsicht walten zu lassen. Er verpflichtete Japan nicht, Deutschland zu unterstützen, wenn dieses die Sowjetunion angriff. So schlossen die japanische und die sowjetische Regierung im April 1941 einen Vertrag, in dem beide für den Fall der Verwicklung des einen Partners in einen Krieg wohlwollende Neutralität versprachen. Japan unterstützte daher den im Juni 1941 eingeleiteten Vorstoß der Deutschen gegen Rußland nicht direkt. Gleichwohl gab es der deutschen Sache sechs Monate später zumindest zeitweilig erhebliche Hilfestellung. Durch einen Angriff auf die Vereinigten Staaten und Großbritannien im Pazifik reduzierten die Japaner die Möglichkeiten dieser Länder erheblich, der Sowjetunion Hilfe zu leisten, und verringerten zugleich die Reserven der Briten und Amerikaner für Schlachten an anderen Fronten.

Seit Beginn des europäischen Krieges war der Ehrgeiz der japanischen Expansionisten rapide gewachsen. Die Niederwerfung Hollands und Frankreichs durch die Deutschen und die Fesselung der britischen Streitkräfte an die Kriegsschauplätze in Europa und im Mittelmeerraum erschienen den Japanern als Aufforderung, sich deren Besitzungen im Pazifik zu bemächtigen. Bereits im Juni 1940 drängte die Regierung von Tokio auf Sonderrechte und Stützpunkte in Südostasien. Im Juli 1941 verlegte sie Truppen nach Indochina und Siam und leitete drohende Truppenbewegungen in Richtung Burma, auf die holländischen Besitzungen in Indonesien und den britischen Flottenstützpunkt in Singapur ein.

Die Regierung der Vereinigten Staaten hatte sich den japanischen Bestrebungen seit 1931 immer wieder entgegengestellt und seit der Eröffnung der japanischen Offensive im Jahre 1937 der chinesischen Regierung Tschiang Kai-schek alle nur mögliche Hilfe gewährt. Die Jahre 1940/41 hindurch vermied Washington allerdings eine direkte Intervention und verließ sich statt dessen auf diplomatische Wege in Verbindung mit einem allmählich verstärkten wirtschaftlichen Druck (Einfrieren von Guthaben, Embargo für bestimmte Produkte) und gleichzeitigen Stabsgesprächen mit den Briten und den Holländern.

Diese Politik verhinderte lange Zeit Feindseligkeiten. Doch im Herbst 1941 verhärteten sich die diplomatischen Positionen auf beiden Seiten. Als Preis für eine Verständigung forderten die Japaner die Aufhebung aller Embargos und jeglicher Unterstützung für Tschiang Kai-schek. Die Amerikaner weigerten sich, auch nur eine der Beschränkungen aufzuheben, bis die Vorkriegssituation wiederhergestellt sei. Am 7. Dezember 1941 überwanden die Japaner den toten Punkt, indem sie ohne Vorwarnung einen Flottenangriff auf Pearl Harbor auf Oahu einleiteten, wo der Großteil der amerikanischen Flotte konzentriert war. Sie versenkten die Schlachtschiffe *Arizona, West Virginia* und *Oklahoma,* beschädigten fünf weitere Schlachtschiffe ernstlich, töteten 2343 Soldaten, verwundeten über 1200 und vernichteten somit faktisch die amerikanischen Streitkräfte im Pazifik.

Dieser Sieg leitete eine lange Kette triumphaler Erfolge ein. Ein verspäteter Versuch der Briten, die Verteidigungsstellungen in Singapur zu stärken, wurde am 10. Dezember vereitelt. Einen Monat später eroberten japanische Streitkräfte systematisch die Malaien-Halbinsel, und am 15. Februar kapitulierte Singapur. Gleichzeitig drangen japanische Kolonnen auf die burmesische Halbinsel Kra ein, befreiten das Land von britischen und chinesischen Truppen, schlossen die große Burma-Straße (die Hauptversorgungslinie nach China) und setzten eine Marionettenregierung ein. Schließlich vernichtete die japanische Flotte Mitte Februar in der Schlacht in der Java-See eine gemischte alliierte Streitmacht und ermöglichte die Eroberung aller ostindischen Inseln der Niederlande bis zum März. Ebenfalls bis zum März hatten japanische Kampfverbände Guam, die Wake-Insel und die Philippinen eingenommen.

Die zuversichtlichen Aggressoren hatten bereits einen Blick auf Australien geworfen, und auf dem Wege dorthin waren nur wenige Hürden zu nehmen. Die Aussichten für die Demokratien standen absolut schlecht.

Die Wende 1942–1943

Die große Allianz. Bei diesem Verlauf der Ereignisse hatten die Aggressoren im Frühjahr 1942 den Höhepunkt ihrer Macht erreicht. Noch vor Jahresende stellten sich Anzeichen dafür ein, daß die demokratischen Mächte die Initiative wieder für sich gewannen.

Nachdem der Schock von Pearl Harbor überwunden war, lag für die demokratischen Mächte als erstes die Gründung einer effektiven Koalition an. Den Grundstein hierfür hatten Franklin Roosevelt und Winston Churchill bereits durch ihre enge Zusammenarbeit vor dem offiziellen Kriegseintritt der Vereinigten Staaten gelegt sowie durch ihre unmittelbare Entscheidung vom Juni 1941, trotz ideologischer Differenzen mit der Sowjetunion alles zu tun, was in ihrer Macht liege, um den Russen Beistand zu leisten, damit sie dem deutschen Angriff standhalten könnten. Diese inoffizielle Zusammenarbeit nahm im Januar 1942 offiziellere und dramatischere Formen an: die drei Großmächte verkündeten gemeinsam mit 23 anderen Staaten die Deklaration der Vereinten Nationen, mit der sie sich zum gemeinsamen Einschreiten gegen die Aggressorstaaten verpflichteten und ihren Willen zur Befolgung der Prinzipien der Atlantik-Charta zum Ausdruck brachten, die Churchill und Roosevelt während ihres berühmten Treffens auf hoher See im August 1941 aufgestellt hatten. Jene Charta schwor jeglicher Gebietserweiterung und territorialer Veränderung ohne Zustimmung der betroffenen Bevölkerung sowie jeglicher Verletzung der Souveränität ab.

Die Koalition bestand nicht nur in leerem Gerede. Im entscheidenden Kriegsabschnitt sah sie Konsultationen und Informationsaustausch zwischen den Hauptgegnern Hitlers vor, und sie hatte immer die gewaltige Produktionskapazität der Vereinigten Staaten von Amerika im Rücken. Diese hatten sich während ihrer neutralen Phase zu einem Arsenal für die Demokratie zu entwickeln begonnen und waren nun für ihre Aufgabe gerüstet.

Die abfällige Bemerkung Hermann Görings, die Vereinigten Staaten könnten nichts als Kühlschränke und Rasierklingen herstellen, Lügen strafend, steuerte die amerikanische Industrie zur Versorgung jener Streitkräfte bei, die Rommel in Afrika schließlich das Rückgrat brachen. Und sie ließ den Strom lebensnotwendiger Lieferungen nach Rußland nicht abreißen. Unter der Ägide der „Lend-Lease Act" (mit Hilfe dieses Gesetzes wurden allein an die Sowjetunion im Laufe des Kampfes Lieferungen im Wert von 4750000000 Dollar geschickt) gingen enorme Mengen an Material an die Alliierten Amerikas; und alle kamen im Kampf gegen die Achsenmächte zum Einsatz.

Der Krieg im Pazifik. Wäre der Aggression der Japaner nicht Einhalt geboten worden, so hätte der Krieg im Pazifik im Laufe der Zeit möglicherweise den größten Teil der Kampfenergie der Vereinigten Staaten in Anspruch genommen, obgleich die Stabsplaner sich generell darauf geeinigt hatten, ihre Kriegsanstrengungen im wesentlichen auf Europa zu konzentrieren. Der Bedarf für den kriegerischen Einsatz im Pazifik bedeutete eine starke Belastung der amerikanischen Reserven und schränkte die Operationsmöglichkeiten in Europa in erheblichem Maße ein.

Doch im Jahre 1942 setzten drei große Schlachten dem ungestümen Rückzug vor der japanischen Macht ein Ende. Die erste war ein zäher Kampf in der Korallensee, in dem amerikanische Einheiten von Flugzeugträgern aus eine starke japanische Flottenkonzentration angriffen und den Feind zum Rückzug nach Norden zwangen. Die Amerikaner erlitten in dieser Schlacht erhebliche Verluste, doch gelang es ihnen mit dieser Operation, einen eventuellen Vorstoß der Japaner gegen die Südostküste Australiens zu verhindern. Von entscheidenderer Bedeutung war der Sieg über die Japaner bei deren Versuch, die Midway-Inseln zu erobern, um ihren äußeren Verteidigungsgürtel (die Inselgruppen Kiska-Midway-Wake-Marschall-Gilbert-Fidschi) abzusichern und eine Absprungbasis für spätere Vorstöße nach Hawaii zu haben. Im Mai 1942 zogen die Japaner eine Streitmacht von 200 Schiffen und 700 Flugzeugen zusammen und stießen in fünf taktischen Formationen auf die Midway-Inseln vor in der Hoffnung, die restliche US-Flotte in eine für sie aussichtslose Schlacht zu verwickeln. Am 4. Juni leiteten sie unter Einsatz von siebzig Flugzeugen einen Angriff auf die Inseln ein. Doch nun geriet die japanische Flotte in das Feuer einer Luft-See-Operation von zwei amerikanischen Kampfverbänden, die sich nordöstlich der Midway-Inseln befanden, und erlitt in einem viertägigen Inferno die größte Niederlage ihrer Geschichte. Sie verlor 5000 Mann, 322 Flugzeuge und drei Flugzeugträger.

Diese Zusammenstöße zur See nahmen dem japanischen Vorstoß die Kraft, brachten ihn jedoch nicht völlig zum Stillstand. Das japanische Oberkommando hatte immer noch Australien im Auge und plante einen großen zangenförmigen Angriff auf den Subkontinent, bei dem die Stoßkeile von

Port Moresby auf Neuguinea auf der einen Seite bis zur Kette der Salomon-Inseln auf der anderen Seite vordringen sollten. Jedoch führte der Versuch, diese beiden weit auseinandergelegenen Gebiete gleichzeitig zu erobern, dazu, daß Japan keines der beiden gewann. Unter dem Kommando von General Douglas MacArthur, der vom belagerten Bataan auf den Philippinen zur Flucht gezwungen worden war, vereitelten australische und amerikanische Streitkräfte den Versuch der Japaner, das Gebirge zu überqueren und Port Moresby einzunehmen. Im August 1942 kam die US-Marine dem japanischen Vorstoß gegen die südlichen Salomon-Inseln zuvor, indem sie ein gewagtes Landungsmanöver auf Guadalcanal unternahm und sich in monatelangen verzweifelten Kämpfen zur See, in der Luft und im fieberverseuchten Dschungel den Besitz dieses entscheidenden Gebietes sicherte.

Diese Erfolge waren der Schlüssel zum späteren Sieg. Mitte des Jahres 1943 war der Traum der Japaner vom Pazifik-Reich rasch zerstört: die Alliierten hatten den südwestlichen Pazifik zurückerobert, und es dauerte nicht lange, bis sie quer über die Inseln vordringen konnten.

Westeuropa. Das ganze Jahr 1942 hindurch konzentrierten sich die Operationen der Alliierten in Westeuropa auf die Steigerung ihrer Bombenoffensive gegen deutsche Stützpunkte und Befestigungen in Norwegen und Nordfrankreich und gegen deutsche Industriestädte sowie auf gelegentliche Angriffe zur Vernichtung von Verteidigungsstellungen oder zur Ermittlung ihrer Stärke.

Ein solcher Angriff wurde im August 1942 auf Dieppe eingeleitet, mit Truppeneinheiten von 5000 Mann, zumeist Kanadiern. Westliche Strategen hielten es im Hinblick auf die spätere Invasion zur Befreiung Europas für wesentlich, einen Angriff dieses Ausmaßes zu unternehmen, um Ausrüstung und Techniken für eine Landung zu testen und Klarheit darüber zu gewinnen, wie ein größerer Hafen einzunehmen sei. Letzteres sah man im Jahre 1942 als wichtigstes Problem einer Invasion an. Die Operation, ausgeführt als Frontalangriff von Infanterie und Panzern auf den Hafen, kombiniert mit Landungen auf den flankierenden Strandgebieten, scheiterte, und die Alliierten erlitten schwere Verluste. Der unschätzbare Wert des Unternehmens von Dieppe lag für die Alliierten in der Erkenntnis, daß die Invasion eine weitaus schwierigere Aufgabe war, als sie sich vorgestellt hatten, und daß es besser sei, offene Strände anzugreifen als Häfen. Zugleich täuschte es den Deutschen vor, die vorrangigen Ziele der Alliierten seien Häfen.

Nordafrika. In denselben Monaten erlebte Rommel in Afrika seinen Aufstieg und seinen Untergang. Es herrscht die allgemeine Überzeugung, selbst unter den Gegnern Rommels, daß er mit Hilfe von drei zusätzlichen Panzerdivisionen, die er im Jahre 1941 wiederholt anforderte, zu Beginn des folgenden Jahres Kairo und den Suezkanal erreicht haben würde und dann weiter nach

Basra hätte vorrücken können. Von dort aus wäre es ihm möglich gewesen, den Transport amerikanischer Lieferungen durch den Persischen Golf nach Rußland aufzuhalten. Den Alliierten blieb eine solche Katastrophe erspart, weil Hitler zu sehr mit der Hauptoffensive gegen Rußland beschäftigt war und die deutschen Generalstäbe den Krieg in Afrika nicht ernstnahmen.

Im Dezember 1941 leitete der Nachfolger Wavells im Mittleren Osten, General Auchinleck, eine gutgeplante Offensive gegen Rommels Stellungen ein, schlug ihn bis El Agheila zurück und befreite im Zuge des Geschehens Tobruk. Rommel entkam der vor ihm aufgebauten Falle und hielt den Großteil seiner Panzerausrüstung intakt. Gegen Ende des Frühjahrs rückte er erneut vor. Im Mai startete er die große Gegenoffensive, mit der er schließlich Tobruk einnahm und nach Ägypten eindrang. Während dieses Vorstoßes gingen seine Brennstoffvorräte jedoch ernstlich zur Neige, und er konnte nicht sicher auf Nachschub rechnen, weil die auf Malta stationierten Flugzeuge und Schiffe jetzt seine Versorgungswege ernstlich behinderten. Seine Panzer waren durch starke Beanspruchung und Störtaktiken von RAF-Kampfbombern, die jetzt amerikanische Geschosse verwendeten, gefechtsunfähig geworden. Rommels Hilferufe fanden keine Beachtung oder wurden mit leeren Versprechungen beantwortet.

Diese Vernachlässigung war fatal. Denn unter der methodischen Leitung von Generalleutnant Bernard Law Montgomery hatte die 8. britische Armee alle nur verfügbaren Kräfte zusammengezogen, um den Deutschen den Todesstoß zu versetzen. Im hellen Mondschein eröffnete ihre Artillerie am 23. Oktober 1942 ein massives Sperrfeuer gegen Rommels Stellungen. Vier Stunden später erfolgte der Angriff von sorgfältig ausgesuchten Commonwealth-Truppen. Rommels Kolonnen wurden zurückgeworfen, und man ließ nicht nach, bis der letzte Soldat des zähen Afrika-Korps Monate später in Tunis seine Waffe streckte. Während sie auf dieses unausweichliche Ende zusteuerten, verfolgt von der zornigen Forderung Hitlers, an ihrem Platz auszuharren und zu sterben, bahnte sich eine große Invasionsflotte der Alliierten den Weg zur marokkanischen Küste und begann am 8. November Landungsmanöver britischer und amerikanischer Truppen in Casablanca, Oran und Algier.

Im Januar 1943 verkündeten die Alliierten der Welt auf einer Konferenz in Casablanca, an der Präsident Roosevelt, Winston Churchill und Charles de Gaulles teilnahmen, die Absicht, bis zur „bedingungslosen Kapitulation" Deutschlands, Italiens und Japans weiterzukämpfen. Ohne es der Öffentlichkeit bekanntzugeben, einigten sie sich darauf, ihre Luftoffensive gegen Deutschland zu verstärken und die Vorbereitungen für eine Invasion des Kontinents am Ärmelkanal voranzutreiben, die Sowjetunion durch größtmögliche Lieferungen zu stärken, den Druck auf Japan aufrechtzuerhalten und unverzüglich einen Angriff auf Sizilien für den Sommer 1943 zu planen. War die Zeit für einen Angriff am Ärmelkanal noch nicht reif, so kamen sie überein, würde zumindest ein Vorstoß in Sizilien die Nachschubwege im Mittelmeer sichern, den Druck der Deutschen von der russischen Front ableiten und Italien aus dem Krieg schlagen.

Die Bezwingung Italiens. Die Pläne von Casablanca wurden ohne Verzug ausgeführt. Im Juni begannen Flugzeug- und Flottenbombardierungen die Front auf Sizilien aufzuweichen. Im Juli startete eine Flotte von 3000 Schiffen den ersten großen Amphibienangriff gegen Gebiete der Achsenmächte. Montgomerys 8. Armee und kanadische Streitkräfte landeten an der Ostküste und nahmen den Hafen Syrakus in Besitz. George S. Patton landete im Süden und nahm Marsala und Palermo ein. Dann schloß er die Reihen mit den Briten und trieb die drei deutschen Divisionen ins Meer. Sizilien befand sich nach nur 39tägigen Kämpfen in den Händen der Alliierten.

Diese Ereignisse und die nun einsetzende schwere Bombardierung des italienischen Festlands bereiteten der Karriere jenes Mannes, dessen ersehntes Ziel es war, das Mittelmeer zur römischen See zu machen, abrupt ein Ende. Mussolini hatte seit langem an Popularität eingebüßt. Am 24. Juli 1943 versammelte sich der Große Faschistische Rat, den der „Duce" vormals gut unter Kontrolle hatte und der seit 1939 nicht ein einziges Mal zusammengetreten war, und forderte, daß Mussolini das Kommando über die Armee dem König übergebe. Am folgenden Tag erklärte Victor Emanuel dem „Duce", er wünsche ihn nicht länger als Ministerpräsidenten. Als Mussolini den Palast verließ, wurde er verhaftet und interniert. Später im selben Jahr wurde er in einem gewagten Unternehmen von deutschen Agenten befreit und als Oberhaupt einer Marionettenregierung im Norden eingesetzt. Doch erlangte er die Gefolgschaft des Volkes nie wieder.

Ein schnelles Vorgehen der Alliierten in den Tagen nach dem Sturz Mussolinis hätte vielleicht ganz Italien in die Hände der Alliierten bringen können. Die verzögerten Waffenstillstandsverhandlungen zwischen ihnen und der neuen Regierung von Marschall Pietro Badoglio ließen den Deutschen Gelegenheit, Verteidigungsstellungen auszubauen. Daher steuerte der Waffenstillstand, als er endlich am 3. September unterzeichnet wurde, nicht zur Erleichterung der alliierten Landungen, die am selben Tag einsetzten, bei. Die 8. Armee stieß bei ihrer Landung an der Küste von Kalabrien auf verhältnismäßig geringen Widerstand. Doch der Angriff der 5. US-Armee bei Salerno im September wurde mit einem viertägigen Gegenangriff beantwortet. Es zeigte sich, daß der Vorstoß nach Norden nicht leicht sein würde.

Stalingrad und der Rückstoß in Rußland. Noch bevor diese Rückschläge einsetzten, hatte sich der Wind in Rußland gegen Hitler gedreht. Im Frühjahr 1942 hatte er an der gesamten Front die Offensivoperationen wieder aufgenommen. Wenn es ihm auch nicht gelang, Leningrad oder Moskau einzunehmen, so hatten seine Armeen doch an der südlichen Front beeindruckende Siege errungen. Der russische Widerstand aber verstärkte sich täglich, teilweise infolge amerikanischer Lieferungen, teilweise aber infolge des Verhaltens der Deutschen gegenüber dem russischen Volk. Die russischen Kriegsgefangenen, die leicht zu bewegen gewesen wären, gegen ihre früheren Herren zu kämpfen, wurden mit Brutalität oder kaltherziger Nachlässigkeit behandelt. Nach deutschen Eingeständnissen starben 3,7 Millionen POW's unter ihren Händen. Die Grausamkeit der Deutschen, ihre politische Abgestumpftheit und ihre verwaltungsmäßigen Mängel beraubten sie des Rückhalts der unterworfenen Bevölkerung, der wirtschaftlichen Reserven, die ihre Kriegsanstrengungen gefördert hätten, und der Hilfe ausgebildeter Soldaten, die danach trachteten, die Seiten zu wechseln. Statt dessen stellten sie sie vor das Problem, mit einer aggressiven, starken Partisanenbewegung fertig werden zu müssen, die hinter ihren Linien kämpfte.

Als sich die Probleme in Rußland verschärften, wurde Hitler gegenüber seinen Generälen immer argwöhnischer. Seine mangelnde Sympathie für die Truppen und seine Neigung zur Selbsttäuschung nahmen gefährliche Formen an. Sein Verhalten während der Schlacht von Stalingrad demonstriert diese Eigenschaften aufs deutlichste. Im August 1942 erreichte die 6. deutsche Armee dieses Industriezentrum am Westufer der Wolga, belagerte es und wollte es durch Beschießung zur Unterwerfung zwingen. Trotz der schwierigen Versorgungslage der Stadt (alle Lebensmittel, Kleidung und Munition mußten unter deutscher Beschießung über den Fluß gebracht werden) harrten die sowjetischen Truppen und die Bewohner der Stadt in den Trümmern aus, und zwar auch noch am Ende des Jahres.

Zu diesem Zeitpunkt hatte Hitler sich darauf versteift, die Stadt einzunehmen. Am 19. November aber vernichteten die Russen die Front, die im Nordwesten von Stalingrad von rumänischen Truppen gehalten wurde. Am 20. November starteten sie einen Angriff südlich der Stadt und führten ihn erfolgreich durch. Zwei Tage später schlossen sie die Zange und kesselten die deutschen Streitkräfte ein. Hitler lehnte einen Rückzug rundweg ab (der bedeutet hätte, daß man von der Eroberung der Wolga und der Stadt, die den Namen Stalins trug, abgesehen hätte) und betraute Göring mit der Aufgabe, die 6. Armee weiterhin zu versorgen. Göring brachte sein volles Vertrauen zum Ausdruck, daß die Luftwaffe ihre Mission erfüllen könne, als es in der Realität schon gar nicht mehr möglich war. Dennoch, als seine Soldaten kämpften, hungerten und starben und als der russische Verteidigungsgürtel so breit und stark wurde, daß ein Ein- oder Ausbruch unmöglich war, blieb Hitler in seiner Ablehnung eines Rückzugs unerbittlich hart. Doch der menschliche Widerstand hat seine Grenzen. Die 6. Armee hatte ihre Belagerung mit 300000 Soldaten begonnen. In den ersten Februartagen des Jahres 1943 kapitulierten ihre zerfetzten Überreste, 123000 Offiziere und Soldaten. Deutschland hatte seine größte Niederlage infolge der bewußten kaltherzigen Gleichgültigkeit seines Beherrschers erlebt.

Im selben Monat eroberten die Russen Rostow, Kursk und Charkow zurück, und bevor ihre Schlagkraft nachließ, gewannen sie 185 000 Quadratmeilen Territorium zurück. Die deutsche Offensive von 1943 stellte einen Versuch dar, diesen verlorenen Boden wiederzugewinnen. Sie scheiterte jämmerlich. Gegen Ende des Jahres 1943 befanden sich die Russen wieder in Kiew (wo die Deutschen vor ihrer Räumung die gesamte jüdische Bevölkerung getötet hatten) und in Schitomir, nahe der polnischen Grenze.

Der Weg zum Sieg 1943–1945

Probleme der Koalition. Als ihre Armeen einmal begonnen hatten, die Deutschen zurückzuschlagen, wurden die Sowjets schwierige Partner für die westlichen Demokraten – nicht, daß sie jemals die bequemsten Verbündeten gewesen wären. Im Bewußtsein dessen, daß ihre Armeen die Hauptlast der Kämpfe zu Lande trugen, hatten sie immer wieder Nachschub gefordert. Darüber hinaus hatten sie sich immer in einem Trommelfeuer der Kritik ergangen, weil die Alliierten in Europa es nicht fertiggebracht hatten, eine zweite Front zu errichten. Dieser Vorwurf brachte Churchill zur Verzweiflung, so daß er bei einer Gelegenheit fragte, wo die Russen denn im Jahre 1940 gewesen seien, als die Alliierten die gesamte Kriegslast, die die deutsche Aggression ihnen aufbürdete, zu tragen gehabt hätten.

Größtenteils übten sich die Alliierten in Geduld gegenüber diesen Attacken. Sie waren nie geneigt, den sowjetischen Kriegsbeitrag oder die unabdingbare Notwendigkeit der Mitwirkung der Sowjets beim Wiederaufbau des internationalen Systems nach dem Krieg zu unterschätzen. Im großen und ganzen schien ihre Strategie zu funktionieren. Im Oktober 1943 reisten der britische Außenminister Anthony Eden und der Außenminister der Vereinigten Staaten, Cordell Hull, zu Gesprächen mit Molotow nach Moskau. Nach dem Treffen mit Stalin vermerkte Eden, Stalin bringe keine Gegenanklagen vor und scheine Verständnis dafür aufzubringen, daß die Alliierten alle Energien auf eine Invasion des Kontinents konzentrierten. Die Gespräche schlossen mit dem Versprechen ab, gemeinsame Aktionen zu unternehmen zur Bekämpfung, Entwaffnung und Kontrolle Deutschlands, zur Befreiung Italiens vom Faschismus, zur Befreiung Österreichs aus seiner erzwungenen Verbindung mit Deutschland und zur Bestrafung aller Deutschen, die sich abscheulicher Verbrechen schuldig gemacht hatten. Im Hinblick auf die fernere Zukunft erörterten die Außenminister die Möglichkeit der Errichtung einer Weltorganisation. All diese Versprechen wurden im Dezember 1943 in Teheran, wo Roosevelt, Churchill und Stalin ihr erstes gemeinsames Treffen veranstalteten, bekräftigt. Hier wurde die Entschlossenheit zur Errichtung einer Weltorganisation, die sich dem Frieden verpflichten würde, noch energischer zum Ausdruck gebracht.

Die Kooperation der Sowjetunion bei diesen Gesprächen war außerordentlich befriedigend. Weniger erfreulich war ihr wachsendes Interesse an der Aufteilung europäischen Territoriums nach dem Krieg. Ebenso wie im Ersten Weltkrieg tendierten die Westmächte dahin, politische Fragen in den Hintergrund zu drängen, bis der Krieg gewonnen sei. Die Russen verhielten sich anders. Schon 1943 bekundete Stalin den Wunsch, die künftigen Ostgrenzen Polens mit einer zuständigen polnischen Autorität zu erörtern. Und als seine Truppen weiter vordrangen, erwachte sein Interesse an jenen Balkanstaaten, die auf Hitlers Seite gekämpft hatten.

Italien von Salerno bis zur Unterwerfung Roms. Das Jahr 1944 bedeutete für Italien einen langen Kampf, in dem die Alliierten schwere Verluste erlitten. Alle Versuche, die Beweglichkeit der Operationen, die durch die Verzögerung vor Salerno verlorengegangen war, wiederherzustellen, wurden vereitelt dadurch, daß das Gebiet und die Zähigkeit der vom deutschen Oberbefehlshaber in Italien, Feldmarschall Kesselring, organisierten Verteidigung so groß waren. Kesselring zögerte den Zangenangriff der 8. britischen Armee und der 5. US-Armee von General Mark Clark hinaus, indem er eine starke Verteidigungsstellung aufbaute, die sogenannte Gustav-Linie, die den 1700 Fuß hohen Monte Cassino zum Mittelpunkt hatte und den Durchgang nach Rom durch das Liri-Tal versperrte. Um in die Gustav-Linie einfallen zu können, unternahmen die Alliierten am 22. Januar 1944 eine weitere Amphibienlandung an der Küste bei Anzio, dreißig Meilen südlich von Rom. Diese stieß auf den hartnäckigsten Widerstand der Deutschen, und die GI's wurden vier Monate lang an den Küsten und den angrenzenden Berghängen festgehalten.

Schließlich fiel Monte Cassino im April in einer Schlacht, die einen genialen Streich hätte abgeben können. Nach Planung Feldmarschall Sir Harold Alexanders, des Obersten Befehlshabers der alliierten Streitkräfte in Italien, sollten Scharen von Truppen Monte Cassino überrollen und gleichzeitig den Großteil der deutschen Streitkräfte in Italien zur Erschöpfung treiben, sie einkesseln und vernichten. Doch gerade in dem Augenblick, als die Zange Alexanders sich schloß, scherte General Clark mit seinen Streitkräften aus dem Unternehmen aus und schickte seine Truppen nach Rom. Sein sehnlicher Wunsch, die Ewige Stadt als erster zu erreichen, verhinderte die Vernichtung der 10. deutschen Armee. Als wenig später sieben alliierte Divisionen aus Italien abgezogen wurden, um die Invasion der Normandie durch eine Landung in Südfrankreich zu unterstützen, schwanden die Aussichten auf eine schnelle Beendigung des Krieges in Italien vollends.

Der Angriff am Ärmelkanal. Die Vorbereitungen für die Operation Overlord waren seit 1942 im Gange, und die dafür versammelten Streitkräfte bildeten die größte Konzentration von Amphibienfahrzeugen der Geschichte. Über

43. Potsdamer Konferenz 17. 7.–2. 8. 1945. Churchill, Truman und Stalin während einer Verhandlungspause vor Schloß Cäcilienhof

44. Die Konferenz der großen Drei in Jalta auf der Krim 1945

45. Bürgerkrieg in China 1947–1949. Flüchtlinge nach Hongkong

46. Indochinakrieg. Schlacht um Dien Bien Phu 1953/1954

5000 Schiffe und Landungsfahrzeuge warteten darauf, 150000 Soldaten, 1500 Panzer und Tausende von Gewehren, Fahrzeugen und Vorräten an die Küste der Normandie zu bringen. Sie wurden durch 12000 Flugzeuge unterstützt, von denen einige systematisch Brücken und Zugangsstraßen zerstört hatten, um das Invasionsgebiet vom Landesinneren abzuschneiden. Um die konstante Versorgung dieser Truppenscharen zu ermöglichen, bis ein größerer Hafen eingenommen werden könnte, waren in England künstliche Wellenbrecher und Docks gebaut worden, die bereitstanden, um über den Kanal geseilt und an der Küste befestigt zu werden. D-Tag (Stichtag für die Invasion der Normandie) war der 6. Juni.

Die Frühjahrsmonate hindurch hatte sich Feldmarschall Rommel, der von Italien aus zum Westen geschickt worden war, auf die gewaltige Aufgabe konzentriert, Vorbereitungen für die Abwehr der Offensive zu treffen, von der er wußte, daß sie stattfinden sollte. Er sah sich vor eine hoffnungslose Aufgabe gestellt. Hitler bestand darauf, daß jeder Fußbreit Territorium gehalten würde – in Rußland, in Italien und in Frankreich –, und seine Unnachgiebigkeit machte nicht nur taktische Bewegungen unmöglich, sondern beraubte seine Kommandeure im Westen der angemessenen Streitkräfte, um der Stoßkraft der Alliierten standzuhalten. Rommels Stabschef schrieb später, der vielgepriesene Atlantikwall sei „nur eine Kordonstellung ohne Tiefe und wesentliche Reserven" gewesen. Die Deutschen verfügten über keinerlei Seestreitkräfte, die zur Abwehr der Landungen hätten beisteuern können; und ihre Luftwaffe war zu diesem Zeitpunkt bereits durch gegnerische Geschosse aus dem Luftraum vertrieben worden. Als ob dies noch nicht genügt hätte, wurden die Befehlshaber im Westen auch noch von einem unglaublichen Befehlssystem beherrscht, das alle Entscheidungsbefugnis in Hitlers Hände legte.

All diese Mängel spielten den Alliierten die Trümpfe in die Hände, als britische und amerikanische Streitkräfte in Scharen auf ausgesuchten Küstenabschnitten der Normandie landeten. Anfangs stießen sie auf heftigen Widerstand, vor allem an der Omaha-Küste, wo die 29. Division der US-Armee durch ein mörderisches Feuer in Bedrängnis geriet. Doch war der deutsche Verteidigungsgürtel innerhalb von fünf Tagen durchbrochen. Die sechzehn alliierten Divisionen hatten eine achtzig Meilen lange und zwanzig Meilen breite Küstenverteidigung errichtet. Zwanzig Tage nach dem D-Tag traf die deutsche Garnison im großen Hafen Cherbourg Vorbereitungen für die Kapitulation.

Die Verschwörung gegen Hitler. Am 20. Juli 1944 gegen 12.30 Uhr betrat Oberst Graf Claus Schenk von Stauffenberg Hitlers Konferenzsaal in Rastenburg, wo der Führer und sein Stab den Lagebericht anhörten, stellte seine Aktentasche unter den Tisch und verließ unauffällig den Raum. Fünf Minuten später gab es eine entsetzliche Explosion. Die Fenster flogen aus der

Holzbaracke, und stellenweise fiel das Dach ein. Stauffenberg, der in sicherer Entfernung draußen gestanden hatte, stieg schnell in einen Stabswagen und fuhr zum Flugplatz, wo ein Flugzeug auf ihn wartete, um ihn nach Berlin zu bringen.

Seine Aktion war das Ergebnis jahrelanger Planung von Deutschen im Untergrund, der bis in jede Gesellschaftsschicht reichte. Einige Mitglieder hatten bereits wegen Beteiligung an der Verschwörung ihr Leben lassen müssen. Andere hatten es durch mißlungene Mordanschläge gegen Hitler aufs Spiel gesetzt. Mitte des Jahres 1944 befanden sich alle Mitglieder in großer Gefahr, da die Gestapo den Ring um sie schloß. Ihre Pläne aber waren fertig. Hitler sollte getötet werden. Die Militärbehörden in Berlin und Paris sollten die Macht ergreifen, die anderen nationalsozialistischen Notabeln verhaften, eine provisorische Regierung unter General Ludwig Beck als Staatsoberhaupt errichten und Verhandlungen mit den westlichen Alliierten aufnehmen. Stauffenbergs Bombe sollte den ersten Schritt in dieser Kette von Ereignissen darstellen.

Doch die Bombe tötete Hitler nicht, und diese Nachricht, die schnell nach Berlin übermittelt wurde, lähmte die Entschlußfähigkeit der Verschwörer. Das Komplott brach zusammen. Die Anführer wurden verhaftet, und das unmittelbare Resultat war eine Reihe abscheulicher öffentlicher Gerichtsverfahren, gefolgt von Degradierung und Niedermetzelung aller, die der Mittäterschaft verdächtigt wurden. Der 20. Juli übte keine Wirkung auf den Verlauf des Krieges aus. Er erinnerte aber daran, daß nicht alle Deutschen Nationalsozialisten waren und daß neben dem „anderen Deutschland" im Exil eine innere Emigration stattgefunden hatte, in die sich diejenigen geflüchtet hatten, deren Abscheu Hitlers Vorgehen erregt hatte – viele darunter setzten ihr Leben aufs Spiel, indem sie Pläne schmiedeten für die Befreiung ihres Landes.

Das Ende des nationalsozialistischen Deutschland. Nach der gescheiterten Verschwörung kündigte Hitler im Gespräch mit seinen Generälen an, er werde kämpfen, bis Deutschland einen Frieden erhalte, der das Leben der Nation über die nächsten fünfzig oder hundert Jahre hinweg sichere. Die Worte des Führers – ausgesprochen zu einem Zeitpunkt, als die alliierten Armeen, mit den Panzern Pattons an der Spitze, in Richtung Rhein vorrückten, als es nur noch Tage bis zur zweiten Landung, diesmal an der Südküste Frankreichs, dauerte, als RAF-Bomberflugzeuge 25000 Tonnen Bomben pro Nacht über deutschen Städten abwarfen und als die russischen Armeen von Riga aus nach Ostpreußen eindrangen, Warschau umzingelten und sich Bukarest näherten – konnten nur noch als Beweis für einen sich immer stärker ausprägenden Größenwahn verstanden werden.

Hitlers Überzeugung, daß er seinen Krieg gewinnen werde, beruhte zum Teil auf seinem Glauben an sich selbst, auf seinem Vertrauen, er werde sich durch reine Willenskraft irgendwie aus diesen Schwierigkeiten herauswinden. Es ist jedoch ebenso eindeutig, daß er sich im Jahre 1945 auf zwei weitere Dinge verließ: auf neue, fürchterliche Geheimwaffen und – am stärksten – auf eine plötzliche Auflösung der gegen ihn gerichteten Koalition. Hitlers Hoffnungen wurden zerstört. Seine Wissenschaftler erfanden zwar die Wunderwaffen, von denen die V-2, eine Flüssigkeitsrakete, die in der Lage war, einen eintonnenschweren Sprengkopf vom Startpunkt aus auf einen etwa 200 Meilen weit entfernten Punkt abzuschießen, die beeindruckendste darstellte. Wäre die V-2-Bombe vor dem D-Tag einsatzbereit gewesen, so hätte sich die Invasion der Normandie unendlich viel schwieriger gestaltet. Tatsächlich aber gelangte sie erst im September 1944 zum Einsatz; und durch den schnellen Vorstoß der Alliierten wurde sie bald unbrauchbar. Andere Waffen – der Düsenjäger beispielsweise – kamen zu spät, um Deutschland zu retten.

Ebensowenig löste sich die Feindkoalition auf, zumindest nicht vor Kriegsende. Im Februar 1945 trafen sich die Briten und die Amerikaner noch einmal mit den Russen, dieses Mal in Jalta auf der Krim. Hier verständigten sich Roosevelt, Churchill und Stalin bezüglich der Kontrolle über Deutschland nach dem Krieg. Sie einigten sich ebenfalls über die künftige Weltorganisation, die Nachkriegsordnung Osteuropas und die gemeinsame Kriegführung gegen Japan. Während dieser Diskussionen wurde deutlich, daß es zwischen den Alliierten tiefgreifende Meinungsverschiedenheiten gab, die aber durch Konzessionen der Alliierten gegenüber dem sowjetischen Standpunkt überwunden werden konnten. Die Zugeständnisse gewährleisteten die sowjetische Beteiligung am Krieg gegen Japan. Nichts, was in Jalta unternommen wurde, brachte Hitler Trost oder Hoffnung.

Überdies war der Wille des deutschen Soldaten nun gebrochen. Die gescheiterte deutsche Ardennenoffensive Ende des Jahres 1944 hatte die letzten Hoffnungsschimmer und den letzten Rest an Kampfgeist zum Erlöschen gebracht. Diese Schlacht war der letzte verzweifelte Versuch, die amerikanischen Stellungen durch Überraschungsangriffe zu durchbrechen, was den deutschen Panzern die Maasüberquerung und den Vorstoß nach Antwerpen ermöglicht hätte. Wäre ihnen dieses gelungen, so hätten sie die alliierten Streitkräfte von ihren Nachschub- und Verbindungswegen im Gebiet von Brüssel-Antwerpen abschneiden, 25 bis 30 alliierte Divisionen vernichten und eine alliierte Offensive gegen den Westwall auf unabsehbare Zeit hinauszögern können. Einige Tage im düsteren Dezember 1944 schienen sich diese Hoffnungen zu verwirklichen. Der Großteil dieses letzten deutschen Angriffs erstreckte sich auf die amerikanischen Stellungen, die mit kampfunerfahrenen Soldaten besetzt waren, und zwar zu einem Zeitpunkt, als das Nachschub- und Versorgungssystem durcheinandergeraten war und das Wetter eine Unterstützung aus der Luft unmöglich machte. In der Schlacht um Bastogne herum erlitten einige Bataillone der 17. US-Luftlandedivision

Verluste von vierzig Prozent, und George Patton schrieb: „Wir können diesen Krieg immer noch verlieren". Doch bis Mitte Januar war der Vorstoß eingedämmt, und es war nur noch eine Frage der Zeit, wann der Sieg der Alliierten endgültig entschieden würde.

Im März und April eroberten die russischen Armeen unter Marschall Shukow und Marschall Konew Danzig und Wien, überrannten die Tschechoslowakei und preschten in Richtung Berlin vor. Am 7. März nahmen sieben amerikanische Einheiten die Rheinbrücke in Remagen ein, bevor die Deutschen sie zerstören konnten, und brachten so das gesamte deutsche Verteidigungssystem am Rhein entlang zu Fall. In Italien eroberten alliierte Streitkräfte Bologna und überquerten den Po. Mussolini wurde mit seiner Geliebten am 28. April von italienischen Partisanen auf der Flucht ergriffen und getötet. Hitler erschoß sich und seine Braut am 30. April in einem Bunker in Berlin. Am 2. Mai fiel Berlin in russische Hände. Am 7. Mai kapitulierte das Dritte Reich bedingungslos gegenüber der Großen Allianz.

Das Ende Japans. Der Sieg über Japan ließ nicht mehr lange auf sich warten. Seit den letzten Monaten des Jahres 1943 hatten die Alliierten den Verteidigungsring um Japan fester geschlossen. Der hartekämpfte Sieg der US-Marineinfanterie bei Tarawa im November 1943, wo eine scheinbar uneinnehmbare Inselfestung innerhalb von vier Tagen erobert worden war, stellte den Beginn einer langen Kette brillanter Amphibienunternehmen dar, die sich durch eine bewundernswerte Koordination von Land-, See- und Luftoperationen sowie durch Schnelligkeit und Wirtschaftlichkeit des Einsatzes auszeichneten. Hier erreichte der Krieg seine größte Mobilität. Denn die US-Flotte beförderte Armee- und Marineeinheiten über weite Strecken unter Umgehung japanischer Stützpunkte und verurteilte damit deren Truppen zur Untätigkeit, schlug aber dann an Stellen zu, wo man keinen Angriff erwartete. Dadurch kamen die US-Streitkräfte mit Riesenschritten bis an den Kern des japanischen Reiches heran. Im Oktober 1944 machten sie in der großen Seeschlacht in der Bucht von Leyte die Kampffähigkeit der japanischen Flotte vollends zunichte. Im Januar 1945 drang MacArthur auf Luzón ein. Im Februar nahm diese Marineinfanterie in einer legendären Schlacht Iwo Jima ein und stellte damit eine wesentliche Auftankstation für B-29-Maschinen sicher, die von Bombenangriffen auf Tokio zurückkehrten. Im April eroberten die US-Armee und Marinetruppen die große Insel Okinawa.

Nun wurden Pläne geschmiedet für die Invasion des japanischen Mutterlandes. In Anbetracht des fanatischen Widerstands der japanischen Kampftruppen auf Iwo Jima und der Selbstmordbefehle japanischer Piloten auf Okinawa erwartete man den erbittertsten Widerstand. Selbst bei Beteiligung der Sowjetunion, von der man sich die Einschließung der japanischen Armeen in der Mandschurei erhoffte, fürchtete man, daß sich entsetzliche Verluste unter den eindringenden Truppen nicht vermeiden lassen würden.

Diese Überlegung war es, die zu der harten Entscheidung führte, jene Waffe gegen Japan einzusetzen, die von amerikanischen und europäischen Wissenschaftlern entwickelt worden war, seitdem sie nach 1942 in den Vereinigten Staaten gearbeitet hatten. Aus der Überzeugung heraus, daß eine bloße Warnung die japanische Regierung nicht zur Kapitulation veranlassen würde, und aus Furcht vor den Auswirkungen eines eventuellen Fehlschlags einer angekündigten Machtdemonstration beschloß die US-Regierung im Einverständnis mit ihren Alliierten, die Atombombe gegen japanische Großstädte zum Einsatz zu bringen. Am 6. August 1945, zwei Tage vor der russischen Kriegserklärung an Japan, wurde die erste Atombombe über Hiroshima abgeworfen. Sie zerstörte die Innenstadt und tötete 78000 Menschen. Am 9. August wurde die zweite Atombombe abgeworfen, dieses Mal über Nagasaki auf Kiuschu. Sie zerstörte die Torpedowerften und das große Stahlwerk, für das die Stadt bekannt war, sowie das gesamte Stadtgebiet und tötete Zehntausende von Menschen. Am folgenden Tag kapitulierte die japanische Regierung. Der globale Krieg war vorüber.

Zweiter Teil

Nach 1945

Allgemeine Bemerkungen

Im März 1944 schrieb der italienische Philosoph Benedetto Croce in sein Tagebuch:

„Wir dürfen nicht die Wiedergeburt jener Welt [der Welt vor 1914], ihre Erneuerung und Besserung erwarten, sondern wir müssen mit einer endlosen Folge von Konflikten, Umsturz und Vernichtung durch Revolutionen und Kriege rechnen... Wir müssen... uns an ein Leben ohne Stabilität gewöhnen..., so sehr es uns, die wir Männer waren, die arbeiteten, sich wohldurchdachte Programme setzten und sie ruhig ausführten, widerstrebt. Auf dieser Weltbühne, auf der wir bei jedem Schritt straucheln, müssen wir unser möglichstes tun, um mit Würde zu leben..."

Zweifellos teilte die Mehrheit der über die Ereignisse nachdenkenden Europäer am Ende des Zweiten Weltkrieges den Pessimismus, der aus diesen Zeilen spricht. Und gewiß trafen Croces Prognosen in den ersten Nachkriegsjahren ein. Letztere bedeuteten für jedes Mitglied der Gemeinschaft Europas eine Zeit des politischen Konfliktes und der sozialen sowie der wirtschaftlichen Erschütterung; und die Probleme der einzelnen Gebiete Europas wurden um ein Vielfaches erschwert durch die Tatsache, daß der Kontinent als Ganzes in zwei Hälften zerrissen war, getrennt durch eine institutionelle und ideologische Schranke.

Die Europa aufgezwungene, ungeheure Zweiteilung stellte das Resultat der schließlich erfolgten, von Hitler vergeblich herbeigesehnten Auflösung der alliierten Kriegskoalition dar. Nach drei Jahren waren die westlichen Staatsmänner gezwungen, einzusehen, daß die Waffenkameradschaft, die zum Sieg über Deutschland und Japan geführt hatte, nicht länger halten würde und daß die Sowjetunion – weit entfernt von dem Wunsch nach wirtschaftlicher und politischer Wiederbelebung der kriegszerrütteten Länder Europas – hoffte, das Elend und die Entbehrungen zur Verbreitung des Kommunismus im Westen ausnutzen zu können. Als Reaktion auf die offenkundig gewordene Bedrohung der politischen Freiheit Europas erfolgten nacheinander die Truman-Doktrin, der Marshall-Plan und die Gründung der Nordatlantikpakt-Organisation. Die Sowjets antworteten mit dem Warschauer Pakt – ein Zeichen dafür, daß die Sowjetunion nicht beabsichtigte, die in den ersten Nachkriegsjahren erlangte Kontrolle über die osteuropäischen Staaten wieder preiszugeben – und vollendeten damit den sogenannten Eisernen Vorhangs, der den Kontinent in zwei Hälften teilte.

Auf der östlichen Seite dieser Schranke erzwang die Präsenz der sowjetischen Militärmacht die Angleichung von Ideologie und Institutionen sowie die wirtschaftliche Zusammenarbeit der kleineren Staaten. Lediglich Jugoslawien gelang es, sich aus dem eisernen Griff dieses Systems zu lösen und eine unabhängige Position aufzubauen. Und das lag weitgehend an geographischen Zufällen. Den Versuch Ungarns im Jahre 1956, seinem südlichen Nachbarn nachzueifern, schlugen sowjetische Panzer nieder. Auch die Hoffnung der Tschechoslowakei vom Jahre 1968, die Härten des Totalitarismus zu mildern, wurde durch die entschlossene Intervention der Sowjets zerstört.

Beispiele von Zentralisation und Vereinheitlichung der Politik, erzielt durch Drohung oder Gewalt, gab es in der Geschichte nicht selten, und sie sind niemals besonders beeindruckend. Eine bemerkenswertere politische Entwicklung der Nachkriegszeit vollzog sich mit der freiwilligen Einigungsbewegung auf der westlichen Seite des Eisernen Vorhangs. Sie nahm verschiedene Formen an und brachte die Auseinandersetzung mit vielen schwierigen Problemen mit sich. Doch in Anbetracht des historischen Mangels an Bereitschaft auf seiten der europäischen Staaten, etwas von ihrer Souveränität zu opfern, waren ihre Ergebnisse beeindruckend.

Während diese Entwicklungen vonstatten gingen, nahm der europäische Einfluß auf die Weltpolitik radikal ab. Gewiß war dieser Prozeß während des Krieges von 1914–18 eingeleitet und durch die wirtschaftlichen Mißstände in der Zwischenkriegszeit beschleunigt worden. Doch blieb Europa bis zum Ausbruch des zweiten globalen Konfliktes Zentrum der Weltpolitik, und die Entscheidungen der europäischen Mächte bestimmten den Lauf der Ereignisse in weiten Teilen der Welt. Die langen, schweren Jahre von der Eroberung Warschaus durch die Nationalsozialisten bis zu Hitlers Selbstmord inmitten der Trümmer von Berlin veränderten all das grundlegend. Sie fügten allen europäischen Mächten so große materielle und psychische Schäden zu, daß die Reserven für eine völlige Wiedererlangung ihrer politischen Position aufgesogen waren und daß sogar ihr Wunsch danach erlosch. Nach dem Krieg neigten einige Europäer dazu, resigniert – durchdrungen von Furcht, aber auch von Befriedigung – die Übertragung der Macht und der Verantwortung auf die Vereinigten Staaten und die Sowjetunion in Erwägung zu ziehen. So erörterte „Punch" ironisch die unumstößlichen Vorteile eines eventuellen Absinkens auf einen zwei- oder gar drittrangigen Status.

Der Verlust ihrer Kolonialreiche im Orient, im Nahen Osten und in Afrika infolge von nationalistischen Bewegungen ließ die veränderte Position der europäischen Staaten in der Welt noch plastischer hervortreten. Diese Bewegungen hatten auch schon vor dem Krieg existiert; doch waren sie in den ersten Phasen des Konfliktes, als sich herausstellte, daß weiße Nationen in ihren militärischen Fertigkeiten den Völkern anderer Pigmentierungen nicht unbedingt überlegen sind, stark angespornt worden. Daß ihnen diese Tatsache nach dem Zweiten Weltkrieg in Korea und in Indochina wiederum vor Augen geführt wurde, gab der Opposition gegen den Kolonialismus Auftrieb und erzwang in den britischen, französischen, holländischen und belgischen Kolonien Konzessionen ihr gegenüber. Als der Befreiungsprozeß einmal in Gang gesetzt worden war, vollzog er sich so überstürzt, daß er alle Kriegserwartungen übertraf. Gegen Ende 1965 stellten die nach 1945 unabhängig gewordenen afrikanischen und asiatischen Nationen über die Hälfte der Mitglieder in der Vollversammlung der Vereinten Nationen – einer Organisation übrigens, die die Europäer aufgrund ihrer im Vergleich zu den Vereinigten Staaten und der Sowjetunion verminderten Stärke und aus anderen Gründen ernster zu nehmen gelernt hatten als den Völkerbund.

In wirtschaftlicher Hinsicht begann die Nachkriegszeit für Europa als Ganzes unter den trostlosesten Aussichten. Der Handel war zum Erliegen gekommen, die Industrie durch Kriegszerstörungen sowie durch Roh- und Treibstoffknappheit gelähmt; die Landwirtschaft litt unter einem Mangel an Maschinen, Saatgut und Kunstdünger; Verkehrs- und Fernmeldesysteme waren unterbrochen und in manchen Fällen durch Bomben weitgehend zerstört; Märkte und Verteilersysteme befanden sich nach der Vernichtung des nationalsozialistischen Reiches, das den Kontinent fünf Jahre lang umklammert hatte, in hoffnungslosem Durcheinander; Währungen waren abgewertet und Kreditmöglichkeiten unsicher; Lebensmittel- und Treibstoffvorräte waren knapp, und in naher Zukunft drohte ein gefährlicher Mangel daran. Überdies wurden alle Probleme doppelt erschwert durch die Demobilisierung der Heere und durch die Existenz von Millionen von Vertriebenen und Flüchtlingen, die das Lebensnotwendigste entbehrten.

Von diesen Bedingungen erholte sich Osteuropa langsamer als Westeuropa, großenteils deswegen, weil die östlichen Länder sich in allen grundlegenden Dingen nach der Sowjetunion richten mußten und ihnen die Chancen, die den westlichen Ländern offenstanden, versagt blieben. Ein weiterer Grund ist darin zu suchen, daß ihre Schutzmacht, die Sowjetunion, die durch den Krieg entsetzlichen physischen und wirtschaftlichen Schaden erlitten hatte, in den ersten fünf Nachkriegsjahren nicht in der Lage war, ihnen materielle Hilfe zu gewähren. Doch selbst Polen, wo 38 Prozent des Reichtums des Landes sowie 85 Prozent der Hauptstadt Warschau und die Hafeneinrichtungen von Gdynia und Gdánsk zu 50 Prozent zerstört worden waren und wo die Probleme durch die großen Gebiets- und Bevölkerungsverschiebungen erschwert wurden, erholte sich stetig. In noch stärkerem Maße gilt dies für andere Teile Osteuropas. Wahrscheinlich waren westliche Besucher von Budapest und Bukarest in den 60er Jahren vom Äußeren dieser Städte und ihrer Einwohner beeindruckt, wenngleich man einen relativen Mangel an Verbrauchsgütern feststellte.

Der Fortschritt in Westeuropa gestaltete sich leichter, weil er durch Kredite aus den Vereinigten Staaten gefördert wurde und weil nach der Einführung des Marshall-Plans im Jahre 1948 auch anderweitige Hilfe zunahm. Nachdem die wirtschaftliche Entwicklung des Westens einmal eingeleitet war, machte sie im Vergleich zur Zwischenkriegszeit spektakuläre Fortschritte. Innerhalb eines Jahrzehnts erreichte die Produktion in manchen Ländern das dreifache Volumen des Spitzenjahres 1913. Und dieses Wachstum ging in allen sozialen Schichten Hand in Hand mit einer Erhöhung des persönlichen Einkommens, so daß in nahezu allen Ländern die Reallöhne der Industriearbeiter doppelt so hoch lagen wie in der Vorkriegszeit. Es wäre schwierig, genau abzuschätzen, wieviel die Entwicklung auf eine Wirtschaftsunion hin hierzu beigetragen hat, ebenso schwierig wie zu ermitteln wäre, inwieweit es durch den Verlust der europäischen Kolonialreiche in Übersee beeinflußt war. In letzterer Hinsicht ist jedoch anzumerken, daß der Lebensstandard sowohl in Belgien als auch in den Niederlanden nach dem Verlust ihrer Kolonien anstieg. Dies mag darauf hindeuten, daß Verwaltungstalent sowie technische Fertigkeiten wichtigere Ressourcen darstellen, als Lenin in seinem Buch über den Imperialismus mußmaßte.

Das wirtschaftliche Wiedererblühen auf beiden Seiten des Eisernen Vorhangs und die Entspannung zwischen den beiden Hälften Europas zu Beginn der 60er Jahre spiegelten sich in einem wachsenden Selbstbewußtsein wider, das einige interessante politische Resultate zeitigte. In Westeuropa bewirkte es eine Verlangsamung der Entwicklung zur politischen Union hin und in einigen Ländern die Anfänge einer Wiederbelebung des Nationalismus. Auch in Osteuropa lockerte sich die monolithische Einheit früherer Zeiten, und manchmal offenbarte sich der Wunsch nicht nur nach größerer Unabhängigkeit, sondern auch nach engeren Kontakten zum Westen. Unter westlichen Intellektuellen sprach man jetzt viel von einem „neuen Europa"; und einige derjenigen, die diesen Begriff verwendeten, dachten weniger an die Art der politischen Union, die Männer wie Robert Schumann, Alcide de Gasperi und Konrad Adenauer angestrebt hatten, sondern vielmehr an die Möglichkeit, der Charles de Gaulle Ausdruck verliehen hatte, nämlich die eines Europas freier Vaterländer, das sich bis hin zum Ural erstrecken würde.

Geistige und kulturelle Strömungen werden im nächsten Kapitel erwähnt. An dieser Stelle muß jedoch hervorgehoben werden, daß die Teilung Europas sie beeinflussen mußte. Der Eiserne Vorhang bildete eine überaus schwer zu überwindende Schranke für den freien Ideenaustausch, für gegenseitige Anregungen sowie für eine geistige und wissenschaftliche Zusammenarbeit. Seit den Religionskriegen des 16. Jahrhunderts waren zwei Teile Europas nicht mehr so hermetisch voneinander abgeriegelt gewesen; und es wäre unmöglich abzuschätzen, in welchem Ausmaß dadurch das Wiedererblühen des geistigen Lebens in Europa nach dem Krieg behindert wurde.

Jedoch scheinen Schranken immer eine Herausforderung für Menschen darzustellen. So gab es im Laufe der Nachkriegsjahre viele Freigeister, die sich bemühten, die physischen und geistigen Mauern, die die Menschheit trennten, niederzureißen. Das wurde nirgendwo so offenkundig wie im Bereich der etablierten Religionen. Die Leiden, die der Zweite Weltkrieg verursacht hatte, regten die Kirchen zu einem neuen Geist der Toleranz und der Offenheit an, der sich in einer energischen ökumenischen Bewegung niederschlug und darin, daß sie jetzt der Pflicht, sich um den internationalen Frieden zu bemühen, neues Gewicht beimaßen. Die Evangelische Kirche Deutschlands rief ihre Landeskirchen auf, sich der Verantwortung für die während des Krieges begangenen Verbrechen im Namen Deutschlands zu stellen und damit den ersten Schritt zur Wiedergutmachung und Versöhnung zu tun. Die römisch-katholische Kirche reagierte ähnlich positiv auf die beängstigenden Probleme des Zeitalters. In seinem kurzen, aber anregenden Pontifikat drängte Papst Johannes XXIII. – ein Mann des Volkes, der das Verlangen der Massen instinktiv wahrnahm – die im Zweiten Vatikanischen Konzil versammelten Führungspersönlichkeiten seiner Religion, Formulierungen und Programme zu finden, die der zeitgenössischen Welt entsprächen, und die Christen in gesellschaftlich schöpferischer Bruderschaft zusammenzuführen. Sein Nachfolger, Paul VI., verkörperte den neuen Geist, indem er der erste reisende Papst der neueren Zeit wurde und erstmalig Reisen nach Jerusalem und Indien unternahm, um Gespräche mit leitenden Persönlichkeiten seiner eigenen und anderer Kirchen zu führen. Im Oktober 1965 flog er ins Hauptquartier der UNO nach New York, wo er den versammelten Delegierten erklärte, sie seien berufen, „nicht nur einige, sondern alle Völker zu Brüdern zu machen... Kein Krieg mehr! Nie wieder Krieg! Der Friede muß das Schicksal aller Völker und der ganzen Menschheit bestimmen!"

Zehntes Kapitel

Wiederaufbau und Entwicklung der europäischen Staaten 1945–1975

Der Friedensrahmen

Die Friedensverträge. Als ob sie erkannt hätten, daß sich der Übergang vom Krieg zum Frieden noch schwieriger gestalten würde als nach dem Ersten Weltkrieg, unternahmen die Siegermächte gar nicht erst den Versuch, eine allgemeine Friedenskonferenz abzuhalten. Die territoriale Regelung wurde in zahlreichen Konferenzen und Verhandlungen etappenweise ausgearbeitet, von denen manche bald mit Erfolg aufwarten konnten, während andere erst nach jahrelangen Beratungen, wenn überhaupt, ihren Auftrag zu Ende führten. Zwanzig Jahre nach Beendigung der Feindseligkeiten gegen die Achsenmächte stellten die Grenzen eines Großteils von Europa vom rechtlichen Standpunkt her gesehen immer noch bloße ad-hoc-Regelungen ohne vertragliche Bestätigung dar.

Dies galt beispielsweise für Deutschland, obschon sich die Alliierten während des Krieges auf die allgemeinen Prinzipien der Nachkriegsregelung geeinigt hatten. Im Hinblick auf die territoriale Ordnung war im Februar 1945 in Jalta entschieden worden, daß Deutschland bestimmte Ostprovinzen abtreten müsse, die an die Sowjetunion und an Polen gehen sollten. Und auf der Konferenz von Potsdam im Juli und August 1945 hatten Stalin, Präsident Truman und der neue britische Premierminister, Clement Attlee, die Gebietszuteilung an Polen so definiert, daß sie das Territorium östlich der Oder und der Neiße, den südlichen Teil Ostpreußens (dessen übriges Gebiet an die Sowjetunion ging) und die ehemalige Freie Stadt Danzig umfaßte. Doch selbst über diesen Teil der Regelung bezüglich Deutschlands gab es anschließend Meinungsverschiedenheiten. Die Westmächte bestanden darauf, daß diese Abtretungen als Provisorium gelten sollten, bis sie durch einen offiziellen Vertrag bestätigt worden seien. Die Polen jedoch betrachteten die Potsdamer Zugeständnisse als endgültig, und mit sowjetischer Rückendeckung handelten sie dementsprechend.

Keine großen Meinungskonflikte erregte die Entscheidung, die deutschen Führungspersönlichkeiten zu bestrafen, die sich der Aggression schuldig gemacht und Verbrechen gegen die Menschlichkeit begangen hatten, durch die sechs Millionen Menschen in den deutsch-besetzten Gebieten umgekommen waren. Im November 1945 leitete ein interalliierter Gerichtshof die Prozesse gegen die Hauptkriegsverbrecher ein. Abgesehen davon jedoch herrschte bald in allen Bereichen der Deutschlandpolitik Uneinigkeit unter den Alliierten.

In Übereinstimmung mit Entscheidungen, die bereits im Jahre 1943 getroffen und in Jalta deutlicher umrissen worden waren, wurde das besiegte Land in vier Zonen aufgeteilt, die von Großbritannien, Frankreich, der Sowjetunion und den Vereinigten Staaten besetzt und verwaltet werden sollten. Das direkt in der sowjetischen Zone befindliche Berlin wurde ebenfalls in vier Zonen eingeteilt. Der Ausgangsgedanke war, daß die Besatzungsmächte eine rigorose Politik der Entnazifizierung, der Entmilitarisierung und der Umerziehung betreiben würden, daß Deutschland in Form von Kapitalgütern und ausländischen Guthaben Reparationen zahlen würde, daß es aber nachdem der Sühne- und Rehabilitationsprozeß einigermaßen abgeschlossen wäre, wieder vereinigt werden und seine Souveränitätsrechte wieder zuerkannt bekommen sollte.

Dieses System der Vier-Mächte-Kontrolle trat in Kraft. Doch nahezu unmittelbar ergaben sich Probleme daraus, daß die Sowjets darauf bestanden, die Reparationszahlungen der laufenden Produktion zu entnehmen anstatt aus Guthaben. Den Westmächten schien die sowjetische Politik darauf abzuzielen, die Wiederbelebung Deutschlands zu verhindern und durch die Verbreitung einer allgemeinen wirtschaftlichen Depression den Kommunismus zu fördern. Dieser Eindruck verstärkte sich durch die Nichteinhaltung des sowjetischen Versprechens, Lebensmittelvorräte aus ihrer Zone gegen Reparationsleistungen aus den drei anderen Zonen auszutauschen. Auf Proteste des Westens reagierten die Sowjets mit der Forderung nach neuen Rechten – beispielsweise anteilige Kontrolle über das Ruhrgebiet –, und die Außenministerkonferenzen von Paris und Moskau in den Jahren 1946 und 1947 erwiesen sich als machtlos, den zunehmenden Streit beizulegen.

Um 1948 versuchte man auch nicht mehr den Eindruck zu erwecken, daß man eine gemeinsame Politik betreibe. Um der wirtschaftlichen Not ein Ende zu bereiten, führten die Westmächte in ihren Zonen eine Währungsreform durch, was zur Folge hatte, daß zwei Wirtschaftssysteme im Lande geschaffen wurden. Die Sowjetregierung hatte bereits zu erkennen gegeben, daß sie in ihrer Zone einen unabhängigen Kurs einschlagen würde. Im Juni 1948 demonstrierte sie durch Sperrung der Landwege zu den Westsektoren Berlins, daß ihre Ambitionen über den wirtschaftlichen Bereich hinausgingen. Die Berlinblockade wurde durch eine anglo-amerikanische Luftbrücke wirkungslos gemacht, die den westlichen Teil der Stadt versorgte, bis die Sowjetunion die Beschränkungen im Mai 1949 aufhob. Schon vor deren Aufhebung hatten die Westmächte beschlossen, Schritte zu unternehmen, um ihre Zonen wirtschaftlich und politisch zusammenzuschließen und in dem vereinigten Gebiet die Bildung einer autonomen deutschen Regierung zu fördern. Die sowjetische Regierung hatte in Berlin einen Volkskongreß ins Leben gerufen, der eine Verfassung für Ostdeutschland entwerfen sollte. Ende des Jahres 1949 war das Deutsche Reich in zwei Deutschland geteilt.

Unterdessen waren die Regelungen bezüglich Italiens und der anderen Satellitenstaaten der Achse weiter vorangeschritten. Auf einer Friedenskonferenz in Paris von Juli bis September 1947 gelang es, Verträge mit Italien, Bulgarien, Ungarn, Rumänien und Finnland aufzustellen. Die größten Schwierigkeiten bereitete der Vertrag mit Italien aufgrund eines lange währenden Streites der Alliierten über die Zukunft von Triest und aufgrund der heiklen Fragen, die Mussolinis Kolonialreich aufwarf. Schließlich verlor Italien seine Besitzungen in Afrika und mußte den größten Teil von Venetien einschließlich des Hafens Fiume an Jugoslawien abtreten. Triest wurde als Freie Stadt unter die Aufsicht und Schutzgarantie des Sicherheitsrates der Vereinten Nationen gestellt. Diese Regelung währte bis zum Jahre 1954, als ein Kompromiß erreicht werden konnte zwischen Italien, das die Hafenstadt zurückerhielt, und Jugoslawien, das das umliegende Gebiet erwarb.

Finnland, das sich den Zielen Deutschlands während des Krieges nützlich gemacht hatte, bezahlte nun dafür mit dem Verlust einer Provinz und des größten Teils der karelischen Halbinsel an die Sowjetunion. Ungarn wurde gezwungen, Territorium an die Tschechoslowakei und Rumänien abzutreten, das (wie im Jahre 1940) Gebiete an die Sowjetunion und Bulgarien übergeben mußte. Der letztgenannte Staat erlitt keine territorialen Verluste, mußte aber ebenso wie seine Nachbarn Reparationen an die Siegerstaaten leisten (Bulgarien mußte 70 Millionen Dollar zahlen, Finnland, Ungarn und Rumänien je 300 Millionen Dollar, Italien 360 Millionen Dollar) und die Verringerung und Kontrolle seiner Streitkräfte hinnehmen. All diesen Staaten einschließlich Italien wurde zur Auflage gemacht, ihren Völkern die Menschenrechte und grundlegende Freiheiten zu garantieren, Kriegsverbrecher gerichtlich zu verfolgen und faschistische Organisationen aufzulösen sowie faschistische Elemente aus dem öffentlichen Leben auszuschließen.

Ein weiterer charakteristischer Bestandteil dieser Verträge war, daß der Sowjetunion das Recht eingeräumt wurde, in Rumänien und Ungarn Truppen zu belassen. Dies geschah mit der Begründung, es sei notwendig, um die Verbindung mit Österreich aufrechtzuerhalten, wo Sowjettruppen weiterhin Besatzungsaufgaben wahrnahmen. Ebenso wie die Polen den Erwerb des Oder-Neiße-Gebietes, betrachteten auch die Sowjets die provisorische Gebietsübertragung als endgültig und zogen ihre Truppen nach Beendigung der Besetzung Österreichs nicht ab.

Die Regelung bezüglich des letzten ehemaligen Feindstaates, Japans, überließen die europäischen Alliierten größtenteils den Vereinigten Staaten. Nach einer Konferenz in Kairo im November 1943 hatten Präsident Roosevelt, Premierminister Churchill und Generalissimo Tschiang Kai-scheck angekündigt, bei Wiederherstellung des Friedens würde man Japan seine Erobe-

47. Konrad Adenauer (1876–1967), Deutscher Bundeskanzler und Theodor Heuss (1884–1963), Deutscher Bundespräsident

48. Charles de Gaulle (1890–1970), Französischer General und Staatspräsident

49. Dag Hammerskjöld (1905–1961), Generalsekretär der Uno und Moïse Tschombé (1919–1969), Präsident von Katanga

50. Sir Winston Churchill (1874–1965), Englischer Premierminister, an seinem 80. Geburtstag

rungen abnehmen. Zweifellos änderten sich die Erwartungen der chinesischen Regierung durch die nachfolgende Entscheidung der Großen Drei in Jalta, der Sowjetunion die Rechte wieder zuzuerkennen, die das Zarenreich vor 1905 innerhalb des chinesischen Kaiserreiches besessen hatte. Später wurde der Sowjetunion erlaubt, den nördlich des 38. Breitengrades gelegenen Teil Koreas zu besetzen. Mit der Zeit sollten diese Konzessionen in Frage gestellt werden; doch sie waren gemacht worden, um den Eintritt der Sowjetunion in den Krieg gegen Japan sicherzustellen, was zu einer Zeit, als die Wirkung der Atombombe noch nicht bekannt war, wesentlich erschien.

Während sich die Sowjetunion nach der Kapitulation der Japaner mit dem asiatischen Festland befaßte, besetzten die Vereinigten Staaten Japan und leiteten unter der Aufsicht von General Douglas McArthur, dem Obersten Befehlshaber der Alliierten, eine Politik der Entmilitarisierung und der Demokratisierung ein. Im allgemeinen entwickelte sich die Politik des Westens gegenüber Japan ganz ähnlich wie die im Hinblick auf Westdeutschland. Das heißt, mit dem Zusammenbruch der interalliierten Zusammenarbeit und der Eroberung Chinas durch den Kommunismus drängten die Vereinigten Staaten auf eine endgültige Regelung zwischen Japan und den Westmächten, die jenes Land in eine Bastion gegen den kommunistischen Einfluß verwandeln sollte.

Der Wiederaufbau des Westens

Das sozialistische Großbritannien. Während diese diplomatischen Übereinkünfte getroffen wurden, unternahmen die Länder Europas noch einmal den schmerzlichen Versuch, die Verwüstungen des Krieges zu beseitigen. Wiederum war die Notlage der Sieger nahezu ebenso verzweifelt wie die der Besiegten. Großbritannien beispielsweise hatte nicht nur weitaus größere physische Schäden erlitten als im Ersten Weltkrieg, sondern auch faktisch seine gesamten Guthaben im Ausland ausgegeben, und seine wirtschaftlichen Reserven waren erschöpft.

Das britische Volk ging daran, diese Bedingungen zu „bewältigen" – „to cope" war in den 40er Jahren ein Lieblingsausdruck der Briten. Ihr erster Schritt war, Churchill von seinem Posten des Premierministers abzusetzen, indem sie in den Wahlen von 1945 die Labour-Partei an die Macht brachten. Der Sieg der Labour-Partei, mit dem diese 390 von 640 Sitzen im Unterhaus errang, bedeutete das verspätete Urteil über die unwirksame Sozialpolitik der Konservativen Partei in den 30er Jahren und offenbarte eine Entschlossenheit, die Demokratie in der Wirtschaft in England funktionsfähig zu machen.

In ihrer sechsjährigen Amtszeit (im Februar 1950 wurde die Labour-Partei mit 315 gegenüber 297 Sitzen des konservativen Blocks und 9 der Liberalen wieder ins Amt gewählt. In den Wahlen von Oktober 1951 gelangten die Konservativen jedoch mit 321 gegenüber 291 Sitzen der Labour-Partei wieder an die Macht) setzte die Labour-Regierung ein ausführliches Programm der Sozialreform und der industriellen Reorganisation in Kraft. Die im Jahre 1946 verabschiedete „National Insurance Act" ging erheblich weiter als das Versicherungsgesetz vom Jahre 1911 (s. Bd. I, S. 246). Sie sah die Krankenversicherung, Alters- und Arbeitslosenversicherung vor und wurde durch die „Industrial Injuries Act" (gesetzliche Unfallversicherung) und die „National Assistance Act" (Gesetz über Familien- und Kinderbeihilfe) ergänzt. Ein noch revolutionäreres Gesetzgebungswerk stellte die „National Health Service Act" (Gesetz über den staatlichen Gesundheitsdienst) dar, die die kostenlose ärztliche Versorgung (einschließlich Krankenhausleistungen, Pflegekosten, Zahnersatz und anderer medizinischer Hilfsmittel) für alle britischen Bürger vorsah, die unter dieses Gesetz fielen.

Diese Leistungen bildeten einen gewissen Ausgleich zu den Einschränkungen im englischen Leben während der ersten Nachkriegsjahre, als Geldknappheit und Importüberschuß die Regierung zwangen, die im Krieg eingeführte Rationierung von Lebensmitteln, Treibstoff und Kleidung beizubehalten und den Währungsbetrag, den britische Reisende aus dem Land ausführen durften, zu begrenzen. Mit der Zeit wurde die Devisenknappheit durch Kredite aus den Vereinigten Staaten und das Europäische Wiederaufbauprogramm (OEEC) sowie im September 1949 durch eine erneute Pfundabwertung gemildert. Während Handel und Industrie einen relativen Aufschwung erlebten, blieb die Handelsbilanz negativ. Nachdem die Auslandsreserven durch zwei Weltkriege erschöpft waren, mußte das Land seine Importe mit Exporten bezahlen.

Diesem Problem versuchte die Labour-Regierung – einigermaßen erfolgreich – mit dem zweiten Teil ihres Programms zu begegnen. Er zielte darauf ab, mittels der in der Zwischenkriegszeit versäumten grundlegenden Reorganisation und Modernisierung der britischen Industrie die Produktion zu steigern. Er wurde mit der Verstaatlichung einer Reihe von Schlüsselindustrien unter Entschädigung der früheren Eigentümer eingeleitet: der Bank von England, des Telegraphenwesens und des Rundfunks sowie der zivilen Luftfahrt im Jahre 1946; der Kohlenbergwerke, Kanäle, Docks und Transportbetriebe im Jahre 1947; der Energiebetriebe im Jahre 1948 sowie der Eisen- und Stahlindustrie im Jahre 1951.

Nach der Rückkehr der Konservativen und damit Churchills an die Macht im Jahre 1951 wurde ein Teil dieses Programms wieder rückgängig gemacht. Die Stahlindustrie wurde reprivatisiert, und die Transportbetriebe gingen wieder in Privathände über; beides aber blieb unter staatlicher Aufsicht. So sehr die Konservativen auch auf Rednertribünen und im Parlament gegen die Labour-Partei wettern mochten, sie stießen auf Schwierigkeiten und hielten es auch nicht für zweckmäßig, zum alten Privatunternehmertum zurückzu-

kehren. Ob es ihnen gefiel oder nicht, England hatte eine Revolution durch-
gemacht – was die Mittel anging, eine vorsichtige Revolution, die aber dennoch den weitestgehenden sozialen Wohlfahrtsstaat der westlichen Welt
schuf. Und dieses war nicht das Verdienst einer einzelnen Partei. Zumindest
einen wichtigen Beitrag hatte die (von allen Parteien getragene) Nationalregierung vor ihrer Entlassung im Jahre 1945 geleistet. Es war die „Education
Act" von 1944, die die Schulpflicht verlängerte und die Gebührenfreiheit für
weiterführende Schulen einführte. Dieses grundlegende Gesetz wurde nach
1945 durch ein Aktivprogramm für die Errichtung von Schulen und ein
staatlich unterstütztes Programm der Erwachsenenbildung ergänzt sowie
dadurch, daß man Stipendienprogrammen in der höheren Bildung größere
Aufmerksamkeit schenkte.

Mit ihrer Bereitschaft, eine veränderte Form des Sozialprogramms der
Labour-Partei zu akzeptieren, gewannen die Konservativen die Mittelstands-
wähler zurück, die der Partei im Jahre 1945 den Rücken gekehrt hatten. In
den Wahlen von 1955 und 1959 errangen die Konservativen eine regierungs-
fähige Mehrheit im Unterhaus, wobei ihr Erfolg vom Jahre 1959 angesichts
ihres ungeschickten Verhaltens während der Suezkrise (s. S. 263 f.) um so beeindruckender war.

Frankreich: Die Vierte und die Fünfte Republik. Die erste französische Nachkriegsregierung wurde von der Bewegung Freies Frankreich gebildet, die
seit 1940 sowohl innerhalb als auch außerhalb Frankreichs den Widerstand
gegen die Achse angeregt hatte. Mit der Landung der Alliierten in Frankreich
im Juni 1944 brach das Vichy-Regime rasch in sich zusammen.

Im September 1944 ernannte General Charles de Gaulle eine provisorische
Regierung der Republik, die Frankreich in Zusammenarbeit mit der im November 1943 in Algier gebildeten und zur Zeit der alliierten Invasion nach
Frankreich herübergekommenen Provisorischen Beratenden Versammlung
regierte. Diese provisorischen Organe lenkten die französische Politik, während das Land die Unruhe und die Erschütterungen der Befreiungsperiode
durchmachte. Und sie leiteten das Programm zur Verstaatlichung der Berg-
werke, der Grundindustrien und des Kreditwesens ein, das bei der Wiederbelebung der Wirtschaft des Landes eine bedeutende Rolle spielen sollte.

Ende 1945, als endlich geordnetere Verhältnisse herrschten, wurden Wah-
len für eine Nationalversammlung abgehalten, die eine Verfassung für den
Staat entwerfen sollte. Aus den Debatten dieses Organs ging bald deutlich
hervor, daß die meisten Abgeordneten das Verfassungssystem der Dritten
Republik wiederaufleben lassen wollten, dessen Mittelpunkt die Legislative
gebildet und das die Exekutive schwach gehalten hatte. De Gaulle, den die
Versammlung zum provisorischen Präsidenten gewählt hatte, stellte sich der
Wiedereinführung dieses Systems energisch entgegen und trat zurück, um
sie zu verhindern. Er vermochte aber lediglich geringfügige Änderungen an

dem im Oktober 1946 durch Volksentscheid angenommenen Verfassungs-
entwurf durchzusetzen. Es ist jedoch erwähnenswert, daß 9,25 Millionen
Menschen der Urkunde zustimmten, 8 Millionen sie aber ablehnten und 8,5
Millionen sich der Stimme enthielten – Zahlen, die wenig Anlaß gaben, auf
die Langlebigkeit des neuen Regimes zu hoffen.

Die so ins Leben gerufene Vierte Republik währte dennoch zwölf Jahre
und leistete viel für das Land, besonders auf wirtschaftlichem Gebiet. Ihr
Erfolg wird sehr deutlich, wenn man überlegt, daß im Jahre 1947 eine Streik-
welle die französische Wirtschaft erschütterte und sich das soziale Elend
derartig stark ausprägte, daß düstere Zeitungsauguren des Westens eine
kommunistische Machtergreifung für das Ende des Jahres voraussagten. Die
Gründe für den Aufschwung waren vielfältig. Hierbei spielte die Hilfe aus
dem Marshall-Plan der Vereinigten Staaten (s. S. 253) eine Rolle, vor allem
bei der Überwindung der Krise von 1947–48, ebenso wie die Erlasse zur
Verstaatlichung aus dem Jahre 1946. Vieles erreichte man mit der systematischen Modernisierung der Energiequellen, der Industrieanlagen und der
landwirtschaftlichen Geräte. Zugleich wurde der Fortschritt durch staatliche
Planung vorangetrieben, die dem Kohlenbergbau, der Elektrizitätsgewin-
nung, der Stahlindustrie, der Zementherstellung, dem landwirtschaftlichen
Maschinenbau und der Transportmittelfabrikation Produktionsziele setzte.
Schließlich war das französische Volk bei der Aufgabe des Wiederaufbaus
von Zuversicht und Energie beseelt. Dank des Zusammenwirkens all dieser
Kräfte stieg das Bruttosozialprodukt zwischen 1949 und 1957 um 49 Prozent,
die Bevölkerung im Alter von vier bis vierzehn Jahren wuchs um 37 Prozent,
die landwirtschaftliche Produktion um 24 Prozent, die Produktion der chemischen Industrie um 132 Prozent, die Anzahl der Fahrzeuge um 100 Prozent, das Investitionsvolumen um 142 Prozent usw.

Leider war in der Funktionsweise der politischen Institutionen Frankreichs
von diesem bewunderungswürdigen Geist und Elan nichts zu entdecken. Bei
republikfeindlichen Parteien auf der Rechten und der Linken (de Gaulle's
„Rassemblement du Peuple" (RPF) und den Kommunisten) beruhte die Regierung auf unsicheren Bündnissen von Sozialisten, Radikalen, Mitgliedern
der katholischen Volksbewegung (MRP) und verschiedenen konservativen
Gruppen. Diese Koalitionen waren so zerbrechlich, daß es in den zwölf
Jahren der Vierten Republik 25 verschiedene Regierungen gab. Daß ein Regieren überhaupt möglich war, lag an dem stabilisierenden Einfluß einer
Bürokratie von Fachleuten. Eine zunehmende Tendenz im Europa nach dem
Zweiten Weltkrieg trat in Frankreich am deutlichsten zutage: die Erweite-
rung der Verwaltung auf Kosten parlamentarischer Institutionen.

Die Inanspruchnahme durch politische Machenschaften ging einher mit
einer Haltung, die man durchaus im wesentlichen als eine Nichtbereitschaft
bezeichnen kann, Verantwortung zu übernehmen oder überhaupt einzusehen, daß es so etwas gab wie Verantwortung, die es zu übernehmen galt.

Rügen wegen der erfolglosen Kolonialpolitik Frankreichs nach dem Krieg wurden so schwach erteilt, daß niemand überhaupt für schuldig befunden wurde. Wenn gelegentlich ein energischer Minister auftrat, der bereit war, eine Teilverantwortung für eine Katastrophe zu übernehmen – wie René Pleven im Falle der Niederlage von Dien Bien Phu im Jahre 1954 –, oder sich darum bemühte, eine untragbare Situation zu beheben, und den Verantwortlichen für das Entstehen einer solchen Situation suchte – wie Pierre Mendès-France im Hinblick auf den Indochinakrieg –, so betrachtete der durchschnittliche Parlamentarier dieses als einen Verstoß gegen die Regeln. Diese Vorgehensweise brachte die Demokratie zum Scheitern und höhlte das Vertrauen der Öffentlichkeit in das Regierungssystem allmählich aus. Überdies bewirkte sie in der Außenpolitik eine Verhaltensweise, die Frankreichs Verbündete zur Verzweiflung trieb (wie z. B. im August 1954, als die Nationalversammlung, großenteils weil sie wieder einmal eine Regierung stürzen wollte, Jahre der interalliierten Planung zunichte machte, indem sie gegen die Europäische Verteidigungsgemeinschaft stimmte (s. S. 256)); und sie führte zu einer verhängnisvollen Mißwirtschaft in Afrika und im Fernen Osten.

Schließlich erregte die verfehlte Politik in Übersee den Widerstand der französischen Armee, die sich seit der Dreyfus-Affäre in der Politik zurückgehalten hatte. Seit 1945 hatte die Armee tapfer und unter großen Verlusten gekämpft – in Indochina, in Tunis und in Marokko –, um dann schließlich durch politische Entscheidungen, die Paris traf, gezwungen zu werden, sich von dem umkämpften Boden zurückzuziehen. Offiziere der Armee fürchteten eine weitere unrühmliche Kapitulation in Algerien, wo seit 1954 der Bürgerkrieg wütete (s. S. 273). Um dies zu verhindern, rissen sie im Mai 1958 die Macht in Algerien an sich und forderten die Ernennung General de Gaulles zum Oberhaupt der Regierung.

Die Regierung wich vor der sich rasch ausweitenden Rebellion zurück und nahm Verhandlungen mit de Gaulle auf, der sich bereit erwies, politische Verantwortung zu übernehmen. Die Nationalversammlung bevollmächtigte ihn, dem Volk eine neue Verfassung zur Abstimmung zu unterbreiten. Sein Entwurf sah eine vom Volk gewählte Versammlung und einen durch indirekte Wahlen gewählten Senat vor, ließ deren Vollmachten aber im unklaren. Ein alle Völker der Französischen Gemeinschaft repräsentierendes Wahlgremium sollte für eine Amtszeit von sieben Jahren einen Präsidenten wählen, der mit umfassenden Machtbefugnissen ausgestattet würde. Die Minister des Staates blieben theoretisch weiterhin der Nationalversammlung verantwortlich, praktisch aber wurden sie Dolmetscher und Vollzugsbeamte der Wünsche des Präsidenten. Dennoch gab es abgesehen von den Kommunisten und einer kleinen Gruppe um Mendès-France keine echte Opposition gegen diesen Rechtsruck, in erster Linie deshalb, weil jeder die Vierte Republik von Herzen leid war. Im September stimmte im französischen Mutterland eine Mehrheit von vier zu eins im Volksentscheid für die Verfassung, und anschließend billigten alle Mitglieder der Französischen Gemeinschaft sie, mit Ausnahme von Guinea, das seine Beziehungen zu Frankreich abbrach. (Die Französische Gemeinschaft war als eine Gruppe von 13 Staaten definiert, die sich in der Reihenfolge der Bevölkerungszahlen folgendermaßen zusammensetzte: die Republik Frankreich (das französische Mutterland, die Departements Algerien und Sahara, die Überseedepartements und die Überseegebiete), die Republik Madagaskar, die Republik Sudan, die Republik Obervolta, die Republik Elfenbeinküste, die Tschad-Republik, die Republik Niger, die Republik Senegal, die Republik Dahome, die Zentralafrikanische Republik, die Republik Kongo, die islamische Republik Mauretanien und die Republik Gabun).

In den Wahlen vom November 1958 errangen die Anhänger de Gaulles einen überwältigenden Sieg, während sich die Vertretung der Kommunisten, die seit 1945 etwa ein Drittel der Sitze in der Nationalversammlung innegehabt hatten, von 144 auf 10 Sitze verringerte. Am 21. Dezember 1958 wurde de Gaulle mit mehr als 62 000 Stimmen des Wahlgremiums zum Präsidenten gewählt. Er begab sich unmittelbar an die Aufgabe, für die verworrene Lage in Algerien eine Lösung zu finden. Es erwies sich als ein langes, mühseliges Geschäft. Erst im Jahre 1962 wurde die Geduld des Präsidenten durch Waffenruhe und die Annahme einer Regelung, mit der Algerien die Unabhängigkeit erhielt, belohnt (s. S. 273). In den Jahren, bevor eine Lösung gefunden wurde, übertrug sich die für den Algerienkonflikt charakteristische Gewalt auf Frankreich. Gewaltverbrechen sowie politischer Terrorismus nahmen zu; im Jahre 1962 wurden drei Attentate auf den Präsidenten verübt.

Im darauffolgenden Zeitraum brachten die gemäßigten und die linken Parteien ihre Besorgnis über den immer stärker werdenden Hang des Präsidenten, die Vollmachten seines Amtes auf Kosten des Parlaments auszudehnen, zum Ausdruck. Die große Mehrheit der Franzosen schien darüber weniger beunruhigt zu sein. Dem Land ging es wirtschaftlich gut. Zwischen 1946 und 1960 wuchs die Bevölkerung um 5,6 Millionen, Lebensstandard und Gesundheitsniveau lagen hoch, in Produktion und Handel herrschte Hochkonjunktur, und die Zahlungsbilanz war ausgeglichen. Unter diesen Umständen erregte sich der durchschnittliche Franzose über die Politik nur dann, wenn seine direkten Interessen in Mitleidenschaft gezogen waren, und er neigte dazu, die großen Probleme dem Präsidenten zu überlassen. Eine Zeitlang konnte de Gaulle daher nach seinem Belieben schalten und walten.

Die befreiten Staaten. Ebenso wie Frankreich hatten die Niederlande, Luxemburg, Norwegen und Dänemark unter deutscher Besatzung und aufgezwungenen Marionettenregimen gelitten. In allen Fällen brachte die Wiederherstellung von Freiheit und Selbstbestimmung politische und wirtschaftliche Probleme mit sich. Es zeigte sich, daß Belgien unter diesen Staaten wirtschaftlich am besten dastand, sich aber politisch in der schwierigsten Lage befand. Sein wirtschaftlicher Aufschwung setzte im September 1944, nahezu unmittelbar nach der Ankunft der alliierten Truppen ein, da Antwerpen das wichtigste Versorgungszentrum für den letzten Vorstoß gegen Deutschland wurde. Einen zeitweiligen Rückschlag erlitt die aufwärtsstrebende Wirtschaft durch die Schlacht in den Ardennen (s. S. 195); doch bald war Belgien das blühendste Land in Westeuropa. Die Modernisierung seiner Industrieanlagen und Zollabkommen mit der Regierung der Niederlande und der des Großherzogtums Luxemburg förderten seinen Fortschritt. Die Zollabkommen bildeten die Grundlage für die sogenannte Benelux-Zollunion, die später, im Februar 1958, zur Benelux-Wirtschaftsunion erweitert wurde. Mit diesem Zusammenschluß hoben die drei Teilnehmerstaaten die Zollschranken untereinander auf und sahen eine gemeinsame Handelspolitik gegenüber der Außenwelt sowie einen einzigen Arbeitsmarkt unter Freizügigkeit der Arbeitnehmer innerhalb der drei Nationen vor.

Die ernstesten Streitpunkte im Nachkriegs-Belgien betrafen die Frage des Status von König Leopold III., die Kolonialfrage und das schon immer schwierige Sprachenproblem. Seine Kapitulation den Deutschen gegenüber im Jahre 1940, seine angebliche Vorliebe für die autoritäre Regierungsform und seine Heirat mit einer Bürgerlichen nach dem Tode Königin Astrids hatten Leopold das Vertrauen vieler seiner Untertanen gekostet. Die Tatsache, daß seine Gattin Flämin war, gewährleistete ihm die Stimmen der Protestanten, bewirkte aber die Abkehr derjenigen, die über die Vorteile verärgert waren, die die flämische Bewegung während der deutschen Besatzung errungen hatte. Im Jahre 1950 ging aus einer Volksabstimmung hervor, daß 57 Prozent der Wähler bereit waren, Leopold weiterhin als Herrscher zu akzeptieren; doch bewogen ihn nachfolgende Unruhen, angestiftet von der sozialistischen Opposition, zugunsten seines Sohnes Baudouin abzudanken. Baudouin wurde im Jahre 1951 König.

Danach verlief die belgische Politik verhältnismäßig ruhig, bis im Jahre 1960 die Entscheidung fiel, dem Kongo die Unabhängigkeit zu gewähren (s. S. 276). Die Unzufriedenheit über diese Lösung legte sich schnell, als man erkannte, daß der Verlust dieser Kolonie nicht die befürchteten wirtschaftlichen Nachteile mit sich brachte; und dann wurde die Kolonialfrage ohnehin von dem viel heikleren Sprachenproblem verdrängt.

Die Konzessionen, die den flämischen Nationalisten in der Zwischenkriegszeit gemacht worden waren (s. S. 144), hatten deren Anführer nie zufriedengestellt. Nun äußerten sich ihre Bestrebungen in Forderungen nach einer regelrechten Teilung des Landes in zwei locker miteinander verbundene, gemäß Sprachgebieten getrennte, autonome Staaten mit der gemeinsamen Hauptstadt Brüssel. Damit regten sie ähnliche Forderungen auf seiten extremistischer Wallonen an. Die sozialistische und die liberale Partei, die das Gleichgewicht der politischen Macht wahrten, widersetzten sich der Teilung, hielten es aber für zweckmäßig, vermittelnd einzugreifen. Im Jahre

1964 verabschiedeten sie ein Gesetz, das im Norden des Landes Flämisch und im Süden Französisch zur Amtssprache erklärte, in Brüssel aber beide zu offiziellen Sprachen erhob. Die Hoffnung jedoch, daß diese Regelung der anhaltenden Agitation ein Ende bereiten würde, erfüllte sich in den folgenden Jahren nicht. Das Sprachenproblem löste 1965 und 1966 Regierungskrisen aus, und trotz erneuter Reformen zur regionalen Dezentralisation trug es Ende 1972 zu ernsten parlamentarischen Auseinandersetzungen bei.

In Luxemburg und den Niederlanden wurde die Regierung reibungslos wieder eingesetzt. Für die Niederlande stellte der Verlust des Kolonialreiches in Indonesien (s. S. 269), der vorübergehend wirtschaftliche Erschütterungen mit sich brachte, das politische Problem dar, das die schärfste Auseinandersetzung heraufbeschwor. Letztlich aber schien diese Einbuße der Wirtschaft eher zum Vorteil als zum Nachteil zu gereichen. Zwischen 1958 und 1963 wuchs das Bruttosozialprodukt um 34 Prozent und der Export um 50 Prozent – Zahlen, die nur noch von Italien und Deutschland übertroffen wurden.

Sowohl Dänemark als auch Norwegen erholten sich rasch von den wirtschaftlichen Auswirkungen der deutschen Besatzung. Ebenso wie im Falle der Benelux-Länder herrschte auch hier eine Tendenz zur regionalen wirtschaftlichen Zusammenarbeit vor, wenngleich sich deren Auswirkungen nur langsam bemerkbar machten. Im Jahre 1957 unterbreitete ein Komitee zur wirtschaftlichen Zusammenarbeit, das die Regierungen Norwegens, Dänemarks, Schwedens und Islands – letzteres erlangte 1944 die Unabhängigkeit von Dänemark – zehn Jahre vorher gegründet hatten und dem Finnland 1956 beigetreten war, den Regierungen seiner Mitgliedstaaten den Entwurf zu einem Abkommen über eine Nordische Zollunion, der gleiche Zölle gegenüber Drittländern sowie einen gemeinsamen Absatz-, Arbeits- und Kreditmarkt für ihre Mitglieder vorsah.

Sowohl in Dänemark als auch in Norwegen war die Politik der ersten Nachkriegsjahre von der Verfolgung derjenigen, die mit den Deutschen kollaboriert hatten, beherrscht. Trotz kommunistischer Versuche, das Prinzip der Monarchie zu unterminieren, bestand keinerlei Neigung, die monarchischen Institutionen der Vergangenheit zu verändern. Sozialisten und Agrarier bildeten die stärksten politischen Parteien Dänemarks, und während der 50er und 60er Jahre regierten erstere im allgemeinen in einer Koalition mit der radikalen Partei. Das politische Hauptproblem stellten in diesem landwirtschaftlich orientierten Staat die Agrarpreise dar. In Norwegen behielt die Arbeiterpartei, die in den 30er Jahren erstmalig an die Macht gekommen war, die Kontrolle über das Parlament und führte neue Experimente bezüglich der Demokratie in der Wirtschaft durch, vor allem im Bereich der Sozialversicherung. In den Wahlen vom September 1965 verlor die Arbeiterpartei allerdings nahezu sechs Prozent ihrer Wählerstimmen und mußte die Macht an eine Koalition von Mittelstandsparteien abtreten. Diese

Entwicklung verlangsamte das Tempo der Sozialreform jedoch keineswegs.

Die westlichen Neutralen. Fünf Staaten Westeuropas waren während des Zweiten Weltkrieges neutral geblieben: Schweden, die Schweiz, Irland (obgleich Tausende von Iren in britischen Armeen kämpften), Portugal und Spanien.

Die ersten beiden dieser neutralen Staaten profitierten aufgrund deutscher Aufträge und alliierter Vorkaufsprogramme, durch die dem Feind strategisches Material entzogen werden sollte, erheblich vom Krieg. Die Beendigung der Feindseligkeiten gab Anlaß zur Befürchtung ernster wirtschaftlicher Erschütterungen. In der Realität trafen sie aber nicht ein. Die gesamte Nachkriegszeit hindurch herrschte in der Schweiz Vollbeschäftigung, und darüber hinaus bot sie Ausländern Arbeitsplätze. Die meiste Zeit über verzeichnete sie außerdem Exportüberschüsse. Im Falle Schwedens wurde die Einbuße des bedeutenden Absatzmarktes Deutschland in den ersten Jahren nach 1945 durch ein einträgliches Wirtschaftsabkommen mit der Sowjetunion ausgeglichen; und Mitte der 50er Jahre befand sich das Land wieder in einer gesunden Handelsposition.

In der Schweiz stellte die Lockerung der Kriegskontrollen, die die bereits starke Tendenz zur Zentralisierung der Macht noch verstärkt hatten, die wichtigste politische Entwicklung dar. In Schweden konzentrierte sich die Politik ebenso wie in anderen skandinavischen Ländern auf Betreiben der sozialistischen Partei, die sich von 1945 bis 1976 ununterbrochen an der Macht befand, auf die Ausweitung der Sozialversicherungsgesetze. In den 60er Jahren wurde deutlich, daß selbst ein so reiches und dem Prinzip des Wohlfahrtsstaates so sehr verpflichtetes Land wie Schweden nicht immun war gegen die Probleme, die seine größeren Nachbarn bedrängten (s. S. 229 ff.). Als Olaf Palme Ende 1969 ins Amt kam, kündigte er an, seine Regierung werde sich bemühen, den technologischen Fortschritt unter Kontrolle zu bekommen, um untragbare soziale Auswirkungen zu vermeiden, und sie werde auf ein höheres Maß an sozialer Gleichheit und demokratischer Regierungsbeteiligung hinarbeiten. Schweden blieb ein monarchisches Land.

Südirland löste seine letzten Bindungen an Großbritannien und nahm den Titel Republik Irland an. 1955 wurde das Land Mitglied der Vereinten Nationen, und im Jahre 1960 hatte ein Ire, Frederick H. Boland, das Amt des Präsidenten der Generalversammlung inne.

Die volkstümliche Kriegsliteratur und Filme vermitteln den Eindruck, die Einwohner Lissabons hätten während des Krieges allein von den Einkünften aus den Trinkgeldern der in jener Hauptstadt aktiven Agenten und Gegenagenten der Achsenmächte und der Alliierten gut leben können. Dies ist zweifellos übertrieben, doch trifft es zu, daß Portugal wirtschaftlich von seiner neutralen Haltung profitierte. Bei Kriegsende erlitt das Land jedoch eine merkliche wirtschaftliche Flaute, und die in den folgenden Jahren mühsam aufrechterhaltene Produktionsrate in Landwirtschaft und Industrie konnte mit der Quote des Bevölkerungswachstums – einer der höchsten in Europa – nicht Schritt halten. Zweifellos sind die ungewöhnliche politische Opposition bei den Präsidentschaftswahlen nach dem Tode Marschall Carmonas (s. S. 146) im Jahre 1951 sowie die sporadischen Demonstrationen von Studenten und Arbeitern in den folgenden fünfzehn Jahren auf die Verschlechterung der wirtschaftlichen Bedingungen zurückzuführen. Keines dieser Vorkommnisse war stark genug, um das Regime zu erschüttern, obschon die Diktatur Salazar sich aufgerufen fühlte, die politischen Rechte des einzelnen noch stärker einzuschränken. Portugal wurde im Jahre 1955 Mitglied der Vereinten Nationen, blieb aber in allen wesentlichen Dingen bis zu den 70er Jahren, als wachsende wirtschaftliche Probleme und Aufstände in den afrikanischen Kolonien Portugals weitverbreitete Volksunruhen verursachten, ein autoritärer Staat. Ein Handstreich des Militärs im Jahre 1974 leitete eine Periode des politischen Umsturzes ein, in der gemäßigte demokratische Kräfte allmählich die Oberhand gewannen.

Auch Spanien hatte während des Krieges offiziell die Neutralität gewahrt, wenngleich General Franco spanischen „Freiwilligen" erlaubt hatte, auf seiten der Achse an der russischen Front zu kämpfen. Dieses Zugeständnis und die Erinnerung an den Bürgerkrieg genügten, um alle Hoffnungen auf eine Versöhnung mit den Siegerstaaten in den unmittelbaren Nachkriegsjahren zu zerstören. 1945 schlossen die in San Francisco versammelten Nationen Spanien von der UNO aus. Später, als der Kalte Krieg die stärksten NATO-Länder zu der Überzeugung führte, es sei notwendig, in Spanien Stützpunkte zu haben, brachte dieses Votum sie einigermaßen in Verlegenheit, und im Jahre 1955 wurde das Land schließlich zur UNO zugelassen.

Das Geld, das die Touristen in Spanien ausgaben, und die amerikanische Militärhilfe nach 1953 steuerten zur Linderung der Probleme bei, die aus einer unglücklichen Kombination von stagnierender Wirtschaft und steigender Geburtenrate erwuchsen, konnten sie aber nicht lösen. Auch die diktatorische Disziplin vermochte sie nicht zu bewältigen. Im Laufe der Jahre nahm die Opposition gegen das Regime zu. Besonders in den baskischen Provinzen erlangte eine liberale Bewegung innerhalb des Klerus Gewicht und begann, auf Sozialreformen zu drängen. Gegen Ende der 50er Jahre wurden Arbeiter in den Bergbaugebieten zunehmend aufrührerisch, und in anderen Gewerbezweigen gründete man aus Opposition gegen die staatlichen „Syndikate" illegale Arbeiterkomitees. Mitte der 60er Jahre schlossen sie sich in einem lockeren Bund zusammen. Auch unter den Studenten wuchs der Widerstand. In der Tat erhoben sich die Studenten der Universität Madrid im Jahre 1955 in einer ersten deutlichen Geste des Widerstands gegen das Regime. Sie nahmen den Tod Ortega y Gassets, des hochangesehenen Philosophen und bekannten Gegners der Franko-Diktatur, zum Anlaß, um eine

Protestdemonstration gegen die Beschränkungen der Gesinnungsfreiheit und der bürgerlichen Freiheiten aufzuziehen.

Im Laufe der Jahre erwies sich die etablierte Ordnung in Spanien – die Kirche, die Armee und die Geschäftswelt – nicht ganz und gar unempfänglich für die Modernisierung. Ideologischer Eifer geriet aus der Mode. Die „Falange" (s. S. 147) büßte zunehmend an Macht ein und entwickelte sich zu einem reinen Verwaltungsorgan der Bürokratie. Hingegen gewann der kirchliche Laienorden „Opus Dei" Einfluß im Erziehungssystem und im Geschäftsleben. Im letzteren Bereich zeigte er Interesse an fortschrittlichen Ideen und an der Überwindung der wirtschaftlichen Engstirnigkeit.

Ein Gesetz von 1947 machte Franco zum Staatschef auf Lebenszeit und bevollmächtigte ihn, wann immer er es für richtig hielt, der Cortes seinen Nachfolger vorzuschlagen. Am 22. Juli 1969 tat er dies, indem er den Enkel König Alfonsos XIII., Prinz Juan Carlos von Bourbon, zu dem Mann erklärte, der am besten geeignet sei, das Werk der nationalen Bewegung von 1936 fortzusetzen. Als dieser Prinz nach Francos Tod im November 1975 den Königstitel annahm, förderte er ein Liberalisierungsprogramm, das die Freiheit für politische Vereinigungen wiederherstellte und die parlamentarische Regierung wiedereinsetzte. Diese Veränderungen waren begleitet von weitverbreitetem politischem Aufruhr, schienen ihn jedoch nicht zu beenden.

Italien und Österreich. In den meisten Ländern Westeuropas wuchs der Kommunismus infolge des Krieges, in keinem aber hatte er so große Chancen, an die Macht zu gelangen, wie im Nachkriegs-Italien. Hier war die Wirtschaft durch die fürchterlichen Schläge, die das Land in den letzten Etappen des Krieges erlitten hatte, völlig zugrunde gerichtet, und der Zusammenbruch des Faschismus hinterließ ein Vakuum, das die Kommunisten, wie es schien, ausfüllen konnten. Die Kommunistische Partei Italiens war gut organisiert, und in der ersten Regierung des befreiten Landes besetzten Kommunisten die beiden wichtigen Ministerien der Justiz und der Finanzen. Die Partei fand Rückhalt bei Tausenden von idealistischen Mittelstands-Intellektuellen, die von einem neuen „Risorgimento" träumten, das durch die einzige wirklich revolutionäre Partei geführt würde.

Diese Stimmung hielt nicht an. Im Juni 1946, als durch Volksabstimmung entschieden wurde, daß das Land die republikanische Staatsform anstelle der monarchischen annehmen sollte, brachten die Wahlen für die Konstituierende Versammlung den Kommunisten nur 19 Prozent der Wählerstimmen, den vereinten sozialistischen Gruppen 21 Prozent und der christlich-demokratischen Bewegung 35 Prozent. Letztere wurde von Italiens fähigstem Staatsmann der Nachkriegszeit, Alcide de Gasperi, geführt. Die daraufhin erfolgende Auflösung der sozialistischen Einheit gab den Kommunisten Gelegenheit, ihre große Kampagne zu starten, um an die Macht zu gelangen.

Im Winter 1947–48 stifteten sie landesweite Streiks und Demonstrationen an und gründeten Massenvereinigungen in Fabriken und unter den Bauern. Dennoch gewannen die Christdemokraten in den Wahlen vom April 1948 mit Hilfe der katholischen Kirche und unter Ausnutzung der Zusage amerikanischer Wirtschaftshilfe 48 Prozent der Stimmen im Vergleich zu 32 Prozent der Kommunisten und der Sozialisten des linken Flügels. Dies machte deutlich, daß die Kommunisten in absehbarer Zukunft nicht an die Macht kommen würden. De Gasperi wurde Ministerpräsident und blieb es bis 1953. Luigi Einaudi, ein ausgezeichneter Ökonom, wurde zum Präsidenten gewählt und füllte dieses Amt aus, bis der Christdemokrat Giovanni Gronchi ihn im Jahre 1955 ablöste.

Der Kommunismus stützte sich weiterhin auf eine Mehrheit der italienischen Arbeiterschicht. Außerdem kam ihm der Hang der jüngeren Parteiführer der Christlich-demokratischen Partei nach de Gasperis Tod im Jahre 1954 zugute, unter Preisgabe ihrer Prinzipien zur Macht zu streben. Sie umgingen in zunehmendem Maße Sozialreformen, um die Unterstützung der extremen Rechten zu erlangen. Dieser Trend führte im Jahre 1960 zu einer großen Regierungskrise und zu ausgreifenden Unruhen. Die Krise wurde erst überwunden, als die Christdemokraten des linken Flügels und andere gemäßigte Parteien sich um den höchst talentierten Nachfolger de Gasperis, Amintore Fanfani, sammelten. Die „connubio" der Mitte und der gemäßigten Linken, die er zusammenfügte, sah sich auf wirtschaftlichem Gebiet vor erhebliche Probleme gestellt, erschwert durch Übervölkerung, ein niedriges Bildungsniveau und eine erschreckende Anzahl organisierter Verbrechen vor allem auf Sizilien, wo die Mafia noch immer einen übermächtigen Einfluß ausübte. Gleichwohl kam diese Regierung bei der Bewältigung jener Probleme gut voran – in den ersten Nachkriegsjahren dank der Hilfe aus dem Marshall-Plan, nach 1957 aufgrund der Mitgliedschaft im Gemeinsamen Markt (s. S. 253).

In Österreich waren die wirtschaftlichen Probleme ebensogroß, der Kommunismus aber verzeichnete nur wenig Erfolg – großenteils deshalb, weil die Sozialistische Partei Österreichs, anders als ihr italienisches Pendant, Mut und Disziplin bekundete, was ihr die Loyalität der österreichischen Arbeiterschicht eintrug. In der im April 1945 durch sowjetische Behörden eingesetzten provisorischen Regierung spielten die Kommunisten eine bedeutende Rolle. Doch die Hoffnung, daß dies den Weg für eine Vorherrschaft des Kommunismus ebnen könne, zerschlug sich. In den Parlamentswahlen vom November 1945 gewannen die Kommunisten nur 4 von 163 Sitzen. Die österreichische Politik wurde – genau wie vor dem Krieg (s. S. 125) – von da an von den Sozialisten und von Dollfuß' ehemaliger Christlich-Sozialer Partei, der jetzt von autoritären Vorstellungen gesäuberten und wieder verchristlichten Volkspartei, gelenkt. Der Unterschied lag darin, daß diese beiden sich vormals feindlich gegenüberstehenden Parteien, deren führende

Persönlichkeiten sich in Hitlers Konzentrationslagern gegenseitig verstehen gelernt hatten, nicht mehr um die Macht konkurrierten. Im Jahre 1945 bildeten sie eine große Koalition und regierten Österreich die nächsten zwanzig Jahre hindurch gemeinsam, indem sie Regierungs- und Verwaltungsämter sowie sonstige Positionen im Staatsdienst teilten. (Dieses System, von den Österreichern „Proporz" genannt, wurde in den Jahren von 1965–1970, als eine Regierung der Volkspartei die Große Koalition ersetzte, nicht wesentlich geändert, und es deutete alles darauf hin, daß es nach dem Wahlsieg der Sozialisten im März 1970, der Bruno Kreisky zum ersten sozialistischen Kanzler des Landes machte, beibehalten würde). Die Aufgabe, das Land zu verwalten, war nicht leicht. Denn in Österreich wurde die staatliche Kontrolle in der Nachkriegszeit stärker betrieben als in jedem anderen Land des Westens. 1945 verstaatlichte die Zweiparteienregierung die Banken sowie die gesamte Schwerindustrie und in den folgenden Jahren die Eisenbahn, die zivile Luftfahrt, das Versorgungssystem, Rundfunk und Fernsehen und übernahm außerdem das Monopol für Salz, Tabak, Alkohol und Streichhölzer.

Obgleich Österreich einer Viermächtebesatzung unterstand, wurde die österreichische Regierung von den Mächten anerkannt und durfte außenpolitisch tätig werden. Dazu schritt sie mit Energie und Geschicklichkeit unter der Leitung des sozialistischen Veteranen Karl Renner, ihres ersten Präsidenten, sowie Leopold Figls und Julius Raabs, der beiden Bundeskanzler von 1945 bis 1953 bzw. 1953 bis 1961. Daß es ihnen gelang, die Sympathien aller Besatzungsmächte zu erwerben, steuerte wahrscheinlich zum Durchbruch der diplomatischen Sackgasse bei, die den österreichischen Staatsvertrag blockiert hatte. Dieser im Mai 1955 geschlossene Vertrag machte Österreich zum souveränen Staat mit den Grenzen von 1937. Er verpflichtete das Land zur Neutralität und untersagte seine politische oder wirtschaftliche Vereinigung mit Deutschland.

Wenngleich die Art der Koalition und die zu ihrer Fortführung erforderliche Akrobatik gewagte soziale und wirtschaftliche Experimente verbot und einige Probleme (beispielsweise die Wohnungssituation) faktisch unangetastet ließ, bot die österreichische Wirtschaft, verglichen mit den Vorkriegsjahren, ein erfreuliches Bild. Nach 1955 begann Wien erneut, seine gewohnte Faszination auf Touristen auszuüben, die vor allem vom Glanz seiner Museen und Galerien angezogen wurden, von seinen hervorragenden Theatern und der Renaissance seiner musikalischen Berühmtheit. Zugleich stieg die Industrieproduktion zwischen 1953 und 1960 um nahezu siebzig Prozent.

Das geteilte Deutschland. Der Lauf der politischen Ereignisse in Deutschland bis 1949 wurde im Zusammenhang mit den Friedensverträgen nach dem Krieg (s. S. 206 f.) skizziert. In wirtschaftlicher Hinsicht waren es Jahre der stetigen Zerstörung und des zunehmenden Elends. Deutschland hatte an die

Polen ein Gebiet verloren, das 25 Prozent seiner Lebensmittel sowie einen Großteil des Kohlenbedarfs seiner Industrie geliefert hatte. Aus jenem Territorium waren über 12 Millionen Deutsche vertrieben worden, die nun in Westdeutschland leben und sich dort eine Arbeitsstelle suchen mußten, wo die Lebensmittelvorräte begrenzt waren.

Die Vereinigung der Westzonen durch die Alliierten und die Währungsreform von 1948 schufen jedoch die Grundlage für eine Wiederbelebung. Gefördert wurde sie durch die Hilfe aus dem Marshall-Plan und später durch die sorgfältige Planung der deutschen Verwaltung, durch die strenge Steuer- und Subventionspolitik der deutschen Regierung nach ihrer Einsetzung, die Sparsamkeit und den Fleiß des durchschnittlichen Deutschen sowie durch die Tatsache, daß Westdeutschland keine Militärausgaben hatte und bis 1955 keine haben durfte.

Der Fortschritt, einmal in Gang gesetzt, war bemerkenswert. Schon im Jahre 1953 stand Westdeutschland nach den USA und Großbritannien an dritter Stelle des Welthandels. Um 1962 herrschten Vollbeschäftigung und stabile Preise im Lande, und die Wirtschaft hatte nahezu eine ausgeglichene Zahlungsbilanz erreicht. Überdies war Deutschland der Inflationsspirale entronnen, die in anderen Ländern aus fortgesetzten Arbeitskämpfen resultierte. Dies lag großenteils daran, daß es den deutschen Arbeitern traditionsgemäß an Begeisterung für Streiks ermangelte, daß sie eine starke Tradition effektiver Tarifverhandlung und Sinn für gemeinsame Verantwortung besaßen, gefördert durch die Beteiligung der Arbeiterschaft an der industriellen Leitung, sowie an dem erfolgreichen Bemühen der Regierung, die Menschen zu überzeugen, keine zu hohen Anforderungen an die Wirtschaft zu stellen.

Das politische Wiederaufblühen Westdeutschlands, das nahezu ebenso spektakulär vor sich ging wie das wirtschaftliche, resultierte aus der wachsenden Erkenntnis der Alliierten, daß sie Deutschlands militärische Stärke bei jeder Kraftprobe mit der Sowjetunion brauchen würden. Darüber hinaus war es den Fähigkeiten Konrad Adenauers zu danken.

Der politische Aufschwung setzte ein, als die Alliierten Wiederaufbau und Tätigkeit der regionalen Parteiverbände zuließen. Bereits im Jahre 1946 wurden staatskonstituierende Versammlungen abgehalten, Legislativen gewählt, und die ersten politischen Parteien traten in Erscheinung: die Sozialdemokraten, an das anknüpfend, womit die alte Partei jenes Namens im Jahre 1944 aufgehört hatte; die Christdemokraten (in Bayern die Christlich Soziale Union), eine vorwiegend katholische Partei wie die MRP in Frankreich, die Volkspartei in Österreich und die Partei de Gasperis in Italien; die Freie Demokratische Partei, eine liberal-konservative Partei, die für das freie Unternehmertum eintrat; und die Kommunisten, die zu keiner Zeit mehr als zehn Prozent der Wähler repräsentierten.

Die Entscheidung der westlichen Alliierten, ihre Zonen zu vereinigen, führte im September 1948 zur Einberufung eines parlamentarischen Rates von Delegierten aus den Länderregierungen in Bonn. Dieses Gremium ging daran, das Grundgesetz für die Bundesrepublik Deutschland zu entwerfen, das durch die Länderregierungen ratifiziert wurde und im Mai 1949 in Kraft trat. Das Grundgesetz sah ein Zweikammersystem vor, zusammengesetzt aus einer höheren Kammer, dem Bundesrat, bestehend aus 38 Mitgliedern, die die Länderregierungen repräsentierten, und einer niederen Kammer, dem Bundestag, der mittels einer Kombination von direktem und proportionalem Wahlverfahren durch alle Personen ab 21 Jahren gewählt wurde. Die Bundesrepublik erhielt einen Präsidenten, den der Bundestag und Vertreter der Länderregierungen für eine Amtszeit von fünf Jahren wählen sollten; er verfügt jedoch über keine der Prärogativen, die Hindenburg in den 30er Jahren mißbraucht hatte. Die eigentliche Macht wurde dem Kanzler und dem Kabinett übertragen. Vor der beständigen Unsicherheit ihrer Weimarer Vorgänger wurden sie durch eine Regelung geschützt, die ihre Entlassung durch den Bundestag unterbindet, sofern er nicht bereit ist, unmittelbar einen neuen Kanzler zu wählen.

Die ersten Bundestagswahlen, abgehalten im August 1949, führten zur Bildung einer Koalitionsregierung aus Christdemokraten, Freien Demokraten und der Deutschen Partei (einer konservativ-nationalistischen Gruppe) mit Konrad Adenauer als Kanzler. Die Sozialdemokraten bildeten die Opposition.

Der neue Kanzler war vor dem Ersten Weltkrieg in die Politik eingetreten, hatte von 1917 bis 1933 das Amt des Oberbürgermeisters von Köln innegehabt und 1926 ohne Erfolg für die Kanzlerschaft kandidiert. Als er 1944 von der Gestapo inhaftiert wurde, bat der Gefängniswärter in Brauweiler ihn, keinen Selbstmord zu verüben, damit würde er ihm endlose Schwierigkeiten bereiten. Adenauer sei 68 Jahre alt und sein Leben sei ohnehin vorüber. Dieser Beamte wäre erstaunt gewesen zu erfahren, daß sein Gefangener noch nahezu ein zwanzigjähriges politisches Leben vor sich hatte und noch zwei Jahre länger als Hitler Kanzler von Deutschland sein sollte.

Unter der Leitung Adenauers, die eine Mischung von Realismus und Idealismus darstellte, verwandelte sich Westdeutschland von einem geschlagenen Feind zu einem geachteten Bündnispartner. Im November 1949 handelte er mit den Westmächten das Abkommen vom Petersberg aus, um der Politik der Demontage der deutschen Fabriken ein Ende zu bereiten, und akzeptierte das Ruhr-Statut, das für jenes bedeutende Industriegebiet eine internationale Behörde einsetzte. Bei allen Attacken aus dem Inland wegen dieses Zugeständnisses war Adenauer überzeugt, daß die Beendigung der ruinösen Demontage es mehr als wettmachen würde und daß es den Anfang einer allgemeinen und umfassenden Zusammenarbeit unter den Nationen Europas bedeuten könne. (Der Plan zur Internationalisierung des Ruhrgebietes gelangte nie zur Ausführung.)

In den folgenden Jahren hielt Adenauer seinem Volk immer die Vision eines neuen Europa vor Augen, gegründet auf Institutionen wie die Europäische Gemeinschaft für Kohle und Stahl, die Europäische Verteidigungsgemeinschaft, die Europäische Wirtschaftsgemeinschaft und Euratom (s. S. 253). Sein unbeirrtes Festhalten an diesen Idealen brachte ihm nicht nur im eigenen Lande fortwährende Unterstützung – wie seine Wahlsiege von 1953, 1957 und 1961 zeigten –, sondern es trug auch zur Überzeugung der Westmächte bei, daß sie die Nachkriegskontrollen über Deutschland beruhigt lockern könnten. Ihrer Bereitschaft hierzu folgte überdies, besonders nach 1950, der Wunsch nach militärischem Beistand durch Deutschland; und Adenauer reagierte klug darauf, indem er sich zum Verfechter der deutschen Wiederaufrüstung innerhalb des westlichen Bündnissystems machte. Gegen die Opposition von Sozialisten, Teilen der Kirche und der Universitätsjugend erreichte er schließlich die Zustimmung des Bundestags zum Eintritt der Bundesrepublik in die NATO (s. S. 257). Gleichzeitig damit erlangte Westdeutschland die Souveränität.

Adenauers Wiedervereinigungspolitik gründete sich auf die Theorie, daß enge Beziehungen der Bonner Republik zu den Westmächten und die gemeinsame Verfolgung einer „Politik der Stärke" die Sowjetunion veranlassen würden, ihre Kontrolle über Ostdeutschland aufzugeben. Im Laufe der Jahre deutete wenig darauf hin, daß diese Politik Erfolg haben würde.

In der Sowjetzone endete im Oktober 1949 ein konstituierender Kongreß mit der Proklamation der Deutschen Demokratischen Republik. Dieser Staat erhielt einen Präsidenten (Wilhelm Pieck, Vorsitzender der Kommunistischen Partei Deutschlands), einen Ministerpräsidenten (Otto Grotewohl, Vorsitzender der Sozialistischen Einheitspartei, SED, die mit der Zeit völlig kommunistisch wurde) und eine vom Volk gewählte Kammer. Die Macht aber konzentrierte sich vorwiegend in den Händen des von Walter Ulbricht geleiteten Politbüros der SED. Die Deutsche Demokratische Republik war nach sowjetischem Vorbild organisiert, und durch die Politik der strikten Zentralisation wurden alle örtlichen Organe, die als Widerstandszentren gegenüber der staatlichen Macht hätten dienen können, ausgeschaltet. Im Jahre 1955 wurde die Republik vom Sowjetregime als souveräner Staat anerkannt, und danach nahm die Moskauer Führung den Standpunkt ein, die Wiedervereinigung Deutschlands könne nur durch Verhandlungen zwischen den beiden deutschen Regierungen zustandekommen. Dieses stieß bei den Westmächten auf Ablehnung, und man geriet in eine Sackgasse.

Einen besonders brisanten Streitpunkt in der deutschen Politik und allgemein in den Beziehungen zwischen Ost und West stellte die anormale Stellung Berlins dar. Im November 1958 verkündete die Sowjetunion, sie beabsichtige, die letzten Reste der Viermächtekontrolle über die Stadt zu beseitigen und ihre Rechte an die ostdeutsche Regierung abzutreten. Für diese geplante Maßnahme wurde kein Datum festgesetzt. Die Westmächte deuteten die Ankündigung richtig als einen Versuch, sie einzuschüchtern, damit sie das Regime in Ostdeutschland anerkennen würden. Sie weigerten sich, außer im Rahmen einer gesamten deutschen Regelung Gespräche über Berlin aufzunehmen. Nach periodischer Wiederholung ihres Ultimatums entschloß sich die Sowjetregierung schließlich doch, ihre Position in Berlin nicht aufzugeben oder Ulbricht die Kontrolle über das Kommunikationswesen der Stadt zu übertragen; und nach 1964 wurde die Note vom November 1958 nicht mehr erwähnt.

Hingegen gestatteten die Sowjets ihrem deutschen Satellitenstaat, seine Position zu stärken. Um den kontinuierlichen Flüchtlingsstrom von Ostdeutschland nach Westberlin zu stoppen und den Westberlinern den Zugang nach Ostberlin zu verwehren, begannen die ostdeutschen Behörden am 13. August 1961 eine Mauer zu errichten, die schließlich quer durch die ganze Stadt verlief und diese zweiteilte. Diese Grenze wurde mit bewaffneten Posten besetzt, die den Befehl erhielten, auf jeden zu schießen, der zum Westen zu fliehen versuchte. Solche Schüsse wurden bald zur Alltäglichkeit. Die völlige Unmenschlichkeit dieser Maßnahme war für die westlichen Regierungen unglaublich; und dies mag der Grund dafür gewesen sein, daß sie in den ersten Tagen von Ulbrichts finsterem Unternehmen nicht entschlossen handelten. Sie ermöglichten ihm, es ungestört zu vollenden.

Die folgenden zehn Jahre hindurch machten Schießereien und gelegentliche Konfrontationen auf den Zugangsstraßen deutlich, daß die Stadt sich jederzeit zu einem Unruheherd entwickeln konnte. Im September 1971 jedoch klärte und sicherte ein neues Viermächteabkommen, das nach langen, schwierigen Verhandlungen unterzeichnet wurde, die westlichen Zugangsrechte nach Berlin, und Ende des Jahres 1972 gewährte ein auf Initiative des westdeutschen Kanzlers Willy Brandt hin ausgehandelter Vertrag zwischen den beiden Deutschland den Westberlinern wieder das Recht, den östlichen Teil der Stadt zu besuchen.

Kulturelle und geistige Strömungen im Westen

Nach 1945 war die Spannkraft der künstlerischen Elemente in Europa ebenso offenkundig wie nach dem Ersten Weltkrieg, wenngleich es einigen ihrer Produkte an Originalität fehlte. Vieles in der europäischen Malerei stellte beispielsweise kaum mehr dar als geschickte Variationen der Ideen der Surrealisten, Kubisten und Abstraktionisten der Zwischenkriegszeit. Wenn sich in der Malerei eine Revolution vollzog, dann in Amerika, wo Jackson Pollock mit der traditionellen Sicht, ein Gemälde sei die Realisierung einer Idee, brach und „action painting" erfand, bei dem aus spontanem kreativem Handeln Bilder entstehen. Eine Zeitlang fand Pollock ebenso wie andere amerikanische Erneuerer der Schule der Op-Art und der Pop-Art in Europa viele Anhänger.

In gleicher Weise schienen die Quellen poetischer Inspiration versiegt zu sein. In Großbritannien gab es nach dem Tod von Dylan Thomas im Jahre 1953 keine neuen Stimmen; die besten Dichter waren jene, die ihre glanzvollsten Werke in den 30er Jahren hervorgebracht hatten, beispielsweise Louis MacNeice und Hugh MacDiarmid. Frankreich erging es in dieser Hinsicht nicht besser. Die wenigen nennenswerten Dichter waren Produkte der Zwischenkriegszeit: St. John Perse, Henri Michaud, René Char und Paul Eluard. In Deutschland waren Ingeborg Bachmann, Hans Magnus Enzensberger und Walter Höllerer junge Dichter, denen es genausowenig wie ihren Zeitgenossen in anderen europäischen Ländern gelang, ein internationales Publikum zu gewinnen.

Im Gegensatz dazu wurden die Leistungen Europas, was den Roman, das Schauspiel und den Film anbetrifft, in allen Teilen der Welt anerkannt. Neben brillanten Einzelerfolgen wie dem des historischen Romans über das „Risorgimento": „Il Gattopardo" (1958; deutsch: „Der Leopard", 1959) von Giuseppe di Lampedusa lieferten Frankreich und Deutschland die interessantesten Beispiele neuer Richtungen. In Frankreich blieb der Roman nach 1945 eng mit der Philosophie verbunden. Sartre („L'Age de raison", 1947–1951), Simone de Beauvoir („Les mandarins", 1954, deutsch: „Die Mandarine von Paris", 1955) und Albert Camus („La peste", 1947, deutsch: „Die Pest", und „La chute", 1956, deutsch: „Der Fall") waren alle vom Existentialismus inspiriert, der in den ersten Nachkriegsjahren im Westen in Mode kam, und steuerten zu seiner Verbreitung bei. Als bewußte Reaktion auf den Subjektivismus und Idealismus dieser Schriftsteller kam zu Beginn der 50er Jahre der „Neue Roman" auf. Seine Autoren – Alain Robbe-Grillet, Michel Butor, Nathalie Sarraute und Claude Simon vor allem – versuchten moralische Urteile aus ihren Werken zu verbannen und die Welt mit wissenschaftlicher Akribie nachzuzeichnen.

Den Existentialisten und der Schule des „Nouveau Roman" gemeinsam war ein mangelndes Interesse an der Politik und die Abneigung, die soziale Wirklichkeit zu erörtern. Im Gegensatz dazu war der deutsche Nachkriegsroman ausgesprochen politisch. Die ersten Romanschriftsteller der Nachkriegszeit (Hermann Kasack, Elisabeth Langässer, Bruno E. Werner) versuchten ernstlich, sich mit der Verantwortung Deutschlands für die jüngste Massenvernichtung auseinanderzusetzen. Ihre Nachfolger – Uwe Johnson („Mutmaßungen über Jakob", 1959), Martin Walser („Halbzeit", 1960), Heinrich Böll („Billard um Halb Zehn", 1959, und „Ansichten eines Clowns", 1963), Siegfried Lenz („Deutschstunde", 1968) und Günter Grass – verbanden Erzählkraft mit beißender sozialer und politischer Kritik. Die großen Romane von Grass („Die Blechtrommel", 1962, und „Hundejahre", 1963, „Der Butt", 1977) waren Werke von außerordentlichem erzählerischen Schwung und stilistischem Können.

Im Schauspiel entwickelten sich zwei ausgeprägte, jedoch miteinander verwandte Schulen. Obgleich Bertold Brecht in Ostberlin arbeitete, übte er einen tiefgreifenden Einfluß auf die westlichen Schauspielautoren aus. Seine Art des sozialen Realismus und seine durchdringende Kritik spiegelte sich in den Schauspielen der Westdeutschen Rolf Hochhuth („Der Stellvertreter", 1963, ein Angriff auf Papst Pius XII. wegen seiner angeblichen Nichtbereitschaft, der Judenverfolgung Einhalt zu gebieten, und „Soldaten", 1969) und Peter Weiss („Marat-Sade", 1964) wider. Der englische Dramatiker John Osborne, dessen „Look Back in Anger" (1957, deutsch: „Blick zurück im Zorn", 1957) in seinem eigenen Land Aufsehen erregte, verdankte Brecht im Hinblick auf seine Technik wenig, teilte aber sicherlich seinen Mangel an Ehrfurcht vor Ehrbarkeit und bürgerlichen Tugenden.

Weniger deutlich in ihrer sozialen Botschaft waren die Schauspielautoren, deren Werke kollektiv als „absurdes Theater" bezeichnet wurden; mit den Worten Eugène Ionescos stimmten sie darin überein, daß die menschliche Existenz „sinnleer" sei und daß der Mensch abgeschnitten von seinen religiösen, metaphysischen und transzendentalen Wurzeln verloren sei; alle seine Handlungen würden sinnlos, absurd, nutzlos. Diese Botschaft wurde eindringlich in Schauspielen verkündet, die bald die Theaterrepertoires von New York, Tokio und Rio de Janeiro ebenso füllten wie die Europas – „Waiting for Godot" (1952; deutsch: „Warten auf Godot") von Samuel Beckett; „Les chaises" (1951, deutsch: „Die Stühle", 1959) und „Le Rhinocéros" (1959, deutsch: „Die Nashörner", 1960) von Ionesco, „Ping-Pong" (1955) von Arthur Adamov, „The Caretaker" (1959, deutsch: „Der Hausmeister", 1961) von Harold Pinter und „Rosenkrantz and Guildenstern Are Dead" (1967, deutsch: „Rosenkrantz und Güldenstern sind tot", 1968) von Tom Stoppard.

Noch beachtlicher waren die Erfolge europäischer Filmregisseure, die sich durch die Konkurrenz des Fernsehens nicht so sehr demoralisieren ließen wie die amerikanischen Filmproduzenten und weitaus weniger bereit waren als diese, bezüglich der künstlerischen Werte Kompromisse zu schließen. Im ersten Nachkriegsjahrzehnt untersuchte eine Gruppe brillanter italienischer Regisseure – Vittorio de Sica, Roberto Rossellini, Cesare Zavattini und andere – die gesellschaftlichen Auswirkungen des Faschismus und die Probleme der moralischen sowie der physischen Genesung. Und in den 60er Jahren zeigten sozialkritische Aussagen wie die von Federico Fellinis Film „La Dolce Vita" und Michelangelo Antonionis „Blow-up", daß die Vitalität Italiens ungebrochen war. Auch schwedische Filme erregten Aufmerksamkeit und geboten Achtung, vor allem die von Ingmar Bergman, dessen Filme „Das siebente Siegel" (1956) und „Wilde Erdbeeren" (1957) bald als Klassiker anerkannt wurden. Frankreich erlebte in den späten 50er Jahren das Aufkommen der sogenannten neuen Welle, die mit „Et Dieu créa la femme" („Und immer lockt das Weib") einsetzte, dem so bemerkenswerte Werke folgten wie „Les quatre cents coups" („Sie küßten und sie schlugen ihn") von François Truffaut, „Hiroshima, mon amour" von Alain Resnais und „Pierrot le fou" („Elf Uhr nachts"), „Alphaville" und „La Chinoise" („Die Chinesin") von Jean-Luc Godard. Unterdessen entdeckten die Briten die Kunst der Filmkomödie aufs neue.

In der Musik, kann man sagen, erzielten die „Beatles" die breiteste Wirkung. In den Jahren 1963–1967 eroberten sie Europa und Amerika im Sturm und schufen die Grundlagen für eine neue künstlerische Form, die Rock-Musik, die sich zur „lingua franca" der Studentengeneration entwickelte. Was die Oper betrifft, so erregte Carl Orff in deutschen Kritikerkreisen Begeisterung mit seiner Trilogie „Antigone" (1949), „Ödipus" (1959) und „Prometheus" (1969). Ein anderer deutscher Komponist, Hans Werner Henze, erreichte mit seinen Werken „Prinz von Homburg" (1960), das auf dem Schauspiel von Heinrich von Kleist beruht, „Elegie für junge Liebende" (1961) und dem in der Tradition der komischen Oper stehenden Werk „Der junge Lord" (1965) ein breiteres Publikum. In England ließ Benjamin Britten seinem ersten Erfolg „Peter Grimes" (1942) zwei weitere „Billy Budd" (1951) und „The Turn of the Screw" (1954) folgen. Das meist bewunderte Werk Brittens war jedoch wahrscheinlich sein „War Requiem" (1961), das auf den Gedichten des in den Schützengräben des Ersten Weltkrieges umgekommenen Wilfried Owen basiert.

Hinsichtlich der musikalischen Darbietung wetteiferten die Metropolen um Künstler und Orchester, und die deutschen Großstädte lagen an der Spitze. Eine auffallende Ausnahme bildete Paris, wo es in der Musik an einer beseelten Leitung und an staatlicher Unterstützung fehlte. Die qualitativ schlechtere Darbietung in der französischen Hauptstadt unterstrich ihren Niedergang als Zentrum der Künste, obgleich de Gaulles Kultusminister André Malraux alle Anstrengungen unternahm, um ihre überragende Stellung wieder zu erlangen.

Mit Sicherheit läßt sich über die geistigen Strömungen wohl sagen, daß sich im Gegensatz zur Zwischenkriegszeit eine allgemeine Abkehr von der Ideologie vollzog. Sie erklärt die Popularität der verschiedenen Varianten des Existentialismus im ersten Nachkriegsjahrzehnt. Trotz Sartres beharrlicher Forderung nach Engagement schienen die Intellektuellen, die am meisten vom Existentialismus sprachen, ihn eher als Vorwand für den Rückzug ins Privatleben zu benutzen, denn als moralische Forderung nach sozialem Handeln zu verstehen. In den 60er Jahren war der Strukturalismus in Mode gekommen, dessen führende Vertreter – Claude Lévi-Strauss, Michel Foucault, Paul Lacan und Roland Barthes – die Methoden der Psychoanalyse, der Anthropologie und der Linguistik zur Untermauerung einer deterministischen Sicht des Lebens verwendeten, in dem das Denken und Handeln des Menschen durch ein Netz sozialer und psychologischer Strukturen bestimmt sei, das wenig Raum für den freien Willen lasse.

Gegen Ende der 60er Jahre traten Anzeichen dafür auf, daß die europäischen Intellektuellen pragmatische Rezepte bevorzugten. Ein solches Zeichen stellte das wachsende Interesse am Denken Teilhard de Chardins dar, eines außerordentlich unkonventionellen Jesuiten und Philosophen, der im Jahre 1955 starb. In Begriffen, die den Nichtchristen gleichermaßen ansprachen wie den gläubigen Christen, brachten seine Werke die Immanenz Gottes in allen Bereichen der modernen Welt und einen optimistischen Glauben an den Fortschritt der Menschheit durch wissenschaftliche Entdeckungen zum Ausdruck. Ein weiteres Zeichen hierfür bildete die Tatsache, daß die neue Technokratie den Akademiker ansprach, was sich in einem wachsenden Interesse an den Möglichkeiten der praktischen Arbeit auf die Modernisierung hin offenbarte. Und ein drittes Zeichen stellte die Tatsache dar, daß diejenigen, die gegen das politische System rebellierten, sich nicht durch die geistige Disziplin des Strukturalismus binden lassen wollten und auf den Aktivismus vertrauten anstatt auf die systematischen Verfahren, die die Doktrin verlangte.

Die Probleme des Wohlstands

Großbritannien: von Macmillan bis Callaghan. Wie bereits weiter oben angedeutet, nahmen die mit dem Prozeß der Beseitigung der Kriegsschäden einhergehenden wirtschaftlichen Einschränkungen in den meisten Ländern Westeuropas Mitte der 50er Jahre ein Ende, und es setzte eine wirtschaftliche Hochkonjunktur ein, die das Leben des normalen Bürgers und seine politische Einstellung tiefgreifend beeinflußte. Besonders ausgeprägt war dies in Großbritannien. Bei Vollbeschäftigung und einer gesunden wirtschaftlichen Wachstumsrate fand ein Verbraucherboom statt – gefördert durch neue Techniken der Massenwerbung und durch den Fortfall der letzten Vorurteile gegen den Ratenkauf. Zwischen 1955 und 1959 stieg die Anzahl der Familien, die ein Fernsehgerät besaßen, von vierzig auf siebzig Prozent, und die Anzahl der Autos auf englischen Straßen nahm von 3,5 auf 5 Millionen zu. Entsprechend schnellte der Umsatz von Kühlschränken, Waschmaschinen, Motorrasenmähern, Booten und Camping-Ausrüstungen sowie anderen Luxusgütern in die Höhe und unterstrich die Schlußfolgerung, dem Durchschnittsengländer sei es „noch nie so gut gegangen".

Politisch schlug sich dies zugunsten der Konservativen Partei nieder und ermöglichte ihr in der Tat, die Demütigung von Suez im Jahre 1956 zu überleben (s. S. 264). Im Sog jener Krise wurde Harold Macmillan Premierminister. Als Mitglied des Kabinetts Eden war er einer der stärksten Verfechter militärischer Aktionen gegen Nassers Ägypten gewesen; doch der offenkundige Erfolg seiner Wirtschaftspolitik ließ das Volk dies bald vergessen. Die Zweifel seines orthodoxeren Schatzkanzlers übergehend, erleichterte Macmillan die Kreditgewährung für Unternehmen sowie den Ratenkauf durch Lockerung der Kontrollen für Bankdarlehen und erhöhte durch Senkung der Einkommensteuer die Kaufkraft. Er setzte das Fernsehen geschickt ein, um seine Philosophie der Expansion zu verbreiten. Seine Gegner nannten ihn bald spöttisch „MacWonder" und „SuperMac", die Wähler aber waren beeindruckt und gaben den Konservativen so viele Stimmen, daß diese in den allgemeinen Wahlen von 1959 einen Vorsprung von 107 Sitzen gegenüber der Labour-Partei erzielten – 40 mehr als im Jahre 1955, ein Triumph, der am Börsenmarkt eine starke Aufwärtstendenz auslöste.

Macmillan sollte bis 1963 und damit länger als jeder Premierminister seit Asquith (s. Bd. I, S. 243) im Amt bleiben. Gleichwohl waren seine anfänglichen Erfolge bereits lange vor seinem Rücktritt verblaßt und hatten nichts dazu beigetragen, die drängenden Grundprobleme zu lösen. Ging es auch vielen Menschen in England besser als je zuvor, so blieben doch große Ungleichheiten bezüglich des Wohlstands bestehen. Überdies hatte sich die für England ungünstige Zahlungsbilanz kaum verbessert. Schon 1961 war die Regierung mit einer Sterling-Krise konfrontiert und mußte den Diskontsatz erhöhen sowie die Löhne und Gehälter einfrieren. Das Volk reagierte negativ, was darauf hindeutete, daß auf seiten der Wählerschaft keine Bereitschaft bestand, Opfer zu bringen, um die errungenen Vorteile abzusichern. Es fällt schwer, die Schlußfolgerung zu vermeiden, daß dies in den folgenden Jahren die Wurzel vieler Übel in der britischen Wirtschaft war. Aufgrund der starken Verpflichtungen Englands in Übersee und der Belastung, die es sich durch die Entscheidung, Atomwaffen zu bauen, aufgebürdet hatte, wäre es in jedem Falle schwierig gewesen, effektive Maßnahmen zur Lösung seiner Probleme einzuleiten. Es wurde doppelt schwierig durch die mangelnde Bereitschaft britischer Unternehmensleitungen, die Kosten einer Umstellung auf leistungsfähigere Produktionsmethoden zu tragen, sowie durch den hartnäckigen Widerstand der Gewerkschaften gegen jede Vorstellung von Modernisierung überhaupt – eine Haltung, die in einem der besten Filme von Peter Sellers „I'm All Right, Jack", meisterhaft satirisch abgehandelt wird.

Auch andere Probleme steuerten zur Beendigung der dreizehnjährigen Vorherrschaft der Konservativen Partei bei. Den rechten Flügel dieser Partei befremdete Macmillans doppelzüngiges Vorgehen in der Afrikapolitik. Er warf dem Premierminister vor, er habe die Zentralafrikanische Föderation zum Schaden der weißen Bevölkerung Rhodesiens (s. S. 275) demontiert. Anhänger beider Parteien waren verärgert über den ihrer Meinung nach bestehenden Trend, die Amerikaner die britische Verteidigungspolitik diktieren zu lassen (s. S. 258), und sie fühlten sich nach monatelangen geduldigen Verhandlungen durch General de Gaulles abrupte Weigerung, die Briten zum Gemeinsamen Markt zuzulassen (s. S. 254), gedemütigt. Schließlich erschütterten im Jahre 1963 die Enthüllungen über „la dolce vita" in Ministerialkreisen, wobei der Name des Kriegsministers John Profumo eine vorrangige Stellung einnahm, das Ansehen der Partei. Letztlich aber wurde die

Regierung Macmillan durch das wachsende Bewußtsein unterminiert, daß sein früheres Sichrühmen mit dem wirtschaftlichen Fortschritt ein Bluff war. Das Land schien einen Wandel zu wollen. Und als Macmillan im Herbst 1963 wegen Krankheit zurücktrat, war sein Nachfolger, Sir Alec Douglas-Home, nicht in der Lage, innerhalb der konservativen Partei genügend Stärke zu entwickeln, um diesem Wunsch zu trotzen. Die Labour-Partei gelangte im Oktober 1964 mit einer geringen Mehrheit, die zwei Jahre später in Neuwahlen zunahm, wieder an die Macht.

Der neue Premierminister, Harold Wilson, machte gleich zu Anfang deutlich, daß es für das Land an der Zeit sei, sich von unnötigem Ballast zu befreien und sich das notwendige Werkzeug für einen effektiven Wettbewerb in der modernen Welt anzueignen. Dies brachte Schritt für Schritt den Rückzug der Briten aus ihren Besitzungen östlich von Suez mit sich, eine bescheidenere Betrachtungsweise ihres militärischen Potentials und an der Produktionsfront eine Gewichtsverlagerung auf die Technologie. Leider traf der nationale Plan der Regierung keine Vorkehrungen für neue Krisen.

Die im November 1965 einsetzende Rhodesien-Krise (s. S. 275) und die im Sommer 1969 in Nordirland ausbrechenden Auseinandersetzungen zwischen Katholiken und Protestanten stellten kostspielige Ablenkungen dar. Das unwiderrufliche Ende der Hochkonjunktur im Jahre 1966 konfrontierte die Regierung mit neuen Zahlungsbilanzproblemen, denen sie im November 1967 durch eine Pfundabwertung und andere Maßnahmen zur Förderung von Produktion und Handel entgegenzuwirken suchte. Wachsende Unruhe in der Industrie, gekennzeichnet durch außerordentlich zahlreiche wilde Streiks, nahm ihnen die Durchschlagskraft. Ende 1969 herrschte kein Zweifel darüber, daß das Vertrauen der Öffentlichkeit in die Regierung im Schwinden begriffen war. Im Frühjahr 1970 gab es an der Oberfläche Anzeichen für einen Aufschwung der Labour-Partei. Doch aus den Nationalwahlen, die Wilson für Juni anberaumte, gingen die Konservativen mit einer Mehrheit von 30 Sitzen hervor.

Der neue Premierminister, Edward Heath, verbuchte während seines ersten Amtsjahres einen vielversprechenden Erfolg, nämlich das Parlament zu veranlassen, einen neuen Antrag auf Zulassung zum Gemeinsamen Markt zu billigen (s. S. 254). Im Januar 1973 trat Britannien der Europäischen Wirtschaftsgemeinschaft bei. Unterdessen wurden Heaths Energien zunehmend von dem Bemühen in Anspruch genommen, den blutigen Kampf zwischen Katholiken und Protestanten in Ulster, der sich seit 1969 stetig verschärft hatte, in den Griff zu bekommen, sowie von dem Versuch, die Inflationsrate niedrigzuhalten, die derartige Formen annahm, daß er sich im November 1972 gezwungen sah, Löhne und Gehälter einzufrieren. Diese Maßnahmen vermochten eine Verschlechterung der wirtschaftlichen Bedingungen im Jahre 1973 und den Beginn der schlimmsten Krise seit dem Zweiten Weltkrieg nicht zu verhindern. Als die Bergleute Anfang 1974 unter Mißachtung der Bestimmungen der Regierung streikten, suchte Heath durch Neuwahlen die Unterstützung des Volkes; und als sie ihm versagt blieb, trat er zurück. Die nachfolgende Labour-Regierung – zunächst unter Wilson, dann unter der Leitung von James Callaghan – fand sich in einen Kampf um die Bewältigung der wirtschaftlichen Lage gestellt, der alle ihre Energien aufsog – einen Kampf, in dem sie nicht immer auf den Rückhalt ihres Gewerkschaftsflügels zählen konnte.

Frankreich: Der Sturz de Gaulles. Frankreich verfolgte in den Jahren, während de Gaulle an der Macht war, einen auffallend ähnlichen Kurs. Im Dezember 1958 leitete der General kühn eine Reihe von Finanzreformen zur Gesundung der Handelsbilanz, zur Aufbesserung der Gold- und sonstiger Reserven sowie zur Verlangsamung der Inflation ein. Die folgenden vier Jahre hindurch nahm die Industrieproduktion rasch zu, die Gesamtexporte verdoppelten sich, und die Exporte an Mitglieder der Europäischen Wirtschaftsgemeinschaft verdreifachten sich, Verbrauchsgüter wurden in Hülle und Fülle umgesetzt, und Frankreich bezeugte nach außen hin Wohlstand. Doch galt hier das gleiche wie in Großbritannien, nämlich daß nicht jeder von der neuen Wirtschaftsblüte profitierte.

Ebenso wie die Wirtschaftsberater Harold Wilsons glaubten die jungen Technokraten in de Gaulles Bewegung, Frankreichs Zukunft liege in der technologischen Erneuerung und Modernisierung. Doch die Geldmittel dafür waren nicht so leicht zu beschaffen. Wie M. Servan-Schreiber in „Die amerikanische Herausforderung" (1967) hervorhob, waren die französischen Unternehmer zu konservativ, um grundlegende Forschungsarbeiten zu unterstützen oder auf Neuheiten zu setzen. Und General de Gaulles Beharren, daß Frankreich eine nukleare Kapazität bleiben müsse, kostete Geldmittel, die anderenfalls für die Entwicklung hätten aufgewendet werden können.

Im Laufe seiner Regierungszeit nahmen viele Franzosen Anstoß an de Gaulles Paternalismus und seiner starken Beschäftigung mit der Außenpolitik. Ein Zeichen dafür stellten die Wahlen von 1965 dar, in denen eine Koalition der Linken die Mehrheit des Generals im Parlament ernstlich verringerte. Da weder das Parlament noch die Parteien oder Gewerkschaften imstande schienen, in der Politik die Initiative zu ergreifen, setzte nicht sofort ein Wandel ein. Doch verhalf dieses negative Wahlergebnis vielen Leuten zu der Überzeugung, daß der Staat auf dem Wege sei, seinen Einfluß auf alle Bereiche des nationalen Lebens auszudehnen, und zwar in einer Weise, die das private Unternehmertum und die örtliche und regionale Regierung beeinträchtige. Trotz wirtschaftlichen Wohlstands war die Gesellschaft überdies noch immer in starre Schichten gegliedert.

Die politische, wirtschaftliche und geistige Misere, herbeigeführt durch diese Umstände, erreichte im Mai 1968 ihren Höhepunkt. Sie löste eine Explosion aus, die von der Sorbonne ausging und rasch auf die Industrieviertel von Paris übergriff. Wochenlang wurde der französische Mittelstand durch das Spektakel aufgestört, daß selbsternannte anarchistische Kader öffentliche Gebäude besetzten und Polizeikolonnen und rote Flaggen tragende Arbeiter sich offene Kämpfe lieferten. Die Rückwirkungen waren tiefgreifend.

Vordergründig stärkten die Maiunruhen die Machtposition de Gaulles, indem sie ihm in den Wahlen, die er im Sog dieser Vorkommnisse ausrief, einen Sieg brachten. Als Reaktion auf seinen Aufruf, ihn zu unterstützen, strömten am 30. Mai Tausende von Ladenbesitzern, Pensionären, hohen Beamten und Geschäftsleuten in die Champs Elysées und zur Place de la Concorde, um für Gesetz und Ordnung sowie für den General zu demonstrieren; und drei Wochen später gingen sie zur Wahl und erteilten ihm eine klare Mehrheit in der Kammer.

Die Maiunruhen überzeugten de Gaulle, daß sein ausschließliches Interesse an der Außenpolitik falsch gewesen sei. Doch seine Versuche, die innenpolitischen Probleme zu bewältigen, stieß gerade die Leute vor den Kopf, die ihn im Juni gewählt hatten. In ihren Augen belohnten die Reformen, die de Gaulle nun billigte – wie die Vorschläge von Edgar Faure zugunsten eines demokratischeren Bildungssytems – die Aufrührer, während die Erhöhung der Einkommensteuer in den höheren Einkommensgruppen durch Ministerpräsident Couve de Murville die Loyalen bestrafte. Sie reagierten mit einer Goldausfuhr. Im November 1968 wurde eine erneute Abwertung des Franken nur knapp abgewehrt. Seine frühere Magie schien den General zu verlassen. Als er dem Volk im April 1969 in Form eines Referendums eine Reihe von Vorschlägen zu einer Verfassungsänderung unterbreitete, stimmten nahezu 53 Prozent derjenigen, die sich daran beteiligten, gegen ihn. Am nächsten Tag trat er zurück.

Er hinterließ eine Menge ungelöster Probleme und in der Politik eine Leere, die nicht leicht zu füllen sein würde, wie sein Nachfolger Georges Pompidou feststellen sollte.

Pompidous Tod im Jahre 1974 brachte jedoch in der Person Valéry Giscard d'Estaings, des Führers der Unabhängigen Republikaner und Finanzministers unter de Gaulle sowie unter dessen Nachfolger, eine neue Führungspersönlichkeit in den Vordergrund. Im Jahre 1975 zum Präsidenten gewählt, zeigte Giscard eine solche Entschlossenheit im Vorantreiben einer Wirtschafts- und Sozialreform sowie eine derartig feste Führung in der Außenpolitik, daß er breiten Rückhalt gewann; und die Erwartung, Frankreich werde bald von einer linken Mehrheit mit stark kommunistischer Komponente dominiert, erwies sich bald, wie die Parlamentswahlen vom März 1978 deutlich machten, als grundlos.

Italien und Westdeutschland. Nirgendwo wurde das Wohlstandsdilemma so offenkundig wie in Italien und in Westdeutschland. In Italien hatten die hochentwickelte wirtschaftliche Infrastruktur (errichtet durch die Faschisten), erhebliche Staatsanteile an der Industrie, ein großes Reservoir überschüssiger Arbeitskräfte und die zunächst vom Marshall-Plan, später von der Mitgliedschaft in der Europäischen Wirtschaftsgemeinschaft ausgehende Anregung die Wirtschaftsblüte ermöglicht. Das Bruttosozialprodukt wuchs von 1952 bis 1962 durchschnittlich um 6,3 Prozent pro Jahr. Das war eine der besten Wachstumsraten in Europa. Als der Gemeinsame Markt einmal in Gang gebracht worden war, stieg die Industrieproduktion in sieben Jahren um 107 Prozent. Gleichzeitig stellte die Entdeckung zusätzlicher Erdgasvorkommen italienischen Firmen unbegrenzte Mengen billigen Brennstoffs zur Verfügung, förderte ein angeregtes Investitionsprogramm die Industrialisierung in Süditalien und begann ein langfristiges Programm zur Steigerung der Viehzucht die durch Mussolinis Politik verschlimmerte Unausgewogenheit in der Landwirtschaft (s. S. 86) zu korrigieren.

Doch genau wie in Frankreich war das Verwaltungssystem in Italien zu stark zentralisiert, zu schlecht finanziert und personell unterbesetzt, um die mit dem Wohlstand einhergehenden Probleme zu bewältigen – die ungeheuer hohen Immobilienkosten, unzureichende Schulen, die um sich greifende Kriminalität, und die unausweichliche Senkung des Realeinkommens infolge von Inflation. Die Regierungskoalition von Christdemokraten, Sozialisten und Republikanern blieb von 1962 bis 1969 im Amt, allerdings unter Inkaufnahme beständiger Krisen und derartig vieler Führungswechsel, daß es Gronchis Nachfolgern im Amt des Präsidenten, Antonio Segni (1962–1963), Giuseppe Saragat (1963–1972), Giovanni Leone (1972–1977) und Sandro Pertini Schwierigkeiten bereitete, neue Ministerpräsidenten zu finden. Im Juli 1969 brach die Koalition zusammen, als die im Jahre 1965 nach zwanzig Jahren der Zersplitterung mühsam vereinigte Sozialistische Partei erneut auseinanderfiel, nachdem bekannt geworden war, daß bestimmte ihrer Parteiführer geheime Verhandlungen mit den Kommunisten aufgenommen hatten.

Folglich glitt Italien in eine Art politisches Dauerdilemma ab, in dem Regierungen an die Macht gelangten und stürzten, und in dem notwendige Reformen vernachlässigt wurden. Von 1970 bis Ende 1978 nahmen Streiks und Arbeitsniederlegungen an Häufigkeit und Ausmaß stetig zu, und die zivile Ordnung schien häufig am Rande des Zusammenbruchs.

Daß Westdeutschland von einem ähnlichen Dilemma verschont blieb, lag wahrscheinlich an der tatkräftigen Außenpolitik Willy Brandts, nachdem dieser im Oktober 1969 Kanzler geworden war. Vorher hatte es Anzeichen von ernstlicher Ernüchterung bezüglich des politischen Prozesses gegeben. Ausgelöst worden war sie in erster Linie durch das hartnäckige Festhalten Konrad Adenauers am Amt des Bundeskanzlers bis 1963, lange nachdem seine Parteifreunde sich wünschten, er möge zugunsten einer jüngeren, tatkräftigeren Führungspersönlichkeit abtreten. Seine Nachfolger aber waren beide nicht in der Lage, Wähler anzuregen oder überhaupt deren Interesse zu wecken. Ludwig Erhard (1963–1965) fehlte das Charisma Adenauers. Überdies ergriff er weder in der Außenpolitik noch in der Innenpolitik die Initiative. Kurt-Georg Kiesinger (1965–1969) stand die Tatsache im Wege, daß er Mitglied der NSDAP gewesen war. Als die Sozialdemokratische Partei es für zweckmäßig befand, eine Koalition mit Kiesinger einzugehen, steuerte dies zur Unzufriedenheit vieler, vor allen Dingen jüngerer Wähler bei, die bereits entsetzt waren über das, was ihnen als maßgeblicher Materialismus im politischen und gesellschaftlichen System erschien, und die sich durch diesen neuen Beweis für den Mangel an Prinzipien im politischen Prozeß abgestoßen fühlten.

Die Entscheidung der Sozialdemokratischen Partei zur Zusammenarbeit mit Kiesinger erwies sich jedoch als taktisch vernünftig; denn sie gab ihren führenden Persönlichkeiten Gelegenheit zu beweisen, daß sie die Tatkraft und die neuen Ideen besaßen, die das Land zu wünschen schien. Der Einsatz der einzelnen sozialdemokratischen Minister verhalf der Partei in den Wahlen vom Oktober 1969 zu so vielen Sitzen im Parlament, daß sie eine neue Koalition mit der liberalen Freien Demokratischen Partei zu bilden und die Regierungszügel in die Hand zu nehmen vermochte. Willy Brandt wurde erster sozialistischer Kanzler der Bonner Republik und Walter Scheel von den Freien Demokraten Außenminister. Das neue Team leitete unverzüglich eine energische Außenpolitik ein, die darauf abzielte, die Sackgasse in den Ost-West-Beziehungen zu durchbrechen. Sie mündete im August 1970 in Verträge mit der Sowjetunion und im November mit Polen ein, die festlegten, daß zur Regelung der gegenseitigen Beziehungen der Unterzeichneten keine Gewalt angewandt werden würde. Ende 1972 kam es zu einem Vertrag mit der ostdeutschen Regierung, der das Recht der Bürger der beiden Deutschland, die Zonengrenze zu überqueren, bestätigte.

Daß die Wählerschaft diese neue Ostpolitik guthieß, zeigte sich in den Wahlen vom November 1972, aus denen die Regierungskoalition mit einer klaren Mehrheit von 48 Sitzen im Bundestag und die Sozialdemokratische Partei als stärkste politische Kraft hervorging. Die „New York Times" begrüßte die Wahlergebnisse als Zeichen dafür, daß die Bundesrepublik nun mündig sei und daß ihr demokratisches System effektiv funktioniere und das Land aus der politischen Sackgasse und Krise herauszuführen vermöge. Dieses Urteil war vielleicht voreilig gefällt worden, denn die Jahre, die dann folgten, waren gekennzeichnet durch stockendes Wirtschaftswachstum, zunehmende Inflation und Arbeitslosigkeit, einige erste Streiks in der Industrie und beunruhigende Vorfälle von Anarchismus und Terrorismus – etwas Neues in der deutschen Geschichte. Verglichen mit den meisten seiner Nachbarstaaten jedoch bot die Bundesrepublik unter Führung Willy Brandts und nach 1974 unter der Leitung seines Nachfolgers Helmut Schmidt weiterhin ein Bild der wirtschaftlichen Stärke und Stabilität.

Die Studentenrevolten. Während der 60er Jahre entwickelten sich die Universitäten wieder zu dem, was sie zu Metternichs Zeiten gewesen waren – Zentren des Protests gegen Tendenzen in Politik und Gesellschaft. Erregt über den Mangel an Idealismus und Prinzipien, der für die Wohlstandsgesellschaft charakteristisch erschien, brachten die Studenten ihre Empörung offen und heftig zum Ausdruck.

Zunächst richteten sich die Proteste gegen die Mißstände in der Universitätsgemeinschaft. In Deutschland beispielsweise waren die Universitäten nach einer kurzen Zeit des Fortschritts und der Erneuerung nach 1945 wieder zum autoritären Modell der Vergangenheit übergegangen: eine mit allen Vollmachten ausgestattete unnachgiebige Professorenschaft widersetzte sich dem Wandel; die Stimme der überlasteten jüngeren wissenschaftlichen Mitarbeiter und Assistenten zählte in der Universitätsverwaltung nur wenig und die der Studenten gar nicht. Die Studienpläne waren überholt und die Vorlesungssäle überfüllt. Es gab nur unzureichende Stipendien, um der Arbeiterschicht das Studium zu ermöglichen. An den französischen, italienischen und spanischen Universitäten waren die Bedingungen in den meisten Fällen noch weitaus schlimmer.

Die Studentenbewegungen, die diese Mißstände beheben wollten, setzten 1965 in Deutschland ein und stießen bald auf den hartnäckigen Widerstand der Lehrkörper der Universitäten und der Kultusministerien. Daraufhin wandten sich die Studenten von den eigentlichen Universitätsangelegenheiten ab und richteten ihre Aufmerksamkeit auf die tieferen Mißstände in der Gesellschaft. Um 1967 stellte die Freie Universität Berlin nicht nur Forderungen nach einer Universitätsreform, sondern startete außerdem Angriffe auf die Regierung wegen deren stillschweigender Billigung der amerikanischen Kriegsanstrengungen in Vietnam, attackierte das Recht des Berliner Senats, den Schah von Persien offiziell zu empfangen, die Pressekonzentration in den Händen des Zeitungsverlegers Axel Springer und die Vorbereitungen der Regierung für ein neues Gesetz zur inneren Sicherheit. Ein Jahr später waren an allen größeren Universitäten Deutschlands sowie an denen Frankreichs und Italiens ähnliche Bewegungen im Gange; und auch bei den Unruhen in Warschau und den Auseinandersetzungen nach der sowjetischen Machtübernahme in Prag spielten Studentenagitationen eine Rolle.

Sofort mit ihrer Ausweitung wurde die Bewegung internationaler und heterogener. Sie zog Leute an, die sich Maoisten, Anarchisten und Naturanhänger nannten, sowie Angehörige des akademischen „Lumpenproletariats" – Schmarotzer, die nicht auf ein Examen hinarbeiteten, sondern den Zeitpunkt hinauszögerten, an dem sie sich einer anderen, kühleren Gesellschaft anpassen und für diese Privilegien zahlen müßten. Gelegentlich schien das Motiv der reinen Zerstörung die Bewegung zu leiten. Dann wieder stellte sie nichtssagende Forderungen, mit denen sie sich totlief. Doch die Studentenbewegung warf fundamentale Fragen auf nach der Art der europäischen

Gesellschaft, der Lebensfähigkeit ihrer Institutionen, nach den Werten ihrer herrschenden Schicht und der Richtung ihrer Politik. Nach einem Jahr des Zusammenlebens mit rebellischen Studenten in New York, London, Berlin, Paris und Prag im Jahre 1968 schrieb der englische Dichter und Kritiker Stephen Spender, die Masse der betroffenen Studenten protestiere gegen die Gesellschaft, die den Anbruch der Welt herauszufordern schien, die George Orwell in seinem Werk „1984" ausgemalt hatte. Sie verlangten nach einer Stellungnahme „gegen eine Gesellschaft, deren Verhaltensnormen durch die Erfordernisse der industriellen Planung, die Herrschaft von Dingen bestimmt ist".

Der sowjetische Orbit

Die Sowjetunion von Stalin bis Breschnew. Falls es Russen gegeben haben sollte, die bei Kriegsende glaubten, der Sieg würde zu einer Ära der fortwährenden Zusammenarbeit mit den westlichen Demokratien und zu einer Lockerung der strengen innenpolitischen Kontrollen führen, so wurden sie bald enttäuscht. Das Sowjetregime schien zu spüren, daß derartige Tendenzen seine Autorität nur schwächen konnten – eine Überlegung, die wahrscheinlich dadurch verstärkt wurde, daß Tausende von Sowjetbürgern während des Krieges in den Westen übergewechselt waren und daß Tausende andere, die das Kriegsschicksal unter fremde Kontrolle gebracht hatte, sich verzweifelt gegen die Repatriierung zur Wehr gesetzt hatten.

Stalin und seine Helfer griffen daher auf die Politik zurück, die sie vor dem Zweiten Weltkrieg verfolgt hatten. Sie predigten, die Sowjetunion sei von kapitalistischen Feinden umringt, die entschlossen seien, den Kommunismus zu vernichten, und sie würden durch unpatriotische Russen an der Heimatfront unterstützt. Unterdessen hielt die sowjetische Presse innerhalb des Indoktrinationsprozesses, dem die sowjetische Gesellschaft ausgesetzt war, den Sieg über Hitler allein den sowjetischen Waffen zugute; und die sowjetische Überlegenheit in allen Bereichen menschlicher Aktivität wurde zur Glaubensangelegenheit.

Die Lächerlichkeit einiger dieser Ansprüche führte die Außenwelt zur Geringschätzung der tatsächlichen Leistungen Sowjetrußlands in der Nachkriegszeit. Von den erschütternden Bevölkerungs- und Reserveverlusten erholte sich das Land mit beeindruckender Schnelligkeit. Neue Fünfjahrespläne, eingeführt in den Jahren 1946 und 1951, verliehen dem Wiederaufbau und dem Wachstum Richtung und Schwung. Durch Mißachtung des Verbraucherbedarfs konnte der Staat ein Waffen- und Atomprogramm aufnehmen, das sich mit dem der Vereinigten Staaten an Umfang und Erfolg messen konnte. Zugleich stieg die Produktion von Stahl, Kohle, Öl und Elektrizität auf ein Niveau an, das in manchen Fällen doppelt so hoch lag wie im

Jahre 1940. Was die Landwirtschaft betrifft, so wurde das System der Kollektivierung wiederum verschärft und in den Jahren 1948 und 1949 auf neu annektierte Provinzen im Westen ausgedehnt. Ein neuer Trend zur Bildung größerer Kollektiveinheiten verstärkte die Parteikontrolle über die Landwirtschaft, doch ihre wirtschaftlichen Erfolge waren sehr sporadisch.

Im März 1953 starb Joseph Stalin, vermutlich an einem Herzinfarkt. Andrej Schdanow, sein mutmaßlicher Nachfolger, war ein Jahr vorher gestorben, und seine Position als Vorsitzender des Ministerrates hatte Georgi M. Malenkow übernommen, dessen Hauptmitarbeiter Lawrentij Berija, Wjatscheslaw Molotow und als Parteisekretär Nikita S. Chruschtschow waren. In der Innenpolitik tendierte das neue Regime zur Lockerung des Programms der landwirtschaftlichen Kollektivierung und zur Gewichtsverlagerung auf die Produktion von Verbrauchsgütern. Das Malenkow-Interregnum war jedoch nur von kurzer Dauer. Meinungsverschiedenheiten innerhalb der Hierarchie und Reibungen zwischen der Roten Armee und der Geheimpolizei führten zur Verhaftung und im Juli 1953 zur Exekution von Berija sowie zu einer Säuberung der Parteiorganisation Moskaus, Leningrads und der Provinzen, ausgeführt unter der Leitung des Parteisekretärs. Im Dezember 1954 veröffentlichte Chruschtschow einen Angriff auf die Industriepolitik Malenkows, und zwei Monate später trat der Ministerpräsident zurück.

Sein Nachfolger war Nikolai A. Bulganin, die eigentliche Macht in der sowjetischen Politik aber lag nun bei Chruschtschow. Er verwarf Malenkows industriellen Kurs und leitete eine Reorganisation der Industriebürokratie ein. Außerdem setzte er die Bildung von Großbetrieben in der Landwirtschaft fort. Nun legte man das Schwergewicht darauf, die Vereinigten Staaten wirtschaftlich „einzuholen und zu überholen".

In den Jahren 1957 und 1958 entfernte Chruschtschow Malenkow und Molotow, die als seine Rivalen galten, aus dem Parteipräsidium und entließ Marschall Schukow aus demselben Organ sowie aus dem Zentralkomitee. Mit letzterem Zugriff schaltete er die Möglichkeit aus, daß die Armee in der Politik eine dominierende Rolle einnähme. Chruschtschow fühlte sich nun in der Lage, ohne Bulganin auszukommen, und im März 1958 vereinigte er das Amt des Ministerpräsidenten und des Parteisekretärs in seiner Person. Es schien, als habe er die gleiche Vorrangstellung in der Partei erlangt, wie Stalin sie innegehabt hatte.

Als aufbrausender und selbstbewußter Mensch setzte sich Chruschtschow in allen Bereichen der Sowjetpolitik durch. In der Außenpolitik versuchte er die Vereinigten Staaten zu größeren Konzessionen in der deutschen Frage zu drängen. Sein Berlin-Ultimatum, sein Torpedieren der Gipfelkonferenz von 1960 und sein unerhörtes Benehmen in der UN-Vollversammlung dieses Jahres, als er seinen Schuh auf den Tisch schlug, stellten allesamt wohlüberlegte Gesten zur Durchsetzung seines Willens dar. Als sie keinen Erfolg zeitigten und als doktrinäre und andere Differenzen zwischen der Führung der Kommunistischen Partei Chinas und seiner eigenen Partei ernste Spaltungen in der kommunistischen Welt verursachten, änderte Chruschtschow geschickt seine Taktik gegenüber den Vereinigten Staaten und leitete eine Politik der Versöhnung ein. Dies galt vor allem für das Jahr 1962, als die Regierung der Vereinigten Staaten gegenüber seinem abenteuerlichen außenpolitischen Experiment – der Errichtung einer Raketenbasis auf Kuba – eine drohende Haltung einnahm. Die Beziehungen zwischen den beiden Großmächten wurden freundschaftlicher, und dieser Wandel fand seine Verkörperung in Abkommen zur Zusammenarbeit in der friedlichen Nutzung des Weltraumes (Dezember 1962), zur Errichtung des „heißen Drahtes" zwischen dem Weißen Haus und dem Kreml als Schutz gegen eine Atomkrise (Juni 1963) und zum Verbot aller Atomversuche mit Ausnahme von unterirdischen Experimenten (August 1963). Mit der Verbesserung der Beziehungen zu den Vereinigten Staaten kühlten sich Chruschtschows Beziehungen zu den chinesischen Kommunisten ab.

Innenpolitisch handelte Chruschtschow ebenso unorthodox und unabhängig wie in der Außenpolitik. In ideologischen Fragen neigte er zur freien Auslegung, die die Parteitheoretiker verärgerte, während sein Hang, in der Wirtschaftspolitik abrupt die Richtung zu ändern und neue Programme einzuleiten, bevor die vorherigen abgeschlossen waren, die Organisationsfachleute zur Verzweiflung brachte und den Fortschritt hemmte. Seine Abenteuer in der Landwirtschaft waren verhängnisvoll, und die Schwerpunktverlagerung auf die Produktion von Verbrauchsgütern stieß bei Schwerindustrie und Armee auf Widerstand, während sie im Lande begrüßt wurde.

Im Jahre 1964 begannen die Kritiker des Ministerpräsidenten ihre Reihen zu schließen, und es wurde deutlich, daß er in Wirklichkeit nicht die Macht besaß, die Stalin einst innehatte, sondern daß es nur so erschien. Mitte Oktober war der innere Kampf um die Sowjetführung ausgetragen. Chruschtschow übergab seine Ämter an Leonid N. Breschnew und Alexei Kossygin und zog sich verstimmt zurück.

Seine Nachfolger waren orthodoxe Parteibürokraten, die impulsives Handeln vermieden und jede Hoffnung auf eine Lockerung der Beschränkungen von politischer und geistiger Freiheit zerstörten. In der Innenpolitik wurden alle Experimente aufgegeben. Stalins Name, den Chruschtschow der berechtigten Schmähung preiszugeben gewagt hatte, wurde stillschweigend rehabilitiert. In der Außenpolitik vermied die neue Führung Auseinandersetzungen mit den Vereinigten Staaten und unternahm sogar neue Schritte auf eine Rüstungskontrolle hin – im Jahre 1968 mit der Ratifizierung des Atomsperrvertrags und im Jahre 1969 mit dem Beginn umfassender Gespräche über eine Rüstungsbegrenzung im Bereich der strategischen Waffen. Die erste Runde der SALT-Gespräche mündete im Jahre 1972 in neue Abkommen, die den Raketenabwehrsystemen umfassende Beschränkungen auferlegten. Dies hinderte die Sowjets weder daran, der nordvietnamesischen Regierung wesentliche Militärhilfe zu gewähren, noch nach dem Debakel von 1967 die ägyptische Armee wiederaufzubauen (s. S. 265 f.). Abgesehen davon machten ihnen die Beziehungen zu China die größten Sorgen; und mit dem Ansteigen der Gefahr eines Konfliktes im Fernen Osten bemühten sie sich ebensosehr um die Loyalität der Satellitenstaaten wie um die ihres eigenen Volkes.

Osteuropa, Finnland, Griechenland und die tschechische Krise von 1948. Die Errichtung von „Volksdemokratien" in Albanien, Polen, Rumänien, Bulgarien, Ungarn, der Tschechoslowakei, Ostdeutschland und Jugoslawien brachte von 1945 und 1948 nahezu 100 Millionen Osteuropäer unter kommunistische Herrschaft. Das bedeutete einen überragenden Sieg für die Sowjetunion und veränderte das Mächtegleichgewicht in der Welt grundlegend.

Zunächst muß über die beiden Länder an den äußeren Enden dieses großen Gebietsgürtels, Finnland und Griechenland, etwas gesagt werden; denn hier gingen die ehrgeizigen Pläne der Sowjetunion nicht in Erfüllung. In Finnland spielten die Kommunisten in den ersten Koalitionsregierungen nach 1945 eine bedeutende Rolle. Sie hatten das Innenministerium inne – eine entscheidende Stelle, von der aus es ihnen in anderen Ländern häufig gelang, die Polizei zu infiltrieren. Doch im Jahre 1948 wurde der kommunistische Minister aus dem Amt gedrängt, und nach 1948 gelangte kein Kommunist mehr in eine der Regierungen Finnlands. Die Sowjetunion war bereit, diesen Rückschlag zu akzeptieren. Finnland war durch die Bedingungen des sowjetisch-finnischen Beistandspaktes von 1948 und durch die Beschränkungen, die der Friedensvertrag seinen Streitkräften auferlegte (s. S. 208), gebunden. Es lag nicht auf den Hauptverbindungswegen zum Westen, und jeder Versuch, Kontrolle über Finnland auszuüben, konnte Schweden in die Arme der NATO treiben. All diese Gesichtspunkte legten Zurückhaltung nahe.

Greifbarer war der Sieg in Griechenland, wo die Kommunisten schon im Jahre 1941 einen wirksamen Untergrund gebildet hatten, die Griechische Befreiungsfront (EAM) und eine Kampftruppe, die Griechische Volksbefreiungsarmee (ELAS). Als die Briten nach der Räumung der Deutschen im Oktober 1944 in Griechenland landeten, hatten EAM und ELAS überall im Land eine starke Position. Im Dezember brachen zwischen den Briten und den Kommunisten Kämpfe aus. Doch die Kommunisten befanden es für zweckmäßig, die ELAS zu entwaffnen und zu versprechen, sich legaler parlamentarischer Mittel zu bedienen, um ihren Einfluß auszudehnen. Dieses Versprechen brachen sie ein Jahr später und kämpften mit Hilfe der Sowjetunion und der Satellitenstaaten drei Jahre lang weiter. Der Beistand aber, den die Amerikaner den nichtkommunistischen Kräften in Griechenland gewährten, und der Bruch Jugoslawiens mit Moskau, der zur Schließung der Versorgungswege über die jugoslawisch-griechische Grenze führte, brachen schließlich den kommunistischen Widerstand.

51. Franklin D. Roosevelt (1882–1945), Amerikanischer Präsident, nach seiner triumphalen Wiederwahl am 4. 11. 1936

52. John F. Kennedy (1917–1963), Amerikanischer Präsident, spricht vor dem Kapitol in Washington den Amtseid am 20. 1. 1961

53. Französische Staatskrise 1968. Studentenunruhen

54. Französische Staatskrise 1968. Straßenschlacht in Paris

55. Französische Staatskrise 1968. Neue Unruhen in Paris

In den folgenden Jahren war die griechische Politik periodischen Erschütterungen ausgesetzt, vor allem als König Paul I. im März 1964 starb und sein Sohn Konstantin die Nachfolge antrat. Dieser 23 Jahre alte Monarch geriet nahezu unmittelbar mit seinem Ministerpräsidenten Georgios Papandreou in einen Konflikt über eine Reihe von Verfassungsfragen, unter denen die Kontrolle über die Armee den wesentlichsten Streitpunkt bildete. Im Juli 1965 entließ der König seinen Ministerpräsidenten – eine Maßnahme, die eine Periode einleitete, in der Regierungen gebildet und gestürzt, Sensationsprozesse gegen Offiziere geführt wurden, die in ein Komplott zur Infiltration des Militärs verwickelt waren, und in der Streiks und Aufruhr die öffentliche Ordnung gefährdeten. Im April 1967 schließlich, am Vorabend von Neuwahlen, ergriff eine Gruppe von Offizieren der Armee, die im Namen des Königs handelte, die Macht. Der König war wegen des Staatsstreichs nicht konsultiert worden; und als die Offiziere ihre Machtübernahme mit der Verhaftung und Deportation von führenden Parlamentariern feierten und systematisch die Verfolgung von vage als subversiv bezeichneten Personen einleiteten, verhärtete sich sein Unwille zum Widerstand. Im Dezember 1967 inszenierte er selbst einen Handstreich. Es war ein Fiasko und veranlaßte den König zur Flucht aus dem Land. Die Militärjunta mit Oberst Georgios Papadopoulos als Ministerpräsident wurde wieder eingesetzt und leitete ein Programm der brutalen Unterdrückung ein, das manchen Beobachter dazu führte, neue Aufstände und einen eventuellen kommunistischen Coup zu prophezeien. Im November 1973 wankte das Militärregime, als Papadopoulos durch andere Offiziere gestürzt wurde; und im Jahre 1974 endete es, als sein Nachfolger, General Phaedon Gizikis infolge einer verhängnisvollen Politik gegenüber Zypern einer Zivilregierung unter Vorsitz von Konstantinos Karamanlis die Macht übergeben mußte. Im Juni 1975 errichtete man mit einer neuen Verfassung eine parlamentarische Demokratie.

Bei der Eroberung des übrigen Osteuropa verfolgten die Kommunisten nach dem Krieg ein gemeinsames Schema. Als Grundlage diente im allgemeinen das stillschweigende oder ausdrückliche Einverständnis des Westens, daß die Sowjets ein Anrecht auf eine beherrschende Position in dem betroffenen Land hätten oder daß sie ihnen zugestanden werden könne. So räumte Winston Churchill im Jahre 1944 als Gegenleistung für Stalins Anerkennung des vorrangigen Interesses Britanniens an Griechenland und der Interessengleichheit in Jugoslawien den Sowjets auf dem Papier ein überwiegendes Interesse an Rumänien, Ungarn und Bulgarien ein. So wurden in Jalta Konzessionen gemacht, die soviel bedeuteten wie die Anerkennung des vorrangigen Interesses der Sowjetunion an Polen. In einigen Ländern – vor allem in Albanien und in der Tschechoslowakei – war kein westliches Einverständnis erforderlich, weil dort die Regierungen selbst die Initiative ergriffen und der Sowjetunion von sich aus eine einflußreiche Position in ihrer Politik anboten.

Die nächste Phase der Machtübernahme ging so vonstatten, daß die Kommunisten am lokalen politischen Geschehen teilnahmen und in Koalitionsregierungen mit den anderen Parteien eintraten, auf diesem Wege allmählich die Kontrolle über den Regierungsapparat an sich zogen und die anderen Parteiorganisationen infiltrierten und spalteten. Danach setzte die Periode der „Gleichschaltung" ein, in der die anderen Parteien zum Zusammenschluß mit den Kommunisten gezwungen wurden (wie im Falle der SED in Ostdeutschland). Politische Opposition in Parlament, Presse und öffentlichen Versammlungen wurde verboten, politische Gegner und ehemalige Koalitionspartner liquidiert, und man zwang dem Land ein Rätesystem auf.

Die ersten Staaten, die kommunistisch wurden, waren Albanien und Jugoslawien, beide von kommunistischen Widerstandsbewegungen erobert, die während des Krieges entstanden waren. In Bulgarien und Rumänien wurden die leitenden Persönlichkeiten der nichtkommunistischen Parteien erst Mitte 1945 isoliert und aus ihren Machtpositionen verdrängt und die herrschenden Souveräne abgesetzt. In Polen demonstrierten die Kommunisten ihre Macht erst 1947 mit aller Deutlichkeit. Im Juni schlossen sie ihre Machtübernahme in Ungarn ab. Und im Februar 1948 errichteten sie in der Tschechoslowakei mit einer Reihe von Ereignissen, die die westliche Welt erschütterten und ihr ein neues Verständnis von der geballten Kraft des kommunistischen Vormarsches vermittelten, ein kommunistisches Regime.

Einen Sonderfall bildete die Tschechoslowakei, da das Land vorwiegend industriell ausgerichtet war, eine ähnliche Sozialstruktur besaß wie die Staaten Westeuropas und über starke demokratische Mittelstandsparteien verfügte. Hier war der Erfolg der Kommunisten auf ihre überlegene Taktik und auf die Fehler ihrer Gegner zurückzuführen.

Die Tschechen begannen die Nachkriegszeit mit viel gutem Willen gegenüber der Sowjetunion. Die Dankbarkeit des Volkes für die Befreiung des Landes schlug sich in den Wahlen von 1946 in der Stärke der Kommunisten und ihrer Regierungsbeteiligung nieder. Als aber die Kommunisten darangingen, Differenzen zwischen den einzelnen Landesteilen der Tschechoslowakei auszunutzen, die Polizei und die lokale Verwaltung zu infiltrieren und offen zu illegalen Maßnahmen zu schreiten, setzten sich die demokratischen Parteien zur Wehr. Im Februar 1948 begingen sie jedoch den ernsten taktischen Fehler zu versuchen, den kommunistischen Innenminister zum Rücktritt zu zwingen, indem sie ihre Vertreter aus dem Kabinett abzogen, ohne sich zuvor des Rückhalts des Präsidenten zu vergewissern. Die Kommunisten veranlaßten Präsident Eduard Beneš, die Rücktritte zu akzeptieren, stifteten Agitationen an und ergriffen dann unterstützt von bewaffneten Fabrikarbeitern und an der Grenze stationierten sowjetischen Streitkräften kühn die Macht. Angesichts dieser Tatsachen gaben die demokratischen Führer einfach auf. Das Münchner Abkommen hatte bei ihnen ein fundamentales Mißtrauen gegen den Westen hinterlassen, von dem sie sich nun keine Hilfe mehr erhofften; und die Widerstandskräfte des Landes hatten sich im Krieg erschöpft. Zwanzig Jahre später sollte die Geschichte anders verlaufen.

Ostberlin, Polen und Ungarn 1953–1956. Es besteht kein Zweifel, daß die Sowjetunion aus der Verbreitung des Kommunismus starken Nutzen zog. Bereits im Jahre 1947 nahmen die Satellitenstaaten über die Hälfte der sowjetischen Exporte ab und lieferten mehr als ein Drittel ihrer Importe. Strategisch verschaffte der Vormarsch des Kommunismus der Sowjetunion die Pufferzone, die sie seit den 20er Jahren mit ihrer Außenpolitik angestrebt hatte. Es war aber unmöglich, der übrigen Welt zu verheimlichen, daß dies eine neue Form des Imperialismus darstellte, den sowjetische Dialektiker immer als eine dem Kapitalismus eigene Krankheit hervorgehoben hatten. Die Aufzwingung der sowjetischen Wirtschafts- und Gesellschaftsform gegenüber den eroberten Völkern und die systematische Ausbeutung ihrer Ressourcen erinnerten eindeutig an die schlimmsten Mißbräuche der kolonialen Expansion Europas. Überdies stellten sich nun störende „Eingeborenen-Aufstände" ein, wenn auch weniger erfolgreich als einige derjenigen, die die Vorkriegsgeschichte des europäischen Imperialismus gekennzeichnet hatten. Gleichwohl waren die Demonstrationen in Ostdeutschland vom Jahre 1953 so ernst, daß sowjetische Panzer einrollen mußten, um sie zu unterdrücken. Sie taten es mit einer Gründlichkeit, die selbst jene Menschen in Empörung versetzte, die sich für den Kommunismus entschieden hatten.

Drei Jahre später führten im polnischen Posen bewaffnete Zusammenstöße zwischen Fabrikarbeitern und der Polizei zu etwa hundert Todesfällen und förderten weitverbreitete Unzufriedenheit in jenem Lande zutage. Das Zentralkomitee der Kommunistischen Partei Polens beschloß, der Volksstimmung entgegenzukommen, und setzte den im Jahre 1949 wegen seines Nationalismus und seiner unabhängigen Linie aus dem Komitee entlassenen kommunistischen Veteranen Wladyslaw Gomulka wieder als Generalsekretär der Partei ein. Es deutete einiges darauf hin, daß die Sowjetregierung dieses verhindern wollte. Doch nachdem Chruschtschow sich während eines Sonderbesuches in Warschau vergewissert hatte, daß Gomulka nicht versuchen würde, Polen vom Warschauer Pakt zu lösen, scheint er entschieden zu haben, daß es klüger sei, den polnischen Wünschen gegenüber nachzugeben, als das Risiko eines ausgreifenden bewaffneten Aufstands einzugehen. In den folgenden Jahren änderte man einige Grundzüge der Ära Stalin. Die Zwangskollektivierung in der Landwirtschaft fand ein Ende, politische Gefangene wurden freigelassen, die Vollmachten der Geheimpolizei eingeschränkt. Doch durften Gomulkas Zugeständnisse gegenüber dem Wunsch nach Liberalisierung niemals die Kontrolle der Partei über das Land oder ihre Bindung an die Sowjetunion gefährden; und die Beschränkungen der bürgerlichen und geistigen Freiheit blieben bedrückend. In der Tat wurden sie in den späten 60er Jahren, als die Regierung ihre „antizionistische" Politik einleitete, noch grausamer.

Einer der Gründe, warum Chruschtschow sich im Oktober 1956 in Polen zurückhielt, war der, daß er in Ungarn mit einer umfassenden Revolution konfrontiert war. Unruhen unter Studenten der Universität griffen auf die Arbeiter, den Mittelstand und selbst auf die Armee und die Polizei über und führten zu Demonstrationen, die den Rückzug der Sowjettruppen, eine Umbesetzung der Regierung, Garantien für grundlegende bürgerliche Freiheiten und umfassende Sozialreformen forderten. Als die ungarische Geheimpolizei in die Menge schoß, brachen Kämpfe aus und griffen auf das ganze Land über. Die russischen Truppen mußten Budapest räumen. Es wurde eine Volksregierung gebildet unter Imre Nagy, der die Vereinten Nationen um Hilfe anrief.

In der UNO sagte der Vertreter der Vereinigten Staaten: „Wir werden Euch nicht im Stich lassen". Doch die Ereignisse in Ungarn trafen mit der Suezkrise zusammen (s. S. 263f.), und die Versprechungen blieben letztlich unerfüllt. Am 4. November fielen sowjetische Panzerkolonnen in Ungarn ein und überrollten die größeren städtischen Zentren. In Budapest stießen sie auf verzweifelten Widerstand, schlugen ihn jedoch mit brutaler Härte nieder. Unter einem gefügigen Despoten, Janos Kadar, wurde eine neue Regierung gebildet, während man Nagy trotz Geleitschutzes durch die jugoslawische Botschaft gefangennahm und anschließend hinrichtete.

Die ungarische Revolution hinterließ Wunden. Selbst innerhalb der Sowjetunion erschütterte sie den Glauben vieler Parteimitglieder, und sie störte die Universitätsjugend auf. In Ungarn selbst leitete das Kadar-Regime eine vorsichtige Liberalisierungspolitik ein. 1963 wurden viele der wegen politischer Vergehen aus dem Jahre 1956 Inhaftierten durch eine politische Amnestie befreit. Auch die Beziehungen zwischen Kirche und Staat verbesserten sich, und einige ermutigende Anzeichen sprachen dafür, daß Beförderungen innerhalb des Staatsdienstes nicht mehr ausschließlich auf der Mitgliedschaft in der Kommunistischen Partei beruhten.

Jugoslawien. Das einzige Land in Osteuropa, dem es neben Finnland und Griechenland gelang, seine Freiheit vor dem sowjetischen Imperialismus zu bewahren, war Jugoslawien. Als Staat, der mit einer starken einheimischen kommunistischen Bewegung, die ihre innenpolitischen Gegner bereits liquidiert hatte, in die Nachkriegszeit hineinging, reagierte Jugoslawien nicht auf die sowjetischen Wünsche nach politischer Konformität. Seine immer offenerwerdenden Gesten der Unabhängigkeit führten im Jahre 1948 zum offenen Bruch mit der Sowjetunion, und Jugoslawien wurde aus der sowjetischen Vereinigung der Nationen ausgeschlossen. Es hätte noch schlimmer kommen können; denn die Sowjets forderten die Nachbarländer Jugoslawiens zur Wirtschaftsblockade und zu militärischen Übergriffen gegen Jugoslawien auf. Diese Maßnahmen aber zeigten, daß nur größere militärische Anstrengungen darauf hoffen lassen konnten, daß Marschall Tito, der jugoslawische Staatschef, seinen Treuebruch rückgängig machen würde. Jugoslawien besaß ja eine lange Küstengrenze, und die Westmächte waren offensichtlich bereit, den Ketzer mit Waffen und Lebensmitteln zu versorgen. Vor allem die amerikanische Großzügigkeit bestärkte Tito in seinem Widerstand. Der Treuebruch Jugoslawiens war nur ein gradueller. Das Land blieb kommunistisch, und die Beschränkungen der Gesinnungs- und Redefreiheit waren kaum weniger einschneidend als in der Sowjetunion. Was die Institutionen anbetrifft, so bevorzugte Tito ein gewisses Maß an Dezentralisation, so daß Männer, die mit lokalen Problemen in Berührung kamen, Autorität besaßen. Die Kollektivierung in der Landwirtschaft wurde aufgehoben, und man machte verschiedene Experimente mit der Gewinnverteilung, um Industrie und soziale Einrichtungen anzuregen. Diese Versuche waren immerhin so erfolgreich, daß sie zur Stabilität des Regimes beisteuerten.

Rumänien, die Tschechoslowakei und Polen 1960–1979. In den folgenden Jahren ermutigten zwei ganz verschiedene Kräfte die Länder Osteuropas, sich etwas von Moskau zu lösen. Nachdem sich die Beziehungen zwischen der Sowjetunion und dem kommunistischen China aufs äußerste verschlechtert hatten, gewährten die Chinesen den Regierungen der Satellitenstaaten zumindest verbale Unterstützung, wenn Konflikte mit Moskau auftraten. Andererseits verstärkte der industrielle Fortschritt und der materielle Wohlstand des Westens den Wunsch der östlichen Regierungen, aus den wirtschaftlichen Einschränkungen des Sowjetblocks auszubrechen. Rumänien suchte als erstes europäisches Land Handelsabkommen mit den Vereinigten Staaten und den Regierungen Westeuropas.

Differenzen zwischen Rumänien und der Sowjetunion stellten sich in den frühen 60er Jahren ein, als die Russen das Comecon zu einer zentralen Planungsbehörde umzuformen versuchten, die den Satellitenstaaten Wirtschaftsstruktur und -programme vorschreiben würde – eine recht blutleere Reaktion auf den Marshall-Plan. Mit dem Einwand, dies mache ihr Programm zur Industrieentwicklung und ihre Chancen, Handelsbeziehungen zum Westen aufzubauen, zunichte, protestierten die Rumänen so energisch, daß Chruschtschow den Plan fallenließ. Ermutigt durch diesen Sieg, nutzten die Rumänen die chinesisch-sowjetischen Differenzen aus, um sich eine neutrale Position zu verschaffen. Im Februar 1964 erbot sich das rumänische Außenministerium in der Tat, zwischen der Sowjetunion und China zu vermitteln – etwas Unerhörtes in der Diplomatie des Sowjetblocks. Um 1965 übte die rumänische Regierung offen Kritik an Strukturmängeln im Warschauer Pakt und weigerte sich, Militärmanöver des Warschauer Paktes innerhalb ihrer Grenzen zuzulassen. 1968 weigerte sie sich, die sowjetische Politik in der Tschechoslowakei zu unterstützen, und im März 1969 torpedierte sie in Warschau faktisch die sowjetischen Pläne für eine einheitliche Front gegen China. Offenkundig war die sowjetische Führung vor 1968 bereit, die Unabhängigkeitsgebärden der Rumänen so lange zu dulden, wie sie nichts so Drastisches unternahmen wie beispielsweise, aus dem Warschauer Pakt auszutreten; und danach hatten sie andere Gründe zur Vorsicht.

Das Jahr 1968 war – wie 1938 und 1948 – ein Jahr, in dem die Tschechoslowakei in den Mittelpunkt der Weltnachrichten rückte. Seit 1948 hatten die Tschechen im Schatten stalinistischer Unterdrückung gelebt, in der letzten Zeit verwaltet durch den Staatspräsidenten und Ersten Sekretär der Kommunistischen Partei der Tschechoslowakei, Antonin Novotny. Seine einfallslose Wirtschaftspolitik brachte die Geschäftswelt zur Verzweiflung, und seine Verachtung gegenüber der Kultur bedrückte die Intellektuellen. Letztere Gruppe führte den ersten Schlag gegen den Parteichef, indem sie im Juni 1967 auf dem Vierten Kongreß des Tschechischen Schriftstellerverbands einen versteckten Angriff auf die Unterdrückung des freien künstlerischen Ausdrucks startete. Vier Monate später leitete der slowakische Führer der Kommunisten, Alexander Dubcek, einen direkteren und ausführlicheren Angriff auf die Parteiführung ein. Im Januar wurde Dubcek Erster Sekretär. Unter seiner Führung säuberte man das Parteipräsidium von doktrinären Stalinisten. Eine Reformergruppe gelangte an die Macht und entwarf ein Programm, das ein neues Wahlrecht, die Rehabilitierung der Opfer des Stalinismus sowie wirtschaftliche Reformen forderte.

Von Mai bis August hielten die Mächte des Warschauer Paktes wiederholt Konferenzen ab, die darauf zielten, die Prager Reformer zur Vernunft zu bringen. Weder sie noch sowjetische Truppenmanöver in der Tschechoslowakei im Frühsommer schüchterten Dubcek und seine Mitarbeiter ein, und selbst auf die Warnungen befreundeter Besucher wie Marschall Titos, der Anfang August nach Prag kam, reagierten sie nicht. Tito direkt auf den Fersen folgte Ulbricht – ein Mann, der auf das, was in Prag vor sich ging, höchst empfindlich reagierte, da es nahelag, daß Ostdeutschland in Mitleidenschaft gezogen würde. Nach einem Gespräch mit Dubcek reiste er nach Moskau. Was er seinen dortigen Gastgebern berichtete, scheint die Sowjets in ihrer Vermutung bestärkt zu haben, daß Dubcek für sein Land die Unabhängigkeit wolle. Am Abend des 20. August überquerten sowjetische Panzer, unterstützt von ostdeutschen Einheiten und Kontingenten aus Polen, Bulgarien und Ungarn, die tschechischen Grenzen und drangen nach Prag und Preßburg vor. Die Welt wurde Zeuge der ersten Invasion eines kommunistischen Staates durch andere derselben Überzeugung.

Die Tschechen kämpften mit allen ihnen zur Verfügung stehenden Mitteln tapfer dagegen an. Doch die Sowjets waren entschlossen, diese Gefahr für die Einheit des Ostblocks auszuschalten. Dubcek und andere Reformer verschwanden nach Moskau, und möglicherweise wäre ihnen die Rückkehr niemals erlaubt worden, hätte nicht der betagte Staatspräsident Ludvik Svoboda gedroht, Selbstmord zu begehen, falls sie nicht freigelassen würden. In diesem Punkt gaben die Sowjets nach. Sie bestanden aber auf einer Umbesetzung des Präsidiums der tschechischen Partei, und als diese begann, waren alle Hoffnungen der Reformer zerstört. Dubcek versuchte vorzugeben, es sei nicht so. Doch aufgrund der Manöver Gustav Husaks, den die Sowjets Ende August ins Präsidium brachten, war er bald aller Verbündeten beraubt und ohne jede Zuflucht bis auf die eine gefährliche, die öffentliche Meinung gegen die Besatzungsmacht zu mobilisieren. Erzürnt über die Massendemonstrationen nach der Selbstverbrennung des Studenten Jan Palach im Januar 1969 und über neue Unruhen im März, drohte die sowjetische Regierung am 1. April, dem Land ein Militärregime aufzuzwingen. Diesen Plan gab sie erst auf, als Husak versprach, „die Führung der Sozialistischen Republik der Tschechoslowakei [sei] stark genug, um selbst die Ordnung wiederherzustellen". Zwei Wochen später wurde Dubcek seines Amtes als Erster Sekretär, das man ihm des Eindrucks wegen gelassen hatte, enthoben, die Pressezensur verschärft, „antizionistische Elemente" für die Störung der öffentlichen Ordnung seit August verantwortlich gemacht, und es begann eine Parteisäuberung. Die prosowjetische Gruppe hatte die Machtinstrumente fest in ihrer Gewalt.

Dieser skizzierte Überblick vermittelt keinen echten Eindruck von dem Schock, den jene Ereignisse in der westlichen Welt auslösten, besonders bei denjenigen, die normalerweise mit der Sowjetunion sympathisierten. Auch das war der Preis, den die Sowjets für die Maßnahme zahlen mußten, die sie für notwendig hielten. Es ist verständlich, daß sie sich scheuten, eine solche Operation kurz darauf zu wiederholen, vor allem, nachdem die chinesisch-sowjetischen Beziehungen so unsicher geworden waren. Als im Dezember 1970 massive Preiserhöhungen für Lebensmittel, Brennstoff und Kleidung in den polnischen Städten Gdánsk und Gdynia zu einem Arbeiteraufstand führten, überließ die sowjetische Regierung daher die Angelegenheiten geflissentlich dem polnischen Politbüro, das Gomulka, seinen Vorsitzenden seit 1956, absetzte, den populären Eduard Gierek an seine Stelle berief und wirtschaftliche Zugeständnisse machte, die die Ordnung wiederherstellten. Im darauffolgenden Zeitraum zeigte die sowjetische Regierung ähnliche Toleranz gegenüber anderen Gesten der scheinbarenUnabhängigkeit in den Satellitenstaaten – wie z. B. dem Empfang des chinesischen Staatschefs durch den rumänischen Staatchef Ceausescu im Jahre 1978 –, lockerte aber ihre Kontrolle über den Ostblock nicht.

Wissenschaft und Kultur. Innerhalb des sowjetischen Blocks waren die Fortschritte im geistes- und naturwissenschaftlichen Bereich nach 1945 beeindruckend. Die Regierungen der Sowjetunion und der Satellitenstaaten widmeten der Bildungspolitik viel Aufmerksamkeit und förderten sie. Dabei unterstützten sie vor allem die Ausbildung von Spezialisten, die in der Wirtschaft, in der Wissenschaft und für den Maschinenbau gebraucht wurden. Die sowjetischen Leistungen in der technischen Ausbildung kamen denen des Westens in dieser Periode gleich, und die Bemühungen um den Fremdsprachenunterricht stellten die der Vereinigten Staaten in den Schatten. Der erfolgreiche Start des ersten Erdsatelliten im Jahre 1957 versetzte die Welt in Erstaunen und ließ manchen pessimistischen westlichen Beobachter befürchten, die nichtkommunistische Welt habe ihre wissenschaftliche Überlegenheit unwiederbringlich eingebüßt. Etwa um 1965 erwies sich diese Befürchtung als grundlos, doch war die hervorragende Qualität der wissenschaftlichen Arbeit in der Sowjetunion allgemein anerkannt.

Der politische Einsatz der sowjetischen Sputnik-Erfolge vom Jahre 1957 veranschaulichte eine wesentliche Tatsache. Im allgemeinen förderten die Regierungen der Sowjetunion und der Satellitenstaaten in erster Linie solche Aktivitäten, die die Stärkung der Macht des Staates oder Werbung dafür versprachen. Daher wurden neben den offenkundig wichtigen wissenschaftlichen Aktivitäten die darstellenden Künste großzügig behandelt, und Schauspielgruppen aus kommunistischen Ländern, denen gestattet wurde, im Westen aufzutreten, blendeten ihr Publikum.

In den kreativen Künsten waren die Resultate nicht so erfreulich. Für die sowjetische Musik, den Film und die Malerei bedeutete die Zeit des Stalinismus eine Dürreperiode. Die Rolle des sowjetischen Künstlers war die, den Staat zu verherrlichen. Eine Unterlassung dessen wurde nicht geduldet. Die Kriegsjahre brachten eine gewisse Lockerung der ideologischen Zwangsjacke mit sich, doch bei Wiederherstellung des Friedens führte man die Zensur wieder ein. Der Staat behielt sich wiederum das Recht vor, zu entscheiden, was gute oder schlechte Kunst sei, und diktierte den Schriftstellern in vielen Fällen sowohl das Thema als auch dessen Behandlung. Das Ergebnis war eher eine öde, wenn nicht banale Literatur. In einem Kommentar über den „sozialistischen Realismus" schrieb im Jahre 1959 ein junger Russe, der es vorzog, anonym zu bleiben, da das Thema aller sowjetischen Romane die Revolution sei, müßten alle glücklich ausgehen, wenn auch manches Mal die technische Handlungsweise überlebe anstelle der Charaktere.

Selbst indirekte oder oberflächliche Regimekritik wurde geahndet. Das zeigte sich nur allzu deutlich in der Behandlung des Romans „Dr. Schiwago", aufgrund dessen Boris Pasternak den Nobelpreis gewann, der aber in der Sowjetunion verboten wurde. Man zwang Pasternak, den Nobelpreis öffentlich abzulehnen. Sein begabtester Nachfolger, Aleksandr Solschenizyn, erfuhr eine noch niederträchtigere Behandlung. Nach 1963 verschwanden seine veröffentlichten Werke wie „Ein Tag im Leben des Iwan Denissowitsch" (1962), ein Bericht über das Leben in einem stalinistischen Arbeitslager, aus den Buchhandlungen und öffentlichen Bibliotheken, und die Romane „Krebsstation" und „Der erste Kreis der Hölle", die in Westeuropa und den Vereinigten Staaten triumphierend begrüßt wurden, durften in seinem eigenen Land nicht erscheinen. In der Tat wurde dieser hervorragendste der modernen russischen Romanschriftsteller im November 1969 aus dem nationalen Schriftstellerverband ausgeschlossen. Anderen Schriftstellern erging es noch schlechter. Im Jahre 1966 wurden Julij Daniel und Andrej Sinjawskij zu fünf Jahren Zwangsarbeit verurteilt, weil ihre im Ausland erschienenen Werke als antisowjetische Propaganda bewertet wurden.

Gemessen am westlichen Niveau befanden sich die anderen Künste in einem bedauernswerten Zustand. Die Malerei litt besonders, nachdem Chruschtschow seine Abneigung gegen jeden Anflug von abstrakter Kunst deutlich gemacht hatte. Was die Musik anbetrifft, so hatten sich nach den Äußerungen des amerikanischen Korrespondenten Henry Kanim sowohl die Bolschoi-Oper als auch das Bolschoi-Ballett bis zu den 60er Jahren zu Museen überalterter Stilrichtungen entwickelt. Auf die Frage, ob er irgendeine Möglichkeit sehe, eine Vorstellung von Alban Bergs „Wozzeck" zu inszenieren, antwortete ein Dirigent traurig: „Wir sind noch nicht einmal bei Wagner und Strauß angelangt!"

Elftes Kapitel

Europa und die Welt: Probleme und Zukunftsaussichten

Die Vereinten Nationen

Ihre Errichtung und ihre Institutionen. Erschöpft durch den langen Krieg und in dem Bewußtsein, daß die Zukunft nicht unbedingt frei von internationalen Krisen sein würde, reagierten die Völker Europas und ihre Regierungen begeistert und hoffnungsvoll auf die Gründung jener Organisation, die den sechs Jahre zuvor zugrundegegangenen Völkerbund ersetzte. Die Diskussion über die Notwendigkeit einer neuen Weltorganisation hatte bereits früh im Krieg eingesetzt, und schon 1944 begann die Planung im einzelnen. Die Konferenz von San Francisco, die im April 1945 zusammentrat, brachte im Juni die Aufgabe, die UN-Charta zu entwerfen und anzunehmen, zum Abschluß.

Die neue Organisation war nicht als Weltregierung gedacht. Sie erkannte die Souveränitätsrechte ihrer Mitgliedstaaten an, und es wurde ihr eigens untersagt, „in Angelegenheiten einzugreifen, die im wesentlichen innerhalb der innenpolitischen Zuständigkeit" der Mitgliedstaaten lägen. Ihr erklärtes Ziel war vielmehr, Frieden und Sicherheit aufrechtzuerhalten, gute Beziehungen zwischen den Nationen zu entwickeln, durch internationale Maßnahmen Lösungen für wirtschaftliche, soziale und andere Probleme voranzutreiben und als Forum zu dienen, auf dem die widerstreitenden Meinungen der Mitgliedstaaten in Einklang gebracht werden könnten. Genau wie der Völkerbund verfügte sie über eine Versammlung, in der alle Mitglieder gleiche Vertretungsrechte besaßen, und einen Rat (jetzt Sicherheitsrat genannt), der Mitglieder mit eingeschränktem Status und solche mit Vorzugsstatus umfaßte. Die Generalversammlung erhielt die Befugnis, alle Fragen zu erörtern, die in den Bereich der Charta fielen, die Berechtigung, zahlreiche ständige Ausschüsse sowie Sonderausschüsse einzusetzen, und außerdem das Recht, Mitgliedstaaten und dem Sicherheitsrat gegenüber Empfehlungen auszusprechen. Der Rat, bestehend aus fünf ständigen Mitgliedern (USA, Sowjetunion, China, Großbritannien und Frankreich) und sechs anderen, für eine zweijährige Amtszeit von der Versammlung gewählten Mitgliedern, sollte richtungweisend für die Arbeit der Organisation als Ganzes wirken und sie leiten. Er sollte seine Autorität darauf verwenden, Gefahren für den allgemeinen Frieden schnell und effektiv zu bannen. Entscheidungen über Verfahrensfragen traf er mit einfacher Mehrheit, in allen anderen Fragen aber mußten die fünf ständigen Mitglieder der Mehrheit angehören. Kurz, jedes ständige Mitglied besaß in höchst wichtigen Streitfragen das Vetorecht. Diese Bestimmung wurde in die Charta aufgenommen, um die Mächte, die die größte Verantwortung trugen, zu schützen. Der heraufziehende Kalte Krieg förderte die Hinfälligkeit ihrer Ausgangsbasis zutage, nämlich daß die Mächte ihr Vetorecht nicht mißbrauchen würden. Es hemmte die Arbeit des Sicherheitsrates und zuweilen legte es ihn lahm. Folglich erlangte die Generalversammlung eine Bedeutung, die ihr von den Begründern der Vereinten Nationen wahrscheinlich nicht zugedacht worden war. Im November 1950 nahm die Versammlung einen Beschluß an, der die Einberufung einer Sondersitzung der Generalversammlung vorsah, um Empfehlungen für kollektive Maßnahmen, selbst den Einsatz militärischer Gewalt betreffend, auszusprechen, wenn fehlende Einmütigkeit es dem Rat unmöglich mache, eine Gefahr für den Frieden abzuwenden.

Ein weiteres Organ, das seine Funktionen allmählich erweiterte, war das Sekretariat, das zur Wahrnehmung administrativer und technischer Aufgaben unter der Leitung eines Generalsekretärs eingerichtet worden war. In den 50er und zu Anfang der 60er Jahre, als die UNO angerufen wurde, Truppen zum Nahen Osten und zum Kongo zu entsenden, nahmen die Aufgaben des Generalsekretärs an Anzahl und Vielfalt zu, und er war häufig stärker als Diplomat denn als Administrator gefordert.

Ein wichtiges Organ der UNO stellte der Wirtschafts- und Sozialrat dar, dessen Mission es war, durch die Anregung von Studien auf dem Gebiet sozialer, gesundheitlicher und erzieherischer Erfordernisse internationale Reibungen unter Kontrolle zu bekommen und zu ihrer Beseitigung beizutragen. Dieses Organ hielt die Verbindung zu älteren Organisationen wie dem Weltwährungsfonds und der Weltbank aufrecht und überwachte die Errichtung und Funktionsfähigkeit von neuen Sonderorganisationen wie der Weltgesundheitsorganisation und der UN-Erziehungs-, Wissenschafts- und Kulturorganisation (UNESCO). Andere Organe der UNO waren der Treuhänderrat, der die Verwaltung von Territorien überwachte, deren Völker noch nicht die volle Unabhängigkeit erlangt hatten, und der Internationale Gerichtshof, der den früheren Haager Ständigen Internationalen Gerichtshof ersetzte.

An den Beratungen in San Francisco nahmen fünfzig Staaten teil. Die Feindmächte waren ausgeschlossen, ebenso neutrale Länder wie Spanien, Portugal, Südirland, Schweden und die Schweiz sowie ein alliierter Staat, Polen, weil dessen Regierung nicht von allen Großmächten anerkannt wurde.

Die Leistungen der UNO. Als sich die Staatsmänner im Juni 1975 in San Francisco versammelten, um den 30. Jahrestag der UNO zu begehen, taten diejenigen, die daran teilnahmen, es mit weniger Begeisterung und Hoffnung, als die Gründer dreißig Jahre zuvor bekundet hatten. Allzu deutlich zeigte sich, daß die Organisation den idealistischen Erwartungen ihrer ursprünglichen Befürworter nicht gerecht geworden war: sie hatte es nicht vermocht, den nationalen Ehrgeiz ihrer Mitglieder zu zügeln; sie war machtlos gewesen, sowjetische Aggressionen in Osteuropa oder indonesische Aggressionen in Malaya zu verhindern; ihre Friedensaktionen hatten weder im Kongo noch in Vietnam Erfolg gezeigt; sie befand sich in akuter Geldnot, weil manche ihrer Mitgliedstaaten es ablehnten, sich an den Kosten von Friedensaktionen, die sie mißbilligten, zu beteiligten; und im arabisch-israelischen Konflikt in den Jahren von 1967–1970 blieb ihre Intervention völlig wirkungslos.

Doch dies war nur die Kehrseite der Medaille. Selbst im Bereich der zwischenstaatlichen Auseinandersetzungen wogen die Erfolge der UNO ihre Rückschläge durchaus auf. Immerhin hatte sie dafür gestimmt, dem Angriff auf Südkorea im Jahre 1950 Widerstand zu bieten, und ein Expeditionsheer dorthin geschickt, das schließlich sein erklärtes Ziel erreichte. Überdies hatte sie wichtige Arbeit geleistet und geholfen, Konflikte zu entschärfen und Lösungen zu finden dadurch, daß sie in der Lage war, die öffentliche Meinung zu mobilisieren. In dieser Hinsicht spielte sie bei der Bewältigung der Suezkrise eine bemerkenswerte Rolle (s. S. 264), ebenso bei der Intervention auf Zypern im Jahre 1964 sowie bei den Feindseligkeiten zwischen Indien und Pakistan im Jahre 1965.

Abgesehen davon darf man nicht vergessen, daß – mit den Worten von Dean Rusk – „nahezu siebzehn von zwanzig UN-Angestellten und nahezu 93 Prozent eines jeden UN-Dollar für wirtschaftliche, soziale und technische Unternehmungen eingesetzt werden". Sechzehn Sonderorganisationen hatten revolutionäre Arbeit geleistet, um das Weltgesundheitsniveau zu verbessern, das Analphabetentum zu bekämpfen, Ausbildungsmöglichkeiten in unterentwickelten Ländern zu schaffen, Wasserversorgungssysteme für unfruchtbare Gebiete zu entwickeln, Programme zur Bewässerung, zur Eindämmung von Hochfluten sowie für die Entwicklung der Schiffahrt und der Hydroelektrizität zu erstellen.

Unter der idealistischen Leitung von Dag Hammarskjöld, der auf der Suche nach einer Lösung für das Kongoproblem in Afrika starb, engagierte sich die UNO vielleicht zu sehr im politischen Bereich. Hammarskjölds Nachfolger, U Thant aus Burma (1961–1972) und Kurt Waldheim aus Österreich (1972–   ), waren bescheidener in ihren Erwartungen und neigten zu der Ansicht, daß es die wichtigste Aufgabe sei, die Armut zu bekämpfen, weil das der schnellste Weg sei, in der Welt Ordnung zu schaffen.

Im November 1971 – einem Markstein in der Geschichte der Organisation – wurde die Volksrepublik China Mitglied der UNO. Der Leiter der Delegation feierte den Anlaß mit einer Rede, in der er revolutionären Kräften in Asien, Afrika und Lateinamerika Chinas Unterstützung versprach.

Die Verteidigung Westeuropas

Herausforderung und Reaktion. In den ersten Jahren nach dem Krieg waren die Staaten Westeuropas nicht bereit gewesen, sich im Hinblick auf die Verteidigung ihrer Sicherheit ausschließlich auf die UNO zu verlassen. Sie wurden durch ein Mitglied der Charta bedroht, die Sowjetunion, die die Macht hatte, jede Intervention des Sicherheitsrates in der Planung zu blockieren. Die Länder des Westens waren daher gezwungen, andere Mittel zu ihrem Schutz zu suchen. Sie traten der Gefahr, die vom sowjetischen Imperialismus her drohte, nur zurückhaltend und langsam entgegen. Noch immer hielten sie an der Hoffnung auf eine Zusammenarbeit mit Rußland fest und zögerten die notwendigen Opfer für einen effektiven Widerstand so lange wie möglich hinaus. Scharfsichtige Beobachter erkannten die Gefahr frühzeitig und erstatteten darüber pflichtgetreu Bericht. Doch erst im Jahre 1947, als die sowjetische Gefahr für Griechenland und die Türkei akut wurde, trafen die westlichen Staaten Vorbereitungen für eine echte Verteidigungsaktion. Die Ausrufung der Truman-Doktrin im März 1947, mit der die Regierung der Vereinigten Staaten Griechenland und der Türkei wirtschaftliche Hilfe und „allen freien Völkern, die sich der versuchten Unterwerfung durch bewaffnete Minderheiten oder durch Druck von außen widersetzen", Unterstützung versprach, sowie die Vorlage des Marshall-Planes im Juni bereiteten dem Zögern ein Ende.

Diese beiden Maßnahmen setzten eine tatkräftige Bewegung zur europäischen Integration in Gang, die verschiedene Formen annahm. Auf politischer Ebene führte sie im Jahre 1949 zur Errichtung des Europarates, eines beratenden Organs, das sich für die Festlegung einer gemeinsamen Politik gegenüber Gebieten, die für die europäischen Staaten von besonderer Wichtigkeit waren, als nützlich erwies. Auf wirtschaftlicher Ebene führte sie im April 1948 zur Errichtung einer Organisation für europäische wirtschaftliche Zusammenarbeit (OEEC). Dieses Organ, das die besonderen Erfordernisse der einzelnen Staaten, die Hilfe aus dem Marshall-Plan brauchten, ausfindig machen und einen langfristigen Plan für den Wiederaufbau Europas erstellen sollte, trug viel dazu bei, daß Europa so schnell wieder auf eigenen Füßen stand. Die OEEC legte darüber hinaus den Grundstein für andere Formen der wirtschaftlichen Zusammenarbeit. Im nächsten Jahrzehnt folgten die Europäische Gemeinschaft für Kohle und Stahl (EGKS oder Montanunion), die Europäische Atomgemeinschaft (Euratom) und die Europäische Wirtschaftsgemeinschaft (EWG oder Gemeinsamer Markt), die im Januar 1958 gegründet wurde, um die wirtschaftlichen Schranken zwischen den Mitgliedstaaten zu beseitigen, die Freizügigkeit der Arbeitnehmer, Kapitalbewegungen und den Austausch von Dienstleistungen sowie eine gemeinsame

Handelspolitik gegenüber der Außenwelt zu ermöglichen. Diese Organisationen sahen sich vor schwierige Probleme gestellt. Doch die Gründung solcher Gemeinschaften zeigte, daß man eine gegenseitige Abhängigkeit erkannt hatte, was seit der Freihandelsära der 60er Jahre des 19. Jahrhunderts nicht mehr der Fall gewesen war. In der Tat versuchte die Mehrheit der ursprünglichen Mitglieder des Gemeinsamen Marktes (Frankreich, Westdeutschland, Italien und die Beneluxländer) wiederholt, ihre Vereinigung durch die Aufnahme neuer Mitglieder (1962 wurde ein Abkommen mit Griechenland und 1963 eines mit der Türkei getroffen, die in deren Mitgliedschaft einmünden sollten) oder durch Sonderabsprachen mit anderen Organisationen wie der im Jahre 1960 gegründeten Europäischen Freihandelszone (Großbritannien, Österreich, Dänemark, Schweden, Norwegen, die Schweiz und Portugal) zu erweitern. Im Januar 1963 und nochmals im November 1967 erlitt die Integrationsbewegung einen Rückschlag dadurch, daß General de Gaulle seine beträchtliche Autorität darauf verwandte, Englands Beitritt zum Gemeinsamen Markt zu verhindern. Doch nachdem der General gestürzt war, rollte man diese Frage wieder auf, und im Januar 1973 wurden Großbritannien, Irland und Dänemark Mitglieder.

Die Entstehung der NATO und der Korea-Krieg. Wie entscheidend diese Entwicklungen auch immer waren, so hielt man doch die Errichtung einer militärischen Schranke gegen einen eventuellen Drang des sowjetischen Imperialismus nach Westen für dringlicher. Die Erkenntnis dieser Notwendigkeit stand hinter dem Abschluß des Brüsseler Vertrages vom März 1948, mit dem sich Großbritannien, Frankreich, Belgien, die Niederlande und Luxemburg im Falle eines Angriffs auf ihr europäisches Territorium zur gemeinsamen Verteidigung verpflichteten. Doch selbst nach diesem Schritt stellte man fest, daß es den Staaten Westeuropas ohne amerikanischen Beistand in absehbarer Zukunft nicht gelingen würde, beeindruckende Streitkräfte aufzustellen.

Die Amerikaner zögerten nicht lange mit ihrer Hilfe. Im März 1948 billigte Präsident Truman die Ziele des Brüsseler Vertrages, und im Juni nahm der Senat der Vereinigten Staaten – im Sog der kommunistischen Machtübernahme in der Tschechoslowakei und während der Berlinblockade durch die Sowjets (s. S. 207) – die Vandenberg-Resolution an. Neben der Versicherung, die UNO weiterhin zu unterstützen, enthielt sie die Erklärung, daß die Vereinigten Staaten „ihre feste Entschlossenheit, das Recht auf individuelle und kollektive Verteidigung unter Artikel 51 [der Charta] wahrzunehmen, falls ein bewaffneter Angriff ihre nationale Sicherheit beeinträchtigen sollte" deutlich zum Ausdruck bringen müßten. Diese Identifikation von nationaler Sicherheit mit kollektiven Maßnahmen ermöglichte der Regierung der Vereinigten Staaten, sich hinter die Brüsseler Mächte zu stellen. Das tat sie konkret mit dem Abschluß des Nordatlantik-Paktes, den die fünf Brüsseler

Mächte, Dänemark und Norwegen (traditionell neutrale Mächte, deren Zurückhaltung, sich einem Mächteblock anzuschließen, durch den tschechischen Staatsstreich überwunden wurde), Island, Italien, Portugal, Kanada und die Vereinigten Staaten im April 1949 unterzeichneten. In diesem Vertrag kamen die Unterzeichneten überein, daß ein bewaffneter Angriff auf einen von ihnen als Angriff auf alle betrachtet würde und daß alle dagegen einschreiten würden – wenn immer es möglich sei, in Übereinstimmung mit gleichzeitigen Maßnahmen der UNO. Auf diese gegenseitige Beistandsgarantie gründete sich die Nordatlantik-Pakt-Organisation (NATO).

Wenngleich politische und wirtschaftliche Funktionen für diese Organisation ins Auge gefaßt wurden, stellte sie in erster Linie ein militärisches Organ dar, das darauf abzielte, die Sowjetunion von neuen Aggressionen abzuschrecken und – falls solche stattfänden – ihnen entgegenzutreten. Die Durchführbarkeit dieser Absicht war zumindest im Augenblick fraglich. Zur Zeit der NATO-Gründung existierten in Westeuropa nur etwa ein Dutzend Divisionen an Heerestruppen (einschließlich der verbliebenen US-Armee), verstärkt durch ein paar Hundert Flugzeuge. Dagegen verlautete, daß die Russen mindestens 25 Divisionen in den Satellitenstaaten stationiert und noch weitaus mehr im eigenen Land sowie Tausende einsatzfähiger Flugzeuge zur Verfügung hätten. Daher wurden die westlichen Regierungen aufgefordert, Gesetze zu beschließen und Mittel zu bewilligen, mit denen genügend Streitkräfte bereitgestellt und ausgerüstet werden könnten, damit man den Sowjets einen schnellen und leichten Sieg verwehren könne, während den eigenen Ländern Zeit bliebe zur vollständigen Mobilmachung.

Die Bemühungen um dieses Ziel erhielten im Juni 1950 Auftrieb, als die nordkoreanischen Kommunisten den 83. Breitengrad überquerten und in Südkorea einfielen. Die Regierung der Vereinigten Staaten beschloß, ohne zu zögern, diesem Vertragsbruch entgegenzutreten, und entsandte sowohl Truppen als auch Flugzeuge vom Hauptquartier General Douglas MacArthurs in Japan nach Korea. Sie ersuchte auch um die UN-Sanktion für ihre Maßnahmen und erhielt sie (zum Teil aufgrund eines taktischen Fehlers der Sowjets, nämlich ihres Fernbleibens vom Sicherheitsrat zur Zeit einer entscheidenden Abstimmung). Auf diese Weise wurde der Krieg eine internationale Angelegenheit.

Die große Mehrheit derjenigen in der UNO, die den Widerstand befürwortet hatten, betrachtete ihn als einen begrenzten Krieg; und obwohl viele seiner Landsleute darüber ungehalten waren, stellte sich auch Präsident Harry Truman auf diesen Standpunkt. Mit der Ablehnung, den Krieg zu einem umfassenden Konflikt mit China auszuweiten – was einige seiner Kritiker zu wollen schienen, nachdem sich „freiwillige Streitkräfte" Chinas im November 1950 den Nordkoreanern angeschlossen hatten – hielt die Regierung Truman an der Überzeugung fest, daß Europa das strategisch kritische Gebiet im Kampf gegen den Kommunismus darstelle. Sie teilte die

Furcht ihrer europäischen Bündnispartner, daß ein ähnlicher Angriff wie jener der Nordkoreaner jederzeit von den östlichen Satellitenstaaten aus eingeleitet werden könne, wo die Russen die Aufstellung von Streitkräften – wie man wußte – förderten.

Diese Befürchtungen wirkten sich direkt und entscheidend auf die Entwicklung der Stärke und der Operationspläne der NATO aus. Die Furcht vor einem zu erwartenden Angriff regte die europäischen Staaten an, ihre Bemühungen um den Ausbau ihrer militärischen Stärke schnell voranzutreiben und veranlaßte die Regierung der Vereinigten Staaten, Europa an den Folgen ihrer eigenen Mobilmachung für den Koreakrieg teilhaben zu lassen. Außerdem ließ diese Furcht es den NATO-Planern notwendig erscheinen, an eine Strategie der „Vorwärtsverteidigung" zu denken, um einen sowjetischen Angriff so weit wie möglich im Osten abzufangen und auf diese Weise die trübe Aussicht auf einen leichten sowjetischen Sieg über Westeuropa und womöglich eine spätere Rückeroberung des verwüsteten Gebiets durch westliche Armeen auszuschalten. Diese Überlegungen führten in den letzten Monaten des Jahres 1950 zu einer Reorganisation der NATO-Streitkräfte (in deren Rahmen man die amerikanischen und französischen Truppen in Deutschland unter NATO-Kommando stellte), zur Bildung eines Oberbefehls unter General Dwight D. Eisenhower, zur Entsendung zusätzlicher amerikanischer Streitkräfte nach Europa, zur Zulassung Griechenlands und der Türkei zur NATO (die 1952 in Kraft trat) und zu der Entscheidung, die Wiederaufrüstung Westdeutschlands zu genehmigen.

Der letzte Vorschlag erregte bei vielen ernste Zweifel; doch wurde ein deutscher Beitrag zur europäischen Verteidigung aus wirtschaftlichen und anderweitigen Gründen für unabdingbar gehalten, um den auf einer Konferenz des NATO-Rates in Lissabon vom Februar 1952 beschlossenen Stand der Streitkräfte zu erreichen. Die französische Regierung, die der Wiederbewaffnung der Deutschen die größten Vorbehalte entgegenbrachte, war gezwungen, die Logik dieses Vorgehens einzusehen. Gleichwohl schlug sie vor, die europäische Armee solle als integrierte Streitmacht organisiert werden und die nationalen Einheiten sollten nicht über die Stärke eines Bataillons hinausgehen. Dieser Vorschlag einer Europäischen Verteidigungsgemeinschaft (EVG) verwickelte die NATO-Regierungen in mühselige Verhandlungen, bis die französische Nationalversammlung sie im August 1954 in höchst gereizter Stimmung kurzerhand ablehnte.

Damit beschwor sie innerhalb der Allianz eine Krise größeren Ausmaßes herauf. Sie wurde schließlich durch eine geduldige Diplomatie überwunden, in der die Briten die Initiative ergriffen (und bei der der Außenminister der Vereinigten Staaten John Foster Dulles hinter den Kulissen bedeutende Arbeit leistete). Für das Versprechen der Briten, ihre Streitkräfte nicht ohne Einverständnis der Brüsseler Mächte aus Europa abzuziehen, willigte die französische Regierung ein, den Brüsseler Vertrag in eine Westeuropäische

56. Außenministerkonferenz in Genf 1955

57. Pariser Konferenz 1960. Nikita Chruschtschow bei seinem weltberühmt gewordenen Wutanfall vor der internationalen Presse in Paris

58. Berlin Abkommen 1972. Unterzeichnung des Schlußprotokolls durch die Außenminister der Vereinigten Staaten, der Sowjetunion, Großbritanniens und Frankreichs

59. Unterzeichnung des Grundvertrags DDR–BRD am 21. 12. 1972

Union (WEU) mit Deutschland und Italien als neuen Mitgliedern zu verwandeln und Deutschland den Beitritt zur NATO zu erlauben. Mit den Abkommen von London und Paris vom Dezember 1954, die im darauffolgenden Frühjahr ratifiziert wurden, erhielt Westdeutschland Zutritt zur NATO und die Erlaubnis, Streitkräfte von 500000 Mann als NATO-Kontingent aufzustellen.

Die Sowjetunion reagierte im Mai 1955 auf diese Bewegungen, indem sie ihre Satellitenstaaten in einem militärischen Bund organisierte, der unter der Bezeichnung Warschauer Pakt bekannt ist. Mitglieder waren die Sowjetunion, Albanien bis 1961, Bulgarien, die Tschechoslowakei, die Deutsche Demokratische Republik, Ungarn, Polen und Rumänien. (Rumänien hat allerdings gelegentlich die Teilnahme an Manövern des Warschauer Paktes verweigert, s. S. 245). Gleichzeitig startete die Sowjetunion eine geschickte Propagandakampagne zu dem Zweck, die deutsche Wiederaufrüstung zu hemmen, indem sie deutlich machte, daß die NATO-Mitgliedschaft der Bonner Regierung ein dauerhaftes Hindernis für die Wiedervereinigung darstelle. Als die deutsche Frage im Jahre 1955 auf einem von Präsident Eisenhower, dem britischen Premierminister Eden und den führenden sowjetischen Staatsmännern Bulganin und Chruschtschow besuchten Gipfeltreffen in Genf tatsächlich erörtert wurde, stellte sich heraus, daß der östliche und der westliche Standpunkt völlig unvereinbar waren – nicht wegen der Frage der Wiederbewaffnung, sondern weil die westlichen Regierungen die Wiedervereinigung Deutschlands durch freie Wahlen wollten, während die Sowjetunion argumentierte, sie sei am besten durch direkte Verhandlungen zwischen den beiden deutschen Regierungen zu bewerkstelligen.

Die NATO seit 1955. In den folgenden Jahren war die NATO Prüfungen ausgesetzt, die sie schwächten. Stalins Tod im Jahre 1953 brachte eine Verbesserung der Beziehungen zwischen Ost und West mit sich, die ihren Höhepunkt mit dem Gipfeltreffen von 1955 erreichte. Als unausweichliche Folge stellte sich eine Entspannung auf seiten der Staaten Westeuropas ein, die nun keine Eile zeigten, ihre Streitkräfte auf die in Lissabon beschlossene Stärke zu bringen. Ihre Leistungen waren derartig enttäuschend, daß der NATO-Rat seine Führungsstäbe im Dezember 1954 bevollmächtigte, bei ihren Operationsplanungen davon auszugehen, sie könnten im Falle eines Angriffs von den Vereinigten Staaten bereitgestellte Atomwaffen einsetzen, um die zahlenmäßige Unterlegenheit der Abschreckungsstreitmacht auszugleichen. Danach wuchs in der Öffentlichkeit die Kritik an den Operationsplänen der NATO.

Weiterhin reduzierte Frankreichs Algerienkonflikt (s. S. 273) die NATO-Streitkräfte, der den Rückzug aller französischen Divisionen bis auf zwei aus den Kampfreihen der NATO erforderlich machte; und zwei Krisen im Nahen Osten gefährdeten den inneren Zusammenhalt der Organisation. Im

September 1955 führten Auseinandersetzungen auf der Insel Zypern zu scharfen Differenzen zwischen der englischen und der griechischen Regierung sowie zwischen der griechischen und der türkischen Regierung. All das bewirkte eine Disharmonie in der Allianz. Noch ernster war die Suezkrise vom November 1956, in deren Verlauf sich die US-Regierung mit der Sowjetregierung verbündete, um das Vorgehen der britischen und der französischen Bündnispartner vor dem UN-Sicherheitsrat zu rügen. Doch der Aderlaß in Ungarn diente den NATO-Partnern als heilsame Erinnerung, daß die sowjetische Bedrohung noch immer real und bedrückend war. Auf dem Pariser Treffen des NATO-Rates im Dezember 1956 unternahmen sie Schritte, um die Differenzen beizulegen und die Allianz zu stärken.

In der darauffolgenden Periode erlebte Westeuropa den Anbruch des Weltraumzeitalters, das durch den sowjetischen Erfolg beim Start der ersten Erdsatelliten (der Sputniks) im Oktober 1957 eingeläutet wurde. Zugleich litt Westeuropa unter einer fortlaufenden Kampagne sowjetischer Drohungen, die die Einheit und den Willen der Allianz schwächen sollten. Im Frühjahr 1960 veranlaßte beispielsweise die Erbeutung eines amerikanischen Spionageflugzeugs (der U-2) innerhalb russischen Territoriums die Sowjetregierung, mehrere NATO-Mitglieder zu warnen, daß die Verwendung ihrer Basen für derartige Zwecke künftig zu den ernstesten Vergeltungsschlägen herausfordern würde. Zwei Jahre später griffen die Sowjets kühn auf die Mitte des Atlantiks über und begannen einen eigenen Stützpunkt, eine Raketenabschußbasis auf Kuba, zu errichten. Hier war die atomare Erpressung nicht so erfolgreich wie in der Suezkrise. Die Regierung der Vereinigten Staaten reagierte schnell und entschlossen, und die Sowjets hielten es für zweckmäßig, den Rückzug anzutreten.

Nach der Kubakrise im Oktober 1962 kam es zu einer Entspannung in den Beziehungen der beiden Supermächte zueinander. Und wiederum war das Ergebnis ein gefährlicher Grad der Lockerung im Rahmen der NATO – dieses Mal einhergehend mit ernsten strategischen Differenzen zwischen den Bündnispartnern. Im Dezember 1962 einigten sich Präsident Kennedy und Premierminister Harold Macmillan auf einer Konferenz in Nassau auf ein Abkommen, nach dem Großbritannien sein Programm für den Bau von Skybolt-Raketen aufgab und dafür amerikanische Polaris-Raketen erhielt, die in britischen Atom-U-Booten eingesetzt werden sollten. Die U-Boote würden dann zusammen mit britischen Bomberflugzeugen einer gemeinsamen multilateralen NATO-Streitmacht zugeführt werden – ein amerikanisches Projekt, das darauf abzielte, die Weiterverbreitung von Atomwaffen unter den Bündnispartnern zu verhindern und die amerikanische Kontrolle über die nukleare Kapazität der Allianz aufrechtzuerhalten.

Das Nassauer Abkommen wurde in England als Aufgabe der Unabhängigkeit in militärischen Angelegenheiten angegriffen und steuerte dadurch zum Sturz der Konservativen Partei bei (s. S. 230). Ernstere Rückwirkungen zeigten sich in Frankreich. Am 14. Januar 1963 verkündete Präsident Charles de Gaulle, Frankreich werde weder Polaris-Raketen akzeptieren noch sich an der multilateralen Flotte beteiligen. Darüber hinaus erklärte „le grand Charles", der mit aller Deutlichkeit seiner Enttäuschung über die NATO Ausdruck verlieh, daß traditionelle Bündnisse in jeder Hinsicht veraltet seien und durch nationale Atomwaffen als Abschreckungsmittel ersetzt werden müßten. Schließlich legte er, wie wir gesehen haben, Veto ein gegen Großbritanniens Beitritt zur EWG.

Diese Entscheidungen waren nicht so unverantwortlich, wie sie manchen britischen und amerikanischen Beobachtern erschienen. De Gaulle spürte, daß sich eine historische Gewichtsverlagerung vollzog und daß die amerikanische Vorherrschaft in der westlichen Welt, die sich in den 40er und 50er Jahren so stark ausgeprägt hatte, jetzt einem gleichrangigen Verhältnis zwischen den Vereinigten Staaten, der Sowjetunion und einem freien, vereinten und starken Europa weichen mußte. Hinsichtlich des Ausschlusses Großbritanniens vom Gemeinsamen Markt leitete ihn offenbar die Überzeugung, daß die Briten, solange sie den Amerikanern in strategischen Angelegenheiten und dem Commonwealth in wirtschaftlichen Dingen nachgaben, noch nicht europäisch genug seien, um sich für die Mitgliedschaft zu qualifizieren.

Im Jahre 1966 betrieb der General den militärischen, nicht jedoch den politischen Rückzug aus der Allianz und riß damit ernste Lücken, die in den folgenden Jahren nicht ausgefüllt wurden. Selbst die sowjetische Aggression gegenüber der Tschechoslowakei im August 1968 vermochte die NATO-Partner nicht so aufzurütteln, daß sie ihre Rüstungsanstrengungen verstärkt hätten; und die Behauptungen der Sowjets in der darauffolgenden Periode, daß die Zeit reif sei für eine europäische Sicherheitskonferenz, die vermutlich alle Schwierigkeiten zwischen Ost und West ausbügeln würde, schläferten einige westeuropäische Politiker ein und ließen sie glauben, erneute Anstrengungen seien unnötig, die NATO habe sich zu einem kostspieligen Anachronismus entwickelt. Zweifelsohne war die Ankündigung der kanadischen Regierung im April 1969, ihr NATO-Kontingent zu verringern, von dieser Haltung beeinflußt; und bei vielen Amerikanern rief sie den Wunsch hervor, ihre Regierung solle den gleichen Schritt tun. Um die Mitte der 70er Jahre machten sich westliche militärische Beobachter Sorgen über die Ungleichheit der Stärke der NATO und des Warschauer Paktes; denn während die NATO im Hinblick auf nukleare Sprengköpfe und Abschußgestelle immer noch eindeutig überlegen war, verfügte der Warschauer Pakt über 21 000 schwere Panzer, die NATO hingegen nur über 8000; und im Hinblick auf Infanterie sowie mechanisierte Panzerdivisionen überflügelte er die NATO bei weitem. Überdies besaß er den Vorteil der geographischen Kompaktheit gegenüber dem ungeheuren territorialen Gefüge des westlichen Bündnisses.

Europa und der Nahe Osten

Die europäischen Interessen. Die im Jahre 1945 einsetzende Epoche brachte große Veränderungen im Nahen Osten mit sich. Ob das Gebiet für die Westmächte strategisch noch die gleiche Bedeutung besaß wie einstmals, konnte man in diesen Tagen der strategischen Langstreckenbomber und der Interkontinentalraketen zumindest in Frage stellen. Was seinen wirtschaftlichen Wert betraf, so gab es gar keinen Zweifel. Die Industrie und die Verkehrssysteme Westeuropas waren auf die reichen Ölvorkommen dieses Gebietes angewiesen. Daher klammerten sich die Westmächte ängstlich an ihre Position im Nahen Osten. Doch der explosive Nationalismus, der dieses Gebiet beeinträchtigte, und ihre eigenen taktischen Fehler sowie die Tatsache, daß die Sowjetunion sie sich zunutze machen konnte, ließen die Westmächte hier an Boden verlieren.

Griechenland und die Türkei. Tiefgreifende Differenzen zwischen Großbritannien und Griechenland sowie zwischen Griechenland und der Türkei schwächten die westeuropäische Position in diesem Gebiet.

Der anglo-griechische Konflikt entstand auf Zypern. Disraeli, der diese Insel als „Schlüssel nach Westasien" (s. Bd. I, S. 212) betrachtete, hatte sie im Jahre 1878 als britischen Stützpunkt erworben. Zur Zeit des Protektorats und nach 1925 als Kronkolonie regierten die Briten die Insel wohlwollend und leistungsfähig und wahrscheinlich zur Zufriedenheit der meisten ihrer griechischen und türkischen Einwohner. Gleichwohl wirkten die griechisch-orthodoxe Kirche und eine bedeutende Anzahl gebildeter Griechen auf der Insel lange und überzeugt auf die „Enosis" (Vereinigung Zyperns mit Griechenland) hin. In den 50er Jahren setzte eine systematischere Bewegung unter Führung von Michael Mukos, Erzbischof Makarios III., ein; und ab 1954 führte eine Guerillabewegung unter der Leitung von Georgios Grivas eine Terrorkampagne, die der „Enosis" internationale Sympathien und Unterstützung einbringen sollte. Sie erwies sich in ihren Methoden als derartig blutrünstig und ziellos in der Wahl ihrer Opfer, daß sie die entgegengesetzte Wirkung erzielte. Außerdem stieß sie die türkische Minderheit der Insel vor den Kopf, die zum antigriechischen Terrorismus überging. Das führte im September 1955 in Istanbul zu einem Aufruhr gegen die Griechen und in Saloniki zu einem Vergeltungsanschlag auf das türkische Konsulat.

Die Geduld der Briten und der Druck der Weltmeinung führten schließlich im Jahre 1959 zu einer provisorischen Lösung. Zypern sollte bei einer eigenen Regierung durch die griechischen und türkischen Einwohner und unter Wahrung der strategischen Interessen Britanniens unabhängig werden, die „Enosis" jedoch für immer ausgeschlossen bleiben. Diese Regelung funktionierte einigermaßen gut, bis Makarios sie im Jahre 1964 aufkündigte.

Es brachen erneut Kämpfe zwischen Griechen und Türken aus, und die UNO sah sich gezwungen einzugreifen. Dennoch vergifteten dortige Auseinandersetzungen weiterhin das Klima unter den östlichen NATO-Partnern.

In den Jahren 1959 und 1960 warfen ernste interne Auseinandersetzungen in der Türkei Zweifel an der Stärke dieses Landes als Bündnispartner auf. Der Zusammenbruch des Einparteiensystems, das sich nach der Revolution Kemals (s. S. 49) im Lande behauptet hatte, hatte bereits vor dem Zweiten Weltkrieg eingesetzt. Im Jahre 1946 wurde eine neue, die Demokratische Partei gegründet, die vier Jahre später mit großer Mehrheit an die Macht gelangte. Unter Adnan Menderes als Ministerpräsidenten spielte diese Partei eine aktive Rolle beim Wiederaufbau einer durch den Krieg schwer erschütterten Wirtschaft. Gleichwohl schenkte die Regierung den Gesetzen einer gesunden Finanzwirtschaft immer weniger Aufmerksamkeit und schritt zunehmend zu autoritären Methoden, um ihre Kritiker zum Schweigen zu bringen.

Im Frühherbst des Jahres 1960 war ein Großteil der türkischen Bevölkerung die Regierung Menderes leid. Der Ministerpräsident und die meisten Mitglieder seines Kabinetts wurden in einem Handstreich der Armee verhaftet und mußten sich einem Prozeß wegen Staatsvergehen unterziehen. Drei von ihnen, einschließlich Menderes, wurden hingerichtet. Die Offiziere, die dies eingefädelt hatten, beteuerten lauthals, mit dem Putsch beabsichtigten sie, die Achtung vor dem Gesetz wiederherzustellen, und am türkischen Engagement innerhalb der NATO ändere sich nichts. Die Zivilregierung Ismet Inönü, die die Macht im Jahre 1961 vom Militär übernahm und bis Februar 1965 regierte, hielt die NATO-Verpflichtungen im allgemeinen ein. Die Stabilität im Lande war jedoch gering und bürgerliche Unruhen sowie insbesondere nach 1971 häufiger Regierungswechsel kennzeichneten die darauffolgenden zehn Jahre. Einer neuen Belastung war die Beziehung der Türkei zur NATO Mitte des Jahres 1974 ausgesetzt, als ein plumper Versuch der griechischen Militärregierung, Zypern unter ihre Kontrolle zu bekommen, zum Einmarsch und zur Eroberung bedeutender Teile der Insel durch die Türkei führte. Nur unentwegte diplomatische Anstrengungen von seiten Großbritanniens, der Vereinigten Staaten und der Vereinten Nationen verhinderten einen Krieg zwischen Griechenland und der Türkei.

Das Problem Israel. Seit dem Ersten Weltkrieg hatten viele der politischen Auseinandersetzungen in der arabischen Welt das Problem der Juden in Palästina zum Mittelpunkt. Nach 1945 nahmen sie eine neue Intensität an. In jenem Jahr verkündeten die Briten ihre Absicht, ihr Mandat über Palästina abzutreten; und sie übertrugen das Problem der UNO. Im November 1947 nahm die UNO einen Plan zur Teilung Palästinas und zur Errichtung eines jüdischen Staates, eines arabischen Staates und einer internationalen Stadt

Jerusalem an. Es erwies sich als schwierig, die Teilung durchzuführen. Als die Juden im Frühjahr 1948 in Palästina eine unabhängige Republik mit der Hauptstadt Tel Aviv errichteten, wurden sie von Streitkräften der Arabischen Liga (Ägypten, Syrien, Libanon und Irak) angegriffen, und bis Anfang 1949 fanden unregelmäßige Kämpfe statt. Als Vermittler der Vereinten Nationen schließlich unter großen Schwierigkeiten einen Waffenstillstand erreichten, erhielt die neue Republik Israel den größeren Teil Palästinas.

Israel wurde von der UNO anerkannt und im Mai 1949 als Mitglied aufgenommen. Die folgenden sieben Jahre konzentrierte es sich unter der Leitung von Ministerpräsident David Ben Gurion auf innenpolitische Aufgaben. Seine Bevölkerung verdreifachte sich in diesem Zeitraum, da aus allen Teilen Europas Flüchtlinge eintrafen. Diese Einwanderer mußten Fertigkeiten erwerben, die das Überleben in einem schwierigen Land ermöglichen würden. In dieser Zeit waren die Israelis auf ausländische Kredite, auf deutsche Reparationen und auf Kollekten in jüdischen Gemeinden im Ausland angewiesen. Die neue Republik machte bemerkenswerte Fortschritte.

Die Arabische Liga hatte ihren Rückschlag nicht als definitiv akzeptiert. Sie nutzte die Klagegründe palästinensischer Araber aus, die in Nachbarländer geflüchtet waren und dort in Schmutz und Elend lebten, und begann terroristische Banden zu gründen. Insbesondere die neue ägyptische Regierung war bei diesen Unternehmungen aktiv. Die Israelis, die einen erneuten Angriff aus jenem Hauptquartier witterten, beschleunigten die Ausbildung ihrer Streitkräfte unter Anwendung von Verfahren, die ihnen später die uneingeschränkte Bewunderung militärischer Beobachter des Westens eintrugen. Die Resultate dieser Vorbereitungen wurden im Sinaifeldzug vom Jahre 1956 (s. S. 264) offenkundig.

Ägypten und die Suezkrise von 1956. Während des ersten Nachkriegsjahrzehnts war die Politik Ägyptens durch einen frenetischen Nationalismus gekennzeichnet, der sich insbesondere gegen die Überreste britischen Einflusses in Ägypten richtete, vor allem gegen die britischen Rechte im Sudan und am Suezkanal. Als den Ägyptern im Jahre 1951 ein anglo-amerikanischer Plan über ein mit der NATO verbundenes Mittel-Ost-Kommando mit Stützpunkt in Ägypten unterbreitet wurde, befanden sie es nicht einmal einer sorgfältigen Prüfung wert.

Die Bedeutung Ägyptens in jedem strategischen Verteidigungsplan für den Nahen Osten veranlaßte die westlichen Regierungen, ihre Bemühungen um ein Abkommen mit Kairo beharrlich fortzusetzen. Die Verschlechterung der innenpolitischen Situation Ägyptens schien ihr Anliegen zu begünstigen; denn nachdem eine Militärrebellion die Regierung König Faruks gestürzt hatte und sie durch eine von General Nagib und später, im Jahre 1954, von Oberst Gamal Abd el Nasser geführte Regierung ersetzt hatte, schien eine politisch-militärische Verständigung möglich. Während dieser Etappe seiner

Karriere schien Nasser prowestlich eingestellt. 1954 schloß er einen neuen Vertrag mit Britannien, in dem die Briten sich bereiterklärten, ihre Truppen innerhalb von zwei Jahren aus der Kanalzone zu räumen unter der Bedingung, daß ihnen für den Fall einer äußeren Bedrohung der Kontrolle Ägyptens über den Kanal das Recht zur Wiederbesetzung zugestanden würde und daß die ägyptische Regierung die Konvention von 1888, die den freien Durchgang durch diesen wichtigen internationalen Wasserweg garantierte, weiterhin respektierte. Dem Sudan ließ man die Wahl zwischen der Vereinigung mit Ägypten und der Unabhängigkeit. 1955 entschied er sich für die zweite Möglichkeit.

Die Anzeichen einer Freundschaft zwischen Ägypten und dem Westen waren vorübergehend. Der Westen lehnte Nassers beharrliche Forderung nach militärischer Hilfe ab, weil die Befürchtung bestand, alle an ihn gelieferten Waffen könnten zum Einsatz gegen Israel gelangen. Und im September 1955 wandte sich Nasser dem sowjetischen Block zu, indem er ein Abkommen über Waffenlieferungen – angeblich mit der Tschechoslowakei, in Wirklichkeit aber mit der Sowjetunion – traf. Das Versäumnis des Westens, spürbare Vergeltung zu üben, ermutigte Nasser, noch weiter zu gehen. Er begann, antiwestliche Propaganda in anderen arabischen Ländern anzuregen, den Rebellen in Algerien (s. S. 273) Unterstützung zu gewähren und Verhandlungen zur Aufnahme von Beziehungen mit Rotchina zu führen, während er gleichzeitig in Verhandlungen mit der Regierung der Vereinigten Staaten über die Finanzierung des Staudammes von Assuan überaus arrogant reagierte.

Im Juli 1956 zogen die Amerikaner ihre Hilfe für den Bau des Staudammes zurück. Nasser betrachtete dies als einen Versuch, ihn und sein Land zu demütigen, und er rächte sich mit der Beschlagnahmung der Suezkanalgesellschaft. Damit verstieß er gegen internationale Konventionen und seine jüngsten Zusicherungen gegenüber den Briten.

Zu diesem Zeitpunkt schwand auch jeder Anschein von Einmütigkeit innerhalb des westlichen Bündnisses. Die britische und die französische Regierung meinten, falls Nasser sich weigere, den Kanal zurückzugeben und eine Form der internationalen Verwaltung anzuerkennen, so müsse der Westen bereit sein, mit militärischen Mitteln einzuschreiten, um ihn zum Nachgeben zu zwingen. Die Regierung der Vereinigten Staaten reagierte nicht auf das Drängen der Briten, daß entschlossenes Handeln notwendig sei, um die westlichen Interessen in den arabischen Ländern zu schützen. Das Land befand sich inmitten einer Kampagne für die Präsidentschaftswahlen, in der die Regierung Eisenhower die Beilegung des Koreakrieges als Argument für ihre Wiedereinsetzung ins Amt anführte. Sie zog es vor, die Dinge treiben zu lassen, anstatt einen Kurs einzuschlagen, der eine energische Intervention erforderlich machen konnte. Da die Stimmen der Sowjetunion und Jugoslawiens im Sicherheitsrat jede sinnvolle Maßnahme der UNO unwahrscheinlich werden ließen, veranlaßte Enttäuschung die beiden europäischen Mächte zu einer übereilten Aktion.

Die an Anzahl und Heftigkeit beständig zunehmenden Zwischenfälle an der arabisch-israelischen Grenze und die immer offenkundiger werdenden Vorbereitungen Ägyptens für einen umfassenden Krieg hatten die israelische Regierung Anfang Oktober 1956 von der Notwendigkeit überzeugt, daß sie Schritte einleiten müsse, um einer Katastrophe vorzubeugen. Sie teilte ihre Beunruhigung der französischen Regierung Guy Mollet mit, die dann den Briten gegenüber andeutete, ein israelischer Angriff auf die Halbinsel Sinai könne den Briten und Franzosen einen Vorwand für die Intervention und die Eroberung des Suez-Kanals liefern. Eden willigte ein und versprach den Israelis – noch bevor er sein Kabinett zur Zustimmung veranlaßt hatte –, die westlichen Alliierten würden ihre Operationen unterstützen und die Briten würden die ägyptische Luftwaffe zerstören. Mit dieser Rückversicherung ausgestattet, drang die israelische Armee am 29. Oktober auf die von einem an Anzahl, Ausrüstung und Munition überlegenen Feind befestigte Halbinsel Sinai vor, vernichtete in einem lediglich hundertstündigen Feldzug die dortigen Kampfeinheiten, nahm ihre Verteidigungsstellungen ein und zwang sie zum Rückzug jenseits des Kanals nach Ägypten.

Der Plan der Briten und Franzosen, mit ihren Streitkräften den Kanal zu erobern, wurde nicht so brillant ausgeführt, sondern endete mit einem erheblichen Rückschlag. Logistische Schwierigkeiten, Mangel an Entschlossenheit und die Einmischung der Politiker in taktische Operationen nahmen einem Vorstoß, der anderenfalls hätte gelingen können, die Kraft. Die Regierung der Vereinigten Staaten sagte sich von ihren Bündnispartnern los und schloß sich einer Forderung der Vereinten Nationen nach Waffenruhe an. Dieser Druck in Verbindung mit einer liberalen und linken Opposition im eigenen Land zwang die Briten und Franzosen, die Operationen zu beenden. Die Spaltung im NATO-Bündnis und das Vorgehen der UNO bewirkten die Beilegung der Suezkrise und retteten Nasser vor den Folgen seiner Politik. Sie führten dazu, daß ihm alles Territorium, das seine Feinde eingenommen hatten, zurückerstattet wurde und daß er als Herr über den Kanal aus der Krise hervorging.

Die anderen arabischen Länder. Nassers Einfluß befand sich nun auf dem Höhepunkt. In Syrien wuchs dieser Einfluß rasch und machte den Zusammenschluß jenes Landes mit Ägypten in der Vereinigten Arabischen Republik im Februar 1958 möglich. Im Irak wirkte er sich noch dramatischer aus. Diese ehemalige britische Kolonie war im Jahre 1955 dem Bagdad-Pakt beigetreten – einem gegenseitigen Verteidigungsabkommen, dem Großbritannien, die Türkei, Pakistan und der Iran angehörten und zu dem die Vereinigten Staaten enge Beziehungen pflegten. Von diesem Zeitpunkt an hatte Kairo den Bund erbittert angegriffen, und Nasser hatte alles unternommen, was in seiner Macht stand, um innerhalb des Irak Subversion zu stiften. All dies spitzte sich am 14. Juli 1958 zu, als eine Gruppe von Offizieren der Armee, angeführt von General Karim el-Kassem plötzlich in Bagdad die Macht ergriff. Der Irak brach seine Beziehungen zum Bagdad-Pakt ab. Nassers Aufstieg – gleich einem Meteor – beunruhigte einige seiner Nachbarstaaten. Der junge König Hussein von Jordanien, der gegenüber den Briten Zurückhaltung geübt hatte, rief sie nun um Hilfe bei der Wiederherstellung der Ordnung in einem von nationalistischen Verschwörungen zerrissenen Land. In ähnlicher Weise ersuchte das prowestliche Regime im Libanon um den Schutz der Vereinigten Staaten gegen eine eventuelle Invasion durch arabische Nationalisten.

Wenn es auch gelegentlich den Anschein hatte, so erlangte Nasser in den arabischen Ländern doch zu keiner Zeit eine dominierende Position. Angesichts der politischen Instabilität des Mittleren Osten war dies kaum möglich.

Die arabisch-israelischen Kriege von 1967 und 1973. Der einzige konstante Faktor in der arabischen Politik schien der Haß auf Israel zu sein, und ein zweiter dramatischer Ausbruch dieses Hasses im Jahre 1967 ließ Schwäche und Stärke der Position Nassers erkennen. Nach 1956 hatte es eine gewisse Entspannung im Verhältnis zwischen Israel und Ägypten gegeben, ermöglicht durch die Präsenz von UNO-Truppen an ihrer gemeinsamen Grenze. Israels Beziehungen zu Jordanien und Syrien verschlechterten sich jedoch stetig. Im Jahre 1962 führten Grenzvorkommnisse, bei denen die syrische Artillerie eine Rolle spielte, zu geballten Vergeltungsanschlägen durch israelische Luftwaffen- und Panzereinheiten. Nach diesem Schema verliefen in den folgenden Jahren mehrere Zwischenfälle. Das UN-Sekretariat war nicht in der Lage, eine effektive Präventivaktion zustande zu bringen.

Diese gefährliche Situation wurde noch komplizierter, als die Arabische Liga im Januar 1964 die Palästinensische Befreiungsorganisation gründete, die darauf ausgerichtet war, das verlorene Land der palästinensischen Flüchtlinge zurückzuerobern. Diese Vereinigung begann auf dem Gaza-Streifen und in Syrien eine Befreiungsarmee auszubilden, und die Grenzzwischenfälle nahmen erneut an Anzahl und Gewalt zu. 1967 wurde der Krieg auf beiden Seiten als unausweichlich angesehen.

Es spricht einiges dafür, daß Nasser keine Wiederaufnahme der Feindseligkeiten wollte, da er sich der Schwäche seiner Streitkräfte bewußt war. Doch seine Zurückhaltung rief bittere Vorwürfe auf seiten der Jordanier und der Syrer hervor, zu denen seine Beziehungen seit 1961, als der Bund von 1958 aufgelöst worden war, unsicher waren. Zweifellos in dem Bewußtsein, daß seine Position gefährdet sein würde, wenn er sich anders verhielte, schwenkte Nasser öffentlich auf ihren harten Kurs gegenüber Israel ein. Überdies unternahm Nasser, als die Israelis Expeditionstruppen nach Damaskus zu entsenden und die syrische Regierung zu stürzen drohten, im Mai 1967 zwei Schritte von schicksalhafter Tragweite. Zum einen forderte er den Rückzug der UN-Truppen, eine Forderung, die U Thant unmittelbar erfüllte. Zum zweiten entsandte er Streitkräfte zur Besetzung der Straße von Tirana und verhängte erneut eine Blockade über den Golf von Akaba, die er im Jahre 1956 hatte aufheben müssen. Dies stellte eindeutig eine Bedrohung des israelischen Hafens Elath dar; und nachdem die israelische Regierung zu erkennen gegeben hatte, daß Maßnahmen dieser Art als hinreichender Kriegsgrund angesehen würden, muß Nassers Vorgehen als wagemutig bezeichnet werden.

Am Montag, den 5. Juni 1967 um 7.45 Uhr griffen israelische Kampfbomber zehn ägyptische Luftstützpunkte gleichzeitig an und zerstörten die ägyptische Luftstreitmacht, die seit 1956 mühsam aufgebaut worden war. Später an diesem Morgen wurde die syrische Luftwaffe, nachdem sie Haifa attackiert hatte, in Vergeltungsangriffen vernichtet, und noch am selben Tage erlitten die jordanischen und irakischen Streitkräfte lähmende Verluste. Unterdessen drangen zwei israelische Panzerkolonnen auf die Halbinsel Sinai vor und zerstörten die hier zusammengezogenen ägyptischen Streitkräfte. Die jordanischen Truppen, die durch Angriffe auf Grenzsiedlungen den Druck auf die Ägypter zu mildern suchten, wurden durch einen kombinierten Angriff überwältigt, mit dem die Altstadt von Jerusalem – ein seit Jahrzehnten ersehntes Ziel der Israelis – überrollt wurde. Schließlich, am Freitag, drangen zwei israelische Infanteriekolonnen in den syrischen Verteidigungsgürtel zwischen Tel Fakar und El Kuneitra ein, räumten die Golanhöhen, und Damaskus war ihnen ausgeliefert.

Es spricht für Nassers Einfluß auf sein Volk und auf die Völker der anderen arabischen Länder, daß er trotz des vollkommenen Sieges der Israelis und trotz seiner schmählichen Versuche, amerikanische und britische Absprachen mit Israel dafür verantwortlich zu machen, nicht abgesetzt wurde. In der Tat gab es Volksdemonstrationen für ihn, als er am 9. Juni Anstalten machte zurückzutreten. Mit der Zeit wurde seine Position durch einen merkwürdigen Umschwung der Weltmeinung stärker, zum Teil aufgrund des einseitigen Sieges der Israelis, zum Teil aufgrund des verständlichen Zögerns der Israelis, ihre territorialen Gewinne zurückzugeben, wie sie es im Jahre 1956 getan hatten. Dies ermutigte die Araber, direkte Verhandlungen mit Israel über Fragen, die sich aus dem Krieg ergaben, zu verweigern, was die Israelis wiederum in ihrer Ablehnung, Konzessionen zu machen, bestärkte.

Die Folge des Sechs-Tage-Krieges war daher die Vorbereitung eines neuen Konfliktes. Im Sommer 1970 nutzten Guerillas libanesisches und jordanisches Territorium für Übergriffe auf Israel; Nasser sprach erneut von einem unvermeidlichen Krieg; und es herrschte allgemein die Meinung, wenn die Vereinigten Staaten und die Sowjetunion sich nicht darauf einigen könnten, neue Aktionen zu unterbinden und die militärische Hilfe, die jeder von ihnen den streitenden Parteien zukommen ließ, zu regeln, so ließe sich ein neuer allumfassender Kampf nicht auf unendlich verschieben. Noch unsicherer wurde die Lage durch den Ausbruch von Kämpfen zwischen palästinensischen Guerillas und Regierungstruppen im Jordan im Spätsommer des Jahres 1970 sowie durch den plötzlichen Tod Nassers im September, als man Versuche unternahm, der Unsicherheit ein Ende zu bereiten.

Nassers Nachfolger, Anwar el-Sadat, sprach zwar weiterhin von einem neuen Krieg mit Israel, schien jedoch allmählich im Hinblick auf seine Fähigkeit, ihn zu führen, ernüchtert zu werden, da die wirtschaftlichen Probleme Ägyptens anwuchsen. Im Juli 1972 wies er unvermittelt sowjetische Techniker und Berater aus dem Land und zeigte Interesse an Verhandlungen mit Israel. Erneute Zusammenstöße zwischen israelischen und syrischen Truppen am Ende des Jahres verhinderten, daß man auf diesem Wege vorankam. In der Tat schienen die verworrenen Animositäten in diesem Gebiet einen neuen Krieg unausweichlich zu machen. Er begann am 6. Oktober 1973, dem jüdischen Versöhnungstag, als ägyptische und syrische Streitkräfte israelische Stellungen auf der Halbinsel Sinai und den Golanhöhen angriffen und damit einen Konflikt auslösten, der den israelischen Truppen hohe Verluste zufügte und der nur unter Schwierigkeiten eingedämmt werden konnte. Ende Oktober beendete ein von den Vereinten Nationen auferlegter Waffenstillstand die Feindseligkeiten; er verhinderte jedoch nicht, daß die arabischen Staaten ein Ölembargo gegen den Westen verhängten, um ihn davon abzuhalten, Israel zu unterstützen. In langwierigen Vermittlungsversuchen erreichte der Außenminister der Vereinigten Staaten, Henry Kissinger, eine Truppenentflechtung und den Rückzug Israels aus Gebieten, die es während des Krieges besetzt hatte. Die im Jahre 1967 eroberten Territorien und die Rechte der palästinensischen Flüchtlinge blieben jedoch im folgenden Zeitabschnitt unlösbare Probleme. Daß die Aussicht auf einen Frieden dennoch nicht hoffnungslos war, machte eine plötzliche Initiative Sadats im Jahre 1978 deutlich, als er zum Entsetzen seiner Verbündeten der israelischen Hauptstadt einen nie zuvor dagewesenen Besuch abstattete und diplomatische Gespräche aufnahm, die noch in demselben Jahr in den Vereinigten Staaten fortgeführt wurden und mit dem Entwurf eines Vertrages zwischen Sadat und dem israelischen Ministerpräsidenten Begin abschlossen. Der Vertrag war nicht frei von Interpretationsschwierigkeiten, doch schien er eine vielversprechende Wende im tragischen Ablauf der arabisch-israelischen Beziehungen zu markieren.

Das Schwinden der europäischen Kolonialreiche

Indien, Pakistan und Burma. Von den Rückzügen, die die europäischen Mächte nach dem Krieg aus den großen, im 18. und 19. Jahrhundert geschaffenen Kolonialbereichen antraten, war derjenige der Briten aus Indien vielleicht der beeindruckendste. Im Gegensatz zu späteren Beispielen der Übergabe von Kolonialgebieten zeichnete diese sich durch Vernunft und politische Klugheit aus.

Die Entscheidung, das britische Raj zu liquidieren, war eine direkte Folge des Krieges, der dem britischen Volk die Mittel und die Bereitschaft genommen hatte, sich dem zu widersetzen, was bereits vor 1939 als unvermeidlich galt. Es stellte sich nun das Problem, wie man den Rückzug gestalten konnte, ohne den Subkontinent in einen Bürgerkrieg zu stürzen. Nicht nur die Spannungen zwischen der indischen Kongreßpartei und der Moslemliga erschwerten die interne Diskussion, sondern auch der zunehmende Kommunismus. Überdies bedurfte es einer raschen Lösung; denn die britische Regierung hatte während des Krieges keine Beamten für den indischen Staatsdienst rekrutiert, und um 1947 wurde deutlich, daß die verringerte Bürokratie das Land nicht mehr über viele Monate hinweg verwalten konnte.

Lord Louis Mountbatten, der Lord Wavell im Februar 1947 als Vizekönig von Indien ablöste, war mit der Aufgabe betraut worden, die Sackgasse zu durchbrechen, in die die Parteien in Indien geraten waren. Eine bemerkenswerte Leistung an persönlicher Diplomatie versetzte Mountbatten in die Lage, die Anführer der Kongreßpartei und der Moslemliga innerhalb von 73 Tagen nach seiner Ankunft dazu zu bewegen, einem Plan über die Errichtung zweier Staaten, Indiens und Pakistans, sowie über die Teilung des Punjab und Bengalens zuzustimmen.

Diese Leistung, die durch die Vernunft des Hinduführers Jawaharlal Nehru und des Präsidenten der Moslemliga, Mohammed Ali Dschinnah, ermöglicht wurde, stellte lediglich den Anfang der Arbeit Mountbattens dar. Die Verwaltungsprobleme bei der Ausführung der Pläne waren von erschütternder Kompliziertheit. Nach dem Tag der Unabhängigkeit (15. August 1947) ergaben sich ernste Meinungsverschiedenheiten zwischen der Regierung Indiens und der Pakistans über den letztlichen Verbleib der wichtigen Staaten Junagadh, Kaschmir und Haiderabad. Dennoch waren die meisten der Probleme Mitte des Jahre 1948, als Mountbattens Mission endete, unter Kontrolle. Das Land war ruhig, und die beiden neuen Staaten funktionierten gut. Einen Grund dafür bildete vielleicht die Ermordung von Mohandas Gandhi im Januar 1948 – eine sinnlose Tat, die die Nation erschütterte, jedoch den Zwist zwischen Hindus und Moslems merklich verringerte.

In den folgenden Jahren bemühte sich Nehru im globalen Kampf zwischen dem Kommunismus und der demokratischen Welt um eine neutrale Position für Indien. Das irritierte die Staatsmänner in Moskau und Washington zwar häufig, brachte aber greifbare wirtschaftliche Vorteile von beiden Seiten mit sich. Im Mai 1964 starb Nehru an einem Herzinfarkt und hinterließ seinem Nachfolger Shastri eine Menge ungelöster Probleme. Ganz unmittelbar kritisch wurde die Kaschmir-Frage. In dieser Provinz führten eine Reihe von

Zusammenstößen zwischen indischen und pakistanischen Truppen im September 1965 zu einem abscheulichen Krieg, der unentschieden ausging. Im September 1965 akzeptierten beide Seiten den Aufruf des UN-Sicherheitsrates zur Waffenruhe, und vier Monate später unterzeichneten sie ein Gewaltverzichtsabkommen.

Dieses erwies sich jedoch nicht von Dauer, und im Dezember 1971 brach infolge der Unterstützung einer Autonomie-Bewegung in Ostpakistan durch Indien ein neuer Krieg aus, in dem indische Streitkräfte das Gebiet überrannten und einen unabhängigen Staat Bangladesh errichteten.

Unterdessen nahm die Innenpolitik in Indien eine stürmische Wendung als Folge der Politik Indira Gandhis, die nach dem Tode Shastris im Jahre 1966 Ministerpräsidentin wurde und die vielen Indern entschlossen schien, ein autoritäres Regime zu errichten, das die bürgerlichen Freiheiten einschränken würde.

Indonesien, Malaya und Südostasien. Die Ereignisse zeigten bald, daß die Eroberung anderer Kolonialgebiete durch Japan während des Krieges dem Ansehen der europäischen Mächte geschadet und nationalistische Bewegungen angeregt hatte, die sich nun der Rückkehr der Europäer widersetzten. Dies betraf insbesondere das holländische Kolonialreich Indonesien, das in den ersten Wochen nach Pearl Harbor von den Japanern überrollt worden war.

Nach dem Krieg übernahmen die Briten die Aufgabe, Indonesien wiederzubesetzen, bis die Niederlande eine neue Regierung gebildet und ihren Kolonialdienst neu organisiert hatten. Das führte letzten Endes zu einer Meinungsverschiedenheit zwischen den Bündnispartnern. Denn die Briten tendierten zur Zusammenarbeit mit der Republik, die der Nationalistenführer von Java, Achmed Sukarno, im August 1945 gegründet hatte; die Holländer hingegen stellten sich allen republikanischen Bewegungen in ihren früheren Kolonialgebieten entgegen. Trotz britischer Versuche, die beiden Parteien einander näherzubringen, fanden das ganze Jahr 1947 hindurch erbitterte Kämpfe statt, da die Holländer versuchten, die republikanischen Zentren abzuriegeln und zur Unterwerfung zu zwingen. Im Jahre 1949 gelang es der UNO mit einer Intervention, die zunächst von den Holländern empört abgelehnt wurde, in Den Haag eine Konferenz einzuberufen. Dort beschloß man, die Vereinigten Staaten von Indonesien als souveränen Staat zu begründen, der die holländische Krone anerkannte. Bei starken Reibungen zwischen den Partnern dauerte diese Lösung an, bis Indonesien den Vertrag im Februar 1956 einseitig aufkündigte.

Der Kommunismus hatte in Indonesien seit den 20er Jahren eine Kraft dargestellt; und Sukarnos Versuche während seiner ersten Regierung nach 1956, mit den Kommunisten zusammenzuarbeiten, erregten im Westen die Befürchtung, dieses strategisch wichtige Gebiet könne in den sowjetischen Block abtreiben – eine Entwicklung, die eine direkte Gefahr für die britische

Position in Malaya bedeutet hätte. Im allgemeinen tendierte Sukarno zu einem neutralen Kurs. Durch die Verstaatlichung holländischer Plantagen und die Ausweisung von Siedlern versuchte er, die Linke sowie die Nationalisten günstig zu stimmen, gleichzeitig aber zu vermeiden, daß die konservativen Elemente sich durch eine entschieden kommunistische Orientierung vor den Kopf gestoßen fühlten. Auf der UN-Versammlung vom Herbst 1960 schloß sich Sukarno dem neutralen Block an – bestehend aus Nehru, Tito, Nasser und dem ghanesischen Kwame Nkrumah –, der neue Kontakte zwischen der Regierung der Vereinigten Staaten und der Führung der Sowjetunion anbahnte. In den folgenden fünf Jahren entwickelte er jedoch eine heftige antiwestliche Haltung. Er wies amerikanische Hilfe zurück, trat aus den Vereinten Nationen aus, schlug im allgemeinen in seiner Politik den Kurs Rotchinas ein und rief zur Zerstörung des Bundesstaates Malaysia auf.

Auf der Halbinsel Malaya nahmen die Ereignisse der Nachkriegszeit einen verworrenen Lauf. Die Briten hatten geduldig versucht, einen Malaiischen Bund mit gleichen Bürgerrechten für Malaien, Chinesen und Inder zu errichten und die Macht der malaiischen Sultane zu beschneiden. Als dieses Vorhaben an der Opposition der malaiischen Bevölkerung scheiterte, gingen die Engländer zu einem föderativen Modell über, das die malaiische Vorherrschaft sicherte. Im Jahre 1948 setzte kommunistischer Aufruhr ein, und die Briten versuchten, ihn durch militärische Maßnahmen und durch Förderung des malaiischen Nationalismus zu bekämpfen. Zwischen 1955 und 1963 schien diese Politik Erfolg zu haben. Im letzteren Jahr schloß sich Malaya mit den ehemaligen britischen Kolonien Sarawak und Nordborneo zusammen, und sie bildeten den Bundesstaat Malaysia. Im August 1965 gefährdete der Austritt Singapurs aus dem Bund den anfänglichen Erfolg. Diese Maßnahme schien die vollständige Auflösung des Bundes und die eventuelle Eroberung durch Sukarno anzukündigen. Letztere Gefahr bannte der plötzliche Ausbruch ernster interner Konflikte in Indonesien, wo sich Kommunisten und Armee Kämpfe lieferten. Als später durchsickerte, daß Sukarno selbst in das kommunistische Komplott verwickelt war, zwang ihn der Kriegsminister, General Suharto, zur Kapitulation. Im März 1967 wurde Suharto amtierender Präsident und im darauffolgenden Jahr Präsident. Die Beziehungen zwischen Indonesien und Malaysia verbesserten sich, und Indonesien trat wieder der UNO bei.

Der verheerendste Rückzug einer europäischen Kolonialmacht aus diesem Gebiet fand in Südostasien statt. Hier wie im Nahen Osten spielten die Gewalt des Nationalismus, die taktische Verwirrung der westlichen Verbündeten und das kommunistische Geschick, sich dieses zunutze zu machen, eine Rolle.

Die japanischen Besatzungsbehörden hatten das Emporkommen einer einheimischen revolutionären Bewegung in Südostasien gefördert. Im August 1945 setzte diese Organisation, die Vietminh-Partei, den profranzösischen

Herrscher von Annam, Bao Dai, ab und errichtete eine unabhängige Republik Vietnam, die das nördliche Annam und Tongking umfaßte. Unterdessen machten die Franzosen ihre Autorität über Laos, Kambodscha und Cochinchina wieder geltend, faßten diese einzelnen Staaten zu einer Föderation Indochina zusammen und versuchten, den vietnamesischen Präsidenten, Ho Chi Minh, zum Beitritt zu diesem Bund zu bewegen. Wären sie bereit gewesen, Tongking, Annam und Cochinchina ein hohes Maß an Selbständigkeit zu gewähren, so hätte es ihnen eventuell gelingen können. Denn Ho Chi Minh war – als Kommunist – profranzösisch und antichinesisch eingestellt. Die Verhandlungen scheiterten, und es brach ein Krieg aus zwischen den Franzosen, die bestrebt waren, Bao Dai auf den Thron eines vereinigten Vietnam zu erheben, und den Vietminh-Truppen.

Seinen Höhepunkt erreichte dieser Krieg, nachdem der Koreakonflikt den Kampf zwischen dem Kommunismus und der demokratischen Welt dramatisiert und den US-Kongreß veranlaßt hatte, Frankreich und dem Regime Bao Dais wirtschaftliche und militärische Hilfe zu gewähren. Französische Befehlshaber bahnten sich allmählich gegen starken Guerillawiderstand den Weg nach Nordvietnam. Im Jahre 1954 aber dehnten sie ihre Verbindungslinien zu stark aus und gerieten in Dien Bien Phu in eine Falle.

Bei diesem Stand der Dinge rief die französische Regierung am 23. April die Vereinigten Staaten um Hilfe an, und Stegreifäußerungen von Regierungssprechern ließen darauf schließen, die USA seien bereit zu intervenieren. Dies entsprach jedoch nicht ganz den Tatsachen. Die Regierung der Vereinigten Staaten hatte sich bereits gegen jedes Engagement von Bodentruppen in Indochina entschieden, offenbar aus der Überzeugung heraus, die Luftstreitkräfte könnten die Situation allein bewältigen; doch wünschte sie bei allen geplanten Luftoperationen die Beteiligung der britischen RAF. Die britische Regierung beschied nach vielen Diskussionen, dies sei ein unverantwortliches Unterfangen, das sehr wohl die chinesischen Kommunisten auf den Plan rufen könne, und lehnte ihre Mitarbeit ab. Es wurden keine Maßnahmen ergriffen, und Dien Bien Phu fiel. Dies erregte Vorwürfe unter den Bündnispartnern und vermittelte der Öffentlichkeit ein Bild der Uneinigkeit im Westen. Eine von April bis Juni 1954 in Genf tagende Konferenz teilte Vietnam schließlich am 17. Breitengrad zwischen den Franzosen und den Vietminh auf und sah spätere Wahlen für eine gemeinsame Regierung vor.

Die Regierung der Vereinigten Staaten war nicht bereit, die Dinge dabei zu belassen. Auf einer Sonderkonferenz in Manila im September 1954 errang Außenminister Dulles die Zustimmung Großbritanniens, Frankreichs, Australiens, Neuseelands, Pakistans, Thailands und der Philippinen zu einem Pakt zur Verteidigung Südostasiens. Die Mitglieder der Organisation, die diesen Vertrag zur Ausführung bringen sollte (SEATO), verpflichteten sich, kollektive Maßnahmen zu ergreifen, um kommunistische Aggressionen in Südostasien abzuwehren. Doch in Gebieten wie Laos und Kambodscha, wo sich die Politik zu einem verworrenen Kampf zwischen rechten, kommunistischen und neutralistischen Kräften entwickelte, mißtrauten die Briten und die Franzosen den Bestrebungen der amerikanischen Politik. Daher zeigten sie sich im März 1961 nicht bereit, der Aufforderung der Vereinigten Staaten an die Verbündeten zu folgen, kollektive Maßnahmen in Laos zu ergreifen.

In Vietnam wurde von beiden Seiten gegen die Regelung von 1954 verstoßen: die Regierung Südvietnams hielt es für gefährlich unrealistisch, zum festgesetzten Termin Wahlen für die Vereinigung abzuhalten, und die nordvietnamesische Regierung unterstützte subversive Kräfte (die sogenannten Vietkong) im südlichen Territorium. Hier konnte sich die SEATO wiederum nicht auf einen effektiven Kurs einigen. Folglich gewannen die Vereinigten Staaten immer größeren Einfluß in Südvietnam, so daß ihre Bemühungen, ein schwankendes, leistungsunfähiges Regime gegen den unablässigen Druck von seiten der Vietkong zu schützen, sie Ende des Jahres 1965 schließlich zu offenen Luftoperationen gegen die Nachschubwege der Rebellen und zum Einsatz von Heerestruppen zur Bekämpfung der Kommunisten veranlaßten. Während der Regierungszeit von Präsident Lyndon B. Johnson überschritt die Anzahl der amerikanischen Truppen in Vietnam die Grenze von 500 000 Soldaten. Doch der Krieg ging weiter, und als einziges konkretes Resultat dieser Eskalation stellten sich in den Vereinigten Staaten weitverbreitete Unzufriedenheit und in Europa wachsende Zweifel an Realismus und Moral der amerikanischen Politik ein. Nachdem Richard M. Nixon Präsident geworden war, zogen die Vereinigten Staaten den Großteil ihrer Truppen zurück und nahmen mit der nordvietnamesischen Regierung Verhandlungen über eine Regelung auf. Gleichzeitig bemühten sie sich um sowjetischen und chinesischen Beistand, um Hanoi in dieser Richtung zu beeinflussen. Die Feindseligkeiten fanden jedoch erst im April 1975 mit der Übergabe von Saigon an die Kommunisten ein Ende, und zu diesem Zeitpunkt herrschte kein Zweifel darüber, daß der lange Krieg dem Ruf der Vereinigten Staaten von Amerika in Europa geschadet und die innenpolitischen Auseinandersetzungen ihrer NATO-Partner verschärft hatte. Denn diese waren der Kritik vieler ihrer Bürger ausgesetzt, weil sie es versäumt hatten, gegen die amerikanische Politik in Südostasien Stellung zu beziehen.

Nordafrika. Der Rückschlag für die Franzosen in Indochina wirkte sich tiefgreifend auf das französische Kolonialreich in Nordafrika aus. Sowohl in Tunesien als auch in Marokko waren seit 1945 nationalistische Bewegungen aktiv, denen man jedoch mit einer unerbittlichen Politik der Repression begegnete. Die Regierung Mendès-France, die die Niederlage im Fernen Osten mutig akzeptiert hatte, ergriff nun in Nordafrika die Initiative.

Der Anführer der nationalistischen Bewegung („Neo-Destur") in Tunesien war Habib Bourguiba, der seit 1951 im Exil lebte. Im Juli 1954 brachte man ihn zu Konsultationsgesprächen nach Frankreich, und noch im selben

60. Weltraumforschung USA. Der erste
Mensch auf dem Mond am 21. Juli 1969
(Der Astronaut Louis Armstrong)

61. Weltraumforschung USA. Erste
Erdumkreisung mit dem Astronauten
John Glenn am 20. 2. 1962

62. Atombombenexplosion. Versuchsexplosion auf dem Bikini-Atoll

Monat verkündete Mendès-France, dem Protektorat werde die innere Unabhängigkeit gewährt. Auch nachdem die Versammlung Mendès-France gestürzt hatte, führte man die diesbezüglichen Verhandlungen fort. Im Mai 1955 unterzeichnete man einen französisch-tunesischen Vertrag, und Bourguiba erhielt die Erlaubnis, in sein Land zurückzukehren. Ein erneutes Abkommen im März 1956, das das Recht Tunesiens verbriefte, eigene Streitkräfte zu unterhalten und eine eigene Außenpolitik zu betreiben, machte das Land faktisch unabhängig. Ähnliche Zugeständnisse mußten die Franzosen Marokko gegenüber machen, nachdem sie einsahen, daß ihre Bemühungen, die nationalistische Agitation zu unterdrücken, gescheitert waren. Im Frühjahr 1956 nahmen sie Verhandlungen auf, die noch im selben Jahr mit der Unabhängigkeit Marokkos abschlossen.

Diese verspäteten Konzessionen der Franzosen hätten zu einer fruchtbaren, für beide Seiten vorteilhaften Kooperation zwischen Frankreich und seinen früheren Protektoraten führen können, wäre der Krieg in Algerien, der die Sympathien der Marokkaner und Tunesier erregte, nicht weitergegangen. Dieser Konflikt setzte im Frühjahr 1954 mit einem bewaffneten Aufstand der „Front de libération nationale" (FLN) ein. Die FLN war eine nationalistische, terroristische Organisation mit vielen Anführern, die ihre Ausbildung in Ägypten und im Irak erhalten hatten. Sie fand rasch Rückhalt unter den algerischen Moslems. Die europäischen Siedler, die in Algerien schon länger beheimatet waren als in den benachbarten Protektoraten und für die wirtschaftlich mehr auf dem Spiel stand, widersetzten sich heftig allen Konzessionen gegenüber dieser Bewegung. Der Aufstand vom Mai 1958 in Algiers wurde im wesentlichen durch ihre Befürchtung ausgelöst, daß die Regierung sich zu einer ebensolchen Regelung wie in Tunesien und Marokko treiben lassen könne.

Die Kämpfe in Algerien wurden auf beiden Seiten mit größter Grausamkeit geführt, und im Laufe des Krieges erregte dies in Frankreich Besorgnis. Kirchenvertreter brachten ihren Abscheu über die unmenschlichen Kampfmethoden zum Ausdruck, und demonstrierende Studenten und Gewerkschaften forderten einen Verhandlungsfrieden. Zur Empörung der „colons" und vieler der ursprünglichen Anhänger des Generals gingen die Gedanken Präsident de Gaulles in dieselbe Richtung. Die Tatsache, daß die Rebellen sich zunehmend auf die Hilfe der kommunistischen Welt stützten, veranlaßte ihn, die Suche nach einer gemäßigten Lösung zu forcieren. Nach langen, häufig unterbrochenen Verhandlungen erlangte Algerien im Juli 1962 die Unabhängigkeit.

Afrika südlich der Sahara. Im Afrika südlich der Sahara vollzogen die europäischen Mächte einen allgemeinen und in manchen Fällen überstürzten Rückzug aus ihren Besitzungen. Er war dadurch gekennzeichnet, daß Probleme auftraten, die es niemals zuvor gegeben hatte. Keine der alten Kolonialmächte blieb von nationalistischen Bewegungen unberührt. Selbst Portugal, das aufgrund der Rückständigkeit seiner Kolonien eine Zeitlang eine Ausnahme zu bilden schien, wurde durch Guerillaaktivitäten gezwungen, Angola und Mosambik im Jahre 1975 die Unabhängigkeit zu gewähren.

Die Politik der Briten wechselte von Gebiet zu Gebiet. In Westafrika, wo es keine großen nichtafrikanischen Gemeinden gab und wo die soziale Entwicklung der Afrikaner weit vorangeschritten war, übergaben die Briten allmählich die Amtsgewalt. Sowohl an der Goldküste als auch in Nigeria ließen sie in den frühen 50er Jahren Wahlen zu. Im März 1957 gewährten sie der Goldküste, die den Namen Ghana annahm, die Unabhängigkeit; und im Herbst 1960 wurde auch Nigeria eine selbständige Nation. Beide Staaten traten der UNO bei, in der das ghanaische Staatsoberhaupt, Kwame Nkrumah, für eine gewisse Zeit zum prominenten Mitglied des neutralen Blocks aufstieg. Im Jahre 1966 erlitt er ein Schicksal, das im neuen Afrika nicht ungewöhnlich war: er wurde durch einen Militärputsch gestürzt. Auch der Einfluß Nigerias auf UN-Kreise war von kurzer Dauer; denn von 1967 bis 1970 wurde das Land durch einen langen, verwüstenden Bürgerkrieg, ausgelöst durch Differenzen zwischen den Stämmen, zerrissen.

In afrikanischen Kolonien mit starker weißer Bevölkerung machten die Briten nur langsam Konzessionen. Dies führte einheimische Intellektuelle häufig zur Abkehr von England, trieb sie in extremistische Bewegungen oder veranlaßte sie, kommunistische Hilfe zu suchen. In Kenia wandte sich der brillante Jomo Kenyatta – ein in London ausgebildeter Soziologe, der sich durch die Behandlung, die er von seiten der Europäer in seinem eigenen Lande erfuhr, vor den Kopf gestoßen fühlte – um Hilfe und Rat an Moskau. 1946 kehrte er nach Kenia zurück, um sich an die Spitze der „Kenya African Union" (KAU) zu stellen. Diese Vereinigung arbeitete auf eine Agrarreform hin und erschien nach außen nicht revolutionär. Doch betrachteten die Mitglieder militanter Eingeborenenbewegungen Kenyatta als ihren natürlichen Anführer. Andere einheimische Intellektuelle, darunter manche Anhänger Kenyattas, stellten die Führung der notorischen Mau Mau-Bewegung. Dank ihrer organisatorischen Fähigkeiten hielt die im Jahre 1952 begonnene Rebellion gegen die Weißen vier Jahre lang den Unterdrückungsversuchen ausgebildeter europäischer Truppen stand. Der lange Kampf, der sich durch eine unvergleichliche Grausamkeit auszeichnete, bewirkte eine immer feindseliger werdende Haltung der europäischen Siedler gegenüber der Unabhängigkeitsbewegung. Letztere setzte ihren Kampf dennoch fort, bis Kenia im Dezember 1963 zur Republik erklärt wurde. In den folgenden fünf Jahren stellte Kenia einen der stabilsten und progressivsten der afrikanischen Staaten dar. Doch im Juli 1969 wurde einer seiner begabtesten und tatkräftigsten Politiker, der Minister für wirtschaftliche Entwicklung, Tom Mboya, von einem Fanatiker erschossen, und die Spannungen zwischen den Stämmen brachen hervor. Während der gesamten 70er Jahre waren sporadische bürgerliche Unruhen und Grenzstreitigkeiten mit den Nachbarländern für Kenias Politik charakteristisch.

Auch in der Zentralafrikanischen Föderation (im Jahre 1953 von Nordrhodesien, Südrhodesien und Nyassaland gebildet) war die von der Regierung verfolgte Politik geprägt von dem Zögern, die Forderungen der Einheimischen zu erfüllen. Doch dort, wo der Druck am stärksten war, gab die britische Regierung allmählich nach. Im Juli 1964 wurde Nyassaland zur Republik Malawi und drei Monate später Nordrhodesien zur Republik Sambia umgewandelt. Nur Südrhodesien blieb eine autonome Kronkolonie, und das nicht lange.

Als Reaktion auf Versuche der britischen Regierung, die rhodesischen Behörden zur Liberalisierung ihrer Verfassung zu bewegen, um der schwarzen Bevölkerung ein größeres Stimmrecht zu geben, verkündete Ministerpräsident Ian Smith im Jahre 1965 eine einseitige Unabhängigkeitserklärung. Die Briten weigerten sich, sie zu akzeptieren, und bemühten sich die folgenden fünf Jahre hindurch auf diplomatischem und wirtschaftlichem Weg ohne sichtbaren Erfolg, Smith von seinem Kurs abzubringen. Im März 1970 erklärte die Regierung in Salisbury Rhodesien zur Republik. Dennoch blieben die Briten beharrlich. Im Laufe des Jahres 1971 arbeitete der konservative Außenminister Sir Alex Douglas-Home ein Abkommen mit den Rhodesiern aus, das die Sanktionen aufhob, die Bindung Rhodesiens an das Commonwealth wiederherstellte und eine allmähliche Anhebung des politischen Status der eingeborenen Afrikaner vorsah.

In der Südafrikanischen Union wuchsen die Spannungen zwischen den Rassen in den Nachkriegsjahren ebenfalls stetig an – weitgehend aufgrund der Tatsache, daß eine neue nationalistische Partei aufgekommen war, die die Verbindung zu Großbritannien abbrechen wollte und ein radikaleres Vorgehen im Hinblick auf das Eingeborenenproblem forderte. Diese Partei errang in den Wahlen von 1948 eine Mehrheit, behielt und steigerte sie im folgenden Jahrzehnt, so daß sie im Herbst 1960 stark genug war, um die Zustimmung des Parlaments für eine Umwandlung des Landes in eine Republik zu erreichen. Im nächsten Jahr wurde der neue Staat auf Betreiben Nigerias und anderer Mitglieder aus dem britischen Commonwealth ausgeschlossen, weil die nationalistische Partei eine Politik der „Apartheid" verfolgte, die eine strikte Trennung der Kultur der Eingeborenen und der Europäer forderte. Präsentiert als ein Mittel, die Bantus vor der Europäisierung zu bewahren, stand die „Apartheid" in krassem Gegensatz zu den vorherrschenden wirtschaftlichen Tendenzen; denn das Wachstum der Industrie in Südafrika förderte die Integration von Bantus und Europäern. In der Praxis schien „Apartheid" kaum etwas anderes zu bedeuten als eine Lehre der Rassenüberlegenheit, die die unteren Schichten der Afrikaner ansprach, weil diese befürchteten, die Integration werde ihren bereits niedrigen Lebensstandard noch stärker herabdrücken. Da es ein vollständig negatives politisches System war, konnte es nur durch Gewalt funktionsfähig gehalten werden; und um die 60er Jahre waren Zusammenstöße zwischen der Polizei und eingeborenen Demonstranten zahlreich geworden und hatten blutige Formen angenommen.

In West- und Äquatorialafrika erwiesen sich die Franzosen weitsichtiger als in anderen Teilen ihres Kolonialreiches. Die neue französische Verfassung von 1958 erkannte die politische Entwicklung der Kolonien an, die durch die französischen Verwalter aktiv unterstützt und gefördert worden war; und sie ließ den Territorien die Wahl zwischen der vollständigen Unabhängigkeit und der Einzel- oder Bundesmitgliedschaft in der Französischen Gemeinschaft. Die meisten ihrer Kolonien wählten die zweite Möglichkeit (s. S. 214), lediglich Guinea bildete eine bezeichnende Ausnahme.

Die raschen Fortschritte der französischen Kolonien auf dem Weg zur Unabhängigkeit stellten wahrscheinlich den wichtigsten Grund dar für die im Jahre 1960 auftretende explosivste Situation in Afrika seit den Auseinandersetzungen mit der Mau Mau-Bewegung. Bis zum Ende der 50er Jahre war das große Belgisch-Kongo offensichtlich ein ruhiges und wirtschaftlich blühendes Land ohne die geringsten Spannungen zwischen den Rassen und ohne eine nationalistische Bewegung von irgendwelcher Bedeutung. Im Jahre 1956 hatte die sozialistische Partei Belgiens ein langfristiges Programm für die Unabhängigkeit „in progressiven Stufen" aufgestellt; doch selbst die stärksten Befürworter der Unabhängigkeit des Kongo dachten an eine dreißigjährige Entwicklung. Im Jahre 1958 wurde das Problem jedoch durch zwei Dinge akut: General de Gaulles Besuch in Brazzaville – nur drei Meilen von der kongolesischen Hauptstadt entfernt –, um den Völkern von Französisch-Äquatorialafrika eine Volksabstimmung über die Unabhängigkeit anzubieten, sowie die Brüsseler Weltausstellung, auf der einige Pavillons mit jungen Kongolesen besetzt waren, die die Außenwelt zum ersten Mal sahen. Im Oktober waren die ersten politischen Parteien ins Leben gerufen, und im Januar 1959 brach in Leopoldville ein viertägiger Aufruhr und Zerstörungswahn aus.

Dies schockierte die belgische Regierung, und der König verkündete am 13. Januar 1959, dem Kongo werde die Unabhängigkeit „ohne fatale Verzögerung ...‚ aber auch ohne unüberlegte Hast" gewährt. In Anbetracht der Unruhe im Lande und der wachsenden Rivalität der einheimischen Führer wäre eine eindeutige Erklärung des vorgesehenen Verfahrens und der Zeitplanung ratsam gewesen. Doch konnte sich die Regierung über diese entscheidenden Dinge nicht einigen. Die Unklarheit führte zu einem stärkeren Drängen der Kongolesen und letzteres zu einer unüberlegten Ankündigung der Belgier, die Unabhängigkeit werde am 30. Juni 1960 gewährt.

Als jener Tag anbrach, wurde schlagartig deutlich, daß der Kongo weder ausgebildete Führungspersönlichkeiten noch die Einigkeit besaß, um wirklich unabhängig zu sein. Das Land war nahezu unmittelbar gelähmt durch antibelgische Demonstrationen, Raub und Plünderung, Kriegführung zwischen den Stämmen, politische Unstimmigkeiten und – unvermeidlich – durch kommunistische Subversion. Ende 1960 hatte der übereilte Rückzug der Belgier aus ihrem Kolonialreich eine weitere große Gefahr für den Weltfrieden geschaffen. Erst Ende der 60er Jahre, nach einer erfolglosen Intervention der Vereinten Nationen, die vier Jahre lang dauerte und die die regionale Kriegführung verlängerte, stellte ein Militärregime unter General Joseph D. Mobuto in dem verwüsteten Land einigermaßen die Ordnung wieder her. Im Jahre 1970 wurde Mobuto für eine Amtszeit von sieben Jahren zum Präsidenten über ein Land gewählt, das jetzt in Zaire umbenannt wurde.

Europa in den 70er Jahren

Die tote Vergangenheit und die gefährliche Gegenwart. Nur wenige Belgier bedauerten den Verlust des Kongo, der ihnen eigentlich nie gehört hatte. In England ließ die Demontage des Empire keinerlei Neigung aufkommen, es zu idealisieren; denn es wurde nun nicht so sehr in der Vision Kiplings gesehen als vielmehr mit den Augen von J. A. Hobson (s. Bd. I, S. 325). Es ist bezeichnend, daß in ganz Westeuropa die Parteien und die Führungspersönlichkeiten, die rückwärts blickten, bei ihren Wählern wenig Erfolg hatten – eine Tatsache, die ebenso durch das letztliche Scheitern de Gaulles, Frankreich wieder zu einer älteren, nationalistischen Tradition hinzuführen, deutlich wird wie durch die Niederlage und den Rückgang der autoritären NPD in Deutschland.

Über die Zukunft machte man sich Sorgen, wie es nur natürlich war in einem Zeitalter, in dem die Erfindungsgabe des Menschen im Hinblick auf die Konstruktion neuer Waffen seine Fähigkeit, sie im Einsatz zu beherrschen, zu überholen drohte. Der Abschluß des Atomsperrvertrags im Jahre 1969 und die SALT-Abkommen vom Jahre 1972 (s. S. 239) boten etwas Hoffnung, daß ein Kopf-an-Kopf-Rennen in der atomaren Rüstung gezügelt werden könne, bis wirksame Begrenzungsabkommen zustande kämen. Als sich aber die Kerntechnik weiterentwickelte, als die Atombomben den Kampfraketen und diese wiederum den MIRVs (Multiple Individually Targetable Reentry Vehicles, deutsch: vielfache, einzeln lenkbare Wieder-Eintritts-Geschosse) Platz machten, schienen sich die Atommächte dem Punkt zu nähern, an dem ihre Waffensysteme der Überprüfung nicht mehr zugänglich waren und an dem sich die Hoffnung auf eine Kontrolle des Wettrüstens zerschlug. Dies und die Tatsache, daß keine Kontrollen über die Herstellung und den Verkauf von konventionellen Waffen entworfen worden waren, gaben dem Pessimismus Nahrung.

Es war sicherlich genügend Zündstoff in der Welt vorhanden, um das gefährdete Gleichgewicht des Friedens zu stören – nicht nur im Mittleren

Osten, sondern auch in Südostasien, an der chinesisch-sowjetischen Grenze und in einem halben Dutzend afrikanischer Staaten. Ein Brand an irgendeiner dieser Stellen hätte Europa kaum unberührt lassen können, trotz des Rückzugs aus seinen ehemaligen Kolonialreichen.

Auch waren nicht alle Probleme politischer oder militärischer Art. Zu Beginn der 70er Jahre kam Europäern wie Amerikanern zum Bewußtsein, daß sie Dinge übersehen hatten, die der dringenden Aufmerksamkeit bedurften. Nun war es notwendig, so stellten sie fest, den letztlichen Konsequenzen der Industrialisierung ins Auge zu blicken und etwas zu unternehmen, um mit den Problemen der Größe fertigzuwerden, mit dem Bevölkerungsdruck, mit der Gefährdung des ökologischen Gleichgewichts sowie mit den vielfachen Gefahren für die Freiheit des einzelnen – und für die Individualität an sich – in einer notwendigerweise computerisierten Gesellschaft.

Die Zukunft. All diese Gefahren nahm man wahr, doch hatten sie zu Beginn des neuen Jahrzehnts den Geist noch nicht abgestumpft oder den Willen der Völker Europas gelähmt. Es hatte etwas Aufregendes an sich, in einer Welt zu leben, in der Schnelligkeit und Ausmaß des Wandels so groß waren, daß Adolf Hitler allmählich so weit entfernt schien wie Karl der Große. Gefangen in dieser lebendigen Bewegung, verrieten die Europäer nur wenig von jener kulturellen Verzweiflung, zu der sie in früheren Übergangsperioden neigten. Ihre Stimmung war beinahe trotzig optimistisch, charakterisiert durch Experimentierfreude und Risikobereitschaft.

Dies war der vorherrschende Geist der Jugend auf beiden Seiten des Eisernen Vorhangs, was man oft in Warschau und Prag ebenso wie in Berlin und Paris spürte, auch wenn es nicht immer offen zum Ausdruck kam. Dies kennzeichnete den Stil der führenden Politiker sowohl im Osten als auch im Westen, die bestrebt schienen, der Psychose des Kalten Krieges sowie der ideologischen Starrheit der Vergangenheit zu entrinnen und bereit, unorthodoxe Wege zu beschreiten sowie neue Initiativen zu ergreifen wie jene, die zu den Abkommen vom August 1970 führten, mit denen die sowjetische und die westdeutsche Regierung in ihren gegenseitigen Beziehungen auf Gewalt verzichteten, sowie zu der Konferenz von 35 Nationen über Sicherheit und Zusammenarbeit in Europa, die im Sommer 1975 in Helsinki abgehalten wurde und Abkommen erzielte, die die Grenzen stabilisieren, den Einsatz von Gewalt bei europäischen Streitigkeiten ausschalten und internationale Reisen und Kontakte erleichtern sollten. Und gewiß konnte man diese Stimmung in dem ausgesprochenen Wiederaufleben der Hoffnung auf Fortschritte zur Europäischen Union hin entdecken, als Großbritannien, Irland und Dänemark im Januar 1973 dem Gemeinsamen Markt beitraten. Trotz der Probleme, die sich ihnen überall entgegenstellten, gingen die Europäer mit Offenheit gegenüber Ideen in die Zukunft hinein, den Blick auf neue Visionen gerichtet.

Abbildungsverzeichnis

Bibliographie

Die von Klaus Schumann zusammengestellte Auswahlbibliographie
verzeichnet hauptsächlich Werke deutschsprachiger Autoren
zu den einzelnen Kapiteln des Buches

1. Der Krieg und die europäische Gesellschaft 1914–1918

Bartel, Walter: Die Linken in der deutschen Sozialdemokratie im Kampf gegen Militarismus und Krieg; Berlin 1958

Basler, Werner: Deutschlands Annexionspolitik in Polen und im Baltikum 1914–1918; Berlin 1962

Baumgart, Winfried: Deutsche Ostpolitik 1918 – Von Brest-Litowsk bis zum Ende des I. Weltkrieges; Wien/München 1966

Conze, Werner: Polnische Nation und deutsche Politik im I. Weltkrieg; Köln/Graz 1958

Fischer, Fritz: Griff nach der Weltmacht – die Kriegszielpolitik des kaiserlichen Deutschland 1914/18; Düsseldorf 1964

Geyer, Dietrich: Lenin in der russischen Sozialdemokratie; Köln/Graz 1962

Goetz, Walter (Hrsg.): Briefe Wilhelms II. an den Zaren Nikolaus II.; Berlin 1920

Goodspeed, Donald J.: Ludendorff – Soldat, Diktator, Revolutionär; Gütersloh 1968

Groener, Wilhelm: Lebenserinnerungen – Jugend, Generalstab, Weltkrieg; Göttingen 1957

Gutsche, Willibald: Aufstieg und Fall eines kaiserlichen Reichskanzlers; Theobald v. Bethmann-Hollweg 1856–1921; ein politisches Lebensbild; Berlin 1973

Hahlweg, Werner: Der Diktatfrieden von Brest Litowsk 1918 und die bolschewistische Weltrevolution; Frankfurt/Main 1960

Hardach, Gert: Der I. Weltkrieg 1914–1918; München 1974

Hartau, Friedrich: Wilhelm II. in Selbstzeugnissen und Bilddokumenten; Reinbek 1968

Hubatsch, Walther: Hindenburg und der Staat; aus den Papieren des Generalfeldmarschalls und Reichspräsidenten von 1875–1934; Göttingen 1966

Johann, Ernst: Innenansicht eines Krieges – deutsche Dokumente 1914–1918; München 1972

Kann, Robert: Erzherzog Franz Ferdinand; Studien; München 1976

Kielmannsegg, Peter Graf: Deutschland und der I. Weltkrieg; Frankfurt/Main 1968

Kirimal, Edige: Der nationale Kampf der Krimtürken; Emsdetten 1952

Lania, Leo: Nikolaus II.; Berlin 1969

Lemke, Heinz; Widera, Bruno (Hrsg.): Russisch-deutsche Beziehungen von der Kiever Rus' bis zur Oktoberrevolution – Studien und Aufsätze; Ostberlin 1976

Marcks, Erich: Hindenburg, Feldmarschall und Reichspräsident; Göttingen 1963

Neck, Rudolf: Arbeiterschaft und Staat im I. Weltkrieg, 2 Bände; Wien 1964/1968

Nikolaus II., Kaiser von Rußland: Tagebuch des Kaisers; Berlin 1923

Norden, Albert: Zwischen Berlin und Moskau; Geschichte der deutsch-sowjetischen Beziehungen 1904–1920; Berlin 1954

Novotny, Alexander: Franz Joseph I.; an der Wende vom alten zum neuen Europa; Göttingen 1968

Plaschka, Richard G.; Mack, Karlheinz (Hrsg.): Die Auflösung des Habsburgerreiches – Zusammenbruch und Neuorientierung im Donauraum; München 1970

Pomiankowski, Josef: Der Zusammenbruch des Ottomanischen Reiches – Erinnerungen an die Türkei aus der Zeit des Weltkrieges; Zürich 1928

Schwabe, Klaus: Deutsche Revolution und Wilson-Friede – die amerikanisch-deutsche Friedensstrategie zwischen Ideologie und Machtpolitik 1918/19; Düsseldorf 1971

Steglich, Wolfgang: Die Friedenspolitik der Mittelmächte 1917/18; Wiesbaden 1964

Ulam, Adam Bruno: Die Bolschewiki – Vorgeschichte und Verlauf der kommunistischen Revolution in Rußland; Köln/Berlin 1967

Weber, Hellmuth: Ludendorff und die Monopole; deutsche Kriegspolitik 1916–1918; Berlin 1966

2. Die Friedensverträge und die Suche nach kollektiver Sicherheit

Anderle, Alfred: Die deutsche Rapallo-Politik – deutsch-sowjetische Beziehungen 1922–1929; Berlin 1962

Baumont, Maurice: Aristide Briand, Diplomat und Idealist; Göttingen 1966

Bärtschi, Hans Emil: Die Entwicklung vom imperialistischen Reichsgedanken zur modernen Idee des Commonwealth im Lebenswerk Lord Balfours; Aarau 1957

Bertram-Libal, Gisela: Aspekte der britischen Deutschland-Politik 1919–1922; Göppingen 1972

Bosl, Karl (Hrsg.): Die demokratisch-parlamentarische Struktur der Ersten Tschechoslowakischen Republik; München/Wien 1974

Broncek, Peter (Hrsg.): Anton Léhar – Erinnerungen; Gegenrevolution und Restaurationsversuche in Ungarn 1918–1921; München 1973

Dawesplan und Youngplan; eine Gegenüberstellung der Kernpunkte beider Reparationssysteme; Berlin 1929

Engelhard, Peter: Die deutsch-französischen Beziehungen während der Weimarer Republik; Burglengenfeld 1977

Erdmann, Karl Dietrich: Adenauer in der Rheinlandpolitik nach dem I. Weltkrieg; Stuttgart 1966

Euler, Heinrich: Die Außenpolitik der Weimarer Republik 1918–1923; vom Waffenstillstand bis zum Ruhrkampfkonflikt; Aschaffenburg 1957

Gottwald, Robert: Die deutsch-amerikanischen Beziehungen in der Ära Stresemann; Berlin 1964

Grieser, Harald: Die Sowjetpresse über Deutschland in Europa 1922–1932; Revision von Versailles und Rapallo-Politik in sowjetischer Sicht; Stuttgart 1976

Hart, Liddell: Foch, der Feldherr der Entente; Berlin 1938

Hentig, Hans v.: Der Friedensschluß (I. Weltkrieg); Stuttgart 1952

Hertling, Freiin v. (Hrsg.): Die Haager Konferenz im Licht der ausländischen Presse; Berlin 1929

Hirsch, Helmut: Die Saar in Versailles – Die Saarfrage auf der Friedenskonferenz von 1919; Bonn 1952

Kleinwaechter, Friedrich: Von Schönbrunn bis St. Germain – die Entstehung der Republik Österreich; Graz/Köln 1964

Kraemer, Fritz: Das Verhältnis der französischen Bündnisverträge zum Völkerbundpakt und zum Pakt von Locarno – eine juristisch-politische Studie; Leipzig 1932

Krieger, Wolfgang: Labour Party und Weimarer Republik; ein Beitrag zur Außenpolitik der britischen Arbeiterbewegung zwischen Programmatik und Parteitaktik 1918–1924; Bonn 1978

Link, Werner: Die amerikanische Stabilisierungspolitik in Deutschland 1921–1932; Düsseldorf 1970

Meyer, Renate: David Lloyd George und der Friedensvertrag von Versailles; Berlin 1953

Ministerium für auswärtige Angelegenheiten der Deutschen Demokratischen Republik (Hrsg.): Locarno-Konferenz 1925; eine Dokumentation; Berlin 1962

Oschlies, Wolf: Die Kommunistische Partei der Tschechoslowakei in der Ersten Tschechoslowakischen Republik 1918–1938; Köln 1974

Poincaré, Raymond: Im Dienste Frankreichs – neun Jahre Erinnerung; Dresden 1928

Possony, Stefan T.: Zur Bewältigung der Krisenschuldfrage – Völkerrecht und Strategie bei der Auslösung zweier Weltkriege; Köln/Opladen 1968

Prinz, Friedrich: Beneš, Jaksch und die Sudetendeutschen; Stuttgart 1975

Recke, Walther: Die historisch-politischen Grundlagen der Genfer Konvention vom 15. Mai 1922; Marburg 1969

Reventlow, Rolf: Zwischen Alliierten und Bolschewisten – Arbeiterräte in Österreich 1918–1923; Wien 1971

Rößler, Hellmuth (Hrsg.): Locarno und die Weltpolitik 1924–1932; Göttingen 1969

Ronde, Hans: Von Versailles bis Lausanne – der Verlauf der Reparationsverhandlungen nach dem I. Weltkrieg; Stuttgart/Köln 1950

Salewski, Michael: Entwaffnung und Militärkontrolle in Deutschland 1919–1927; München 1966

Siebert, Ferdinand: Aristide Briand 1862–1932; ein Staatsmann zwischen Frankreich und Europa; Erlenbach/Stuttgart 1973

Silberstern, Leopold: Die Entstehung des tschechoslowakischen Staates nach Beneschs Memoiren; Berlin-Grunewald 1928

Spangenberg, Bernhard: Deutschlands Reparationslasten; Versailler Vertrag, Dawesplan, Youngplan; Dresden 1929

Spenz, Jürgen: Die diplomatische Vorgeschichte des Beitritts Deutschlands zum Völkerbund 1924–1926; ein Beitrag zur Außenpolitik der Weimarer Republik; Göttingen 1966

Stadler, Karl Rudolf: Hypothek auf die Vernunft – die Entstehung der österreichischen Republik 1918–1921; Wien/Frankfurt 1968

Štejn, Boris Efimorič: Die „Russische Frage" auf der Pariser Friedenskonferenz 1919–1920; Leipzig 1953

Stresemann, Gustav: Vermächtnis, 3 Bände; Berlin 1932f.

Thimme, Anneliese: Gustav Stresemann; Hannover/Frankfurt 1957

Urbanitsch, Peter: Großbritannien und die Verträge von Locarno; Wien 1968

Viefhaus, Erwin: Die Minderheitenfrage und die Entstehung der Minderheiten-Schutzverträge auf der Pariser Friedenskonferenz 1919; Würzburg 1960

Vorstand der Sozialdemokratischen Partei Deutschlands (Hrsg.): Völkerbund oder Bündnis mit Sowjetrußland? Der Kampf um den europäischen Frieden; Berlin 1926

Walsdorff, Martin: Westorientierung und Ostpolitik – Stresemanns Rußlandpolitik in der Locarno-Ära; Bremen 1971

Wengst, Udo: Graf Brockdorff-Rantzau und die außenpolitischen Anfänge der Weimarer Republik; Berlin, Frankfurt/Main 1973

Wüst, Erich: Der Vertrag von Versailles im Licht und Schatten der Kritik – die Kontroverse um seine wirtschaftlichen Auswirkungen; Zürich 1962

3. Die russische Revolution und der Westen 1917–1933

Anweiler, Oskar: Die sowjetische Bildungspolitik seit 1917 – Dokumente und Texte; München 1961

Brahm, Heinz: Die sowjetische Einstellung zum deutschen Faschismus in den Jahren 1923–1928; Köln 1964

Bronger, Dirk: Der Kampf um die sowjetische Agrarpolitik 1925–1929 – ein Beitrag zur Geschichte der kommunistischen Opposition in Sowjetrußland; Köln 1967

Chamberlin, William Henry: Die russische Revolution 1917–1921, 2 Bände; Frankfurt/Main 1958

Deutscher, Isaac: Trotzki, 3 Bände; Stuttgart 1962f.

Dutschke, Rudi: Versuch, Lenin auf die Füße zu stellen – über den halbasiatischen und den osteuropäischen Weg zum Sozialismus; Berlin 1974

Geyer, Dietrich: Die russische Revolution – historische Probleme und Perspektiven; Stuttgart/Berlin/Köln/Mainz 1968

Goldmann, Emma: Die Ursachen des Niederganges der russischen Revolution (1922); Berlin 1968

Hahlweg, Werner: Lenins Rückkehr nach Rußland 1917 – die deutschen Akten; Leiden 1957

Jósza, Gyula: Das ZK der KPdSU unter Lenin; Köln 1975

Kennan, George F.: Sowjetische Außenpolitik unter Lenin und Stalin; Stuttgart 1961

Kerenskij, Alexander: Erinnerungen – Vom Sturz des Zarentums bis zu Lenins Staatsstreich; Dresden 1928

Klein, Fritz: Die diplomatischen Beziehungen Deutschlands zur Sowjetunion 1917–1932; Berlin 1953

Kochan, Lionel: Rußland und die Weimarer Republik; Düsseldorf 1955

König, Helmut: Lenin und der italienische Sozialismus 1915–1921; ein Beitrag zur Gründungsgeschichte der Kommunistischen Internationale; Tübingen 1967

Kohn, Richard (Hrsg.): Die russische Revolution in Augenzeugenberichten; München 1964

Kraus, Rainer: Die Imperialismusdebatte zwischen Vladimir I. Lenin und Karl Kautsky – eine vergleichende Analyse ihrer Theorien; Frankfurt/Main 1978

Laboor, Ernst: Lenin und die Gründung der UdSSR – mit Dokumentenanhang; Berlin 1972

Lorenz, Richard: Anfänge der bolschewistischen Industriepolitik; Köln 1965

Pietsch, Walter: Revolution und Staat – Institutionen als Träger der Macht in Sowjetrußland 1917–1922; Köln 1969

Reisberg, Arnold (Hrsg.): W. I. Lenin – Dokumente seines Lebens; Leipzig 1977

Rosenberg, Arthur: Geschichte des Bolschewismus; Frankfurt/Main 1966

Rubel, Maximilien: Stalin in Selbstzeugnissen und Bilddokumenten; Reinbek 1969

Schieder, Theodor: Die Probleme des Rapallo-Vertrages – eine Studie über die deutsch-russischen Beziehungen 1922–1926; Köln/Opladen 1956

Stern, Leo (Hrsg.): Die Auswirkungen der Großen Sozialistischen Oktoberrevolution auf Deutschland, 4 Bände; Berlin 1959

Tomski, Michail Pavlovič: Abhandlungen über die Gewerkschaftsbewegung in Rußland; Hamburg 1921

Trotzki, Leo: Mein Leben – Versuch einer Autobiografie; Berlin 1930

Trotzki, Leo: Geschichte der russischen Revolution, 2 Bände; Berlin 1931

Trotzki, Leo: Stalin – eine Biografie (aus dem Nachlaß); Berlin 1952

Truš, Michail: Lenin und die Außenpolitik der UdSSR 1917–1923; Frankfurt/M. 1970

Tschiang Kai-Schek: Sowjetrußland in China; Berlin 1959

Weber, Gerda/Weber, Hermann: Lenin-Chronik – Daten zu Leben und Werk; München 1974

Weingartner, Thomas: Stalin und der Aufstieg Hitlers; die Deutschlandpolitik der Sowjetunion und der Kommunistischen Internationale 1929–1934; Berlin 1970

Wilde, Harry: Leo Trotzki in Selbstzeugnissen und Bilddokumenten; Reinbek 1969

Wittram, Reinhard: Studien zum Selbstverständnis des 1. und 2. Kabinetts der russischen provisorischen Regierung (März bis Juli 1917); Göttingen 1971

4. Der Aufstieg des italienischen Faschismus

Aquila, Giulio: Faschismus an der Macht (1922); Berlin 1968

Deschner, Karlheinz: Mit Gott und den Faschisten; der Vatikan im Bunde mit Mussolini, Franco, Hitler und Pavelić; Stuttgart 1965

Gruber, Alfons: Südtirol unter dem Faschismus; Bozen 1975

Hoepke, Klaus Peter: Die deutsche Rechte und der italienische Faschismus; ein Beitrag zum Selbstverständnis und zur Politik von Gruppen und Verbänden der deutschen Rechten; Düsseldorf 1968

Kirkpatrick, Irone: Mussolini; Berlin 1965

Lönne, Carl Egon: Benedetto Croce als Kritiker seiner Zeit; Tübingen 1967

Luna, Giovanni de: Mussolini in Selbstzeugnissen und Bilddokumenten; Reinbek 1978

Mager, Wolfgang: Benedetto Croces literarisches und politisches Interesse an der Geschichte; Köln/Graz 1965

Mussolini, Benito: Geheimer Briefwechsel Mussolini – Dollfuß; Wien 1949

Nolte, Ernst: Der Faschismus in seiner Epoche: Die Action française, der italienische Faschismus, der Nationalsozialismus; München 1963

Pick, Fritz (Hrsg.): Sir Austen Chamberlain: Englische Politik; Erinnerungen aus 50 Jahren; Essen 1938

Priester, Karin: Der italienische Faschismus; ökonomische und ideologische Grundlagen; Köln 1972

Schieder, Wolfgang (Hrsg.): Faschismus als soziale Bewegung; Deutschland und Italien im Vergleich; Hamburg 1976

Silva, Umberto: Kunst und Ideologie des Faschismus; Frankfurt/Main 1975

Spindler, Katharina: Die Schweiz und der italienische Faschismus 1922–1930; der Verlauf der diplomatischen Beziehungen und die Beurteilung durch das Bürgertum; Basel 1976

Zarca, Albert (Hrsg.): Mussolini ohne Maske – Erinnerungen; Stuttgart 1974

5. Das republikanische Experiment in Deutschland

Albertin, Lothar: Liberalismus und Demokratie am Anfang der Weimarer Republik; eine vergleichende Analyse der Deutschen Demokratischen Partei und der Deutschen Volkspartei; Düsseldorf 1972

Angress, Werner T.: Die Kampfzeit der KPD 1921–1923; Düsseldorf 1973

Berthold, Brigitte (Hrsg.): Die Weimarer Republik; Dokumente und Materialien; Ostberlin 1963

Bock, Hans Manfred: Syndikalismus und Linkskommunismus von 1918–1923; Zur Geschichte und Soziologie der Freien Arbeiterunion Deutschlands, der Allgemeinen Arbeiter-Union Deutschlands und der Kommunistischen Partei Deutschlands; Meisenheim 1969

Die Bolschewisierung der KPD, Teil 1 und 2; Berlin 1973f.

Boserup, Anders/Mack, Andrew: Krieg ohne Waffen? Studie über Möglichkeiten und Erfolge sozialer Verteidigung: Kapp-Putsch 1920, Ruhrkampf 1923, Algerien 1961, ČSSR 1968; Reinbek 1974

Cliff, Tony: Studie über Rosa Luxemburg; Frankfurt/Main 1969

Czisnik, Ulrich: Gustav Noske – ein sozialdemokratischer Staatsmann; Göttingen 1969

Deuerlein, Ernst (Hrsg.): Der Hitler-Putsch; bayerische Dokumente zum 8./9. November 1923; Stuttgart 1962

Deuerlein, Ernst (Hrsg.): Der Aufstieg der NSDAP in Augenzeugenberichten; München 1974

Dorpalen, Andreas: Hindenburg und die Geschichte der Weimarer Republik; Berlin/Frankfurt/Main 1966

Ebert, Friedrich: Friedrich Ebert 1871–1925; Bonn/Bad Godesberg 1971

Erger, Johannes: Der Kapp-Lüttwitz-Putsch – ein Beitrag zur deutschen Innenpolitik 1919/20; Düsseldorf 1967

Ersil, Wilhelm: Aktionseinheit stürzt Cuno; zur Geschichte des Massenkampfes gegen die Cuno-Regierung 1923 in Mitteldeutschland; Ostberlin 1963

Eschenburg, Theodor: Matthias Erzberger, der große Mann des Parlamentarismus und der Finanzreform; München 1973

Fechenbach, Felix: Der Revolutionär Kurt Eisner; aus persönlichen Erlebnissen; Berlin 1929

Fest, Joachim: Hitler, eine Biografie; Frankfurt/Main 1973

Flechtheim, Ossip (Hrsg.): Karl Liebknecht – Gedanke und Tat; Schriften, Reden, Briefe zur Theorie und Praxis der Politik; Frankfurt/Main 1976

Gessler, Otto: Reichswehrpolitik in der Weimarer Zeit; Stuttgart 1958

Gordon, Harold J.: Hitlerputsch 1923 – Machtkampf in Bayern 1923–1924; München 1978

Gottschalch, Wilfried: Strukturveränderungen der Gesellschaft und politisches Handeln in der Lehre von Rudolf Hilferding; Berlin 1962

Grebing, Helga: Friedrich Ebert; kritische Gedanken zur historischen Einordnung eines deutschen Sozialisten; Bonn 1971

Guratzsch, Dankwart: Macht durch Organisation – die Grundlegung des Hugenbergschen Presseimperiums; Düsseldorf 1974

Haffner, Sebastian: Die verratene Revolution – Deutschland 1918/19; Bern/München 1969

Haffner, Sebastian: Anmerkungen zu Hitler; München 1978

Hallgarten, Wolfgang: Hitler, Reichswehr und Industrie; zur Geschichte der Jahre 1918–1933; Frankfurt/Main 1955

Hannover-Drück, Elisabeth/Hannover, Heinrich: Der Mord an Rosa Luxemburg und Karl Liebknecht; Dokumente eines politischen Verbrechens; Frankfurt/Main 1967

Heiber, Helmut: Die Republik von Weimar; München 1976

Hirsch, Helmut: Rosa Luxemburg in Selbstzeugnissen und Bilddokumenten; Reinbek 1969

Hirsch, Helmut: Experiment in Demokratie – zur Geschichte der Weimarer Republik; Wuppertal 1972

Hofmann, Hans Hubert: Der Hitlerputsch – Krisenjahre deutscher Geschichte 1920–1924; München 1961

Institut für Marxismus-Leninismus beim Zentralkomitee der SED: Novemberrevolution 1918 in Bildern und Dokumenten; Ostberlin 1958

Kluge, Ulrich: Soldatenräte und Revolution – Studien zur Militärpolitik in Deutschland 1918/19; Berlin 1972

Köller, Heinz: Kampfbündnis an der Seine, Ruhr und Spree – der gemeinsame Kampf der KPF und KPD gegen die Ruhrbesetzung 1923; Berlin 1963

Könnemann, Erwin/Krusch, Hans-Joachim: Aktionseinheit contra Kapp-Putsch; der Kapp-Putsch im März 1920 und der Kampf der deutschen Arbeiterklasse; Ostberlin 1972

Kolb, Eberhard: Die Arbeiterräte in der deutschen Innenpolitik 1918–1919; Düsseldorf 1962

Kolb, Eberhard: Vom Kaiserreich zur Weimarer Republik; Köln 1972

Kotowski, Georg: Friedrich Ebert; eine politische Biografie; Wiesbaden 1963

Krohn, Claus-Dieter: Stabilisierung und ökonomische Interessen – die Finanzpolitik des Deutschen Reiches 1923–1927; Düsseldorf 1974

Laschitza, Annelies/Radczun, Günter: Rosa Luxemburg – ihr Wirken in der deutschen Arbeiterbewegung; Ostberlin 1971

Laubach, Ernst: Die Politik der Kabinette Wirth 1921/22; Lübeck/Hamburg 1968

Liebe, Werner: Die Deutsche Volkspartei 1918–1924; Düsseldorf 1956

Lütge, Klaus: Die Politik des Reichskanzlers Max von Baden; Kiel 1953

Luxemburg, Rosa: Politische Schriften; Leipzig 1969

Prinz Max von Baden: Erinnerungen und Dokumente; Berlin/Stuttgart/Leipzig 1927

Möller, Alex: Reichsfinanzminister Matthias Erzberger und sein Reformwerk; Bonn 1971

Mommsen, Hans; Petzina, Dieter; Weisbrod, Bernd (Hrsg.): Industrielles System und politische Entwicklung in der Weimarer Republik; Düsseldorf 1974

Neumann, Sigmund: Die Parteien der Weimarer Republik (1932); Stuttgart 1973

Noske, Gustav: Aufstieg und Niedergang der deutschen Sozialdemokratie; Zürich 1947

Oehme, Walter: Die Weimarer Nationalversammlung 1919 – Erinnerungen; Berlin 1962

Oertzen, Peter v.: Betriebsräte in der Novemberrevolution – eine politikwissenschaftliche Untersuchung über Ideengehalt und Struktur der betrieblichen und wirtschaftlichen Arbeiterräte in der deutschen Revolution 1918/19; Düsseldorf 1963

Prager, Eugen: Geschichte der USPD – Entstehung und Entwicklung der Unabhängigen Sozialdemokratischen Partei Deutschlands; Berlin 1921

Preller, Ludwig: Sozialpolitik in der Weimarer Republik; Stuttgart 1949

Ritter, Gerhard A./Miller, Susanne: Die deutsche Revolution 1918–1919; Dokumente; Hamburg 1975

Rohrmann, Walter: Antisemitismus – Ideologie und Geschichte im Kaiserreich und in der Weimarer Republik; Berlin 1972

Rosenberg, Arthur: Geschichte der Weimarer Republik; Frankfurt/Main 1961

Rürup, Reinhard: Probleme der Revolution in Deutschland 1918/19; Wiesbaden 1968

Ruge, Wolfgang: Matthias Erzberger; eine politische Biografie; Berlin 1976

Schade, Franz: Kurt Eisner und die bayerische Sozialdemokratie; Hannover 1961

Schmidt, Giselher: Spartakus, Rosa Luxemburg und Karl Liebknecht; Frankfurt/Main 1974

Schöner, Hellmut: Hitler-Putsch im Spiegel der Presse; Berichte bayerischer, norddeutscher und ausländischer Zeitungen über die Vorgänge im November 1923; München 1974

Schulze, Hagen: Freikorps und Republik 1918–1920; Boppard 1969

Schustereit, Hartmut: Linksliberalismus und Sozialdemokratie in der Weimarer Republik; eine vergleichende Betrachtung von DDP und SPD 1919–1930; Düsseldorf 1975

Stephan, Werner: Aufstieg und Verfall des Linksliberalismus 1918–1932; Geschichte der Deutschen Demokratischen Partei; Göttingen 1973

Toland, John: Adolf Hitler; Bergisch-Gladbach 1977

Tyrell, Albrecht: Vom Trommler zum Führer – Der Wandel von Hitlers Selbstverständnis zwischen 1919 und 1924 und die Entwicklung der NSDAP; München 1975

Venner, Dominique: Söldner ohne Sold; die deutschen Freikorps 1918–1923; Wien/Berlin 1974

Vietzke, Siegfried/Wohlgemuth, Heinz: Deutschland und die deutsche Arbeiterbewegung in der Zeit der Weimarer Republik 1919–1933; Berlin 1966

Weber, Hermann: Die Wandlungen des deutschen Kommunismus – Die Stabilisierung der KPD in der Weimarer Republik; Frankfurt/Main 1969

Graf Westarp, Kuno: Die Regierung des Prinzen Max von Baden und die Konservative Partei 1918; Berlin 1928

Wilde, Harry: Walter Rathenau in Selbstzeugnissen und Bilddokumenten; Reinbek 1972

Witt, Peter Christian: Friedrich Ebert, Parteiführer, Reichskanzler, Volksbeauftragter, Reichspräsident; Bonn 1971

6. Die Demokratie in der Krise: Mittel- und Osteuropa

Abendroth, Wolfgang: Sozialgeschichte der europäischen Arbeiterbewegung (1848–1965); Frankfurt/Main 1970

Aronson, Shlomo: Reinhard Heydrich und die Frühgeschichte von Gestapo und SS; Stuttgart 1971

Bach, Jürgen A.: Franz v. Papen in der Weimarer Republik – Aktivitäten in Politik und Presse 1918–1932; Düsseldorf 1977

Bahne, Siegfried: Die KPD und das Ende von Weimar – das Scheitern einer Politik 1932–1935; Frankfurt/Main, New York 1976

Behr, Hermann: Die goldenen zwanziger Jahre; das fesselnde Panorama einer entfesselten Zeit; Hamburg 1964

Benedikt, Heinrich (Hrsg.): Geschichte der Republik Österreich 1918–1945; München 1977

Bracher, Karl Dietrich: Die Auflösung der Weimarer Republik; eine Studie zum Problem des Machtzerfalls in der Demokratie; Stuttgart/Düsseldorf 1955

Bracher, Karl Dietrich; Sauer, Wolfgang; Schulz, Gerhard: Die nationalsozialistische Machtergreifung – Studien zur Errichtung des totalitären Herrschaftssystems in Deutschland 1933/34; Köln/Opladen 1960

Brüning, Heinrich: Memoiren 1918–1934; München 1972

Brüning, Heinrich: Briefe und Gespräche 1934–1945; Stuttgart 1974

Buber-Neumann, Margarethe: Kriegsschauplätze der Weltrevolution – ein Bericht aus der Praxis der Komintern 1919–1943; Stuttgart 1967

Carsten, Francis L.: Faschismus in Österreich – Von Schönerer zu Hitler; München 1978

Conquest, Robert: Am Anfang starb Genosse Kirow – Säuberungen unter Stalin; Düsseldorf 1970

Czichon, Eberhard: Wer verhalf Hitler zur Macht? Zum Anteil der deutschen Industrie an der Zerstörung der Weimarer Republik; Köln 1967

Deschner, Günther: Reinhard Heydrich – Statthalter der totalen Macht; Esslingen 1977

Fetjö, François: Judentum und Kommunismus – Antisemitismus in Osteuropa; Wien 1967

Fischer, Alexander: Sowjetische Außenpolitik 1917–1945; Stuttgart 1973

Fischer, Ruth: Stalin und der deutsche Kommunismus – der Übergang zur Konterrevolution; Berlin 1948

Glasneck, Johannes: Kemal Atatürk und die moderne Türkei; Berlin 1971

Grebing, Helga: Geschichte der deutschen Arbeiterbewegung – ein Überblick; München 1966

Grotkopp, Wilhelm: Amerikas Schutzzollpolitik und Europa; Berlin 1929

Gulick, Charles A.: Österreich von Habsburg zu Hitler; Wien 1976

Hartmann, Hans Walter: Die auswärtige Politik der Türkei 1923–1940; Zürich 1941

Heer, Hannes: Ernst Thälmann in Selbstzeugnissen und Bilddokumenten; Reinbek 1969

Hennig, Eike: Bürgerliche Gesellschaft und Faschismus in Deutschland – ein Forschungsbericht; Frankfurt/Main 1977

Heß, Jürgen C.: Theodor Heuss vor 1933 – eine Betrachtung zur Geschichte des demokratischen Denkens in Deutschland; Stuttgart 1973

Hilger, Gustav: Stalin – Aufstieg der UdSSR zur Weltmacht; Göttingen 1959

Holl, Karl/Wild, Adolf (Hrsg.): Ein Demokrat kommentiert Weimar – Die Berichte Hellmut v. Gerlachs an die Carnegie-Friedensstiftung in New York 1922–1930; Bremen 1973

Huber, Karl: Österreich in der europäischen Politik 1919–1936; Berlin 1962

Institut für Marxismus-Leninismus beim Zentralkomitee der SED (Hrsg.): Geschichte der deutschen Arbeiterbewegung, 8 Bände; Ostberlin 1966

Jähn, Gisela/Lewin, Erwin/Schumacher, Horst (Hrsg.): Studien zur Geschichte der Kommunistischen Internationale; Ostberlin 1974

Jäschke, Gotthart/Pritsch, Erich: Die Türkei seit dem Weltkrieg, 1918–1928; Berlin 1929

Jäschke, Gotthart: Der Freiheitskampf des türkischen Volkes – ein Beitrag zur politischen Geschichte der Nachkriegszeit; Berlin 1932

Kemal, Mustafa: Ansprachen, Erklärungen, Befehle, Erlasse, Telegramme; Istanbul o. J.

Kerekes, Lajos: Abenddämmerung einer Demokratie – Mussolini, Gömbös und die Heimwehr (1918–1934); Wien/Frankfurt 1966

Kindleberger, Charles V.: Die Weltwirtschaftskrise 1929–1939; München 1972

Knickerbocker, Hubert Renfro: Deutschland so oder so?; Berlin 1932

Lange, Peer H.: Stalinismus versus „Sozialfaschismus" und „Nationalfaschismus" – Revolutionspolitische Ideologie u. Praxis unter Stalin 1927–1935; Göppingen 1969

Leichter, Otto: Glanz und Ende der ersten Republik – wie es in Österreich zum Bürgerkrieg kam; Wien/Köln 1964

Lepsius, Mario Rainer: Extremer Nationalismus – Strukturbedingungen vor der nationalsozialistischen Machtergreifung; Stuttgart 1966

Lieber, Hans-Joachim/Ruffmann Karl-Heinz (Hrsg.): Der Sowjetkommunismus – Dokumente; Köln/Berlin 1963

Lochner, Louis: Herbert Hoover und Deutschland; Boppard 1961

Loessner, Anton: Josef Pilsudski – eine Lebensbeschreibung auf Grund seiner eigenen Schriften; Leipzig 1935

Lohe, Eilert: Heinrich Brüning, Offizier, Staatsmann, Gelehrter; Göttingen 1969

Luther, Hans: Vor dem Abgrund, 1930–1933; Reichsbankpräsident in Krisenzeiten; Berlin 1964

Lux, P. T.: Österreich 1918–1938, eine Demokratie?; Graz 1946

Mackiewicz, Józef: Die Phasen der Entwicklung des Kommunismus in Rußland und Polen und die Frage der deutsch-polnischen Beziehungen; München 1964

Maurer, Ilse: Reichsfinanzen und Große Koalition – eine Geschichte des Reichskabinetts Hermann Müller 1928–1930; Berlin 1973

Morsey, Rudolf (Hrsg.): Das „Ermächtigungsgesetz" vom 24. März 1933; Göttingen 1968

Oertzen, Friedrich Wilhelm v.: Marschall Pilsudski; Berlin 1934

Papen, Franz v.: Der Wahrheit eine Gasse; München 1952

Papen, Franz v.: Vom Scheitern einer Demokratie 1930–1933; Mainz 1968

Paucker, Arnold: Der jüdische Abwehrkampf gegen Antisemitismus und Nationalsozialismus in den letzten Jahren der Weimarer Republik; Hamburg 1968

Pilsudski, Jószef: Erinnerungen und Dokumente – mit einem Geleitwort von Hermann Göring; Essen 1935

Pirker, Theo: Utopie und Mythos der Weltrevolution – zur Geschichte der Komintern 1920–1940; München 1964

Pirker, Theo: Komintern und Faschismus – Dokumente zur Geschichte und Theorie des Faschismus; Stuttgart 1965

Poulantzas, Nikos: Faschismus und Diktatur – Die Kommunistische Internationale und der Faschismus; München 1973

Pünder, Hermann: Politik in der Reichskanzlei; Aufzeichnungen aus den Jahren 1929–1932; Stuttgart 1961

Reich, Wilhelm: Massenpsychologie des Faschismus – zur sexualökonomischen und politischen Reaktion und zur proletarischen Sexualpolitik; o. O. 1969

Röllig, Monika (Übers.): Atatürk; Ankara 1963

Roeske, Hans-Rudolf: Faschismus – soziale Herkunft und soziale Funktion; Untersuchung am Beispiel des Nationalsozialismus; Berlin 1974

Rohrbach, Paul: Von Brest-Litowsk bis Jalta; ein Vierteljahrhundert Osteuropa; München 1951

Roos, Hans: Polen und Europa – Studien zur polnischen Außenpolitik 1935–1939; Tübingen 1957

Ross, Dieter: Hitler und Dollfuß – die deutsch-österreichische Politik 1933–1934; Hamburg 1966

Runge, Wolfgang: Das Prager Manifest von 1934 – ein Beitrag zur Geschichte der SPD; Hamburg 1971

Saage, Richard: Faschismustheorien – eine Einführung; München 1977

Salter, Ernest W.: Von Lenin bis Chruschtschow – der moderne Kommunismus; Frankfurt/Main 1958

Schacht, Hjalmar: 76 Jahre meines Lebens; Bad Wörishofen 1953

Schneider, Hans: Das Ermächtigungsgesetz vom 24. März 1933; Bericht über das Zustandekommen und die Anwendung des Gesetzes; Bonn 1961

Schüddekopf, Otto-Ernst: Linke Leute von rechts – die nationalrevolutionären Minderheiten und der Kommunismus in der Weimarer Republik; Stuttgart 1960

Schulz, Gerhard: Deutschland seit dem I. Weltkrieg 1918–1945; Göttingen 1976

Seton-Watson, Hugh: Osteuropa zwischen den Kriegen 1918–1941; Paderborn 1948

Siegler, Heinrich v.: Aufriß der Außenpolitik Polens 1918–1945 und der Ausbruch des II. Weltkrieges; Bonn 1960

Sontheimer, Kurt: Antidemokratisches Denken in der Weimarer Republik – die politischen Ideen des deutschen Nationalismus zwischen 1918 und 1933; München 1962

Sontheimer, Kurt: Deutschland zwischen Demokratie und Antidemokratie 1919–1933 – Studien zum politischen Bewußtsein der Deutschen; München 1971

Spiru, Basil: Freiheit, die sie meinen . . . Rumänien unter der eisernen Ferse der City und der Wallstreet 1918–1938; Berlin 1957

Strobel, Georg W.: Arbeiterräte – sozialer Wandel und Parteipolitik im östlichen Mitteleuropa; Köln 1975

Thälmann, Ernst: Reden und Aufsätze 1930–1933; Köln 1975

Treue, Wilhelm (Hrsg.): Deutschland in der Weltwirtschaftskrise in Augenzeugenberichten; München 1976

Turner, Henry Ashby: Faschismus und Kapitalismus in Deutschland – Studien zum Verhältnis zwischen Nationalsozialismus und Wirtschaft; Göttingen 1972

Vogelsang, Thilo: Die Reichswehr und die Politik 1918–1934; Hannover 1959

Vogt, Martin (Bearb.): Das Kabinett Müller II: 28. Juni 1928–27. März 1930, 2 Bände; Boppard 1970

Wasari, Emilio: Ein Königsdrama im Schatten Hitlers – die Versuche des Reichsverwesers Miklós Horthy zur Gründung einer Dynastie; Wien/München 1968

Weber, Hermann (Hrsg.): Der deutsche Kommunismus – Dokumente; Köln/Berlin 1963

Wollstein, Günter: Vom Weimarer Revisionismus zu Hitler; das Deutsche Reich und die Großmächte in der Anfangsphase der nationalsozialistischen Herrschaft in Deutschland; Bonn/Bad Godesberg 1973

Ziemer, Gerhard: Inflation und Deflation zerstören die Demokratie; Lehren aus dem Schicksal der Weimarer Republik; Stuttgart 1971

Zöberlein, Klaus-Dieter: Die Anfänge des deutsch-schweizerischen Frontismus; die Entwicklung der politischen Vereinigungen Neue Front und Nationale Front bis zu ihrem Zusammenschluß im Frühjahr 1933; Meisenheim 1970

7. Die Demokratie in der Krise: Westeuropa

Aigner, Dietrich: Winston Churchill, Ruhm und Legende; Göttingen 1975

Amann, Hektor: Schweizerische Außenpolitik seit dem Ausgang des Weltkrieges; Aarau 1930

Bonnet, Georges: Vor der Katastrophe – Erinnerungen des französischen Außenministers 1938–1939; Köln 1951

Bryant, Arthur: Stanley Baldwin, das Lebensbild eines englischen Staatsmannes; Berlin 1938

Carillo, Santiago: Santiago Carillo – vom Stalinisten zum Eurokommunisten? Geschichte der Kommunistischen Partei Spaniens, ihre Politik im Bürgerkrieg und heute; Berlin 1977

Chesterton, Arthur Kenneth: Geschichte und Programm des britischen Faschismus; Leipzig 1937

Churchill, Winston: Schritt für Schritt; 1936–1939; Amsterdam 1940

Crozier, Brian: Franco – eine Biografie; München 1967

Dahms, Hellmuth: Francisco Franco; Soldat und Staatschef; Göttingen 1972

Dankelmann, Otfried: Franco zwischen Hitler und den Westmächten; Berlin 1970

Greaves, Charles D.: Die irische Krise (1920–1971); Frankfurt/Main 1977

Greyerz, Hans v.: Die Schweiz zwischen zwei Weltkriegen; Bern 1962

Grigg, Sir Edward: Britische Außenpolitik 1921–1944; Zürich 1945

Groß, Babette: Frankreichs Weg zum Kommunismus; Kreuzlingen 1971

Gundelach, Thomas: Die irische Unabhängigkeitsbewegung 1916–1922, 2 Bände; Frankfurt/Main 1977

Haffner, Sebastian: Winston Churchill in Selbstzeugnissen und Bilddokumenten; Reinbek 1967

Herriot, Eduard: Erinnerungen eines Politikers und Staatsmannes; Dresden 1928

Humbel, Kurt: Nationalsozialistische Propaganda in der Schweiz 1931–1939; einige Hauptaspekte der Mittel, Technik, Inhalte, Methoden und Wirkungen der deutschen Propaganda gegenüber Auslandsdeutschen und Deutschschweizern sowie behördliche Abwehrmaßnahmen; Bern/Stuttgart 1976

Ibarruri, Dolores: Der Kampf des spanischen Volkes gegen das Franco-Regime; Berlin 1952

Jäckl, Ernst: Amerika und wir 1926–1951 – amerikanisch-deutsches Ideenbündnis; Stuttgart 1951

Kimmel, Adolf: Der Aufstieg des Nationalsozialismus im Spiegel der französischen Presse 1930–1933; Bonn 1969

Kirsch, Hans-Christian (Hrsg.): Der Spanische Bürgerkrieg in Augenzeugenberichten; München 1976

Klein, Fritz (Hrsg.): Die USA und Europa 1917–1945 – Studien zur Geschichte der Beziehungen der USA und Europas von der Großen Sozialistischen Oktoberrevolution bis zum Ende des II. Weltkrieges; Berlin 1975

Knickerbocker, Hubert Renfro: Die Schwarzhemden in England und Englands wirtschaftlicher Aufstieg; Berlin 1934

Köller, Heinz: Frankreich zwischen Faschismus und Demokratie 1932–1934; Berlin 1978

Mayer, Hans: Frankreich zwischen den Weltkriegen 1919–1939; Frankfurt/Main 1948

Nellessen, Bernd: Die verbotene Revolution – Aufstieg und Niedergang der Falange; Hamburg 1963

Nellessen, Bernd (Hrsg.): José Antonio Primo de Riveira, der Troubadour der spanischen Falange; Auswahl und Kommentar seiner Reden und Schriften; Stuttgart 1965

Opitz, Peter (Hrsg.): Profile und Programme der Dritten Welt; Gandhi, Mao Tse Tung, Nasser, Nehru, Senghor, Sukarno; München 1970

Ortega y Gasset, José: Politische Schriften (1908–1933); Stuttgart 1971

Rass, Hans Heinrich: Britische Außenpolitik 1929 1931; Ebenen und Faktoren der Entscheidung; Bern 1975

Rau, Heimo: Gandhi in Selbstzeugnissen und Bilddokumenten; Reinbek 1970

Schmidt, Wolfgang: Stanley Baldwin; Persönlichkeit, Lehre, Stil; Frankfurt/Main 1938

Schröder, Hans-Jürgen: Deutschland und die Vereinigten Staaten 1933–1939 – Wirtschaft und Politik in der Entwicklung des deutsch-amerikanischen Gegensatzes; Wiesbaden 1970

Simone, André: Der Untergang der Dritten Republik (= französische Geschichte 1933–1940); Berlin 1948

Teubner, Hans E.: Exilland Schweiz – Dokumentarischer Bericht über den Kampf emigrierter deutscher Kommunisten 1933–1945; Frankfurt/Main 1975

Weil, Ursula: Churchill und der britische Imperialismus; Berlin 1967

Wolf, Karin: Sir Roger Casement und die deutsch-irischen Beziehungen; Berlin 1972

Wolf, Walter: Faschismus in der Schweiz; die Geschichte der Frontenbewegungen in der deutschen Schweiz 1930–1945; Zürich 1969

Woodcock, George: Mahatma Gandhi; München 1975

Ziebura, Gilbert: Léon Blum, Theorie und Praxis einer sozialistischen Politik; Berlin 1963

8. Der Weg zum Krieg 1933–1939

Adler, Alois: Die historischen Fakten des Nationalsozialismus in Österreich; Retzhof 1968

Aigner, Dietrich: Das Ringen um England; das deutsch-britische Verhältnis; die öffentliche Meinung 1933–1939; München/Esslingen 1969

Baumgärtner, Raimund: Das Dritte Reich; München 1972

Beer, Max: Die auswärtige Politik des Dritten Reiches; Zürich 1934

Bock, Hans: Der Weg nach München – Von Versailles/St. Germain 1919 zum Münchner Abkommen 1938; war München ein Sieg des Rechts oder eine Kapitulation vor der Gewalt?; Wolfenbüttel 1968

Borkenau, Franz: Der europäische Kommunismus – seine Geschichte von 1917 bis zur Gegenwart; München 1952

Brandt, Willy: Draußen – Schriften während der Emigration; München 1966

Braubach, Max: Hitlers Weg zur Verständigung mit Rußland im Jahre 1939; Bonn 1960

Breyer, Richard: Das Deutsche Reich und Polen 1932–1937; Außenpolitik und Volksgruppenfragen; Würzburg 1955

Broad, Lewis: Anthony Eden; Chronik einer Karriere; Wien/München 1956

Broszat, Martin: Der Staat Hitlers; Grundlegung und Entwicklung seiner inneren Verfassung; München 1976

Carsten, Francis L.: Der Aufstieg des Faschismus in Europa; Frankfurt/Main 1968

Ciano, Galeazzo: Tagebücher 1937/38; Hamburg 1949

Deml, Ferdinand (Hrsg.): München, 29. September 1938, vorher und nachher – eine Auswahl von Dokumenten; Bonn 1969

Diemer, Gebhard: Europa zwischen den Weltkriegen; Friedenssicherung und Revisionspolitik; Würzburg 1977

Doherty, Julian Campbell: Das Ende des Appeasement – die britische Außenpolitik, die Achsenmächte und Osteuropa nach dem Münchner Abkommen; Berlin 1973

Domarus, Max: Hitler – Reden und Proklamationen 1932–1945, 2 Bände; München 1965

Domarus, Max: Mussolini und Hitler; zwei Wege, gleiches Ende; Würzburg 1977

Douglas-Hamilton, James: Geheimflug nach England: Der „Friedensbote" Rudolf Heß und seine Hintermänner; Düsseldorf 1973

Duhnke, Horst: Die KPD von 1933–1945; Köln 1972

Eden, Sir Anthony: Memoiren; Köln/Berlin 1960

Erfurth, Waldemar: Die Geschichte des deutschen Generalstabes von 1918–1945; Göttingen/Berlin/Frankfurt 1957

Fabry, Philipp W.: Die Sowjetunion und das Dritte Reich – eine dokumentarische Geschichte der deutsch-sowjetischen Beziehungen von 1933 bis 1941; Düsseldorf 1971

Forndran, Erhard/Golczewski, Frank/Riesenberger, Dieter (Hrsg.): Innen- und Außenpolitik unter nationalsozialistischer Bedrohung; Determinanten internationaler Beziehungen in historischen Fallstudien; Opladen 1977

Fraenkel, Heinrich; Manvell, Roger: Himmler, Kleinbürger und Massenmörder; Berlin 1965

Fraenkel, Heinrich; Manvell, Roger: Hermann Göring; Hannover 1964

François-Poncet, André: Von Versailles bis Potsdam; Frankreich und das deutsche Problem der Gegenwart 1919–1945; Mainz 1949

Fuchs, Gerhard: Gegen Hitler und Henlein – der solidarische Kampf der tschechischen und deutschen Antifaschisten von 1933–1938; Berlin 1961

Funke, Manfred: Sanktionen und Kanonen – Hitler, Mussolini und der internationale Abbessinien-Konflikt 1934–1936; Düsseldorf 1971

Funke, Manfred (Hrsg.): Hitler, Deutschland und die Mächte; Materialien zur Außenpolitik des Dritten Reiches; Düsseldorf 1977

Gilbert, Martin/Gott, Richard: Der gescheiterte Frieden: Europa 1933–1939; Stuttgart 1964

Goebbels, Joseph: Tagebücher 1924–1945; Hamburg 1977

Graml, Hermann: Der 9. November 1938: „Reichskristallnacht"; Bonn 1953

Graml, Hermann: Europa zwischen den Kriegen; München 1972

Grele, Heinz (Hrsg.): Der Anschluß Österreichs 1938; Leoni 1978

Grunberger, Richard: Das Zwölfjährige Reich; der deutsche Alltag unter Hitler; Wien/München 1972

Hauser, Oswald: England und das Dritte Reich – eine dokumentarische Geschichte der englisch-deutschen Beziehungen von 1933–1939 auf Grund unveröffentlichter Akten aus dem britischen Staatsarchiv, Band 1; Stuttgart 1972

Heiber, Helmut (Hrsg.): Reichsführer! . . . Briefe an und von Himmler; München 1970

Heiber, Helmut: Josef Goebbels; München 1974

Heindl, Hans: Die totale Revolution oder die Neue Jugend im Dritten Reich; Augsburg 1973

Henke, Josef: England in Hitlers politischem Kalkül 1935–1939; Boppard 1973

Hubatsch, Walter: Unruhe des Nordens – Studien zur deutsch-skandinavischen Geschichte im 20. Jahrhundert; Göttingen 1956

Huber, Heinz/Müller, Arthur: Das Dritte Reich; seine Geschichte in Texten, Bildern und Dokumenten; München 1969

Jagschitz, Gerhard: Der Putsch – die Nationalsozialisten 1934 in Österreich; Graz 1975

Joost, Wilhelm: Botschafter bei den roten Zaren – die deutschen Missionschefs in Moskau 1918–1941; Wien 1967

Kerekes, Lajos (Red.): Allianz Hitler-Horthy-Mussolini; Dokumente zur ungarischen Außenpolitik 1933–1944 – einleitende Studie; Budapest 1966

Kluke, Paul: Neuere Geschichte – Deutsche Außenpolitik im Zeitalter des Nationalstaates; Frankfurt/Main 1969

Königer, Heinz: Der Weg nach München; über die Mai- und Septemberkrise im Jahre 1938 und ihre Vorgeschichte; Berlin 1958

Kogon, Eugen: Der SS-Staat – das System der deutschen Konzentrationslager; München 1977

Kommunistischen Partei Deutschlands, Zur Geschichte der – eine Auswahl von Materialien und Dokumenten aus den Jahren 1914–1946; Kiel 1972

Krummacher, Friedrich A./Lange, Helmut: Geschichte der deutsch-sowjetischen Beziehungen von Brest Litowsk zum „Unternehmen Barbarossa"; München 1970

Kuhn, Axel: Hitlers außenpolitisches Programm; Entstehung und Entwicklung 1919–1939; Stuttgart 1970

Lundgren, Peter: Die englische Appeasementpolitik bis zum Münchner Abkommen – Voraussetzungen, Konzeption, Durchführung; Berlin 1969

Lúza, Radomir: Österreich und die großdeutsche Idee in der Nationalsozialistischen Zeit; Wien/Köln 1977

Majskij, Ivan: Das Drama von München (Münchner Abkommen 1938); Moskau 1972

Matthias, Erich: Sozialdemokratie und Nation – ein Beitrag zur Ideengeschichte der sozialdemokratischen Emigration und der Prager Zeit des Parteivorstandes 1933–1938; Stuttgart 1952

Merkes, Manfred: Die deutsche Politik im spanischen Bürgerkrieg 1936–1939; Bonn 1969

Meyer, Alice: Anpassung oder Widerstand – die Schweiz zur Zeit des deutschen Nationalsozialismus; Frauenfeld 1966

Mielcke, Karl: Deutschland und Rußland 1918–1941; Bad Gandersheim 1960

Ministeriums für Nationale Verteidigung, Verlag des (Hrsg.): Zur Geschichte der deutschen antifaschistischen Widerstandsbewegung 1933–1945; eine Auswahl von Materialien, Berichten und Dokumenten; Berlin 1958

Müller, Klaus-Jürgen: Das Heer und Hitler; Armee und nationalsozialistisches Regime 1933–1940; Stuttgart 1969

Niclauss, Karlheinz: Die Sowjetunion und Hitlers Machtergreifung – eine Studie über die deutsch-russischen Beziehungen der Jahre 1929–1935; Bonn 1966

Norden, Günther v. (Hrsg.): Dokumente und Berichte aus dem III. Reich; Frankfurt/Main 1970

Oeri, Albert: Sorge um Europa; von Versailles bis Potsdam 1919–1945; außenpolitische Kommentare; Basel/Stuttgart 1977

Posser, Diether: Deutsch-sowjetische Beziehungen 1917–1941; Frankfurt/Main 1963

Potyka, Christian: Haile Selassie – Der Negus Negesti in Frieden und Krieg; zur Politik des äthiopischen Reformherrschers; Bad Honnef 1974

Preradovich, Nikolaus v.: Die Wilhelmstraße und der Anschluß Österreichs 1918–1933; Bern/Frankfurt 1971

Die Reichskristallnacht: Der Antisemitismus in der deutschen Geschichte; Bonn 1960

Reimann, Viktor: Dr. Josef Goebbels; Wien/München 1970

Reinck, Gerhard: Hitler und die deutsche Aufrüstung 1933–1937; Wiesbaden 1959

Reventlow, Rolf: Spanien in diesem Jahrhundert; Bürgerkrieg – Vorgeschichte und Auswirkungen; Wien/Frankfurt 1968

Reynolds, Philip a.: Die britische Außenpolitik zwischen den beiden Weltkriegen; Braunschweig 1952

Robbins, Keith: München 1938 – Ursprünge und Verhängnis – Zur Krise der Politik und des Gleichgewichtes; Gütersloh 1969

Schüddekopf, Ernst Otto: Bis alles in Scherben fällt ... Die Geschichte des Faschismus; München 1974

Schramm, Wilhelm v.: ... sprich vom Frieden, wenn Du den Krieg willst. Die psychologischen Offensiven Hitlers gegen die Franzosen 1933–1939; Mainz 1973

Sommer, Theo: Deutschland und Japan zwischen den Mächten 1935–1940; vom Antikominternpakt zum Dreimächtepakt – eine Studie zur diplomatischen Vorgeschichte des II. Weltkrieges; Tübingen 1962

Steiner, Herbert (Hrsg.): Die Erhebung der österreichischen Nationalsozialisten im Juli 1934 – Akten der Historischen Kommission des Reichsführers SS; Wien/Frankfurt 1965

Strasser, Otto: Wohin treibt Hitler? Darstellung der Lage und Entwicklung des Hitlersystems in den Jahren 1935 und 1936; Prag 1936

Studien zur Geschichte der Konzentrationslager; Stuttgart 1970

Vietzke, Siegfried: Deutschland zwischen Sozialismus und Imperialismus – die Rolle Deutschlands in der Auseinandersetzung zwischen dem Weltimperialismus und der sozialistischen Sowjetunion 1917–1945; Ostberlin 1967

Vogelsang, Thilo: Die nationalsozialistische Zeit; Deutschland 1933–1939; Frankfurt/Main, Berlin 1968

Wagner, Dieter/Tomkowitz, Gerhard: „Ein Volk, ein Reich, ein Führer": Der Anschluß Österreichs 1938; München 1968

Weingartner, Thomas: Stalin und der Aufstieg Hitlers – die Deutschlandpolitik der Sowjetunion und der Kommunistischen Internationale 1929–1935; Berlin 1970

Wendt, Bernd-Jürgen: München 1938 – England zwischen Hitler und Preußen; Frankfurt/Main 1965

Wendt, Bernd-Jürgen: Appeasement 1938; wirtschaftliche Rezession und Mitteleuropa; Frankfurt/Main 1966

Wimmer, Lothar: Österreich und Jugoslawien 1937–1938; Wien 1965

Wulf, Joseph: Heinrich Himmler – eine biografische Studie; Berlin 1960

9. Der Zweite Weltkrieg

Albertini, Rudolf v.: Europäische Kolonialherrschaft 1880–1940; Zürich 1976

Aspelmeier, Dieter: Deutschland und Finnland während der beiden Weltkriege; Hamburg 1967

Blücher, Wipert v.: Gesandter zwischen Demokratie und Diktatur – Erinnerungen aus den Jahren 1935–1944 als letzter deutscher Gesandter in Finnland; Wiesbaden 1951

Brandt, Willy: Norwegens Freiheitskampf 1940–1945; Hamburg 1948

Broszat, Martin (Hrsg.): Höß, Rudolf: Kommandant in Auschwitz; autobiographische Aufzeichnungen; München 1978

Chabod, Federico: Die Entstehung des neuen Italien 1918–1948; Reinbek 1965

Clay, Lucius D.: Entscheidung in Deutschland; Frankfurt/Main 1950

Deutsches Staatsministerium für Böhmen und Mähren, Abteilung Kulturpolitik (Hrsg.): Fünf Jahre Protektorat Böhmen und Mähren 1939–1944; Prag 1944

Deutsch-Italienische Historikertagung, Salerno, Juni 1971: Von der Diktatur zur Demokratie – Deutschland und Italien in der Epoche nach 1943; Braunschweig 1973

Fabry, Philipp W.: Der Hitler-Stalin-Pakt 1939–1941; Düsseldorf 1962

Fischer, Alexander: Teheran – Jalta – Potsdam; die sowjetischen Protokolle von den Kriegskonferenzen der großen Drei; Wiesbaden 1968

Foerster, Wolfgang: Generaloberst Ludwig Beck; sein Kampf gegen den Krieg. Aus nachgelassenen Papieren des Generalstabschefs; München 1953

Frank, Hans: Im Angesicht des Galgens – Deutung Hitlers und seiner Zeit auf Grund eigener Erlebnisse und Erkenntnisse; geschrieben im Nürnberger Gefängnis; Neuhaus 1955

Frede, Günther: Deutsche Innenpolitik 1933–1945; Dokumente mit verbindendem Text; Braunschweig 1952

Friede und Krieg – Die Außenpolitik der Vereinigten Staaten 1931–1941; Zürich 1943

de Gaulle, Charles: Memoiren 1942–1946; die Einheit, das Heil; Düsseldorf 1961

Görlitz, Walter (Hrsg.): Generalfeldmarschall Keitel – Verbrecher oder Offizier? Dokumente des Chefs des OKW; Göttingen 1961

Gosztony, Peter (Hrsg.): Der Kampf um Berlin 1945 in Augenzeugenberichten; München 1970

Grigorenko, Petr Grigor'erič: Der sowjetische Zusammenbruch 1941; Frankfurt/Main 1969

Grimm, Friedrich: Frankreich-Berichte 1934–1944; Bodman/Bodensee 1972

Haberl, Othmar Nikola: Die Emanzipation der Kommunistischen Partei Jugoslawiens von der Kontrolle der Komintern und der KPdSU 1941–1945; München 1974

Hass, Gerhart: Von München bis Pearl Harbour – Zur Geschichte der deutsch-amerikanischen Beziehungen 1938–1941; Berlin 1965

Heidmann, Eberhard; Wohlgemuth, Käthe (Hrsg.): Zur Deutschland-Politik der Anti-Hitler-Koalition 1943–1949; Ostberlin 1966

Hesse, Erich: Der sowjetrussische Partisanenkrieg 1941–1944 im Spiegel deutscher Kampfanweisungen und Befehle; Göttingen 1969

Heydecker, Julius/Leeb, Johannes: Bilanz der 1000 Jahre; die Geschichte des III. Reiches im Spiegel des Nürnberger Prozesses; München 1975

Hillgruber, Andreas/Jacobsen, Hans Adolf: Die sowjetische Geschichte des Großen Vaterländischen Krieges 1941–1945; Bern 1961

Irving, David: Die Tragödie der deutschen Luftwaffe; Frankfurt/Main 1970

Irving, David: Rommel – eine Biografie; Hamburg 1978

Jäschke, Gotthart: Die Türkei in den Jahren 1935–1941; Leipzig 1943

Jäschke, Gotthart: Die Türkei in den Jahren 1942–1951; Wiesbaden 1955

Jungk, Robert: Strahlen aus der Asche – Geschichte einer Wiedergeburt (Hiroshima); Bern/Stuttgart 1959

Kempner, Robert Max: Das Dritte Reich im Kreuzverhör – aus den unveröffentlichten Vernehmungsprotokollen des Anklägers Robert M. W. Kempner; München 1969

Klusacek, Christine/Steiner, Herbert/Stimmer, Kurt: Dokumentation zur österreichischen Zeitgeschichte 1938–1945; Wien/München 1971

Koerner, Ralf Richard: So haben sie es damals gemacht ... Die Propagandavorbereitungen zum Österreich-Anschluß durch das Hitlerregime 1933 bis 1938; Wien 1958

Krieger, Konrad S.: Das sowjetisch-japanische Verhältnis 1931–1941; Auswirkungen auf die Entwicklungspolitik in Ost- und Südostasien; Mainz 1970

Lüdde-Neurath, Walter: Regierung Dönitz; die letzten Tage des III. Reiches; Göttingen 1951

Milward, Alan S.: Der II. Weltkrieg 1939–1945; Krieg, Wirtschaft, Gesellschaft; München 1974

Moltke, Freya v.; Balfour, Michael; Frisby, Julian: Helmut James v. Moltke, 1907–1945; Stuttgart 1975

Moltke, Helmut v.: Ein Lebensbild – persönliche Aufzeichnungen, Briefe, Zeugnisse, Schilderungen; Stuttgart 1941

Naso, Eckart v.: Moltke – Mensch und Feldherr; seine Biografie; Frankfurt/Main 1963

Norden, Albert: Die spanische Tragödie 1936–1955; Berlin 1956

Nürnberg, Das Urteil von – Dokumente; München 1977

Philippi, Alfred/Heim, Ferdinand: Der Feldzug gegen Rußland 1941–1945; Stuttgart 1962

Picker, Henry: Hitlers Tischgespräche; Oldenburg 1969

Reynolds, Nicholas: Beck – Gehorsam und Widerstand; das Leben des deutschen Generalstabschefs 1935–1938; Wiesbaden/München 1977

Richter, Heinz: Griechenland zwischen Revolution und Konterrevolution 1936–1946; Frankfurt/Main 1973

Rings, Werner: Schweiz im Krieg 1939–1945; Zürich 1974

Rodow, B. B.: Die USA und Japan bei der Vorbereitung und Entfesselung des Krieges im Stillen Ozean 1938–1941; Berlin 1953

Röder, Werner: Die deutschen sozialistischen Exilgruppen in Großbritannien 1940–1945; ein Beitrag zur Geschichte des Widerstandes gegen den Nationalsozialismus; Hannover 1968

Roosevelt, Franklin D.: Amerika und Deutschland 1936–1945; Auszüge aus Reden und Dokumenten; o. O. 1945

Rosinsky, Herbert: Die deutsche Armee vom Triumph zur Niederlage; München 1977

Ryan, Cornelius: Der längste Tag – Normandie, 6. Juni 1944; Frankfurt/Main 1973

Schmidt, Walter A.: Damit Deutschland lebe – ein Quellenwerk über den deutschen antifaschistischen Widerstand 1933–1945; Berlin 1959

Scholl, Inge: Die Weiße Rose (= Widerstand gegen Hitler); Frankfurt/Main 1965

Seidl, A. (Hrsg.): Die Beziehungen zwischen Deutschland und der Sowjetunion 1939–1941; Dokumente des Auswärtigen Amtes; Berlin 1949

Siebert, Ferdinand: Italiens Weg in den II. Weltkrieg; Frankfurt/Main 1962

Smith, Bradley F./Peterson, Agnes F. (Hrsg.): Heinrich Himmler: Geheimreden 1933–1945 und andere Ansprachen; Frankfurt/Main 1974

Stalin, Josef: Über den großen Vaterländischen Krieg der Sowjetunion; Berlin 1952

Süskind, Wilhelm E.: Die Mächtigen vor Gericht – Nürnberg 1945/46 an Ort und Stelle erlebt; München 1963

Taylor, Telford: Nürnberg und Vietnam – eine amerikanische Tragödie; München 1971

Tournoux, Jean Renoir: Pétain und de Gaulle; Düsseldorf 1966

Vierheller, Viktoria: Polen und die Deutschland-Frage 1939–1949; Köln 1970

Weisenborn, Günther: Der lautlose Aufstand – Bericht über die Widerstandsbewegung des deutschen Volkes 1933–1945; Hamburg 1953

Wucher, Albert: Seit 5Uhr45 wird zurückgeschossen; ein Dokumentarbericht über den Beginn des II. Weltkrieges; München 1961

Wuescht, Johann: Jugoslawien und das Dritte Reich; eine dokumentierte Geschichte der deutsch-jugoslawischen Beziehungen von 1933 bis 1945; Stuttgart 1969

Zieger, Gottfried: Die Atlantik-Charta 1941; Hannover 1963

10. Wiederaufbau und Entwicklung der europäischen Staaten 1945–1975

Abendroth, Wolfgang: Arbeiterklasse, Staat und Verfassung – Materialien zur Verfassungsgeschichte und Verfassungstheorie der Bundesrepublik; Frankfurt/Main, Köln 1975

Abosch, Heinz: Antisemitismus in Rußland – eine Analyse und Dokumentation zum sowjetischen Antisemitismus; Darmstadt 1972

Abshagen, Karl Heinz: Revolution ohne Tränen (= englische Geschichte 1945–1950); Stuttgart 1951

Achterberg, Erich: General Marshall macht Epoche – Konferenzen, Gestalten, Hintergründe; Berlin 1964

Adenauer, Konrad: Erinnerungen, Band 1 ff.; Stuttgart 1965 ff.

Adenauer, Konrad/Gotto, Klaus u. a.: Konrad Adenauer – seine Deutschland- und Außenpolitik 1945–1963; München 1975

Alf, Sophie G.: Leitfaden Italien – vom antifaschistischen Kampf zum historischen Kompromiß; Berlin 1977

Anderson, Andy: Die ungarische Revolution 1956; Hamburg 1977

Amt für Amtliche Veröffentlichungen der Europäischen Gemeinschaft: 25 Jahre gemeinsamer Markt für Kohle 1953–1978; Luxemburg 1978

Aschinger, Franz/Zeller, Willy: Die Schweiz und die EWG – Versuch einer Standortbestimmung; Zürich 1968

Auswärtiges Amt (Hrsg.): Die Bemühungen der deutschen Regierung und ihrer Verbündeten um die Einheit Deutschlands 1955–1966; Bonn 1966

Autorenkollektiv des Deutschen Instituts für Militärgeschichte: Speerspitze der Aggression; zur Entwicklung der westdeutschen Landstreitkräfte 1963–1969; Ostberlin 1970

Badstübner, Rolf u. a.: DDR – Werden und Wachsen; zur Geschichte der DDR; Ostberlin 1975

Badstübner, Rolf/Thomas, Siegfried: Restauration und Spaltung; Entstehung und Entwicklung der Bundesrepublik Deutschland 1945–1955; Köln 1975

Bärwald, Helmut: Die DKP – Ursprung, Weg, Ziel; Bonn 1969

Balfour, Michael: Vier-Mächte-Kontrolle in Deutschland 1945–1946; Düsseldorf 1959

Balogh, Sándor: Die Geschichte Ungarns nach dem II. Weltkrieg in der marxistischen Geschichtsliteratur; Budapest 1970

Baring, Arnulf/Tautil, Christian: Charles de Gaulle, Größe und Grenzen; Köln/Berlin 1963

Baring, Arnulf: Außenpolitik in Adenauers Kanzlerdemokratie; Bonns Beitrag zur Europäischen Verteidigungsgemeinschaft; München/Wien/Oldenburg 1969

Baring, Arnulf u. a.: Zwei zaghafte Riesen: Deutschland und Japan seit 1945; Stuttgart/Zürich 1977

Bavendamm, Dirk: Bonn unter Brandt; Machtwechsel oder Zeitenwende; Wien/München 1971

Becker, Wolfgang: Das European Recovery Program (ERP) – Sondervermögen; Entstehung und Verwaltung (des Marshallplans); Göttingen 1968

Behn, Hans Ulrich: Die Bundesrepublik Deutschland – Handbuch zur staatspolitischen Landeskunde; München/Wien 1974

Beiträge zur allgemeinen Geschichte: Alexander Novotny zur Vollendung seines 70. Lebensjahres gewidmet; Graz 1975

Beloff, Max: Die neue Dimension der Außenpolitik in England (1949–1959); Köln 1961

Berlin: 13. August 1961: Sperrmaßnahmen gegen Recht und Menschlichkeit; Bonn/Berlin 1963

Berner, Wolfgang: Die Einheitsfront-Politik der KP Frankreichs 1965–1967; Köln 1967

Berner, Wolfgang: Italiens APO; außerparlamentarische und antiparlamentarische Gruppen der italienischen Linken und Ultralinken; Köln 1973

Besson, Waldemar: Die Außenpolitik der Bundesrepublik: Erfahrungen und Maßstäbe; München 1970

Bethell, Nicholas: Die polnische Spielart: Gomulka und die Folgen; Wien/Hamburg 1971

Béthouart, Émilie Marie: Die Schlacht um Österreich 1945–1955; Wien 1967

Bieber, Horst: Portugal (= neueste Geschichte); Hamburg 1975

Billerbeck, Rudolf: Die Abgeordneten der ersten Landtage 1946–1951 und der Nationalsozialismus; Düsseldorf 1971

Birke E./Neumann, R. (Hrsg.): Die Sowjetisierung Ost-Mitteleuropas – Untersuchungen zu ihrem Ablauf in den einzelnen Ländern; Berlin 1959

Bittel, Karl: Vom Potsdamer Abkommen zur Viermächte-Konferenz – der Weg zur friedlichen Lösung der deutschen Frage; mit Dokumenten; Berlin 1953

Blücher, Franz: Dienst an Deutschland und Europa; 4 Jahre Bundesministerium für den Marshallplan; Bad Godesberg 1953

Bluhm, Georg: Die Oder-Neiße-Linie in der deutschen Außenpolitik; Freiburg i. Br. 1963

Boeck, Klaus/Gehrmann, Dieter: Die D-Mark als internationale Reservewährung; Bedeutung, Ursachen, Probleme; Hamburg 1974

Boeck, Walter: Deutschland – zwei Staaten, zwei Systeme; Freiburg/Würzburg 1977

Bößenecker, Hermann: Europa in der Stunde der Entscheidung; politische Gefahren, wirtschaftliche Realitäten; München 1974 (= EWG bis ca. 1970)

Bontschek, Frank: Die Volksrepublik Polen und die DDR – ihre Beziehungen, ihre Probleme; Köln 1974

Bontschek, Frank: Polen und Tschechoslowakei – die drei westslawischen Völker und ihre Beziehungen zueinander; Köln 1976

Bott, Hans: Theodor Heuss in seiner Zeit; Göttingen 1966

Boyd, Francis: Britische Politik seit 1945; Stuttgart 1965

Brahm, Heinz: ,,Chruschtschow erinnert sich" – Rohmaterial für Memoiren; Köln 1973

Brandt, Willy (Hrsg.): 20 Jahre Bundesrepublik Deutschland, 10 Jahre Godesberger Programm; Bonn 1969

Brandt, Willy: Begegnungen und Einsichten; die Jahre 1960–1975; Hamburg 1976

Brant, Stefan: Der Aufstand; Vorgeschichte, Geschichte und Deutung des 17. Juni 1953; Stuttgart 1954

Bundesministerium der Verteidigung: Bericht über die Einhaltung und Verbreitung der Genfer Abkommen in der Bundesrepublik Deutschland; Bonn 1960

Bundesministerium der Verteidigung (Hrsg.): Wir wollen freie Menschen sein – Der 17. Juni 1953 in Dokumenten; Bonn 1963

Bundesministerium für gesamtdeutsche Fragen (Hrsg.): Dokumente und Berichte über den Volksaufstand in Ostberlin und in der Sowjetzone; Bonn 1953

Bundesministerium für gesamtdeutsche Fragen (Hrsg.): Sowjetische Auffassungen zur Deutschland-Frage 1945–1953, dargestellt nach amtlichen Dokumenten; Bonn 1954

Bundesministerium für gesamtdeutsche Fragen (Hrsg.): Dokumente zur Deutschlandpolitik; Bonn/Berlin 1961 ff.

Bundesministerium für innerdeutsche Beziehungen: Die Entwicklung der Beziehungen zwischen der Bundesrepublik Deutschland und der Deutschen Demokratischen Republik – ein Überblick; Bonn/Bad Godesberg 1974

Bundesministerium für wirtschaftlichen Besitz des Bundes (Hrsg.): ERP-Hilfe für Berlin 1948–1958; Bad Godesberg 1959

Bussmann, Bernhard: Wege nach Gesamteuropa; Dokumentation der Beziehungen zwischen West- und Osteuropa 1943–1965; Köln 1966

Ceauşescu, Nicolae: Rumänien auf dem Weg zum Sozialismus; Reden, Aufsätze, Interviews; Freiburg i. Br. 1971

Černenko, K. U. (Red.): Die sowjetische Außenpolitik 1956–1962; Akten und Dokumente des Obersten Sowjets der Sowjetunion; Moskau 1962

Černenko, K. U.: Die sowjetische Demokratie – Grundsätze und Praxis; Moskau 1977

Chaput des Saintonge, Rolland A.: Entwicklung des Commonwealth seit 1945; Wiesbaden 1960

Dahm, Helmut: Demokratischer Sozialismus – das tschechoslowakische Modell; Opladen 1971

Dallin, David J.: Sowjetische Außenpolitik nach Stalins Tod; Köln/Berlin 1961

Davison, Ian: Weltmacht GmbH; Britannien und die Einheit Europas; Wien 1973

Deuerlein, Ernst: CDU/CSU 1945–1957; Köln 1957

Deuerlein, Ernst: Die Einheit Deutschlands; ihre Erörterung und Behandlung auf den Kriegs- und Nachkriegskonferenzen 1941–1949; Darstellung und Dokumentation; Frankfurt/Main, Berlin 1957

Deuerlein, Ernst: Deutschland 1963–1970; Hannover 1972

Deuerlein, Ernst: DDR 1945–1970; Geschichte und Bestandsaufnahme; München 1975

Deutscher, Isaac: Die Geschichte des modernen Rußland; Stuttgart 1951

Deutschlandvertrag und EVG-Vertrag – Ein Beitrag zur Frage ihrer finanziellen und wirtschaftlichen Auswirkungen; Bonn 1952

Deutsches Institut für Zeitgeschichte (Hrsg.): Dokumente zur Außenpolitik der Regierung der DDR; Ostberlin 1954

Dollinger, Hans (Hrsg.): Deutschland unter den Besatzungsmächten 1945–1949; seine Geschichte in Texten, Bildern und Dokumenten; München 1967

Dornberg, Stefan (Hrsg.): Potsdamer Abkommen – ausgewählte Dokumente zur Deutschlandfrage 1943 bis 1949; Ostberlin 1969

Dortscheff, Christo: Die sozialistische Umgestaltung Bulgariens; Ostberlin 1960

Dreyer, Peter: Ungarische Tragödie; Köln 1957

Edinger, Lewis J.: Kurt Schumacher – Persönlichkeit und politisches Verhalten; Opladen 1967

Ehrenberg, Herbert: Die Erhard-Saga; Analyse einer Wirtschaftspolitik, die keine war; Stuttgart 1965

Eisner, Erich: Das gesamteuropäische Konzept von Franz Josef Strauss; die gesamteuropäischen Ordnungsvorstellungen der CSU; Meisenheim 1975

Ellwein, Thomas: Das Regierungssystem der Bundesrepublik Deutschland; Köln/Opladen 1963

Die Entwicklung der Beziehungen zwischen der Bundesrepublik Deutschland und der Deutschen Demokratischen Republik; ein Überblick; Bonn/Bad Godesberg 1974

Erdmann, Roman u. a.: Erinnerungen und Dokumente aus der Zeit der Vereinigung der KPD und der SPD zur SED 1945/46; Rostock 1972

Erdmeyer, Klaus: Das folgenschwere Mißverständnis – Bonn und die sowjetische Deutschland-Politik 1949–1955; Freiburg i. Br. 1967

Erfurt, Werner: Die sowjetrussische Deutschlandpolitik; eine Studie zur Zeitgeschichte; München 1962

Erhard, Ludwig: Wirken und Reden; 19 Reden aus den Jahren 1952–1965; Ludwigsburg 1966

Esterbauer, Fried/Hinterleitner, Reinhold (Hrsg.): Die Europäische Gemeinschaft und Österreich; Wien 1977

Ete, Muhlis: Probleme der Assoziierung der Türkei mit dem Europäischen Wirtschaftssystem; München 1963

Faust, Fritz: Das Potsdamer Abkommen und seine völkerrechtliche Bedeutung; Frankfurt/Main 1969

Fiala, Ferenc: Ungarn in Ketten – die Hintergründe der ungarischen Tragödie (1956); Göppingen 1958

Fink, Troels: Deutschland als Problem Dänemarks; die geschichtlichen Voraussetzungen der dänischen Außenpolitik; Flensburg 1968

Fischer, Johannes u. a. (Mitarb.): Verteidigung im Bündnis; Planung, Aufbau und Bewährung der Bundeswehr 1950–1972; München 1975

Fischer, Ruth: Die Umformung der Sowjetgesellschaft – Chronik der Reformen 1953–1958; Düsseldorf/Köln 1958

Flach, Karl Hermann: Erhards schwerer Weg; Stuttgart 1964

Forschungsinstitut der Deutschen Gesellschaft für Auswärtige Politik (Hrsg): Dokumente zur Frage der europäischen Einigung, 3 Bände; Bonn 1962

Franzel, Emil: Voraussetzungen und Grundlinien deutscher Außenpolitik … seit 1955; Stuttgart 1965

Furtak, Robert: Jugoslawien – Politik, Gesellschaft, Wirtschaft (seit 1944); Hamburg 1975

Gasteyger, Curt: Einigung und Spaltung Europas 1942–1965; eine Darstellung und Dokumentation über die Zweiteilung Europas; Frankfurt/Main 1966

Gasteyger, Curt: Die beiden deutschen Staaten in der Weltpolitik; München 1976

de Gaulle, Charles: Memoiren der Hoffnung – die Wiedergeburt 1958–1962; Wien/München 1971

Gavrić, Liza (Red.): Jugoslawien, 25 Jahre Entwicklung 1943–1968; Beograd 1968

Geyer, Dietrich: Die Sowjetunion und der Iran – eine Untersuchung zur Außenpolitik der UdSSR im Nahen Osten 1917–1954; Düsseldorf 1955

Giesecke, Hermann; Klönne, Arno; Otten, Dieter: Gesellschaft und Politik in der BRD – eine Sozialkunde; Frankfurt/Main 1976

Godesberg und die Gegenwart – ein Beitrag zur innerparteilichen Diskussion über Inhalte und Methoden sozialdemokratischer Politik; Bonn/Bad Godesberg 1975

Goerke, Carsten/Hellmann, Manfred/Lorenz, Richard/Scheibert, Peter (Hrsg.): Rußland (= Band 31 der Fischer-Weltgeschichte); Frankfurt/Main 1972

Gottwald, Klement: Ausgewählte Reden und Schriften 1925–1952; Berlin 1974

Graml, Hermann: Europa – Texte, Bilder, Dokumente; München 1972

Greil, Lothar: Österreich 1918–1968, eine Dokumentation; Wien 1970

Grosser, Alfred: Geschichte Deutschlands seit 1945; eine Bilanz; München 1976

Grotewohl, Otto: Regierungserklärung des Ministerpräsidenten der DDR, Otto Grotewohl; Berlin 1950

Grothusen, Klaus-Detlev: Ethnogenese und Staatsbildung in Südosteuropa; Göttingen 1974

Grünewald, Wilhard: Die Münchner Ministerpräsidenten-Konferenz 1947 – Anlaß und Scheitern eines gesamtdeutschen Unternehmens; Meisenheim 1955

Gruner, Erich (Hrsg.): Die Schweiz seit 1945 – Beiträge zur Zeitgeschichte; Bern 1971

Gruner, Joachim: Großbritannien und die EWG; das Ringen des britischen Imperialismus um eine neue Position im System der westeurop. Integration; Berlin 1970

Guiton, Raymond Jean: Paris – Moskau; die Sowjetunion in der auswärtigen Politik Frankreichs seit dem II. Weltkrieg; Stuttgart 1962

Gutscher, Jörg Michael: Die Entwicklung der FDP von ihren Anfängen bis 1961; Meisenheim 1967

Hacke, Christian: Die Ost- und Deutschlandpolitik der CDU/CSU; Wege und Irrwege der Opposition seit 1969; Köln 1975

Haefs, Hanswilhelm: Die Ereignisse in der Tschechoslowakei vom 27. Juni 1967 bis zum 18. Oktober 1968; Basel/Wien/Zürich 1969

Hänisch, Werner u. a.: DDR – VR Polen – Bündnis und Zusammenarbeit; 25. Jahrestag der DDR, 30. Jahrestag der VR Polen; Ostberlin 1974

Halle, Louis J.: Der Kalte Krieg – Ursachen, Verlauf, Abschluß; Frankfurt/Main 1969

Halperin, Ernst: Der siegreiche Ketzer – Titos Kampf gegen Stalin; Köln 1958

Hammer, Richard: Bürger zweiter Klasse – Antisemitismus in der Volksrepublik Polen; Hamburg 1974

Hansen, Ernst Siegfried: Disteln am Wege; von der Besetzung Dänemarks bis zu den Bonner Erklärungen; Bielefeld 1957

Harpe, Werner v.: Die Sowjetunion, Finnland und Skandinavien 1945–1955; zwei Berichte zu den internationalen Beziehungen der Nachkriegszeit; Tübingen/Köln/Graz 1956

Hartl, Hans/Marx, Werner: Fünfzig Jahre sowjetische Deutschlandpolitik; Boppard 1967

Hassenpflug, Hajo/Kohler, Beate: Die Süd-Erweiterung der Europäischen Gemeinschaft – Ende oder Wende?; Hamburg 1977

Haubrich, Walter/Moser, Carsten R.: Francos Erben – Spanien auf dem Weg in die Gegenwart; Köln 1976

Hauptmann, Helmut (Hrsg.): DDR-Reportagen; eine Anthologie; Leipzig 1974

Heinemann, Gustav: Verfehlte Deutschlandpolitik; Irreführung und Selbsttäuschung – Artikel und Reden; Frankfurt/Main 1966

Heitzer, Heinz: Andere über uns: Das „DDR-Bild" des westdeutschen Imperialismus und seine bürgerlichen Kritiker; Ostberlin 1969

Heinrich, Brigitte/Roth, Jürgen: Partner Türkei oder Foltern für die Freiheit des Westens (= Türkei 1961–1972); Reinbek 1973

Heinrichs, Armin: Die auswärtigen Beziehungen der Europäischen Gemeinschaft für Kohle und Stahl, insbesondere zur OEEC; Bonn 1969

Hermens, Ferdinand A./Köppinger, Peter-Hugo: Von der Diktatur zur Demokratie – das Beispiel Spaniens und Portugals; Berlin 1976

Heuss, Theodor: Bilder meines Lebens; nach den Erinnerungen 1905–1933; Tübingen 1964

Hildebrandt, Walter: Die Volksdemokratie Albanien 1944–1951; eine soziologische Untersuchung; Göttingen 1951

Hillgruber, Andreas: Deutsche Geschichte 1945–1972; die „deutsche Frage" in der Weltpolitik; Frankfurt/Main 1974

Hochheimer, Albert: Abschied von den Kolonien; Aufstieg und Untergang der europäischen Kolonialreiche; Zürich/Freiburg i. Br. 1972

Höhn, Willi/Schieder, Karl-Heinz: Spanien 1936–1970, Kampf für Freiheit und Demokratie; Frankfurt/Main 1976

Holz, Hans Heinz/Neuhöffer, Paul: Griff nach der Diktatur – Texte, Kommentare, Stellungnahmen zur geplanten Notstandsgesetzgebung; Köln 1965

Horowitz, David: Big Business und Kalter Krieg (in den USA); Frankfurt/Main 1971

Hrbek, Rudolf: Die SPD, Deutschland u. Europa; die Haltung der Sozialdemokratie zum Verhältnis von Deutschland-Politik u. Westintegration 1945–1957; Bonn 1972

Hrbek, Rudolf v.: Die Entstehung der Bundesrepublik Deutschland; Stuttgart 1976

Hübner, Hans: Portugal, Prüfstein der Demokratie? Köln 1976

Hutchinson, George: Edward Heath; Göttingen 1973

Institut für Zeitgeschichte (Mitarbeiter): Westdeutschlands Weg zur Bundesrepublik 1945–1949; München 1976

Jacobsen, Hans Adolf: Fünf Jahre Warschauer Vertrag – Versuch einer Bilanz der Beziehungen zwischen der Bundesrepublik Deutschland und der Volksrepublik Polen 1970–1975; Berlin 1976

Jäckel, Eberhard (Hrsg.): Die deutsche Frage 1952–1956; Notenwechsel und Konferenzdokumente der vier Mächte; Frankfurt/Main, Berlin 1957

Jansen, Thomas: Abrüstung und Deutschlandfrage. Die Abrüstungsfrage als Problem der deutschen Außenpolitik; Mainz 1968

Jeserich, Wolfgang: Der Konflikt zwischen EWG und EFTA; ein Kapitel aus Großbritanniens Europapolitik; Köln/Berlin 1963

John, Antonius: Ahlen und das Ahlener Programm; Dokumente, Ereignisse, Erinnerungen; Ahlen 1977

Juling, Peter (Red.): Zeugnisse liberaler Politik; 25 Jahre F. D. P. 1948–1973; Bonn 1973

Junnila, Tuure: Freiheit im Vorfeld; Finnlands Kampf um Sicherheit und Neutralität; Wien/Stuttgart 1965

Kaack, Heino: Zur Geschichte und Programmatik der Freien Demokratischen Partei; Grundriß und Materialien; Meisenheim 1976

Kaiser, Karl/Morgan, Roger (Hrsg.): Strukturwandlungen der Außenpolitik in Großbritannien und der Bundesrepublik Deutschland; München/Wien 1970

Karau, Gisela: Sozialistischer Alltag in der DDR; Ostberlin 1970

Karau, Günter/Moll, Jochen: Grândola – Reportagen aus Portugal; München 1976

Kekkonen, Urho: Finnlands Weg zur Neutralität; Reden und Ansprachen; Düsseldorf/Wien 1975

Kellermann, Volkmar: Brücken nach Polen – die deutsch-polnischen Beziehungen und die Westmächte 1939–1973; Stuttgart 1973

Kennan, George F.: Amerika und die Sowjetmacht 1917–1920; Stuttgart 1956

Kerber, Karl: Jugoslawien 1914–1962; Hannover 1963

Kiesinger, Kurt Georg: Stationen 1949–1969; Tübingen 1969

Klebes, Heinrich u. a.: Das Europa der Siebzehn; Bilanz und Perspektiven von 25 Jahren Europarat; Bonn 1974

Klein, Peter (Red.): Geschichte der Außenpolitik der DDR; Ostberlin 1968

Klein, Peter: Francos zweite Inquisition – Spanien zwischen Folter und EWG; ein Report aus dem Jahre 1970; München 1971

Klink, Ernst: Finnlands Freiheit 1917–1957; Laupheim 1956

Kluth, Hans: Die KPD in der Bundesrepublik – ihre politische Tätigkeit und Organisation 1945–1956; Köln/Opladen 1959

Knötzsch, Dieter: Interkommunistische Opposition – Das Beispiel Robert Havemann; Opladen 1968

Kobljakov, J. K.: Von Brest bis Rapallo – geschichtlicher Aufriß der sowjetisch-deutschen Beziehungen von 1918 bis 1922; Berlin 1956

Kocensky, Josef: Dokumente zur österreichischen Zeitgeschichte 1945–1955; Wien/München 1975

Koch, Thilo: Auf dem Schachbrett der Sowjetunion: Die DDR; Hamburg 1970

Köhler, Klaus/Scharrer, Hans-Eckart (Hrsg.): Die europäische Gemeinschaft in der Krise; Ursachen und Lösungsansätze; Hamburg 1974

Körper, Kurt Jürgen: FDP – Bilanz der Jahre 1960–1966; braucht Deutschland eine liberale Partei?; Köln 1968

Kohl, Helmut: Zwischen Ideologie und Pragmatismus – Aspekte und Ansichten zu Grundfragen der Politik; Stuttgart 1973

Kohout, Pavel: Aus dem Tagebuch eines Konterrevolutionärs (= über den „Prager Frühling" und seine Folgen); Luzern 1969

Kommunistische Parteien im Westen: England, Frankreich, Italien, Skandinavien; Frankfurt/Main 1968

Krämer, Hans R. (Hrsg.): Die EWG ... Texte zu ihrer Entstehung und Tätigkeit; Frankfurt/Main, Berlin 1965

Krämer, Hans R.: EWG und EFTA; Entwicklung, Aufbau, Tätigkeit; Stuttgart 1968

Krämer, Hans R.: Europäische Institutionen – Ein Überblick; Kiel 1977

Kramer, Heinz: Nuklearpolitik in Westeuropa und die Forschungspolitik der EURATOM; Köln/München 1976

Krautkrämer, Elmar: Die BRD; ihre Entstehung und Entwicklung; Frankfurt/Main, München 1970

Künstlinger, Rudolf: Parteidiktatur oder Demokratischer Sozialismus – der tschechoslowakische Weg nach 1945; Starnberg 1972

Kuhn, Heinrich: Der Kommunismus in der Tschechoslowakei; Köln 1965

Kuhn, Heinrich: Zeittafel zur Geschichte der Kommunistischen Partei der Tschechoslowakei v. d. Anfängen der Arbeiterbewegung bis zur Gegenwart; München 1973

Kuper, Ernst: Frieden durch Konfrontation und Kooperation; die Einstellung von Gerhard Schröder und Willy Brandt zur Entspannungspolitik 1960–1972; Stuttgart 1974

Lasaroff, Manol W.: Die völkerrechtliche Entwicklung Bulgariens nach dem (I.) Weltkrieg; Berlin/Bonn 1937

Lasky, Melvin J.: Die ungarische Revolution – die Geschichte des Oktober-Aufstandes nach Dokumenten, Meldungen, Augenzeugenberichten und dem Echo der Weltöffentlichkeit; Berlin 1958

Laurat, Lucien: Frankreichs Weg von der vierten zur fünften Republik; Lübeck 1960

Laurent, Jacques: De Gaulle – Die Zerstörung einer Legende; Basel/München 1965

Lendvai, Paul: Die Grenzen des Wandels – Spielarten des Kommunismus im Donauraum; Wien 1977

Leonhard, Wolfgang: Nikita Sergejewitsch Chruschtschow; Aufstieg und Fall eines Sowjetführers; Luzern, Frankfurt/Main 1965

Leonhard, Wolfgang: Am Vorabend einer neuen Revolution? Die Zukunft des Sowjetkommunismus; München 1977

Ließ, Otto Rudolf: Sowjetische Nationalitätenstrategie als weltpolitisches Konzept; Wien/Stuttgart 1972

Linke, Horst Günther: Deutsch-sowjetische Beziehungen bis Rapallo, 1918–1922; Köln 1970

Loch, Theo M.: Adenauer, de Gaulle – Bilanz der Staatsbesuche; Bonn 1963

Loch, Theo M.: Walter Hallstein, ein Porträt; Freudenstadt 1969

Loebl, Eugen/Grünwald, Leopold: Die intellektuelle Revolution – Hintergründe und Auswirkungen des „Prager Frühlings"; Wien 1969

Löwenthal, Richard/Meissner, Boris: Sowjetische Innenpolitik – Triebkräfte und Tendenzen; Berlin 1968

Loth, Wilfried: Sozialismus und Internationalismus; die französischen Sozialisten und die Nachkriegsordnung Europas 1940–1950; Stuttgart 1977

Lukacs, John: Konflikte der Weltpolitik nach 1945 – Der Kalte Krieg; München 1970

Lutz, Christian: Von der Wirtschaftsgemeinschaft zur Europäischen Union; Bonn 1976

Lutz, Peter Christian: Die DDR zwischen Ost und West; politische Analysen 1961–1976; München 1977

Maas, Johannes (Hrsg.): Dokumentation der deutsch-polnischen Beziehungen 1945–1959; Bad Godesberg 1960

Mackintosh, John Malcolm: Strategie und Taktik der sowjetischen Außenpolitik (1944–1962); Stuttgart 1963

Macmillan, Harold: Erinnerungen; Frankfurt/Main 1972

Marchais, Georges: Die demokratische Herausforderung; Frankfurt/Main 1974

Maxa, Josef: Die kontrollierte Revolution – Anatomie des „Prager Frühlings"; Wien 1969

Mayrzedt, Hans/Ramé, Helmut: Die westeuropäische Integration aus osteuropäischer Sicht; Bibliographie, Dokumentation, Kommentar; Wien 1968

Mayrzedt, Hans/Hummer, Waldemar: Zwanzig Jahre österreichische Neutralitäts- und Europapolitik 1955–1975; Dokumentation; Wien 1976

Medefind, Heinz: Die Deutschen im Europarat; 2 Jahrzehnte Nachkriegspolitik im Spiegel von Straßburg; Bonn 1972

Medwedew, Roy/Steffen, Jochen u. a.: Entstalinisierung – der XX. Parteitag der KPdSU und seine Folgen; Frankfurt/Main 1977

Mehnert, Klaus: Peking und Moskau; Frankfurt/Main 1962

Meissner, Boris: Rußland, die Westmächte und Deutschland – die sowjetische Deutschlandpolitik 1943–1953; Berlin 1953

Meissner, Boris: Die kommunistische Partei der Sowjetunion vor und nach dem Tod Stalins – Parteiführung, Parteiorganisation, Parteiideologie; Frankfurt/Main 1954

Meissner, Boris: Das Ostpaktsystem – Dokumentensammlung; Berlin 1955

Meissner, Boris: Rußland unter Chruschtschow 1956–1959; Berlin 1960

Meissner, Boris: Die Breshnew-Doktrin; das Prinzip des „proletarisch-sozialistischen Internationalismus" und die Theorie von „verschiedenen Wegen zum Sozialismus", Dokumentation; Berlin 1969

Meissner, Boris (Hrsg.): Moskau – Bonn; die Beziehungen zwischen der Sowjetunion und der Bundesrepublik Deutschland 1955–1973; Dokumentation; Köln 1975

Mende, Erich: Die FDP; Daten, Fakten, Hintergründe; Stuttgart 1972

Mentzel, Jörg Peter/Pfeiler, Wolfgang: Deutschlandbilder; die Bundesrepublik Deutschland aus der Sicht der DDR und der Sowjetunion; Düsseldorf 1972

Meray, Tibor: Dreizehn Tage, die den Kreml erschütterten – Imre Nagy und die ungarische Revolution; München 1961

Merz, Friedhelm/Cunha Rego, Victor: Freiheit für die Sieger – Testfall Portugal; Zürich 1976

Miller, Susanne: Die SPD vor und nach Godesberg; Bonn/Bad Godesberg 1974

Ministerium für auswärtige Angelegenheiten der DDR und der UdSSR (Hrsg.): Um ein antifaschistisch-demokratisches Deutschland; Dokumente aus den Jahren 1945–1955; Ostberlin 1968

Ministerpräsidium der Republik Italien, Informationsdienst: Die Entwicklung Italiens im letzten Jahrzehnt; Rom 1958

Mintzel, Alf: Die CSU; Anatomie einer konservativen Partei 1945–1972; Opladen 1975

Mohler, Armin: Die fünfte Republik – Was steht hinter de Gaulle?; München 1963

Molotov, Vjačeslav M.: Fragen der Außenpolitik – Reden und Erklärungen April 1945 – Juni 1948; Moskau 1948

Moneta, Jakob: Aufstieg und Niedergang des Stalinismus; Frankfurt/Main 1976

Montgomery, Bernard L.: Von der Normandie zur Ostsee – Feldmarschall Montgomery's eigener Kriegsbericht; Bern 1948

Moorehead, Alan: Montgomery – eine Biografie; Bern 1947

Morsey, Rudolf; Löw, Konrad; Eisenmann, Peter: Konrad Adenauer, Leben und Werk; München 1976

Müchler, Günter: CDU/CSU, das schwierige Bündnis; München 1976

Müller-Marein, Josef: Deutschland im Jahre 1; Panorama 1946–1948; Hamburg 1960

Münch, Ingo v.: Dokumente des geteilten Deutschland – Quellentexte zur Rechtslage des Deutschen Reiches, der Bundesrepublik Deutschland und der Deutschen Demokratischen Republik; Stuttgart 1968

Münster, Arno: Portugal – Jahr 1 der Revolution – eine analytische Reportage; Berlin 1975

Nagy, Imre: Politisches Testament; München 1959

Nagy, Imre: Zur politischen und rechtlichen Bedeutung seiner Ermordung; Bern 1959

Narr, Wolf Dieter: CDU, SPD, Programm und Praxis seit 1945; Stuttgart 1966

Nass, Klaus Otto: Englands Aufbruch nach Europa; ein erster Überblick über die Beitrittsverhandlungen; Bonn 1971

Neumann, Franz: Daten zu Wirtschaft, Gesellschaft, Politik und Kultur der Bundesrepublik Deutschland 1950–1975 mit Vergleichszahlen der EG-Länder und der Deutschen Demokratischen Republik; Baden-Baden 1976

Newman, Karl J.: Politisch-soziologische Problematik der außerparlamentarischen Opposition mit besonderer Berücksichtigung der Wechselwirkung und gegenseitigen Austauschbarkeit von Rechts- und Linksradikalismus; Opladen 1974

Niclauß, Karlheinz: Demokratiegründung in Westdeutschland – die Entstehung der Bundesrepublik 1945–1949; München 1974

Nikolinakos, Marios u. a. (Hrsg.): Die verhinderte Demokratie – Modell Griechenland (1936–1967); Frankfurt/Main 1969

Noack, Paul: Deutsche Außenpolitik seit 1945; Stuttgart 1972

Noack, Paul: Das Scheitern der Europäischen Verteidigungsgemeinschaft – Entscheidungsprozesse vor und nach dem 30. August 1954; Düsseldorf 1977

Nolte, Ernst: Deutschland und der Kalte Krieg; München 1974

Oberreuter, Heinrich: Notstand und Demokratie – vom monarchischen Obrigkeits- zum demokratischen Rechtsstaat – Dokumente zum Notstandsrecht in der deutschen Geschichte; München 1978

Oschlies, Wolf: Mißtrauen gegen „Genossen jüdischer Herkunft" – Antisemitismus und Antizionismus in der Tschechoslowakei; Köln 1971

Osten, Walter: Die Außenpolitik der Deutschen Demokratischen Republik im Spannungsfeld zwischen Moskau und Bonn; Opladen 1969

Otto, Karl A.: Vom Ostermarsch zur APO – Geschichte der außerparlamentarischen Opposition in der BRD 1960–1970; New York 1977

Parteivorstand der Kommunistischen Partei Deutschlands: Die Hintergründe des Verbotsantrages gegen die KPD vor dem Bundesverfassungsgericht; Karlsruhe 1955

Picht, Robert (Hrsg.): Deutschland, Frankreich und Europa; Bilanz einer schwierigen Partnerschaft (= 1945–1977); München/Zürich 1978

Pieck, Wilhelm: Reden und Aufsätze – Auswahl aus den Jahren 1908–1950, 2 Bände; Berlin 1950

Pikart, Eberhard: Theodor Heuss und Konrad Adenauer – die Rolle des Bundespräsidenten in der Kanzlerdemokratie; Stuttgart/Zürich 1976

Pirker, Theo: Die SPD nach Hitler – Geschichte der Sozialdemokratischen Partei Deutschlands 1945–1965; München 1965

Plat, Wolfgang: Polnische Gegenwart – Interviews und Reportagen; Frankfurt/Main 1973

Pommer, Hans Jörg: Antisemitismus in der UdSSR und den Satellitenstaaten; Bern 1963

Ponomarev, Boris N.; Gromyko, Andrej A.; Chvostov, Vladimir M.: Geschichte der sowjetischen Außenpolitik 1917–1960; Ostberlin 1969 ff.

Ponomarev, Nicolaevic u. a.: Geschichte der Kommunistischen Partei der Sowjetunion; Frankfurt/Main 1977

Potthoff, Heinz: Die Montan-Union in der Europäischen Gemeinschaft – eine Zwischenbilanz; Düsseldorf 1965

Presse- und Informationsdienst der Bundesrepublik Deutschland (Hrsg.): Die Europäische Gemeinschaft; von der Haager Gipfelkonferenz bis zur Unterzeichnung des Beitrittsvertrages; Bonn 1972

Presse- und Informationsdienst der Europäischen Gemeinschaft (Hrsg.): Der Aufbau der Sechs-Länder-Gemeinschaft; Montanunion, EWG, EURATOM; Bonn 1960

Prévost, Jean: Geschichte Frankreichs seit dem Kriege; Stuttgart 1932

Pross, Helge: Kapitalismus und Demokratie – Studien über westdeutsche Sozialstrukturen; Frankfurt/Main 1973

Prunkl, Gottfried/Rühle, Axel: Josip Tito in Selbstzeugnissen und Bilddokumenten; Reinbek 1973

Pünder, Tilman: Das bizonale Interregnum; die Geschichte des vereinigten Wirtschaftsgebietes 1946–1949; Spich bei Köln 1966

Pütz, Helmut: Die CDU, Entwicklung, Aufbau und Politik der Christlich Demokratischen Union Deutschlands; Bonn 1971

Pütz, Helmut (Bearb.): Konrad Adenauer und die CDU der britischen Besatzungszone 1946–1949; Dokumente zur Gründungsgeschichte der CDU Deutschlands; Bonn 1975

Raina, Peter K.: Die Krise des Intellektuellen – die Rebellion für die Freiheit in Polen; Olten 1968

Raina, Peter K.: Gomulka – politische Biografie; Köln 1970

Rakowski, Mieczyslaw: Die Außenpolitik der Volksrepublik Polen – Skizzen aus der Geschichte dreier Jahrzehnte, 1945–1974; Warszawa 1975

Rauch, Georg v.; Meissner, Boris: Die deutsch-sowjetischen Beziehungen 1917–1967; Würzburg 1967

Reinhold, Otto u. a.: Mit dem Sozialismus gewachsen: „25 Jahre DDR"; Ostberlin 1974

Reitzner, Almar: Alexander Dubček: Männer und Mächte in der Tschechoslowakei; München 1968

Reuter-Hendrichs, Irena: Jugoslawische Außenpolitik 1948–1968; außenpolitische Grundsätze und internationale Ordnungsvorstellungen; eine Untersuchung der überregionalen Tagespresse; Köln/München 1976

Reynaud, Paul: Ehrgeiz u. Illusion; d. Außenpolitik de Gaulles; München/Zürich 1964

Richter, Winfried/Scholmer, Joseph: Die DKP – Programm und Politik; Bonn/Bad Godesberg 1970

Riklin, Alois/Zeller, Willy (Hrsg.): Die Schweiz und die Europäische Gemeinschaft; Zürich 1975

Roeper, Hans: Die Geschichte der D-Mark; Frankfurt/Main, Hamburg; 1968

Roggemann, Herwig: Das Modell der Arbeiterselbstverwaltung in Jugoslawien; Frankfurt/Main 1970

Roos, Hans: Geschichte der polnischen Nation von der Staatsgründung im I. Weltkrieg bis zur Gegenwart, 1916–1960; Stuttgart 1961

Ruge, Gert/Geyr, Heinz: Deutschland und Sowjetunion – von der Konfrontation zur Kooperation? „Unverrückbar" oder „Unverletzlich" – Analyse und Dokumente der sowjetischen Grenzterminologie; Freudenstadt 1972

Rumpf, Erhard: Nationalismus und Sozialismus in Irland – historisch-soziologischer Versuch über die irische Revolution seit 1918; Meisenheim 1959

Rupp, Hans Karl: Außerparlamentarische Opposition in der Ära Adenauer; der Kampf gegen die Atombewaffnung in den fünfziger Jahren; Köln 1970

Sänger, Fritz: Soziale Demokratie – Bemerkungen zum Grundsatzprogramm der SPD; Hannover 1962

Sattler, Andreas: Die europäischen Gemeinschaften an der Schwelle zur Wirtschafts- und Währungsunion; ein Überblick über ihre Entwicklung von 1952/58 bis 1970; Tübingen 1972

Schäfer, Erasmus: Die Kinder des roten Großvaters erzählen; Berichte zur Vor- und Frühgeschichte der Bundesrepublik Deutschland; Frankfurt/Main 1976

Schäfer, Friedrich: Die Notstandsgesetze – Vorsorge für den Menschen und den demokratischen Rechtsstaat; Köln/Opladen 1966

Schäfer, Gert/Nedelmann, Carl: Der CDU-Staat; Studien zur Verfassungswirklichkeit der Bundesrepublik Deutschland; München 1967

Scharpf, Peter: Europäische Wirtschaftsgemeinschaft und Deutsche Demokratische Republik; die Entwicklung ihrer Rechtsbeziehungen seit 1958 unter besonderer Berücksichtigung des innerdeutschen Handels; Tübingen 1973

Scharf, Claus; Schröder, Hans Jürgen (Hrsg.): Politische und ökonomische Stabilisierung Westdeutschlands 1945–1949; 5 Beiträge zur Deutschlandpolitik der westlichen Alliierten; Wiesbaden 1977

Schiller, Theo: Liberalismus in Europa (1848–1977); Hannover 1978

Schmid, Carlo: Deutschlands Weg seit 1945; München 1970

Schmidt-Häner, Christian/Müller, Adolf: Viva Dubcek – Reform und Okkupation in der ČSSR; Köln 1968

Schneider, Eberhard: Die Deutsche Demokratische Republik; Geschichte, Politik, Wirtschaft, Gesellschaft; Stuttgart 1975

Schöndube, Claus (Red.): Europa-Verträge und Gesetze; Stand: 1. Oktober 1975; Bonn 1975

Schröder, Gerhard u. a.: Ludwig Erhard – Beiträge zu seiner politischen Biografie; Festschrift zum 75. Geburtstag; Frankfurt/Main 1972

Schröder, Wolfgang: de Gaulle und die direkte Demokratie; Köln 1969

Schulz, Eberhard: Moskau und die europäische Integration; München/Wien 1977

Schuster, Friedemann: Die KPdSU heute; Politik und Organisation; Frankfurt/Main 1975

Schwarz, Hans-Peter: Vom Reich zur Bundesrepublik Deutschland im Widerstreit der außenpolitischen Konzeption in den Jahren der Besatzungsherrschaft 1945–1949; Neuwied/Berlin 1966

Schwarz, Hans-Peter (Hrsg.): Konrad Adenauer 1917–1967; eine Auswahl; Stuttgart 1975

Schwan, Alexander/Schwan, Gesine: Sozialdemokratie und Marxismus – Zum Spannungsverhältnis v. Godesberger Programm u. marxistischer Theorie; Hamburg 1974

Schweitzer, Carl Christoph/Feger, Hubert (Hrsg.): Das deutsch-polnische Konfliktverhältnis seit dem II. Weltkrieg – Multidisziplinäre Studien über konfliktfördernde und konfliktmindernde Faktoren in den internationalen Beziehungen; Boppard 1975

Senat von Berlin (Hrsg.): Behauptung von Freiheit und Selbstverwaltung 1946–1948; Berlin 1959

Servan-Schreiber, Jean-Jacques: Frankreich steht auf (1968); Hamburg 1968

Siegert, Heinz: Ceauşescu; Management für ein modernes Rumänien; München 1973

Siegfried, André: Frankreichs vierte Republik, 1944–1959; Stuttgart 1959

Siegler, Heinrich (Hrsg.): Dokumentation zur Deutschlandfrage; von der Atlantik-Charta 1941 bis zur Berlin-Sperre 1961; Bonn 1961

Simon, Gerhard: Aktuelle Probleme der sowjetischen Nationalitätenpolitik; Köln 1975

Sontheimer, Kurt; Bleek, Wilhelm: Die Deutsche Demokratische Republik: Politik, Gesellschaft, Wirtschaft; Hamburg 1975

Sozialistische Volksrepublik Albanien: Allgemeine Notizen über Geographie, Geschichte, staatliche Organisation, Wirtschaft, Kultur u. a.; München 1977

Sprenger, Reinhard (Hrsg.): Das Deutschlandbild in internationalen Geschichtsbüchern; Kastellaun 1976

Stern, Carola: Willy Brandt in Selbstzeugnissen und Bilddokumenten; Reinbek 1975

Strauß, Franz Josef: Deutschland, Deine Zukunft; Stuttgart 1975

Strobel, Georg W.: Deutschland – Polen, Wunsch und Wirklichkeit – eine Dokumentation zum Problem der Normalisierung der deutsch-polnischen Beziehungen nach 1945 und zur Frage der deutsch-polnischen Vorbedingungen; Bonn 1969

Ströhm, Carl Gustaf: Zwischen Mao und Chruschtschow – Wandlungen des Kommunismus in Südosteuropa; Stuttgart 1964

Strobel, Georg W.: Die Dezemberkrise 1970 in Polen, Gründe und Auswirkungen; Köln 1972

Stützle, Walther: Kennedy und Adenauer in der Berlin-Krise 1961–1962; Bonn/Bad Godesberg 1973

Tatu, Michel: Macht und Ohnmacht im Kreml; von Chruschtschow zur kollektiven Führung; Frankfurt/Main, Berlin 1968

Teckenberg, Wolfgang: Neuere Untersuchungen über Struktur und Anpassungsmechanismen der Parteielite in der UdSSR; Köln 1972

Der Thesenstreit um „Stamokap" – Die Dokumente der Grundsatzdiskussion der Jungsozialisten; Reinbek 1973

Thomas, Siegfried: Entscheidung in Berlin – Zur Entstehungsgeschichte der SED in der deutschen Hauptstadt 1945/46; Berlin 1967

Timmermann, Heinz: Die nicht-regierenden kommunistischen Parteien Europas; Mitgliederbestand und parlamentarische Repräsentanz; Köln 1972

Tito, Josip Broz: Der jugoslawische Weg; Sozialismus und Blockfreiheit – Aufsätze und Reden; München 1976

Tomala, Miczyslaw: Polen nach 1945; Stuttgart 1973

Tornov, A. v.: Demokratie in der Illegalität – Die „Chronik der laufenden Ereignisse" – ein Untergrund-Informationsblatt der Sowjetunion; Berlin 1971

Tuchhändler, Klaus: De Gaulle und das Charisma; Elemente charismatischer Führung im Gaullismus der V. Republik; München 1977

Uexküll, Gösta v.: Konrad Adenauer in Selbstzeugnissen und Bilddokumenten; Reinbek 1976

Uhe, Ernst: Der Nationalsozialismus in den deutschen Schulbüchern – eine vergleichende Analyse von Schulgeschichtsbüchern aus der Bundesrepublik Deutschland und der Deutschen Demokratischen Republik; Bern, Frankfurt/Main 1972

Ulbricht, Walter: Die Entwicklung des deutschen volksdemokratischen Staates 1945–1958; Ostberlin 1958

Ungarisches Außenministerium: Das befreite Ungarn 1945–1950; Budapest 1950

Untersuchungen und Dokumente zur Ostpolitik und Biografie (= in der Ära Adenauer); Mainz 1974

Veröffentlichungsdienst der Europäischen Gemeinschaften: Europäisches Parlament; die ersten 10 Jahre 1958–1968; Luxemburg 1968

Vesely, Ludvik: Dubček-Biografie; München 1970

Vodovipec, Alexander: Die Quadratur des Kreisky – Österreich zwischen parlamentarischer Demokratie und Gewerkschaftsstaat; Wien/München 1973

Vogelsang, Thilo: Das geteilte Deutschland; München 1976

Volksaufstand in Ungarn, Der – Bericht des Sonderausschusses der Vereinten Nationen – Untersuchungen, Dokumente, Schlußfolgerungen; München 1957

Voßke, Heinz: Wilhelm Pieck 1876–1960, Bilder und Dokumente aus seinem Leben; Berlin 1977

Wagenführ, Rolf (Hrsg.): Europäische Gemeinschaft für Kohle und Stahl 1952–1962 – Ergebnisse, Grenzen, Perspektiven; Luxemburg 1963

Wagner, Ulrich: Finnlands Kommunismus – Volksfrontexperiment und Parteispaltung 1966–1970; Stuttgart 1971

Wagner, Wolfgang: Europa zwischen Aufbruch und Restauration; die europäische Staatenwelt seit 1945; München 1973

Waldheim, Kurt: Der österreichische Weg – aus der Isolation zur Neutralität; Wien/München 1971

Watt, Donald C.: England blickt auf Deutschland; Deutschland in Politik und öffentlicher Meinung Englands seit 1945; Tübingen 1965

Weber, Hermann: Von Rosa Luxemburg zu Walter Ulbricht – Wandlungen des deutschen Kommunismus; Hannover 1961

Weber, Hermann: Von der SBZ zur DDR 1945–1968; Hannover 1968

Wehner, Herbert: Wandel und Bewährung; ausgewählte Reden und Schriften 1930–1975; Frankfurt/Main, Berlin 1976

Weidenfeld, Werner: Konrad Adenauer und Europa; die geistigen Grundlagen der westeuropäischen Integrationspolitik des ersten Bonner Bundeskanzlers; Bonn 1976

Weingartner, Thomas: Die Außenpolitik der Sowjetunion seit 1945; Düsseldorf 1973

Werner, Hansheinz (Hrsg.): Andreas Papandreou – griechische Tragödie; von der Demokratie zur Militärdiktatur; Wien/München 1970

Wettig, Gerhard: Die Frage des französischen Einflusses auf die Europa-Politik des Ostblocks; Köln 1966

Wettig, Gerhard: Die Funktion des Potsdamer Abkommens in der gegenwärtigen sowjetischen Deutschlandpolitik; Köln 1968

Wettig, Gerhard: Zu den Beziehungen zwischen der Sowjetunion und der DDR in den Jahren 1969–1975 – eine zusammenfassende Analyse; Köln 1975

Wettig, Gerhard: Die Sowjetunion, die DDR und die Deutschland-Frage 1965–1976; Einvernehmen und Konflikte im sozialistischen Lager; Stuttgart 1976

Whiting, Charles: Englands Kreuzweg vom Empire nach Europa (= Weltpolitik 1900–1971); Frankfurt/Main 1972

Wiedner, Wolfgang: Theodor Heuss – das Demokratie- und Staatsverständnis im Zeitablauf; Betrachtung der Jahre 1902–1963; Ratingen 1973

Wilfert, Otto: Lästige Linke; ein Überblick über die außerparlamentarische Opposition der Intellektuellen, Studenten und Gewerkschafter; Mainz 1968

Winkler, Arno: Erhards Theorie von der „Formierten Gesellschaft" und die westdeutsche Wirklichkeit; Dokumentation; Potsdam 1965

Wolter, Udo: Elisabeth II.; Frau und Königin; München 1964

Zentralkomitee der Kommunistischen Partei Deutschlands (Hrsg.): Weißbuch über 10 Jahre KPD-Verbot – Freiheit für die KPD; Ergebnisse und Schlußfolgerungen; Ostberlin 1966

Zimmerling, Zeno: Wilhelm Pieck – Geschichte und Geschichten eines großen Lebens; Berlin 1976

Zöllner, Erich (Hrsg.): Diplomatie und Außenpolitik Österreichs; Wien 1977

11. Europa und die Welt: Probleme und Zukunftsaussichten

Adams, Willi Paul (Hrsg.): Die Vereinigten Staaten von Amerika (= Band 30 der Fischer-Weltgeschichte); Frankfurt/Main 1977

Albertini, Rudolf v.: Dekolonisation – Die Diskussion über Verwaltung und Zukunft der englischen Kolonien 1919–1960; Zürich 1966

Alleman, Fritz René (Hrsg.): Die arabische Revolution – Nasser über seine Politik; Frankfurt/Main 1958

Angermann, Erich: Die Vereinigten Staaten von Amerika 1917–1960; München 1970

Ansprenger, Franz: Auflösung der Kolonialreiche; München 1973

Aron, Raymond: Die imperiale Republik – Die Vereinigten Staaten von Amerika und die übrige Welt seit 1945; Stuttgart/Zürich 1975

Baade, Fritz: Amerika und der deutsche Hunger – Dokumente aus USA vom Morgenthau- zum Marshall-Plan; Braunschweig 1948

Barnes, Henry Elmer (Hrsg.): Entlarvte Heuchelei – Kritische Untersuchungen der amerikanischen Außenpolitik seit Franklin D. Roosevelt; Wiesbaden 1961

Bar-Zohar, Michel: David Ben Gurion, der streitbare Prophet; eine Biografie; Hamburg 1968

Besson, Waldemar: Von Roosevelt bis Kennedy – Grundzüge amerikanischer Außenpolitik 1933–1963; Frankfurt/Main 1964

Bianco, Lucien (Hrsg.): Das moderne Asien (= Fischer-Weltgeschichte Band 33); Frankfurt/Main 1969

Bollinger, Klaus (Hrsg.): Dokumente zu den sowjetisch-amerikanischen Beziehungen 1972–1974; Potsdam 1975

Bransten, Thomas (Hrsg.): David Ben Gurion – Erinnerung und Vermächtnis; Frankfurt/Main 1971

Brandt, Conrad/Schwartz, Benjamin/Fairbank, John K.: Der Kommunismus in China – eine Dokumentargeschichte (1921–1950); München 1955

Brecher, Michael: Nehru – eine politische Biografie; München 1963

Breitenstein, Rolf: Amerika auf neuem Kurs? Nixon, die USA und Europa; Düsseldorf 1969

Büttner, Friedrich (Hrsg.): Reform und Revolution in der islamischen Welt – von der osmanischen Imperialdoktrin zum arabischen Sozialismus; München 1970

Callenius, Walter u. a.: Das atlantische Dilemma – Aggressivität und Krise der NATO 1949–1969; Ostberlin 1969

Castro, Fidel: Ernesto Che Guevara und Régis Debray; Materialien zur Revolution in Reden, Aufsätzen, Briefen; Darmstadt 1968

Collins, Larry und Lapierre, Dominique: Um Mitternacht die Freiheit (Indiens Weg in die Unabhängigkeit 1947); München 1976

Drummond, Roscoe und Coblentz, Gaston: Duell am Abgrund – John Foster Dulles und die amerikanische Außenpolitik 1953–1959; Köln/Berlin 1961

Eberitsch, Otto/Dietrich, Karl-Ernst: Mobutu – Congo; Stuttgart 1969

Eisenhower, Dwight D.: Die Jahre im Weißen Haus 1953–1956; Düsseldorf/Wien 1964

Eisenhower, Dwight D.: Wagnis für den Frieden 1956–1961; Düsseldorf/Wien 1966

Elchlepp, Dietrich/Heiner, Hans-Joachim: Zur Auseinandersetzung mit der NPD; Aktionen und Argumente gegen die Rechtsradikalisierung; München 1969

Elliott, Lawrence: Johannes XXIII. – das Leben eines großen Papstes; München 1975

Elsenhaus, Hartmut: Frankreichs Algerienkrieg 1954–1962; Entkolonisierungsversuch einer kapitalistischen Metropole; zum Zusammenbruch der Kolonialreiche; München 1974

Fall, Bernhard B. (Hrsg.): Ho Tchi Minh – Revolution und nationaler Befreiungskampf; ausgewählte Reden und Schriften; München 1968

Fohrer, Georg: Geschichte Israels – v. den Anfängen bis z. Gegenwart; Heidelberg 1977

Gäng, Peter/Reiche, Reimut: Modelle der kolonialen Revolution – Beschreibungen und Dokumente; Frankfurt/Main 1967

Gebauer, Bernhard (Hrsg.): Analysen und Dokumente zur Auseinandersetzung mit der NPD; Eichholz 1969

Goetze, Dieter: Castro, Nkrumah, Sukarno – eine vergleichende soziologische Untersuchung zur Strukturanalyse charismatischer politischer Führung; Berlin 1977

Grenz, Wolfgang (Red.): Kuba – Politik, Wirtschaft, Außenbeziehungen 1959–1975; Hamburg 1975

Grimm, Tilemann: Mao Tse-tung in Selbstzeugnissen und Bilddokumenten; Reinbek 1968

Groeling, Erik v.: Der Sturz der Lin-Piao-Gruppe; Machtkonflikte in der KP Chinas 1969–1972; Köln 1973

Grosser, Alfred: Das Bündnis – Die westeuropäischen Länder und die USA seit dem Krieg; München/Wien 1978

Grün, Robert: Ho Chi Minh – eine Biografie des großen Revolutionärs; München 1969

Guikovaty, Emil: Mao 1893–1976 – ein Mann verändert die Welt; Stuttgart/München 1978

Häckel, Erwin: Afrikanischer Nationalismus – Macht und Ideologie im Schwarzen Afrika; München 1974

Han, Suyin: Der Flug des Drachen – Mao Tse-tung und die chinesische Revolution (in den sechziger Jahren); Esslingen 1977

Hartmann, Jürgen: Der amerikanische Präsident im Bezugsfeld der Kongreßfraktionen – Strukturen, Strategien und Führungsprobleme in den Beziehungen der Präsidenten Kennedy, Johnson und Nixon zu den Mehrheitsfraktionen im Kongreß 1961–1973; Berlin 1977

Heinzig, Dieter: Die Anfänge der Kommunistischen Partei Chinas im Licht der Memoiren Chang Kuo-t'aos; Hamburg 1970

Hejzlar, Zdenek: Reformkommunismus – Zur Geschichte der Kommunistischen Partei in der Tschechoslowakei; Köln, Frankfurt/Main 1976

Henle, Hans: Dwight D. Eisenhower; Frankfurt/Main 1952

Horowitz, David: Kalter Krieg – Hintergründe der US-Außenpolitik von Jalta bis Vietnam; Berlin 1969

Hospital, Jean d': Drei Päpste: Pius XII., Johannes XXIII. und Paul VI.; Wien/Hamburg 1971

Janssen, Karl-Heinz: Das Zeitalter Maos – Chinas Aufstieg zur Supermacht; Düsseldorf/Köln 1976

Joesten, Joachim: Präsident Johnson; Stuttgart 1964

Johnson, Lyndon B.: Meine·Jahre im Weißen Haus; München 1972

Kádár, János: Reden und Schriften 1964–1971; Ostberlin 1972

Kempner, Robert M. W.: Warren-Report über die Ermordung des Präsidenten John F. Kennedy; Köln 1964

Kissinger, Henry: Amerikanische Außenpolitik 1960–1968; Düsseldorf/Wien 1969

Klausener, Erich: Von Pius XII. zu Johannes XXIII.; Berlin 1958

Knapp, Manfred u. a.: Die USA und Deutschland 1918–1975; deutsch-amerikanische Beziehungen zwischen Rivalität und Partnerschaft; München 1978

Kreis, Karl Markus: Großbritannien und Vietnam – die britische Vermittlung auf der Genfer Indochina-Konferenz 1954; Hamburg 1973

Krüger, Horst (Hrsg.): Nationalismus und Sozialismus im Befreiungskampf der Völker Asiens und Afrikas; Berlin 1970

Kuby, Erich: Die deutsche Angst – zur Rechtschrift in der Bundesrepublik Deutschland; Bern/München 1970

Kübler, Bernd (Hrsg.): Cuba libre (= Geschichte 1959–1976); Lampertheim 1977

Kühnl, Reinhard/Rilling, Rainer/Sager, Christine: Die NPD – Struktur, Ideologie und Funktion einer neofaschistischen Partei; Frankfurt/Main 1969

Küng, Hans: Kirche im Konzil; mit einem Bericht über die zweite Session und einem Nachruf auf Johannes XXIII.; Freiburg 1964

Kuntze, Peter: China, die konkrete Utopie; München 1973

Lash, Joseph P.: Dag Hammarskjöld – ein Leben für den Frieden; Bern/Stuttgart 1962

Lehmann, Heinz: Nehru – Baumeister des neuen Indien; Zürich/Göttingen 1965

Liebscher, Gertraud: Indien im Aufbruch – einige Probleme des antiimperialistischen Befreiungskampfes des indischen Volkes (1947–1957); Ostberlin 1960

Linde, Gert: Die Beziehungen der Sowjetunion zu Indien und Pakistan seit dem Ausbruch des Kaschmirkrieges 1965; Köln 1971

Lindemann, Beate: EG-Staaten und Vereinte Nationen; die politische Zusammenarbeit der neun in den UN-Hauptorganen; München/Wien 1978

Loetscher, Hugo: Zehn Jahre Fidel Castro – Reportage und Analyse; Zürich 1969

MacCann, Kevin: Vom Pentagon zur Politik: Dwight D. Eisenhowers Weg; Frankfurt/Main 1952

Mandel, Ernest: Die EWG und die Konkurrenz Europas – Amerika; Frankfurt/M. 1968

Mao Tse Tung: Mao papers; München 1975

Martin, Helmut (Hrsg.): Mao intern – unveröffentlichte Schriften, Reden und Gespräche Mao Tse-tungs 1949–1976; München 1976

Maurois, André: Die Geschichte der USA von Wilson bis Kennedy; Reinbek 1965

May, Elmar: Ernesto Che Guevara in Selbstzeugnissen und Bilddokumenten; Reinbek 1970

Miao Ch'u-kuang: Kurze Geschichte der Kommunistischen Partei Chinas; Berlin 1960

Moreira da Silva Cunha, Joaquin: Politische Aspekte des neuen Afrika – Beiträge zu den Gegenwartsproblemen des Schwarzen Afrika; Hamburg 1965

Morgan, Roger: Washington und Bonn – deutsch-amerikanische Beziehungen seit dem II. Weltkrieg; München 1975

Mosley, Leonard: Ein Gott dankt ab – Hirohito, Kaiser von Japan; Oldenburg 1967

Näth, Marie-Luise: Chinas Weg in die Weltpolitik – die nationalen und außenpolitischen Konzeptionen Sun Yat-Sens, Chiang Kai-scheks und Mao Tse-tungs; Berlin/New York 1976

Nationalrat der Nationalen Front des Demokratischen Deutschland (Hrsg.): Braunbuch – Kriegs- und Naziverbrecher in der Bundesrepublik; Staat, Wirtschaft, Armee, Verwaltung, Justiz, Wissenschaft; Ostberlin 1965

NATO-Handbuch; Brüssel 1973

Nehru, Jawaharlal: Indiens Weg zur Freiheit (= Geschichte 1918–1936); Zürich 1948

Neumann, Erich Peter: Die Deutschen und die NATO; Allensbach 1969

Neumann-Hoditz, Reinhold: Ho Tschi Minh in Selbstzeugnissen und Bilddokumenten; Reinbek 1971

Nkrumah, Kwame: Sprung über zwei Jahrtausende – Unser Weg in die Freiheit; Düsseldorf/Wien 1963

Noll, Adolf/Pitt, Werner/Ridder, Winfried: Die NPD – Programmatik und politisches Verhalten; Bonn/Bad Godesberg 1970

Offenberg, Mario: Kommunismus in Palästina – Nation und Klasse in der antikolonialen Revolution; Meisenheim 1975

Pallenberg, Corrado: Paul VI. – Schlüsselgestalt eines neuen Papsttums; München 1965

Pawelka, Peter: Die UNO und das Deutschland-Problem im Spannungsfeld zwischen der Bundesrepublik Deutschland und der UN unter besonderer Berücksichtigung der Außenpolitik der Bundesrepublik Deutschland 1949–1967; Tübingen 1971

Petrak, Heinz (Hrsg.): Die USA und Westeuropa – ihre ökonomischen Beziehungen nach dem II. Weltkrieg; Ostberlin 1968

Pfeffer, Franz: Die Aktion der USA in Korea und das Problem der Entscheidung über Krieg und Frieden in der amerikanischen Verfassungspraxis; Hamburg 1955

Posadowski-Wehner, Harald Graf v.: Afrika in den letzten zehn Jahren; Pfaffenhofen 1970

Poser, Günter: Die NATO – Werdegang, Aufgaben und Strukturen des Nordatlantischen Bündnisses; München/Wien 1974

Quaroni, Pietro: Russen und Chinesen – die Krise der kommunistischen Welt; Frankfurt/Main 1968

Reifenberg, Jan: Notiert in Washington 1955–1963; von Eisenhower zu Kennedy; Stuttgart 1963

Reindl, Peter: Macht aus den Mündungen der Gewehre – Nationalismus und Kommunismus in Südostasien; Wien 1969

Renesse, Ernst-Albrecht v.; Krawietz, Werner; Bierkämper, Christine: Unvollendete Demokratien – Organisationsformen und Herrschaftsstrukturen in nicht-kommunistischen Entwicklungsländern in Asien, Afrika und im Nahen Osten; Köln/Opladen 1965

Richter, Horst (Hrsg.): Die Bundesrepublik Deutschland und die UNESCO; 25 Jahre Mitarbeit – eine Dokumentation; Köln 1976

Rothermund, Dietmar: Indien und die Sowjetunion (1947–1967); Tübingen 1968

Roy, Jules: Der Fall von Dien Bien Phu; des weißen Mannes Stalingrad in Indochina; München 1965

Ruf, Werner Klaus: Der Burgibismus und die Außenpolitik des unabhängigen Tunesien; Bielefeld 1969

Russell, Bertrand; Sartre, Jean-Paul: Vietnam-Tribunal; Reinbek 1969

Schaetzel, John Robert: Ein Bündnis geht aus den Fugen; Amerika und die Europäische Gemeinschaft; Düsseldorf/Wien 1977

Schoenthal, Klaus: Der neue Kurs – Amerikas Außenpolitik unter Kennedy 1961–1963; München 1964

Schramm, Friedrich Karl/Riggert, Wolfram Georg/Friedel, Alois (Hrsg.): Sicherheitskonferenz in Europa – Dokumentation 1954–1972; die Bemühungen um Entspannung und Annäherung im politischen, militärischen, wirtschaftlichen, wissenschaftlich-technischen und kulturellen Bereich; Frankfurt/Main 1972

Schumacher, Günther: Operation „Pluto" – die Geschichte einer Invasion (am. Invasion auf Kuba 1961); Berlin 1966

Schütz, Wilhelm Wolfgang: Unteilbare Freiheit – Nehrus Politik der Selbstbestimmung; Göttingen 1964

Schütze, Günter: Der schmutzige Krieg – Frankreichs Kolonialpolitik in Indochina; München 1959

Schwan, Kurt: Der arabische Nationalismus in Vergangenheit und Gegenwart; Hannover 1959

Schwelien, Joachim: Richard Nixon – ein Präsident der Mittelklasse; Hamburg 1969

Schwelien, Joachim: John F. Kennedy; Hamburg 1976

Schwöbel, Hans-Peter: Die Weiterentwicklung des Marxismus-Leninismus durch Mao Tse-tung und die chinesische Kulturrevolution; München 1973

Seibel, Wolfgang: Johannes XXIII. – der Papst des Übergangs in eine neue Zeit; Würzburg 1964

Seifert, Wolfgang: Nationalismus im Nachkriegs-Japan; Hamburg 1977

Snow, Edgar: Roter Stern über China (= chin. Geschichte 1936/37); Frankfurt/Main 1970

The Sunday Times Insight Team: Der Wüstenkrieg – die dramatische Geschichte der Schlacht um Golan und den Suez-Kanal (= 6-Tage-Krieg); Frankfurt/Main 1968

Thamer, Hans Ulrich und Wippermann, Wolfgang: Faschismus und neofaschistische Bewegungen; Probleme empirischer Faschismusforschung; Darmstadt 1977

Tibi, Bassam: Nationalismus in der Dritten Welt am arabischen Beispiel; Frankfurt/Main 1971

Vierheller, Ernstjoachim: Die kommunistische Bewegung in China 1921–1949; Hannover 1972

Wettig, Gerhard: Etappen der sowjetischen Europa-Politik im Blick auf KSZE und MBFR; Köln 1973

Wheeler, George S.: Die amerikanische Politik in Deutschland 1945–1950; Berlin 1958

Wirsing, Giselher: Indien – Asiens gefährliche Jahre (indische Politik 1964–1968); Düsseldorf/Köln 1968

Woodward, Bob/Bernstein, Carl: Amerikanischer Alptraum – das unrühmliche Ende der Ära Nixon; Köln 1976

Woyke, Wichard: NATO in den siebziger Jahren; Hannover 1976

Personenregister

Buchanzeige

Hermann Kellenbenz
Deutsche Wirtschaftsgeschichte

*Band I: Von den Anfängen bis zum Ende des 18. Jahrhunderts
1977. 412 Seiten. Leinen (Beck'sche Sonderausgaben)*

*Band II: Von der Französischen Revolution bis
zum Ende des Zweiten Weltkriegs
In Vorbereitung*

Die auf zwei Bände angelegte deutsche Wirtschaftsgeschichte von Hermann Kellenbenz kommt einem weit über den Kreis der Fachleute hinaus verbreiteten Orientierungsbedürfnis entgegen. In dem Werk gibt ein international angesehener Wirtschaftshistoriker einen Überblick über die deutsche Wirtschaftsgeschichte von den Anfängen bis zur Gegenwart; einen Überblick, der auf der Höhe der Forschung ist, der aber zugleich auf den Laien Rücksicht nimmt.

Dargestellt wird die Wirtschaftsgeschichte in dem Raum, der sich etwa mit dem Reichsgebiet zur Zeit der Weimarer Republik deckt. Der Autor stellt aber das gesamte wirtschaftsgeschichtliche Geschehen in den größeren zentraleuropäischen Rahmen und berücksichtigt andererseits auch Sonderentwicklungen in den einzelnen Wirtschaftsräumen Deutschlands.

Zeitlich reicht das Werk von der frühgeschichtlichen Zeit bis zur unmittelbaren Gegenwart; dabei wird dann sowohl die Wirtschaft der Bundesrepublik als auch die der DDR behandelt.

Gegenstand des Buches sind alle wichtigen Wirtschaftssektoren und Wirtschaftszweige (Agrarwirtschaft, Bergbau, Handel und Verkehr, Geld- und Kreditwesen, Gewerbe usf.). Dargestellt werden aber auch die politischen, gesellschaftlichen und wirtschaftlichen Rahmenbedingungen (Bevölkerung, gesellschaftliche Schichtung, Wirtschaftsordnung, politische und wirtschaftliche Institutionen).

Verlag C. H. Beck München

Deutsche Sozialgeschichte
1815–1870
Dokumente und Skizzen

Herausgegeben von Werner Pöls
3., unveränderte Auflage 1979. XVII, 398 Seiten. Leinen
(Beck'sche Sonderausgaben)

„Mit dem ersten Band der ‚Deutschen Sozialgeschichte' hat sich Werner Pöls auf ein noch wenig beackertes Feld begeben. Nicht die großen weltbewegenden Staatsaktionen stehen im Vordergrund dieses Buches, sondern da werden in ihrer ganzen Breite und Vielfalt die Lebensverhältnisse und der Alltag der Menschen in den Jahren 1815 bis 1870 geschildert. Es wird berichtet, wie die Zeitgenossen dieser Jahre wohnten und wie sie sich kleideten, welche Umweltprobleme es – damals schon! – gab, wie die ersten deutschen Eisenbahnen fauchend durch die Landschaft dampften und welche Lach- und Spottsalven die ersten Radfahrer über sich ergehen lassen mußten. Zu Wort kommen in dem Band zeitgenössische Stimmen von Fontane über Bebel bis zu mehr oder weniger bekannten Zeitgenossen. Die Quellen beruhen auf der Lektüre von etwa zweitausend Bänden Erinnerungsliteratur, wie Memoiren und Tagebücher ... eine anschauliche Darstellung." *Deutsche Zeitung*

Deutsche Sozialgeschichte
1870–1914
Dokumente und Skizzen

Herausgegeben von Gerhard A. Ritter und Jürgen Kocka
2. Auflage 1977. X, 458 Seiten. Leinen
(Beck'sche Sonderausgaben)

„Im Anschluß an den von Werner Pöls herausgegebenen Dokumentenband 1815–1870 werden hier die Jahrzehnte des kaiserlichen Deutschland vor dem Ersten Weltkrieg erfaßt: Technik und Industrialisierung, Aufbruch der Massen und soziale Fragen, Verstädterung, Gegensatz Kapital und Arbeit, gesellschaftlicher Pluralismus, Umformung des bürgerlichen Daseins, also weithin sozialer Wandel in einer Bevölkerungsverdoppelung."
Das Historisch-Politische Buch

Verlag C. H. Beck München